VIE DE LA
MÈRE EMMANUEL

(Rita BONNAT)

RELIGIEUSE DE LA SAINTE-FAMILLE

*Vous aimer, ô Jésus, vous aimer et souffrir,
Vous aimer, ô Jésus, vous aimer et mourir !*

R. B.

BORDEAUX
IMPRIMERIE DE J. DELMAS
Rue Sainte-Catherine, 139.

1883

VIE

DE LA

MÈRE EMMANUEL

(Rita BONNAT)

VIE

DE LA

MÈRE EMMANUEL

(Rita Bonnat)

Religieuse de la Sainte-Famille

Vous aimer, ô Jésus, vous aimer et souffrir,
Vous aimer, ô Jésus, vous aimer et mourir !
R. B.

BORDEAUX

IMPRIMERIE DE J. DELMAS

Rue Sainte-Catherine, 139

—

1883

INTRODUCTION

Écrire la vie de la vénérée Mère Bonnat serait une œuvre téméraire tant le modèle est au-dessus du portrait qu'on en pourrait tracer. Durant cinquante-six années, la regrettée Mère a ajouté jour par jour, heure par heure, pour ainsi dire, un trait à la perfection religieuse à laquelle elle voulait s'élever, et jamais un seul instant jusqu'à son dernier soupir, elle n'a déposé l'arme de ce combat contre soi-même qui fait les saints et les élus. Pourtant le souvenir d'une telle Mère doit rester dans la famille ; c'est un trésor qui appartient à la génération présente et à la génération future ; la Mère Emmanuel Bonnat, l'une des premières Sœurs de la Sainte-Famille, coopératrice dévouée du Bon Père, douée d'un grand cœur, d'une belle et riche intelligence, d'un esprit supérieur, d'une haute piété, a été en quelque sorte la co-fondatrice de notre chère Société ; elle a mis à tout la main de son dévouement, le cachet de sa haute supériorité ; elle a creusé dans toutes nos Œuvres un sillon béni et lumineux dont la trace ne saurait être perdue. Mais comment dire ce qu'elle a fait et comment elle l'a fait? C'est la Mère Bonnat elle-même qui nous l'apprendra. Elle a beaucoup agi, mais aussi elle a beaucoup prié, beaucoup écrit. Humble comme la violette, se repliant sur elle-même, se dérobant aux regards, elle avait besoin cependant d'un épanchement intime qui lui permît d'exhaler le trop plein de son cœur, de dire à Dieu son amour, ses souffrances, ses désirs du ciel, et alors elle écrivait, et son âme se répandait dans un chant, poème ou poésie, qui la révélait tout entière.

Elle avait beaucoup travaillé. Pour fixer ses souvenirs, pour renseigner, édifier, conserver le passé, elle rédigeait de précieuses chroniques qui, à son insu, révélaient la part prise par elle à tout ce qui s'est fait dans notre chère Société depuis la bénédiction de son berceau ; c'est ainsi qu'elle a écrit l'Histoire des Fondations faites par les Sœurs de la Sainte-Famille, l'Histoire détaillée des Fondations des Maisons de Lorette qui ont été presque toutes son œuvre personnelle, les Notices de la plupart de nos premières Mères, les Notices d'un très grand nombre de Sœurs, les Souvenirs de Martillac, qu'on relit toujours avec tant de plaisir, etc., etc. Outre ces grands travaux d'annaliste, qui ont surtout occupé les vingt dernières années de sa vie, la vénérée Mère Bonnat, soit comme première Supérieure de la Société, ainsi qu'elle l'a été pendant tant d'années, soit comme Supérieure locale, a eu une correspondance extrêmement considérable ; les lettres d'affaires, de direction, d'affection, ont occupé une grande place dans ses travaux journaliers et offrent encore d'abondants et précieux renseignements qui, en quelque sorte, refont sa vie. C'est à ces sources diverses qu'on a puisé pour donner à la famille religieuse de la bonne Mère Bonnat les détails attendus par tant de cœurs ; le récit ne sera que le fil conducteur destiné à relier les uns aux autres les événements qui se sont succédé durant cette belle et longue existence. Quand elles liront les lettres de la vénérée Mère Bonnat au bon Père Fondateur de la Sainte-Famille et les réponses de celui-ci, les Sœurs de la Sainte-Famille comprendront ce que pouvait produire pour le bien d'une Congrégation naissante l'union de si grandes et si belles âmes. Quand elles parcourront les extraits des Chroniques, l'Histoire des Fondations, elles sauront mieux la large part qu'a eue la Mère Emmanuel dans la fondation de la Société, et quand elles jetteront les yeux sur ces lettres de direction destinées à former les Supérieures et les sujets, elles admireront la bonté inépuisable de ce cœur de Mère dont la plus grande comme la plus noble passion a été de faire du bien aux âmes en vue de Dieu. Enfin, en se reposant dans ces poésies rimées ou non qui sont presque toutes des élans d'amour pour Dieu, pour la souffrance, pour l'Eucharistie, des désirs du ciel et des aspirations vers la possession du Souverain Bien, les filles de la Mère Bonnat comprendront tout le sens des mots qu'elle avait pris pour devise : *aimer et souffrir*, et des armes qu'elle s'était choisies : la *Croix*, la *Couronne d'épines*.

C'est la Mère Bonnat elle-même qui, dans un précieux recueil de sentiments, de pensées, de prières, auquel nous avons beaucoup emprunté et que nous désignerons sous le nom d'*Écrin*, c'est la Mère Bonnat elle-même, disons-nous, qui a donné à sa vie la division en quatre parties suivie dans cet ouvrage. Nous copions en laissant à cette belle page le cachet d'humilité qui en est une des pierres précieuses :

« En regardant ma vie, je l'ai partagée en quatre parties et j'ai vu avec peine qu'il n'y avait pas eu égalité entre la grâce de Dieu et ma correspondance, entre ce que je devais faire et ce que j'ai fait, entre ce que je devrais être et ce que je suis. J'ai besoin de compter sur la miséricorde de Dieu, et je la lui demande humblement.

1º Jusqu'à vingt ans, j'ai trouvé en moi toutes les fautes, faiblesses, défauts des enfants. Une excessive curiosité, un besoin immense de tout voir, tout savoir, tout expliquer. Sciences naturelles, littérature, histoire, religion, sentiments, j'ai voulu tout connaître; hélas! que d'imprudences, que de témérités, que d'enfantillages, que de temps perdu!

2º De vingt à quarante ans, j'ai trouvé de la vanité, de la légèreté, un extrême besoin de paraître, de plaire, d'aimer, d'être aimée, de jouir de la vie en évitant le travail sérieux, en brisant les difficultés, en cherchant le bonheur partout. Mon Dieu! que d'erreurs, que de grâces négligées, que de bien omis, que de fautes commises, que d'infidélités, que de temps perdu!

3º De quarante à soixante ans, j'ai trouvé que les passions s'étaient calmées; la raison, la foi dominaient la nature; il y a eu retour vers le bien, intelligence de la prière, étude sérieuse de la religion, intuition de

Dieu, charité pratique, acceptation de la souffrance et du sacrifice. Il y a eu néanmoins des négligences, des résistances, abus des grâces, temps perdu!

4º De soixante ans en avant, je veux que ma vie soit réelle et qu'elle soit à Dieu. Je veux qu'elle soit mon purgatoire, et pour cela je la consacre : 1º à regretter de n'avoir pas assez aimé Dieu dans le passé; 2º à être généreuse dans le présent, afin de souffrir sans me plaindre ce que j'ai mérité de souffrir ; 3º à désirer, attendre, demander la fin de l'exil et l'union avec Dieu. Ainsi soit-il. »

La vénérée Mère Bonnat a beaucoup aimé la Sainte-Famille et a beaucoup travaillé à étendre son règne. Puissent Jésus, Marie et Joseph, bénir les lignes qui vont suivre et leur faire porter des fruits de salut!

VIE

DE LA

MÈRE EMMANUEL

(Rita BONNAT)

RELIGIEUSE DE LA SAINTE-FAMILLE

LIVRE I

1803-1826

J'étais aimée avant l'aurore
Qui précéda le premier jour ;
Je fus aimée et suis encore
L'objet d'un éternel amour.
Dans le jardin de l'innocence
Quand Dieu parlait en Créateur,
Il préparait mon existence
Avec un regard protecteur.

J'étais aimée avant l'aurore
Du jour où tout devait périr,
En ce jour-là, Dieu dit encore :
Aimer, aimer et non mourir !
Suivant la colombe fidèle
Qui cherchait l'arche du Seigneur,
Un ange indiqua de son aile
Mon nom, mon berceau, mon bonheur !

J'étais aimée avant l'aurore
Qui vit la gloire d'Israël,
Et déjà la harpe sonore
Chantait mon triomphe éternel.
Le doigt de Dieu suivait la trace
Que mes pas devaient parcourir,
Il embellissait par sa grâce
Le sentier qu'il devait m'ouvrir.

Je fus aimée et par un Père ;
Sur le Calvaire et sur l'autel,
Je devais trouver sur la terre
Un Pain, aliment immortel.
Dans le Calice et dans l'Hostie
Le miracle s'est consommé,
Et le Dieu de l'Eucharistie
Est devenu mon Bien-aimé !

R. B.

CHAPITRE I.

Naissance à Madrid. — Détails sur la famille Bonnat. — Elle quitte l'Espagne pour aller habiter Laval, puis Saint-Chamond. — Enfance de Rita. — Première éducation.

> *Qu'est-ce que la vie ? C'est un flambeau prêté par Dieu et que nous devons entretenir avec un religieux respect.*
>
> R. B.

« Un jour, d'après l'ordre de Dieu, un ange descendit du ciel sur la terre ; il jouait avec des palmes et des croix ; il mélangeait des fleurs et des épines pour l'enfant qu'il attendait.

» La dernière fleur de l'oranger venait de se détacher de sa tige, le ciel était bleu, et une mère en embrassant sa fille qui venait de naître, rendait grâce à Dieu qui donne à la terre des fleurs, aux arbres des fruits, aux femmes l'amour maternel.

» La sainte aux trois couronnes (1) abaissa ses regards sur la terre, elle y vit une enfant, l'aima, lui donna son nom et laissa tomber sur son front une goutte

---

(1) Sainte Rita.

de cette myrhe précieuse qui distille de la sainte couronne.

» Dans un pieux sanctuaire (1) au pied de la Croix, espérance du chrétien, un prêtre versa sur l'enfant l'eau qui purifie et l'oignit avec l'huile sacramentelle. Au ciel, les anges entonnèrent un cantique, les élus saluèrent leur compagne, et la terre compta une chrétienne de plus.

» Un jour de fête, l'ange de la mort en passant sur la terre, toucha avec l'extrémité de son aile la poitrine d'une jeune mère. Le lait se tarit dans son sein ; à peine eut-elle le temps d'invoquer son Dieu, de regarder son époux, d'embrasser sa fille, et elle s'endormit pour toujours.

» La discorde avait agité ses ailes, la mort frappait indistinctement l'enfant et le vieillard, ils mouraient en se serrant la main et la désolation était extrême (2). Ainsi un père s'éloignait en emportant sa fille (3). »

La famille Bonnat est d'origine italienne. Au moment où s'ouvre notre récit, 22 mai 1803, M. Joseph Bonnat, chef de cette famille, voyait la Providence bénir son union par la naissance, à Madrid, d'une fille qui recevait au baptême le nom de Rita, et les prénoms de Jeanne-Félicité. C'était le quatrième enfant qui venait prendre place à ce foyer chrétien ; deux fils et une fille avaient précédé celle dont la naissance, saluée avec bonheur, devait être suivie de tant de larmes.

(1) Église de Santa-Cruz, où la Mère Bonnat fut baptisée.
(2) Campagne d'Espagne 1804, 1805.
(3) Ecrin.

M. Bonnat avait épousé Mlle Catherine Dézermeaux, jeune fille appartenant à une honorable famille du Lyonnais. Avant la révolution, Catherine avait voulu se consacrer à Dieu dans le cloître et elle était entrée au couvent du *Verbe incarné* ou des *Annonciades célestes*, ordre religieux fondé par la bienheureuse Jeanne de Valois, pour honorer spécialement les douze vertus de la Très Sainte Vierge. Mais la santé, mais les affections de la famille, mais la terreur qui, en augmentant en France, menaçait spécialement les ordres religieux, changèrent les projets de Mlle Dézermeaux ; elle renonça au couvent et vint partager les épreuves de cette famille qu'elle aimait tant.

La mort de son père, de deux de ses frères dont l'un fut une des victimes du siège de Lyon, la perte de la fortune, tous ces revers arrivés coup sur coup l'ébranlèrent plus encore ; elle fut longtemps très malade, et quand elle eut recouvré ses forces, elle désira s'éloigner des lieux où elle avait tant souffert, et c'est alors qu'elle épousa M. Joseph Bonnat, négociant français établi à Madrid.

Le bonheur n'est jamais de longue durée en ce monde ; la petite Rita, nourrie par sa mère, avait à peine quelques mois quand Mme Bonnat succomba, rapidement emportée par une affection de poitrine, laissant deux fils Hippolyte et Joseph, et deux filles, Aspasie et Rita.

Une vieille et fidèle servante se chargea d'abord de donner à la petite famille orpheline les soins destinés à remplacer la sollicitude maternelle ; mais M. Bonnat comprit bientôt que cet état de choses ne pouvait durer, et il songeait à préparer l'avenir de ses fils, lorsque la campagne d'Espagne, en entravant le cours de son négoce et en suspendant les affaires, vint l'obliger à prendre d'autres mesures. Quittant Madrid avec ses quatre enfants, il vint en France et confia sa jeune famille à son beau-frère et à sa belle-sœur, M. et Mme Dézermeaux, qui habitaient alors Laval, et qui, n'ayant pas d'enfants, adoptèrent avec bonheur ceux que la Providence leur envoyait.

De ce séjour à Laval, il ne nous reste nulle trace ; Rita était trop jeune pour en avoir conservé autre chose qu'un vague souvenir empreint de reconnaissance pour les quelques personnes qu'elle y avait connues et qui avaient été bonnes pour elle. Peu de temps après M. et Mme Dézermeaux quittaient Laval et allaient habiter Saint-Chamond (Rhône), qui était leur pays. Ils emmenaient avec eux leur chère petite Rita, et c'est dans cette chaude atmosphère de soins et de tendresse que devaient s'écouler l'enfance et la jeunesse de Mlle Bonnat.

Entrons un instant dans cet intérieur de famille où va s'épanouir la jeune fleur que les événements y ont transplantée : M. Dézermeaux, très bon chrétien, était un homme d'une érudition rare ; ses connaissances dans les sciences et dans les lettres étaient aussi étendues que variées ; rien ne lui était étranger ; il se montrait, dans la vie de famille, d'une incomparable bonté, et il prit tout à fait au sérieux la tâche qu'il avait acceptée en se chargeant des quatre enfants de son beau-frère. Mme Dézermeaux ne le cédait en rien à son mari pour les qualités du cœur et de l'esprit. Elle aussi aima cette famille orpheline qu'elle fit sienne et se dévoua à la rendre heureuse en vue du présent et de l'avenir.

Quelques souvenirs de l'enfance de Rita sont arrivés jusqu'à nous ; ils montrent combien l'intéressante petite fille était naïve, candide, docile, combien son âme était droite à un âge où la raison ne peut guère encore dominer le naturel. Les frères aînés aimaient les confitures et les fruits ; pour soustraire ces friandises à leurs petits larcins on les reléguait dans le haut d'une armoire. Ils connaissaient la cachette, mais ils ne pouvaient arriver jusque-là ; que faisaient-ils alors ? Ils allaient chercher Rita, ils la hissaient sur leurs épaules ou sur un échafaudage de chaises, et ils lui faisaient ainsi prendre tout ce qui était à leur convenance en lui promettant de lui en donner sa part. Mais comme ils ne se fiaient pas à l'enfant qui aurait trahi ses frères à la première question, ceux-ci avaient l'audace de lui répondre, quand elle venait réclamer les douceurs promises, que pendant qu'on faisait les devoirs le chat avait tout mangé ; Rita le croyait, et ne disait rien à sa tante puisque c'était le chat qui avait bénéficié des confitures.

Très bien élevée par cette bonne dame, Rita était toujours fort soumise et fort obéissante ; elle n'opposait quelque résistance que quand il s'agissait de manger de la soupe, qu'elle n'aimait pas, et, quand on la pressait, elle répondait invariablement : « Je n'ai pas envie d'aller vite. » Une fois l'enfant manqua de respect à Mme Dézermeaux : celle-ci, surprise et affligée de ce moment d'oubli, lui dit : « Rita, viens ici, que je te donne un soufflet. » La petite fille, qui n'était pas habituée à de tels commandements et à de tels châtiments, prit la fuite en criant : « Non pas, non pas, » d'une si drôle de façon, que la bonne tante dut renoncer à la pénitence proposée. Rita, du reste, quoique tendrement aimée, n'était pas gâtée comme le sont la plupart des enfants de nos jours. M. et Mme Dézermeaux possédaient une très honnête aisance, mais l'éducation d'Hippolyte, de Joseph et d'Aspasie avait coûté cher, et il s'ensuivait que Rita, la plus jeune, n'avait pas souvent des objets neufs ; les livres dans lesquels les enfants prennent les premières notions de l'instruction étaient pour elle ceux qui avaient servi à ses aînés, et il fut décidé qu'elle ne serait point mise en pension, ce qui lui faisait dire plus tard en riant que son éducation tout entière n'avait coûté que 4 fr. 50.

Dès cette première enfance, Rita avait une jeune amie, nommée Laurence, à laquelle son cœur aimant avait voué une affection bien vive dénotant déjà la profondeur des sentiments qui naissaient en elle. Les années passèrent, les événements se succédèrent, les souvenirs du jeune âge ne s'effacèrent point de la mémoire fidèle de Rita; celui de Laurence son amie, se trouvait mêlé, par nous ne savons quel rapprochement, à celui d'une certaine paire de petits sabots qui faisaient revivre un passé toujours cher : on les retrouvera volontiers ici l'un et l'autre.

LES PETITS SABOTS.

Petits sabots, de mon jeune âge
Rappelez-moi les jours heureux.

Et des enfants de mon village
Les jeux parfois si dangereux.
Quand j'arrive au seuil de la vie,
Je vous revois en souriant;
Les chagrins, les douleurs, l'envie,
Tout disparaît en vous voyant.

Petits sabots, de la montagne
Rappelez-moi les joyeux chants;
Laurence, ma jeune compagne,
Mon chien et ses adieux touchants.
La fleur que j'aimais s'est fanée,
Le rossignol ne chante plus,
Pour moi la fête est terminée
Et les regrets sont superflus.

Petits sabots, de mon enfance
Rappelez-moi les doux moments,
Les vrais plaisirs de l'ignorance,
Du cœur les premiers sentiments.
Fleurs et beaux ans vont disparaître,
Avec l'hiver les tristes jours,
Mais la vertu nous fait connaître
Un bonheur qui dure toujours.

Petits sabots au doux langage,
Rappelez-moi l'humilité;
Soyez pour moi l'avis du sage,
Enseignez-moi la vérité.
Les vaines gloires de la terre

Ne méritent pas nos soupirs :
La vie obscure et solitaire
Donne seule les vrais plaisirs.

Petits sabots, don d'une amie,
Rappelez-moi que la vertu
Ne doit pas rester endormie
Et que de Dieu j'ai tout reçu.
Petit jouet, objet frivole,
Redites souvent à mon cœur :
C'est l'amitié qui nous console,
C'est Dieu qui fait notre bonheur (1).

(1) Recueil de poésies.

CHAPITRE II

Première Communion. — Sentiments de piété. — M. Dézermeaux fait l'éducation de sa nièce. — Connaissances variées de Rita. — Ses débuts dans le monde. — Sa vocation.

> *J'étais aimée avant l'aurore*
> *Où Dieu descendit jusqu'à nous ;*
> *Et Celui que le Ciel adore*
> *Se nommait déjà mon époux.*
>
> R. B.

Rita allait atteindre sa onzième année. Dans le milieu essentiellement chrétien où s'était écoulée son enfance, elle avait certainement été préparée avec le plus religieux soin au grand acte de sa première Communion, qu'elle fit dans l'église de Saint-Chamond, le 28 avril 1814. Plus tard, elle nous révélera les ineffables joies de ce beau jour où le Dieu qu'elle devait tant aimer prenait possession de son cœur ; mais ce qui nous prouve à quel point la jeune communiante comprenait la grandeur de l'acte qu'elle accomplissait, et ce qu'il demandait de pureté, d'innocence, d'horreur du mal, c'est que, dans la ferveur de l'action de grâces qui suivit la première rencontre de son âme avec le Dieu de l'Eucharistie, elle promit à Jésus de ne plus jamais pécher !.... La chère enfant, en cette promesse suggérée par la piété, ne savait pas, hélas ! qu'une des plus tristes conséquences de la faute d'Adam, c'est celle qui ne permet pas à la volonté humaine d'être assez forte, assez persévérante pour éviter toute chute. Avec une énergie bien étonnante chez une enfant de onze ans, Rita se mit à l'œuvre, elle exerça sur sa petite âme purifiée par le baiser de Jésus une surveillance si vigilante, si active, si incessante, que durant un mois elle n'eut pas à se reprocher la plus légère imperfection. L'effort avait été trop violent, la corde trop tendue; au bout de ce temps l'enfant tomba malade au point de donner de l'inquiétude aux siens. Cet acte héroïque ne faisait-il pas prévoir ce que serait, comme piété, celle qui devait en ces termes évoquer un jour les joies bénies, ineffaçables, de la première communion :

LES PREMIERS BONHEURS.

Au jour de ma naissance
Je reçus du Seigneur
La robe d'innocence,
Présage de bonheur.

Je sens mon cœur revivre
A ce doux souvenir.
Pour Dieu seul je dois vivre,
Pour lui je veux mourir.

Heureux jour de ma vie
Où, la première fois,

Je promis à Marie
De vivre sous ses lois.

Oh ! que j'étais heureuse !
Alors qu'avec ferveur
Je me rendais joyeuse
Au temple du Seigneur.

Comment pourrais-je rendre
Ce délicieux moment,
Et cette voix si tendre :
Venez, Dieu vous attend ?

Admise avec les Anges
Au banquet de l'amour,
Des célestes phalanges
Je crus voir le séjour.

Sur les fonts du baptême,
Le soir de ce beau jour,
Je promis à Dieu même
Un immortel amour.

Qui me rendra ces larmes,
Délices de mon cœur,
Ces moments pleins de charmes,
De paix et de douceur ?

Je sens mon cœur revivre
A ce doux souvenir.
Pour Dieu seul je dois vivre,
Pour lui je veux mourir ! (1)

(1) Rec. de poésies.

M. Dézermeaux, nous l'avons dit, avait résolu de faire lui-même l'éducation de sa nièce, mais Rita était faible et délicate, il eût été imprudent de la pousser, et le bon oncle eut la sagesse d'attendre que l'arbre fût en état de porter les fruits qu'on était en droit d'en espérer. La jeune fille avait l'intelligence développée, l'imagination riche, le cœur chaud; un retard qui permettrait au physique de se fortifier, ne pouvait qu'assurer le succès de l'avenir. Les premières études furent donc tout à fait élémentaires, nous en avons la preuve dans une lettre qu'écrivait Rita à son père, en 1817, alors qu'elle était âgée de quatorze ans. L'écriture est peu formée, l'orthographe est bonne, le style est celui d'une enfant de neuf à dix ans.

« Saint-Chamond, le 27 avril 1817.

» Mon cher Papa,

» Je viens vous remercier de la robe que vous avez eu la bonté de commander pour moi. Je reçus votre lettre samedi matin, ma robe, le soir; elle est très jolie, d'un fort bon goût; je vous en adresse un petit échantillon, afin que vous en jugiez; lorsque je vous écrivis, je ne m'attendais pas à en recevoir une, car je n'en avais pas un extrême besoin. Le mariage de Mme Rosier m'avait un peu tourné la tête, c'est ce qui faisait que je craignais de ne pas me marier. Samedi, ma tante avait bien envie d'écrire à M. Velai pour lui dire de ne pas acheter la robe, ce qui m'aurait fait bien du chagrin; mais, heureusement, elle n'en eut pas le temps, ce qui me fit beaucoup de plaisir. J'en aurai bien plus encore quand je la porterai et que je penserai qu'elle vient de vous ; je la montrerai à toutes mes amies en disant : C'est mon papa qui me l'a donnée.

» Mon oncle vient d'acheter une petite campagne qui est très agréable : elle est bien plantée, surtout de cerisiers, tous les chemins sont des promenades ; nous y avons été dimanche, c'est bien joli, je m'y suis beaucoup amusée, elle porte le nom du Fey. Il y a une chapelle tout près de là, on y enterrait autrefois les pestiférés ; on y va en procession, tous les ans, le jour de Saint-Roch.

» Je lis maintenant l'histoire de France, et j'écris ensuite un extrait de ce que j'ai lu ; j'apprends toujours la géographie, mais je vais me mettre à l'apprendre plus en grand, afin d'en savoir bientôt assez pour ne plus apprendre du tout, c'est à quoi j'aspire. Je tâcherai de mettre à profit les sages instructions que vous me donnez pour faire la consolation de ma tante, mais, malheureusement, mes bonnes résolutions ne s'exécutent pas toujours : j'espère cependant que la raison viendra à mon secours et que j'en viendrai à bout.

» Je vois, par votre lettre, que vous avez mal au bras, il faut espérer que j'aurai bientôt le plaisir de recevoir de vos lettres, écrites de votre main ; elles me feront bien plus de plaisir que lorsqu'une main étrangère me parle.

» Il fait bien froid ici depuis quelque temps. Dimanche il plut, ce qui radoucit le temps, mais le froid est revenu : il faut espérer qu'il s'en retournera comme il est venu, c'est ce qu'il a de mieux à faire.

» Adieu, mon cher papa, je vous aime et vous embrasse de tout mon cœur, et je suis avec beaucoup de respect.

» Votre petite fille,

» Rita BONNAT. »

Malgré le style enfantin de cette lettre, on y sent déjà la rectitude de pensée et la netteté d'expression qu'on retrouvera toujours chez la Mère Bonnat; une autre remarque à faire, c'est que Rita avait dès lors, comme paraphe au-dessous de son nom, le petit nœud si connu qui a toujours formé sa signature. A cette lettre, la bonne Mme Dézermeaux ajoutait en post-scriptum à M. Bonnat : « Notre petite Rita se porte assez bien, mais elle est extrêmement délicate; sa raison est bien en retard, cependant je ne la tourmente pas du tout pour le travail; nous avons du temps devant nous. Nous avons fait une charmante petite acquisition qui, un jour, je l'espère, sera sa propriété; je veux qu'elle y fasse elle-même des plantations; nous l'appellerons souvent Mlle du Fey. »

Si Rita était en retard pour ses études, elle ne l'était pas pour ce qui lui plaisait : elle aimait la danse, elle aurait bien voulu apprendre à danser, comme le faisait sa sœur Aspasie, mais, là encore, par raison d'économie, on se contentait de faire donner des leçons à l'aînée. Qu'imagina Rita? Elle alla se placer dans une pièce voisine de celle où se prenait la leçon; elle suivait toutes les indications du professeur, et il se trouva, un beau jour, qu'elle en savait tout autant que sa sœur.

Cependant la santé s'affermissant, le moment des

études sérieuses était arrivé, et M. Dézermeaux se plut à faire partager à sa nièce, dans la mesure restreinte d'une éducation féminine, les nombreuses connaissances qu'il possédait. Les frères étaient à Paris dans des écoles préparatoires, Aspasie avait été appelée à Bayonne par son père qui s'y était fixé ; tous les soins se concentrèrent sur Rita, qui correspondit bientôt à la sollicitude de son oncle, de manière à le dédommager amplement des soucis du professorat dont il s'était volontairement chargé. Sous la direction large de ce parfait maître d'études, Rita aborda bientôt tour à tour les sciences et les lettres ; elle s'occupa d'histoire, de littérature, de botanique, de poésie ; son instruction variée la mettait à même de comprendre, de goûter, d'analyser tous les genres de beauté qui s'offraient à elle ; son esprit observateur ne laissait rien passer, elle voulait savoir le pourquoi et le comment de toutes choses ; M. Dézermeaux, ravi de ses succès, répondait à tout, et bientôt Mlle Bonnat devint une jeune fille tout aussi distinguée sous le rapport de l'instruction que sous celui de l'éducation. Nous avons sous les yeux une lettre du 19 septembre 1819. Ce n'est plus l'enfant, c'est la jeune fille qui parle :

« Mon cher Papa,

» Je dérobe un instant aux préparatifs de notre départ pour le Fey, pour venir vous dire quelques mots à la hâte sur le plaisir que j'ai de vous savoir en bonne santé. Puissiez-vous jouir longtemps de ce bien inestimable, c'est ce que je désire.

» Nous partons ce soir pour la campagne et, d'après le commencement de ma lettre, vous voyez que nous nous y préparons. Après avoir passé environ un mois ici, il est bien juste d'aller reprendre un peu l'air campagnard pour remettre nos petites santés : on est pâle, on a les yeux fatigués, des faiblesses, parce qu'on n'a pas déjeuné. Vous jugerez d'après cela que nos maladies n'ont pas besoin de médecin, de chirurgien ou d'apothicaire. »

Comme on le voit, le Fey était devenu le but des promenades, le lieu du repos après le travail. Cette propriété, destinée à appartenir à Rita, dans la pensée de ses bons parents, était admirablement située ; c'est là que se prirent ces premières leçons de botanique qui ne devaient point s'oublier ; c'est là que la vue de la belle nature, des montagnes, des vallées et des bois qui font du Forez un des plus beaux points de la France, attacha le cœur de la jeune fille à ce magnifique pays ; il lui fut toujours cher, toujours présent, et, au soir de sa vie, elle se plaisait à dire :

Si de l'antique Vénétie
On a vanté les gondoliers,
Et si des monts de l'Helvétie
On a célébré les glaciers,
Moi, je veux chanter les montagnes
Où j'ai passé mes plus beaux jours,
Du Forez les riches campagnes,
Pays que j'aimerai toujours.

Combien de fois suivant les traces
Du vieux château de Saint-Chamon,
J'entendis conter les disgrâces
Des preux seigneurs de Mondragon !
Triste légende, noble histoire,
Que vous charmiez mon pauvre cœur !
Que j'aime à garder la mémoire
De ces quelques jours de bonheur !

Vallon du Creux, rive fleurie,
Bois et rochers de la Valla.
Exaltez le nom de Marie :
Elle a béni le mont Pila.
En ces lieux, on a vu des anges,
Par des miracles éclatants,
Préparer ces belles phalanges,
Apôtres chéris des enfants.

Jardins du Fey, riantes plaines,
Croix du chemin, coteau chéri,
Que j'aime à revoir vos fontaines
Et le clocher de Valfleuri !...
Je vous revois avec l'aurore
Qui m'annonçait seize printemps ;
Doux souvenirs, venez encore
Embellir mes derniers instants.

J'aime encor ce ruisseau limpide,
De ses cascades le doux bruit ;
Ainsi dans sa course rapide
Le temps vers le ciel nous conduit.

Notre vie est souvent flétrie,
Le bonheur passe en quelques jours;
Mais il est une autre patrie,
Et là nous aimerons toujours (1).

Pendant que M. Dézermeaux soignait ainsi l'instruction de Rita, Mme Dézermeaux, à laquelle incombait la mission de former la jeune fille, s'entendait à merveille à assouplir son caractère et à l'exercer à la patience. Ainsi elle exigeait, après chaque course ou promenade, qui se renouvelait souvent plusieurs fois par jour, que Rita fît un complet changement de toilette, et pour ne pas contrarier sa bonne tante, Rita se prêtait sans mot dire à cet étrange caprice qui devait lui coûter; elle avait d'autant plus de mérite à se plier ainsi, que par nature elle était fort vive, et aurait été très facilement portée à l'impatience; mais déjà la vertu exerçait sur son âme assez d'empire pour qu'elle sût dominer sa nature, accepter les contrariétés et renoncer à sa volonté.

C'est vers cette époque de sa vie qu'il faut placer deux incidents de la jeunesse de Rita, qui ne furent pas sans influence sur le parti qu'elle devait prendre quelques années plus tard. C'est elle-même qui nous les a racontés, et nous ne faisons que les transcrire :

« Un jour, j'étais alors jeune et mondaine, en entendant parler de botanique, je citai ces vers de Delille sur l'herborisation :

---

(1) Rec. de poésies.

Chacun dans sa recherche à l'envi se signale ;
Etamine, pistil, et corolle et pétale,
On interroge tout. Parmi ces végétaux
Les uns vous sont connus, les autres sont nouveaux,
Vous voyez les premiers avec reconnaissance,
Vous jugez les seconds des yeux de l'espérance ;
L'un est un vieil ami qu'on aime à retrouver,
L'autre est un inconnu que l'on doit éprouver.

» Soit étourderie, soit défaut de mémoire, je prononçai le mot *couronne* à la place de celui de *corolle*. Un jeune censeur, qui était présent, saisit cette occasion pour me persifler d'une manière assez piquante. Je n'avais que ce que je méritais, mais blessée et contrariée, je rejetai sur la botanique toute la rancune de ma mésaventure, en me promettant bien de ne jamais m'occuper de cette science. Celui qui me faisait prendre une résolution si extrême, et qui n'avait eu d'autre intention que de s'amuser un moment à mes dépens, est aujourd'hui le grave et respectable directeur de la Propagation de la Foi. » (1)

Le second trait est puisé dans la *Botanique* à l'usage de la jeunesse, et quoique l'auteur ne s'y nomme point, nous savons que l'initiale R. désigne notre chère Rita :

« Dans une nombreuse réunion, vers la fin d'un somptueux repas, et dans le moment où tous les convives s'égayaient ensemble, un bouquet d'héliotrope fut

---

(1) Souv. de Martillac.

offert à Mlle R... Elle ignorait entièrement la signification de cette fleur, et avec beaucoup de simplicité, sans importance et sans réflexion, elle reçoit le bouquet et le place à sa ceinture. Tous les regards se tournent bientôt vers elle ; on sourit, on se parle, on la complimente même d'une brillante conquête. Interdite et confuse de se voir l'objet de l'attention générale, elle comprit alors son imprudence. Elle voulut jeter le bouquet, mais il n'était plus temps, l'impression était faite, et pendant la soirée elle eut à supporter, ce qui est affreux à une jeune personne vertueuse, le soupçon d'avoir compris et agréé un hommage admirateur. (1)

Cette soirée fut une des dernières où Mlle R... parut ; le contact du monde, son air empoisonné, ne l'enivra point ; heureuse d'avoir entrevu les pièges tendus à son innocence, elle ne s'y laissa plus prendre, et peu de temps après se consacra tout entière au Seigneur » (2).

Dieu, qui devait bientôt appeler à lui cette âme privilégiée, faisait peu à peu son œuvre, et se servait de tout pour la détacher des vanités de la terre. Par sa famille, par ses relations, Rita était à même de voir le monde, de l'étudier, de le connaître. Saint-Chamond est près de Lyon ; elle allait souvent dans cette ville, où elle avait une partie des siens, et par conséquent de nombreuses connaissances, des parents, des amis, qui tous savaient apprécier la distinction de la jeune fille. Elle était donc fort recherchée et, par cela même, le danger pouvait facilement naître sous ses pas. Elle sut voir le piège et l'éviter.

---

(1) Un bouquet d'héliotrope signifie en Asie : Je vous aime.
(2) Botanique.

Sa vocation, cependant, ne fut point une de ces vocations d'attrait qui datent de l'enfance ou de la première jeunesse. Le bon Dieu a mille moyens d'attirer à lui les âmes qu'il s'est choisies; ceci est le secret de son amour et de son cœur. Par un concours de circonstances marquées au sceau de la Providence, Mlle Bonnat comprit qu'elle ne devait point dresser sa tente au milieu du monde, qu'elle était appelée au service de Dieu, et que sa destinée était de souffrir. Il est des intuitions qui ne trompent pas; l'amour de Dieu a des délicatesses qui, venues du cœur de l'Époux Divin, vont directement au cœur de l'Épouse choisie, privilégiée, bénie entre toutes, ne lui laissent aucun doute sur ses mystérieux desseins, lui donnant les saintes énergies dont il a besoin pour triompher des obstacles, et lui inspirent des audaces devant lesquelles on s'incline en les admirant, sans oser les conseiller. Rita reçut sans doute un rayon de cette lumière surnaturelle qui devait briller d'une si pure flamme durant sa longue vie, car sans prendre conseil de personne, sans rien dire de ses sentiments ni à ses bons parents, ni même à son confesseur, elle fit le vœu de chasteté. Nous trouvons en effet dans ses notes :

« Le jour de l'Assomption 1822, je fis vœu de chasteté
» dans l'église de Saint-Pierre, à l'autel de Marie, où je
» déposai une couronne de roses blanches. Ce vœu se fit
» pour toujours, et je renouvelai les promesses faites
» antérieurement. Je le fis sans conseil et sans avoir
» consulté qui que ce fût à Saint-Chamond. » (1)

(1) Écrin.

Voilà donc une jeune fille de dix-neuf ans, vivant au milieu du monde, au sein d'une famille qui ne songe qu'à l'établir en lui faisant contracter un heureux mariage, entourée d'écueils, de séductions ; la voilà riche des dons de l'intelligence et du cœur, riche des dons de la nature, car sans être jolie, elle était extrèmement agréable, riche même des dons de la fortune, car M. et Mme Dézermeaux la désignaient pour leur héritière ; la voilà, disons-nous, à jamais liée à Dieu par un vœu irrévocable, et ne voyant point encore quelles seraient pour l'avenir les conséquences de l'infranchissable barrière qu'elle venait d'élever entre le monde et elle, et cela sans conseil, sans guide, sans appui. N'était-ce pas comme le prélude de cette vie de Dieu Seul, à laquelle le Seigneur appellerait un jour cette âme devenue son épouse? Ces questions qui devaient se presser dans le cœur de Rita, le bon Maître allait les résoudre d'une manière qui, tout à fait imprévue pour la jeune fille, aurait cependant, pour elle, le cachet très marqué de la volonté divine.

CHAPITRE III.

Séjour à Bayonne. — Direction de M. Thibaud. — Entrée dans la Sainte-Famille.

> *Dans la saison de plaire,*
> *Un ange tutélaire,*
> *Par un secret ennui*
> *Me disait : Dieu t'appelle,*
> *Et ton âme immortelle*
> *Ne doit aimer que Lui.*
> R. B.

M. et Mme Dézermeaux, nous l'avons vu, avaient réuni en leur nièce Rita toutes leurs affections et toutes leurs espérances, et ils rêvaient pour elle un avenir de bonheur conforme à leurs pensées et à leurs désirs; mais les projets humains sont bien facilement renversés et Dieu mène ses créatures à leur fin par des chemins à lui seul connus. Aspasie Bonnat, la sœur aînée de Rita, était depuis quelque temps à Bayonne près de son père ; elle se maria à un négociant de cette même ville, M. Drevet, et M. Bonnat appela Rita près de lui pour égayer la solitude que lui créait le départ de sa fille aînée. Tout d'abord, le bon oncle et la bonne tante ne songèrent qu'à une absence momentanée, et peut-être même en était-il ainsi pour M. Bonnat ; mais le bon Dieu a dit : « Mes pensées ne sont pas vos pensées et mes voies ne sont pas vos voies » : il allait donner une nouvelle preuve de cette éternelle vérité. Rita vint à Bayonne résider au milieu des siens ; tous, ignorant ce qui se passait au fond du cœur de la jeune fille, ne songèrent qu'à lui rendre l'existence douce et agréable. Pour celle-ci, ne connaissant pas les desseins de Dieu, mais convaincue que le Seigneur lui demandait quelque chose de plus que ce qu'elle lui avait déjà donné, elle se plaça sous la direction spirituelle de M. l'abbé Thibaud, alors vicaire général, et qui devint plus tard évêque de Montpellier. M. Thibaud démêla bientôt tout ce qui se passait dans le cœur de sa nouvelle pénitente ; néanmoins, sans rien presser ni précipiter, il étudia cette âme et la soumit à une éducation virile, ferme, énergique, qui devait ou la fortifier, l'accentuer dans le sens de la perfection, ou la faire regarder en arrière. Dieu avait fait rencontrer à Mlle Bonnat l'Ananie destiné à lui ouvrir la voie : elle ne devait plus que marcher en avant.

Cependant, à l'extérieur, dans ses habitudes de famille, dans ses relations, rien n'était changé ; avec tous les avantages dont elle était douée comme instruction et comme éducation, Rita était fort appréciée dans le monde où elle avait dû paraître avec sa sœur, et sa société était recherchée ; grande, la taille bien prise, l'air gracieux et bienveillant, quoique timide, elle plaisait généralement. On disait d'elle : elle est moins jolie que beaucoup d'autres, mais elle a du charme, et c'était le vrai mot : elle charmait par sa modestie ; elle charmait par sa conversation variée où l'agréable savait si naturellement se mêler à l'utile ; elle charmait par une érudition qui, sans l'ombre de pédanterie, abordait tous les sujets littéraires ou scientifiques avec autant de naturel et de simplicité que de bon goût. Au milieu du monde comme au foyer paternel, elle se sentait sous l'œil de Dieu, et les plaisirs du siècle auxquels forcément elle se trouvait mêlée ne lui faisaient point perdre de vue l'austérité des conseils évangéliques.

Un soir, au moment où l'on se disposait à aller au bal, Mme Drevet présidait à la toilette de sa chère Rita et elle s'étonnait de la difficulté que celle-ci éprouvait à mettre une robe qui lui avait servi peu de temps auparavant. Rita souffrait de la présence de sa sœur ; elle craignait qu'elle ne vînt à s'apercevoir que sous cette toilette de soirée la jeune fille avait placé un rude cilice pour lui rappeler, au sein des plaisirs, qu'elle était destinée à être l'épouse d'un Dieu crucifié. Mme Drevet ne se douta de rien ; on partit pour le bal, et toute la nuit Mlle Bonnat endura ce petit supplice d'une mortification de toutes les minutes sous le regard de Dieu seul. Ce trait donne la mesure de ce qu'était comme vertu la vie intime de Rita ; on voudrait pouvoir soulever le voile qui cache les actes héroïques qui ont dû marquer cette étape de son existence, mais l'humilité de la religieuse a enseveli à jamais dans le silence tout ce qu'il nous serait si utile et si édifiant de savoir.

« ..... Voici une idée qui m'est venue et que je vous

soumets, écrivait-elle au bon Père cinq ans après son entrée en communauté. Il me paraît impossible de connaître ce que la vie de certains sujets offre d'intéressant pendant les premières années de leur existence ; cependant ces sujets appartenant à la Société de Dieu Seul, destinés à remplir les premiers emplois, à devenir les soutiens et les modèles de l'Association, sont ceux dont on voudrait recueillir toutes les particularités ; combien ces vies ne feront-elles pas impression sur les sujets appelés à leur succéder et combien ne seront-elles pas utiles et édifiantes ! Pour obvier à l'inconvénient que j'ai remarqué, je voudrais que tous les sujets appelés à faire profession dans la Société de Dieu Seul fussent obligés de faire connaître par écrit au Directeur le précis de leur vie jusqu'à ce moment et toutes les circonstances intéressantes qui les concernent. Ces lettres ou histoires deviendraient la propriété de la Société et pourraient demeurer cachetées ou scellées jusqu'à la mort des personnes. Si vous approuviez cette idée il faudrait revenir en arrière et faire écrire les Mères. »

Ce que Rita, devenue la Mère Emmanuel, demandait pour les autres fut accordé ; le bon Père exigea que chacune des premières Filles de Dieu Seul écrivît sa propre histoire jusqu'au moment de son entrée dans la Sainte-Famille, et c'est de ces documents précieux que notre vénérée Mère s'est servie plus tard pour rédiger avec tant d'intérêt les notices de celles qui furent nos Mères et nos modèles. S'exempta-t-elle de la loi qu'elle avait elle-même proposée, ou chargée des archives durant de longues années, eut-elle la permission de faire disparaître un historique que nous serions si heureuses de feuilleter aujourd'hui ? Nous l'ignorons. Ce qu'il y a de certain, c'est que nous n'avons trouvé nulle trace de documents se rapportant à la jeunesse de Mlle Rita Bonnat, et que les quelques traits glanés dans sa vie jusqu'à l'époque de son entrée en communauté ont été puisés dans les souvenirs de quelques-unes des filles de la Mère Bonnat, qui les avaient recueillis par une sorte de surprise sur les lèvres de leur humble Mère.

Cependant M. Thibaud continuait l'œuvre sérieuse qu'il avait entreprise. Quand il crut que le moment marqué par la Providence était arrivé, il déclara à Mlle Bonnat que le bon Dieu la voulait à son service dans la vie religieuse, et qu'il ne s'agissait plus que de choisir l'Institut dans lequel elle devait entrer. Persuadée que Dieu lui ferait mieux connaître sa sainte volonté par la voix du guide de son âme que par toute autre, la jeune fille pria M. Thibaud de vouloir bien l'aider dans cette grande question. La Sainte-Famille n'était fondée que depuis quelques années ; M. l'abbé Thibaud connaissait intimement et estimait singulièrement le Fondateur de la Société naissante, et il offrit à Mlle Bonnat de la faire agréer au nombre des filles de M. Noailles. Celle-ci s'informa tout d'abord du genre de bonnes œuvres adoptées par la Sainte-Famille ; on lui parla d'orphelinats de jeunes filles, et de suite son cœur s'émut à la pensée de servir de mère à celles qui, comme elle, avaient été privées dès le berceau des caresses maternelles. Certes, son enfance et sa jeunesse avaient été entourées de soins touchants et dévoués, mais le vide fait dans un cœur par la mort d'une mère ne se comble jamais ; Rita l'avait compris, l'avait senti, l'avait exprimé dans ce langage de la poésie qui rendait mieux ses sentiments et ses pensées, et qui explique la prédilection qu'elle a toujours eue pour les enfants sans mère :

L'ORPHELIN.

Pour moi, le ciel est noir, l'existence est amère
    Et les soupirs sont superflus.
O vous qui connaissez la bonté d'une mère,
    Plaignez l'enfant qui n'en a plus !

Quand le cœur est brisé c'est en vain qu'il espère,
    Pour lui tous les biens sont perdus.
O vous qui comprenez le regard d'une mère,
    Plaignez l'enfant qui n'en a plus !

Le bonheur a pour moi l'aspect d'une chimère.
    Ses trésors sont inaperçus.
O vous qui reposez dans les bras d'une mère,
    Plaignez l'enfant qui n'en a plus !

Je ne désire plus revoir la primevère,
    Les beaux jours sont pour moi perdus.
O vous qui recevez les baisers d'une mère,
    Plaignez l'enfant qui n'en a plus !

Le zéphyr, le printemps, le vallon, la bruyère,
    Sont pour moi des objets confus.

Vous qui vous endormez sur le sein d'une mère,
    Plaignez l'enfant qui n'en a plus !

Je ne regarde plus l'églantine éphémère
    Embellir nos bosquets touffus.
O vous qui répondez aux baisers d'une mère,
    Plaignez l'anfant qui n'en a plus !

Pour retrouver l'objet que toujours je vénère,
    Je veux aller près des élus.
O vous qui soupirez sur le cœur d'une mère,
    Plaignez l'enfant qui n'en a plus ! (1)

M. l'abbé Thibaud fit près du bon Père Noailles des démarches qui furent promptement agréées, mais cette grande décision arrêtée, il fallait que Mlle Bonnat avertît sa famille du parti qu'elle allait prendre, et qu'elle annonçât aux siens son prochain départ. Cette nouvelle produisit une explosion de douleur tant à Saint-Chamond qu'à Bayonne. Personne ne pouvait se faire à l'idée que la jeune fille allait s'éloigner sans retour de ceux qui l'aimaient tant, renoncer à un avenir riant ouvert devant elle, faire le sacrifice complet de toutes les affections d'ici-bas pour embrasser une vie de pauvreté, de renoncement, d'immolation. Rita fut inflexible dans sa résolution : soutenue par la grâce qui ne manque jamais aux âmes qui cherchent avant tout le royaume de Dieu et sa justice, elle sut refouler dans son cœur et dominer les sentiments qui remuaient tout son être à

(1) Rec. de poésies.

cette heure solennelle de la séparation ; elle dut subir des scènes déchirantes, des assauts terribles portés à sa piété filiale, scènes et assauts que connaissent toutes celles qui ont répondu à l'appel de Dieu en sacrifiant l'affection d'une famille tendrement aimée. Elle ne se faisait pourtant pas illusion sur le genre de vie qui l'attendait. Sa vocation, mûrie par la prière, par la raison, par une intelligence plus qu'ordinaire, avait un cachet surnaturel qui ne pouvait lui échapper. La volonté de Dieu lui était manifeste, cela lui suffisait ; elle savait que sur sa route elle trouverait la Croix du Sauveur Jésus, que son organisation délicate et sensible lui serait une source incessante de souffrances, que le fond de son caractère, essentiellement mélancolique, deviendrait pour elle une occasion continuelle de luttes et de mérites, mais elle savait aussi que souffrir pour Dieu c'est aimer Dieu, et qu'une existence religieuse marquée au double coin de la souffrance et de l'amour, est la vraie vie d'une épouse de Jésus-Christ. C'est sous l'empire de tous ces sentiments que son cœur laissait échapper une douce plainte, qu'elle intitulait : *Souffrir, mourir*, chant de tristesse, mais aussi d'espoir, qui révélait à quel point elle avait compris et le néant de ce qui passe, et le bonheur d'une âme qui connaît le prix de la Croix.

SOUFFRIR, MOURIR.

Le cœur est un champ funéraire,
Où nous déposons chaque jour,
Sur une pierre tumulaire,
Nos espérances et notre amour.

Nous poursuivons une chimère,
Un bonheur qu'on ne peut saisir ;
L'existence est toujours amère.
Sur cette terre, il faut souffrir
    Et puis... mourir !

Gloire et beauté, biens qu'on envie,
Vous laissez sur notre chemin
Souvent l'amertume et l'envie,
Toujours un triste lendemain.
Un peu de bruit et de poussière,
Voilà ce qu'on nomme plaisir.
Avant d'achever la carrière,
Il faut se résoudre à souffrir,
    Et puis... mourir !

L'enfant bercé près de sa mère
Rêve des jours encor plus beaux ;
Il cueille une fleur éphémère
Qui se fane sur des tombeaux.
Quand pour nos cœurs le jour s'avance,
Le malheur à nous vient s'offrir,
A la lueur de l'espérance
Nous devons apprendre à souffrir,
    Et puis... mourir !

Pour le chrétien que Dieu console,
Mort et souffrance ont leurs douceurs ;
Sur l'autel où Jésus s'immole,
Il aime à répandre des pleurs ;
Il accepte le sacrifice

Désiré par le repentir,
Et dit en vidant le calice :
Je veux aimer, je veux souffrir,
    Et puis... mourir !

Le martyr entrevoit la palme
Parmi les fers de ses bourreaux ;
Le lévite trouve le calme
Dans ses angéliques travaux.
Le cœur qui prie et qui pardonne
Du ciel voit la porte s'ouvrir.
Pour mériter une couronne
Heureux celui qui veut souffrir.
    Et puis... mourir ! (1)

 L'heure de la séparation sonna enfin : quelques membres de la famille accompagnèrent Rita à Bordeaux. Les Sœurs de la Sainte-Famille ou Dames de Lorette habitaient alors la maison appelée Ségur. C'est dans ce modeste asile, séjour de la pauvreté et de l'humilité, que la jeune fille fut admise à prendre place parmi les Vierges du Seigneur. C'était le 15 octobre 1826, fête de Sainte-Thérèse, cette illustre Sainte dont la devise avait été *ou souffrir ou mourir ;* Mlle Rita Bonnat avait alors vingt-trois ans et quelques mois.

(1) Rec. de poésies.

LIVRE II

1826-1843

J'aurais voulu qu'on pût résumer ma vie en quelques mots et dire de moi : elle sut

    Croire et espérer,
    Aimer et prier,
    Vouloir et attendre,
    Ignorer et mériter.

Néanmoins, j'ai désiré de savoir :

    Parler et écouter,
    Lire et chanter,
    Donner et recevoir,
    Compâtir et soutenir.

Et je n'ai su que :

    Désirer et soupirer,
    M'attendrir et souffrir,
    Me taire et m'effacer,
    Regarder et passer.

Heureuse celle qui peut se dire qu'elle n'a jamais connu que ces trois sentiments :

Dévouement,
Abnégation,
Sacrifice.

R. B.

CHAPITRE I.

Noviciat. — Prise d'habit. — Perfection qui s'accentue en vue de Dieu. — Sœur Emmanuel, quoique novice, secrétaire du Bon Père. — Profession. — Admission dans la Société de Dieu Seul.

> *Divin Sauveur, ma joie et ma lumière,*
> *Mon seul bonheur et l'amour des élus,*
> *Je veux t'aimer et dire en ma prière :*
> *Je t'ai compris, doux regard de Jésus !*
> R. B.

Une nouvelle ère commençait pour Mlle Rita Bonnat ; à la jeune fille du monde, chérie dans sa famille, recherchée dans la société, devait succéder la novice d'une Congrégation naissante, tout animée encore de la ferveur de son berceau et de la récente influence de la bénédiction miraculeuse donnée par Notre-Seigneur aux premières Fondatrices. En outre, quoique les religieuses fussent en petit nombre, la pauvreté était extrême ; la nourriture, le vêtement, le logement s'en ressentaient. Toute œuvre de Dieu a ce béni cachet à ses débuts : c'est ce qu'on se plaît à appeler les temps héroïques d'une

Congrégation. Il faut l'avouer, la transition était grande pour la nouvelle postulante; elle ne s'attendait pas à une mortification poussée à ces extrêmes limites, et un instant elle s'en étonna. Dans sa première lettre à M. Thibaud, elle faisait part de ses impressions et elle disait que le pain noir et dur ne pouvait se manger. Il arriva que M. Thibaud vint à Bordeaux quelques jours après; il se rendit sans retard à Ségur pour voir la jeune fille; il causa avec elle et demanda ensuite à visiter la maison, ce qui lui fut accordé sans difficulté. Or, il se trouva qu'au réfectoire le couvert était mis et que le fameux pain était sur la table. M. Thibaud en prit un morceau, puis, se tournant vers Rita : « Et c'est ce pain-là, dit-il, que vous trouvez mauvais et que vous ne pouvez pas manger? Vous êtes bien difficile ! » La pauvre postulante, qui était loin de s'attendre à une telle apostrophe faite devant toutes les personnes présentes, baissa la tête, humiliée et confuse, et promit de ne plus jamais se plaindre à un directeur qui savait donner de pareilles leçons.

Au moment de l'arrivée à Bordeaux de Mlle Bonnat et de son entrée au Noviciat, le bon Père se trouvait absent; il était en Champagne, où il donnait des missions qui avaient un plein succès, et ses filles, pour diminuer l'éloignement, se plaisaient à lui écrire. Au Noviciat, on fit une lettre collective ; chacune des novices devait tracer quelques lignes. Rita n'avait jamais vu le Fondateur de la Sainte-Famille, qui n'était encore pour elle que le Supérieur. Quand vint son tour d'écrire, elle mit quelques vers charmants précédant sa signature, ce qui fit ouvrir de grands yeux à ses jeunes compagnes, peu habituées à ce genre d'épître.

Le bon Père revint enfin de Châlons : « C'est à Ségur que je vis le bon Père pour la première fois, — dit la Mère Bonnat dans ses Chroniques, — je le regardais avec autant de curiosité que de surprise. J'avais tant entendu parler de lui ! Tout son extérieur portait l'empreinte de la souffrance, on aurait pu même le prendre pour un poitrinaire. Il était extrêmement maigre, se courbait en avant et paraissait ne pas pouvoir se soutenir. Ses traits, fortement prononcés, étaient pâles, allongés ; sa figure sérieuse était celle d'un austère cénobite, mais, en parlant, son affectueux regard, son agréable sourire, lui donnaient cette expression de bonté qui ne peut être comprise que de celles qui ont eu le bonheur de vivre près de lui. »

Si telle fut l'impression première de la nouvelle novice, nous ne saurions dire quelle fut celle du bon Père ; sans doute elle fut favorable, car bientôt ces deux belles et riches intelligences devaient se rencontrer pour travailler de concert à la gloire de Dieu et à l'extension de la Société.

La Mère Saint-Charles Camy était alors la Mère des novices, et c'était en conscience qu'elle s'acquittait de sa mission ; elle ne gâtait pas ses filles et ne leur épargnait ni les travaux, ni les humiliations, ni les épreuves destinées à connaître les caractères, à les forcer à se dessiner et à les obliger à se jeter dans le moule le plus exact de la règle et de la vie religieuse. Le nom des compagnes de Rita n'est pas venu jusqu'à nous; nous savons seulement que Pauline Machet, depuis quelques mois sortie du pensionnat de Lorette, avait été autorisée, avec la ferveur de ses quinze ans, à faire ses premiers essais.

L'une des plus vraies épreuves de Mlle Bonnat était la reddition de l'Oraison ; mais comme c'était un devoir imposé par l'obéissance, et que dès son début Rita avait montré l'importance qu'elle attachait à la pratique la plus rigoureuse de cette grande vertu, elle rendait compte de son Oraison, le moment venu, avec une conscience qui édifiait autour d'elle, avouant simplement, non seulement ses distractions, mais le sujet de ces distractions et leur durée ; cet exercice ainsi pratiqué faisait prévoir dès lors qu'elle comprenait la portée de ces mots : Celui qui vit selon la règle, vit selon Dieu.

La Supérieure Générale de Lorette était la Mère Conception Pérille, religieuse, comme on le sait, d'un beau caractère, d'une haute piété, d'un grand cœur et douée de moyens exceptionnels pour une femme. Rita s'attacha de cœur à cette Mère qui l'avait bien vite comprise, qui l'aidait de ses affectueux conseils et la consolait dans ces premières peines de la vie religieuse que la nature ressent si vivement.

Mais le guide et le consolateur par excellence, ce fut bientôt le bon Père. Avec son sûr coup d'œil, son expérience des âmes et les grâces attachées à sa mission de Fondateur et de Supérieur, le bon Père Noailles ne tarda pas à découvrir tout ce que le Bon Dieu avait mis de dons et de qualités dans le cœur de sa nouvelle fille, et il se plut à exploiter la riche mine qui s'offrait à lui.

Sa direction éclairée, suivie, paternelle, ouvrit dans le cœur de la novice des horizons inconnus ; sa piété, alimentée par l'huile de la charité, augmenta en proportion des grâces qu'elle recevait ; souple et docile entre les mains de celui qui, à tous les titres, lui tenait la place de Dieu, elle s'attacha au bon Père et lui voua une affection aussi respectueuse que filiale et profonde, affection dont la plénitude ne connut jamais ni la diminution ni la défaillance.

Sûr de cette âme qui s'était ouverte à lui avec une entière confiance et un entier abandon, le bon Père crut devoir seconder l'action de la grâce si puissante en elle en autorisant Mlle Bonnat à se revêtir des saintes livrées du Seigneur, le 2 février 1827. Il lui donna en même temps le nom de Sœur Emmanuel, *Dieu avec nous,* qui répondait si bien à l'ardente piété de la jeune fille. Ce ne fut pas tout ; nous lisons en effet dans les notes de la Mère Bonnat : « A Lorette, Ségur, le jour de la Puri-
» fication, le 2 février 1827, je pris l'habit religieux et je
» fis à Dieu tout-puissant, à l'Église et à ses ministres,
» puis à mon Supérieur en religion, le vœu d'obéissance
» pour toujours. Ce vœu se fit avec conseil et approbation
» pour combattre l'esprit d'indépendance et pour dominer
» les tentations contre la foi. » Rita, devenue Sœur Emmanuel, n'avait que trois mois et demi de religion au moment où son Supérieur et son père spirituel lui permettait un vœu perpétuel d'obéissance, quand elle avait fait déjà le vœu perpétuel de chasteté. Cette autorisation nous révèle ce qu'était dès lors la fervente novice. L'amour de Dieu régnait en maître dans son cœur,

et nous ne nous étonnerons point de trouver sur ses lèvres, au soir de ce beau jour, cette touchante prière :

Je vous aime Jésus enfant, entouré d'épines.

Je vous aime Jésus adolescent, faisant déjà des croix.

Je vous aime Jésus grandissant, et toujours occupé des affaires de votre Père.

Je vous aime Jésus travaillant avec saint Joseph.

Je vous aime Jésus assistant à ses derniers moments.

Je vous aime Jésus vous séparant de votre sainte Mère.

Je vous aime Jésus enseignant les peuples.

Je vous aime Jésus souffrant le froid, la faim, les travaux du ministère.

Je vous aime Jésus pendant vos miracles.

Je vous aime Jésus nous donnant l'Eucharistie.

Je vous aime Jésus endurant votre passion.

Je vous aime Jésus mourant sur la Croix (1).

Si le bon Père, juge compétent dans la vocation de la Sœur Emmanuel, avait devancé pour elle le temps ordinaire où il était permis de contracter des engagements, il avait voulu qu'elle continuât son noviciat, et qu'elle s'y fortifiât, par la pratique, dans l'esprit qu'il inspirait lui-même aux premières Sœurs de la Sainte-Famille. Ce bon Père, en effet, s'occupait spécialement des novices, il les voyait souvent, leur faisait des conférences spirituelles, les interrogeait, les faisait parler sur divers sujets de la vie religieuse, puis, selon qu'il en était besoin, il les instruisait, les éclairait, formait

---

(1) Écrin.

leur jugement, rectifiait leurs erreurs. Sœur Emmanuel ne pouvait que tirer grand profit de secours si bien appropriés à ses aspirations, mais si sa volonté ferme était toujours en haleine pour le bien, si son extérieur annonçait toujours la paix d'une âme maîtresse d'elle-même, son cœur si affectueux endurait bien des souffrances qu'elle épanchait toute confiante dans le sein de la Mère Pérille. Quelques lettres de cette époque, adressées à cette bonne Mère, nous révéleront mieux que tout ce qu'on pourrait dire les sentiments intimes de la Sœur Emmanuel. Cette première correspondance est en quelque sorte le point de départ de la vie de la Mère Bonnat, écrite par elle-même. Désormais, c'est presque toujours elle que nous suivrons : aucun récit ne saurait avoir le charme, l'intérêt que nous trouverons à la lire.

A la Mère Conception Pérille.

« 19 août 1827.

» MA BIEN BONNE MÈRE,

» Une jouissance à laquelle je ne m'attendais pas et que je n'aurais pas osé demander, vient de m'être offerte; je la dois à une Mère, je viens la goûter près d'une autre. Hélas! je l'ai saisie avec un empressement qui se sent bien de mon peu de perfection! Mais y a-t-il donc du mal à aimer sa bonne Mère? et serais-je la seule à qui ce serait défendu? Quelquefois je me dis : Oui, je me trouve coupable, j'aime trop, je ne suis pas à mon Dieu, j'abuse de ses grâces, de son amour, je suis perdue. Parfois, plus indulgente, je me rassure et me console; je ne me cache pas, dis-je, l'on sait bien comme je suis; pourquoi tant m'inquiéter? si vous ne voulez pas une enfant qui vous aime, renvoyez-la, mais si vous l'excusez, laissez-lui le plaisir de vous exprimer ses sentiments. Vous voulez passer votre fête loin de nous, ma bonne Mère, vous nous privez même de vous voir ce jour-là.... Je soupire, mais cela m'est bien permis. Si vous me le défendez, je cesserai de le faire, et vous prouverai que le désir d'être véritablement votre fille est ce qui m'occupe le plus sérieusement, et que je suis prête à faire pour le devenir tout ce que le bon Dieu demandera et de vous et de moi. Vous n'avez pas oublié la promesse que vous me fîtes dans le cabinet de charmille, vous vous chargeâtes de moi, et depuis je ne m'appartiens plus. Que j'aime à vous renouveler ma donation et à espérer que vous ne la refuserez pas. C'est un don bien imparfait, mais vous le rendrez digne de vous si vous me continuez vos conseils et que vous vouliez bien m'aimer un peu, car, sans cela, comment vivrait Emmanuel. »

. . . .

Au mois de novembre, la Mère Pérille quittait la propriété de Ségur pour aller habiter la rue Saintonge. Sous l'empire du chagrin que lui causait cette séparation inattendue, Sœur Emmanuel s'empressait de lui écrire :

« 3 novembre 1827.

» ... Quel triste moment pour moi quand j'ai appris que vous nous aviez quittées pour tout à fait! Je n'avais rien vu, rien remarqué, j'étais dans une parfaite sécurité, je voyais pleurer, je n'en comprenais pas la cause, quand tout à coup une question m'a échappée : Mais pourquoi ces larmes ? On aurait pu me répondre : Êtes-vous donc si étrangère en Israël! Si on l'a pensé, on ne me l'a pas dit, mais l'on m'a appris que ma bonne Mère s'était éloignée et pour tout de bon. Ah! pauvre cœur, tu l'as senti; cependant j'ai paru ferme, et tout en m'accusant d'hypocrisie, j'ai dit à mes Sœurs qu'ayant Dieu avec nous, nous aurions bien tort de nous attrister, qu'après tout nous ne voulions que lui, qu'ainsi nous étions servies à souhait. Ah! c'était bien la bouche et non le cœur qui parlait; au dehors, il semble bien résigné et dit : que la volonté de Dieu soit faite, mais il en est tout froissé. On dirait que la maison est déserte, que tous les lieux répètent : Elle n'est plus là. Et puis je me gronde, pourquoi m'attacher à une Supérieure Générale, quelle présomption! — Je n'ai pas pu faire autrement. — Eh bien! souffrons. — Je ne veux pas souffrir. Je cherche tous les moyens d'éviter la Croix, je la vois de tous les côtés, ce qui me donne des espèces d'impatiences qui sont, si vous pouvez les comprendre, tout ce qu'on peut penser de pénible. Je ne trouve de vraie consolation qu'à crier au bon Dieu : Ayez pitié de moi! Quand je l'ai répété un bon moment, je me sens plus calme, et voilà, ma bonne Mère, tout ce que j'ai fait depuis que vous n'êtes plus parmi nous. J'évite de penser à l'avenir, je fuis le passé, j'en ai si peu profité; le présent m'attriste, mais ne me décourage pas, je veux être votre fille, je suis disposée à tout pour avoir un jour ce bonheur; faites-moi tout ce que vous voudrez, je soupirerai, je vous aimerai, et je serai contente. Vous n'avez pas voulu nous dire un petit adieu en partant, il nous aurait fait tant de plaisir; vous êtes revenue, mais les novices n'ont fait que vous apercevoir, qui sait s'il n'en sera pas toujours de même? Mais je ne fais que gémir, ma bonne Mère, pardonnez-moi; du reste, ce n'est qu'auprès de vous que je parais ce que je suis, ailleurs, je suis de roche, si j'ai pleuré, c'est dans la vigne, personne ne s'en est douté. »

. . . .

« Une tentation de tristesse, d'inquiétude, est venue fondre sur moi. Je ne sais plus de quel côté me tourner, j'ai beau laisser courir mon imagination vers tous les objets qui pourraient lui plaire, je n'en trouve aucun qui m'arrête, il faut donc souffrir. J'en reviens là, et cette idée me désole. J'éprouve une telle répugnance pour l'état que j'embrasse, pour les emplois qu'on me donne, pour tous les ouvrages qu'on me charge de faire, que, malgré moi, cela paraît; encore me fais-je bien des violences. Mon état ne peut recevoir de consolations, d'abord parce que je n'en veux pas, je ne cesse de dire à Dieu que je veux souffrir; mais ce désir des peines n'en exclut pas le sentiment, il est aussi vif que si je souffrais malgré moi. Et puis le bon Dieu me sert suivant mes souhaits : tout ce qui est piété m'est à charge, rien ne me sourit, ni les vertus, ni les biens éternels; je ne peux pas me définir, par conséquent je ne peux pas être comprise; mais je me trouve seule, abandonnée comme une herbe sur une montagne déserte et sablonneuse. Je serais soulagée si je pouvais pleurer, je n'en ai pas même envie, ou plutôt je ne peux pas le faire parce que Dieu, sans doute, me veut dans cet état, comme cela et pas plus que cela; heureuse si je sais en profiter. Venez à mon aide, ma bonne Mère, j'ai grand désir d'être à Dieu, je sens que je ne veux pas y être à demi et que pour moi il faut tout ou rien; mais je suis si faible, ma tête est si légère, mon imagination si folle, que je suis toujours prête à faire quelques tours de ma façon. Laissez-moi, je vous prie, une place dans vos prières comme je vous en demande une aussi dans votre cœur. »

. . . .

« 3 décembre 1827.

» ...J'ai fait un grand sacrifice dimanche dernier, j'ai renoncé au plaisir de vous écrire, j'ai voulu essayer mes forces, faire la courageuse, mais aujourd'hui je succombe. Il est vrai qu'en sacrifiant la jouissance de vous écrire, j'avais conservé l'espoir de vous voir lundi, et pas du tout; il est vrai aussi que je ne croyais pas éprouver tant de peine. J'avais si bien pris ma résolution que je voulus la tenir, mais involontairement entraînée par je ne sais quel attrait, je rôdais toujours près de l'armoire qui renfermait les plumes et le papier. Le soir, accablée de tristesse, je me demandais quelle en pouvait être la cause. Était-elle donc si difficile à trouver? Je n'avais rien dit à ma bonne Mère, j'avais parlé à Dieu; mais il est si haut et moi si bas, que, sans

un intermédiaire, je reste isolée… Qu'allez-vous dire de cette novice ; quoi ! toujours du sentiment, du mélancolique. Quand est-ce donc qu'il y aura de la vertu ? C'est ce que vous demandez et ce que je veux vous offrir désormais ; pardonnez-moi, ma bonne Mère, c'est une rechute, il ne faut pas s'en étonner ; avec le temps, de la patience et plus encore le secours de Dieu, nous arriverons un jour à mériter le cœur et la tendresse de ma bonne Mère. J'ai déjà fait quelques pas en avant, je vis loin de vous et je croyais n'en venir jamais là ; il est vrai que lorsque la tristesse arrive je me dis bien vite : on m'a dit qu'on m'aimait, serait-ce vrai ! Oh ! si cela était ; oui, je dois le croire et me voilà la plus heureuse créature. Il en est de même pour le Bon Dieu, je sais qu'il me regarde, qu'il me souffre, mais si je pouvais croire qu'il m'aime, je ne pourrais pas soutenir mon bonheur. » . . . .
. . . .

« A ces peines se joint l'inquiétude que nous donne notre Mère, toujours près des malades, où ses soins sont absolument nécessaires, je le sais, mais néanmoins elle s'expose, elle souffre, elle veut le dissimuler et est forcée de le laisser apercevoir. Jugez ce que cela me fait éprouver ; j'offre mes services, mais on les renvoie si loin, que toute confuse je dis en soupirant : c'est donc bien vrai, je ne suis bonne à rien… je ne vois rien de pire, c'est cependant ce que le Bon Dieu m'a envoyé, encore faut-il ne pas se plaindre, car il me dirait ensuite que je ne sais ce que je veux. »

« 7 décembre 1827.

Puisque c'est ma Sœur Gonzague de Marie que le Bon Dieu appelle auprès de vous, je ne veux pas l'y laisser aller seule. Je ne suis pas jalouse de son bonheur, quoiqu'il soit bien grand ; je suis enchantée qu'elle en jouisse, mais je veux aussi venir dire à ma bonne Mère que je suis un peu sa fille et qu'à l'aimer je ne serai pas la dernière. Je ne vous apprends rien, c'est un vieux discours que je vous mets sur tous les tons, mais qui me paraît toujours nouveau lorsque l'occasion se présente. » . . . .

. . . .

« Cette journée de mardi que j'avais tant désirée, loin de m'être ce que je m'étais promis, n'a contribué qu'à me donner bien de la peine. Je vous ai vue si souffrante que j'ai été toute attristée, j'aurais voulu enlever à ma bonne Mère ce qu'elle souffrait..... Dans mon impuissance, je suis venue me jeter dans les bras de mon Dieu : Vous devez suffire lui ai-je dit ; eh bien, faites donc que je mette tout mon bonheur à savoir que vous existez, tant que je ne serai pas parvenue à ne vouloir que cette consolation, je souffrirai..... »

Sans s'effrayer de ces luttes et des souffrances d'un cœur qui aspirait si vivement à Dieu, le bon Père choisit Sœur Emmanuel pour sa secrétaire. Outre les services qu'elle pouvait lui rendre dans ce poste de confiance, il donnait par un travail sérieux à cette imagination vive et ardente, un aliment qui peu à peu devait modifier une sensibilité trop développée. Dans les lettres suivantes, nous nous apercevrons en effet que le sage Supérieur avait su atteindre son but : l'affection pour *sa bonne Mère* est toujours aussi profonde chez la Sœur Emmanuel, mais ses efforts vers la perfection s'accentuent en vue de Dieu, et on sent le surnaturel dominer enfin de toute sa hauteur les sentiments de la jeune religieuse.

1828.

« ..... Il faut que je me dédommage du sacrifice que j'ai fait dimanche et lundi ; je l'ai fait si généreusement, avec tant de force et de courage, qu'après avoir mérité les éloges de mes Sœurs, je me suis moi-même presque enorgueillie de ma vertu..... hélas ! cependant j'ai pleuré, j'ai soupiré, j'ai crié, que pouvais-je faire de plus ? N'ai-je pas donné à la nature de quoi la satisfaire ? Je lui ai tant donné qu'hier, étant en retraite, j'ai pleuré, le croiriez-vous, d'avoir pleuré avant hier ; je me suis désolée de nouveau de tout ce que vous savez, j'aurais voulu écraser mon cœur contre la pierre afin qu'il n'en reste pas vestige. Je voudrais partir, mais non pour Pauillac, non pour Lyon, non avec vous, ni avec tout autre, mais toute seule pour pouvoir dire à Dieu : Êtes-vous content, je n'aime que vous ? Il me semble qu'alors je serais tranquille ; mais si je m'arrêtais, qui sait si je ne m'attacherais pas encore à quelque être inanimé ? Qui sait si ma misérable nature, plutôt que de ne tenir à rien, ne se fixerait pas à un arbre ou à une roche ? Priez pour moi, ma bonne Mère, j'ai honte à vingt-cinq ans d'être si enfant ; cachez-moi dans votre cœur, qu'aucune autre ne sache ce qui se passe dans le mien..... Je ne suis pas sage, tout me le dit, et plus que personne je le sens. Je ne trouve plus Dieu ni dans la prière ni ailleurs ; je le cherche, je l'appelle, mais il ne me répond pas ; je traverse tristement la chapelle en répétant : Si vous étiez ici vous m'entendriez. Tout est sombre, tout est nuage pour moi ; on parle toujours de la paix de mon âme ; je laisse exister cette erreur, mais on juge bien mal, ma bonne Mère, quand on juge ce qu'on ne connaît pas. Je passe depuis quelques jours d'un emploi à l'autre sans pouvoir en remplir aucun : tantôt portière ou infirmière, hier matin lingère, toujours sacristine et secrétaire, depuis dimanche réglementaire, je suis toujours par monts et par vaux. Je fais à ma tête dans tout cela ; ma Sœur Nativité m'avertit, je confesse mes torts, je me tourmente de mon peu de dépendance, je me trouble, je pleure, mais je recommence un moment après. »

« Décembre 1828.

» ..... Je n'ai qu'un instant pour vous écrire, et comme j'en parais affligée, notre bon Père veut me consoler en me disant qu'il est honorable d'être pressé et qu'une personne d'un mérite semblable au mien, chargée d'affaires importantes, ne doit nécessairement pas avoir beaucoup de temps pour sa correspondance. Ces raisons ne me satisfont guère, mon cœur n'en est pas content, il me faut la volonté de Dieu pour rétablir mon âme dans sa paix.....

» Je ne fais rien de bien, mais les gaucheries journalières emplissent tellement le temps que je n'en trouve plus pour faire ce que je voudrais; priez pour moi, ma bonne Mère, car si cela continue je deviendrai un véritable paquet de communauté. D'abord, suivant les commencements que vous avez vus, je casse, brise, déchire, égare tout ce qui se trouve sous ma main. Je ne vois pas d'autres ressources pour aider le temporel que d'effectuer une prompte et entière retraite; si vous le jugez convenable, je prendrai ce parti; mais, en attendant, comme je suis votre fille, je veux vous offrir mon cœur et mes vœux pour bouquet de fête, je vous appartiens et avec moi je vous donne toutes mes bonnes intentions et résolutions..... Mais il faut que je vous conte mes folies, vous me jugeriez trop bien si je ne vous disais pas tout, vous pourriez croire que le noviciat m'a mûrie; hélas, non, je suis toujours la même : prières, résolutions, rien n'opère; je serais tentée quelquefois de dire : je perds mon temps. Enfin, pour en venir à mon affaire, c'est que je ne tousse plus et que je suis désolée, oui, désolée, c'est le mot. Je voulais mourir novice, mourir cette année, et mes espérances s'envolent. Je faisais la semaine dernière de si jolis châteaux, je commençais une fluxion de poitrine, j'y joignais une petite vérole, avec cela un peu de fièvre cérébrale, enfin je me mettais sur la grande route de l'Éternité, n'ayant plus qu'à faire mes adieux. Rêves charmants, vous vous êtes bien évanouis comme un songe; je me porte à merveille, et partout où j'entrevois mon ombre, j'y vois une perspective qui n'est pas rapprochée. Oh! ma bonne Mère, que c'est affligeant d'être obligée de vivre quand on ne le voudrait pas ; il me semble que je suis si prête à mourir. Une vie un peu orageuse, il est vrai, mais un an de retraite nous en a bien fait connaître les défauts et vices. Cet examen, la bonté d'un Dieu que je comprends chaque jour davantage, tout me fait envisager la mort comme le plus beau moment de ma vie ; il me semble qu'en voyant approcher cet instant, je ne pourrai cesser de répéter : Oh ! que je suis heureuse, mon Dieu, que je vous aime, que je vous remercie ! Enfin, voilà comme je suis, désirant mourir avec une ardeur qui tient plus, j'en conviens, de la lâcheté que de l'amour divin. On m'a défendu de le demander à Dieu, je suis forcée d'obéir, mais je dis à ce bon maître, comme lorsque j'étais sur le point d'entrer au couvent, et que le Père Thibaud, qui me voulait parfaite avant que j'eusse commencé à y travailler, me défendait de rien demander. Je lui disais pour me dédommager : Vous savez, mon Dieu, ce qu'on ne veut pas que je vous demande, ne l'oubliez pas, je ne vous prie pas, mais je vous offre mes désirs. J'en fais autant maintenant, ne me grondez pas, prenez plutôt ma misère en pitié. »

Cette pensée de la mort, nous la retrouverons désormais souvent sur les lèvres ou sous la plume de la Mère Bonnat ; dans ses poésies, dans sa correspondance, dans les cantiques que lui inspirait sa piété, la mort, le ciel, reviennent sans cesse comme consolation et comme espoir.

A cette époque, il était d'usage, dans le diocèse

de Bordeaux, qu'au moment de la bénédiction du Très Saint-Sacrement on chanta un cantique. A Lorette, on aimait beaucoup le chant, il y avait de belles voix, la Sœur Emmanuel se plut à composer des cantiques en l'honneur de l'Eucharistie. On en trouvera quelques-uns ici avec plaisir, ils feront revivre, et le sentiment de piété qui les a inspirés, et le souvenir du temps où nos premières Mères et nos Sœurs aînées se servaient de ces chants pour alimenter leur ferveur.

AMOUR POUR AMOUR.

Brisant les fers de l'esclavage
J'entrevois mon libérateur,
Éloigne-toi, sombre nuage,
Que je contemple mon Sauveur.

CHOEUR

Une céleste ardeur m'enflamme
Et me consume nuit et jour ;
Au Dieu qui possède mon âme,
Je veux rendre amour pour amour.

Comme la lampe solitaire
Qui vit et meurt près de l'autel,
Dans cet auguste sanctuaire
Je veux brûler pour l'Éternel.

Semblable à la fleur destinée
A l'ornement de ce saint lieu,
Comme elle je suis consacrée
A vivre et mourir pour mon Dieu.

Comme la vapeur embaumée
Qui s'élève de l'encensoir,
Mon âme, d'amour consumée,
Exhale ses vœux, son espoir.

Comme un accord mélancolique
De l'orgue aux sons mélodieux,
Mon âme, par un saint cantique,
A pris son essor vers les cieux.

Je voudrais être la colombe
Qui s'abrite près de l'autel,
Et je voudrais trouver ma tombe
Dans le temple de l'Éternel.

Dieu Tout-Puissant, vous que j'adore,
Laissez-moi m'envoler vers vous ;
Appelez-moi, vous que j'implore,
Appelez-moi, céleste Époux (1).

AIMONS JÉSUS.

Voici Jésus, le souverain des Anges,
Qui par amour descend sur cet autel.
Prosternons-nous, offrons-lui nos louanges,
Et sous ce voile, adorons l'Éternel.

CHOEUR :

Mon cœur, entends sa voix touchante,
C'est un ami, ne lui résiste plus ;
Que ma faible voix chante, chante :
    Aimons Jésus.

(1) Rec. de poésies.

Dieu des vertus, aimable solitaire,
Enseigne-moi comment je dois t'aimer ;
Fais de mon cœur un humble sanctuaire,
Viens l'habiter, le bénir, l'enflammer.

Pain des élus, toi que mon cœur adore,
Toi qui m'inspire un si doux sentiment,
Vois à tes pieds un enfant qui t'implore,
Comble ses vœux, deviens son aliment.

Divin Jésus, qu'en ces lieux je contemple,
Et dont l'amour s'abaisse jusqu'à moi ;
Mon seul bonheur, c'est de vivre en ton temple,
Mon seul désir, c'est de mourir pour toi.

Ici, Jésus a choisi sa demeure
Et de mon cœur est devenu l'Époux.
Ici, je veux répéter d'heure en heure
Les chants sacrés des concerts les plus doux.

Voici Jésus, tendre époux qui m'invite,
Et qui m'appelle au céleste séjour.
Avec Jésus, que je parte au plus vite,
Je veux chanter le cantique d'amour.

O doux Jésus, le trésor de ma vie,
Mon seul amour, mon unique bonheur,
Accorde-moi le seul bien que j'envie :
Te contempler, t'aimer de tout mon cœur (1).

(1) Rec. de poésies.

Le temps réglementaire du noviciat s'acheva pour la Sœur Emmanuel, sans apporter un notable changement dans son existence, puisque depuis longtemps déjà elle était, comme secrétaire du bon Père, mêlée et initiée aux affaires du gouvernement et de l'administration. En 1829, nous la trouvons occupée des comptes, et remerciant Dieu qui lui envoyait Mme Machet, pour découvrir les erreurs qu'elle y faisait et l'aider à les rectifier. Sa correspondance d'alors ne ressemble plus en rien à ses premières lettres à la Mère Pérille; elle y traite de la part du bon Père des questions d'administration, de placements de sujets, d'affaires de toutes sortes, avec les Supérieures des premières Œuvres fondées en dehors de Bordeaux. On sent déjà la Sœur de la Sainte-Famille, formée à l'école du Fondateur, et travaillant à répandre dans tous les cœurs l'esprit que le bon Père cherchait à inspirer à ses filles.

Il ne restait plus à la Sœur Emmanuel qu'un seul pas à franchir pour que sa donation à Dieu fût complète; le bon Père, trouvant que le fruit était mûr et pouvait être avec profit offert au Seigneur, permit à sa chère fille de consommer son dernier sacrifice, et les notes déjà citées deux fois nous disent ceci : « A » Lorette-Ségur, le 29 septembre 1829, jour de Saint- » Michel Archange, je fis le vœu de pauvreté pour tou- » jours.

» Le 29 septembre est donc le jour de mes vœux » religieux.

» Le lendemain, 30, jour de Saint-Jérôme, je fus reçue » dans la Société des Filles de Dieu Seul, je renouvelai

» tous les engagements pris antérieurement, et je fis le
» serment de les observer toujours. »

Tout était consommé, Sœur Emmanuel appartenait à Dieu seul sans retour ; son oblation avait été entière ; dans la plénitude de sa volonté elle s'était mise dans l'impuissance de regarder en arrière, et sous l'empire du grand acte de sa profession religieuse, elle exprimait ainsi les sentiments de son cœur :

LE SERMENT.

Temple sacré, temple d'amour,
Ouvre ton heureux sanctuaire,
Dans ce délicieux séjour
Habite l'âme solitaire ;
De ce jardin, elle est la fleur,
Par l'Époux elle est cultivée
Et, comme un lis de la vallée
Elle est consacrée au Seigneur.

Heureuse fille d'Israël,
Parez-vous de lis et de rose,
Courez au festin solennel
Que le tendre Époux vous dispose.
L'amour a consumé son cœur,
Pour vous il a donné sa vie,
Et, de son épouse chérie,
Il veut assurer le bonheur.

Divin Sauveur, céleste Époux,
L'amour en ce moment m'inspire,

Je jure de n'aimer que vous
Et de mourir sous votre empire.
Autel, témoin de mes serments,
Conserve-les à ma mémoire,
Un jour, ils deviendront ma gloire,
Le ciel redira mes accents (1).

(1) Rec. des poésies.

CHAPITRE II

Sœur Emmanuel est nommée Électrice à vie et Directrice de l'Association extérieure. — Ses nombreux travaux pour l'extension de cette partie de la Société. — Fondation de Martillac. — Premier séjour à la Solitude.

> *Au Dieu qui possède mon âme,*
> *Je veux rendre amour pour amour.*
> R. B.

Ces paroles n'étaient point une formule vaine pour celle qui les avait prononcées dans l'élan de sa ferveur et de son amour. La nouvelle professe de Dieu Seul savait qu'aimer c'est se donner ; elle avait donc hâte de se dépenser au service de la famille religieuse qu'elle avait faite sienne par ses serments. De nouvelles obligations allaient lui être imposées et la mettre à même de répondre au besoin de dévouement de son cœur généreux. Le bon Père qui, dès le début, travaillait à établir le gouvernement de la Société d'après les plans qu'il avait conçus, s'était entouré, comme Conseillères, de celles des Filles de Dieu seul qu'il croyait les plus aptes à comprendre et à développer ses projets, et leur avait donné le titre d'*Électrices à vie*, titre qui correspond à celui que portent aujourd'hui les Conseillères Générales de Marie.

Le 10 février 1830, il appela la Sœur Emmanuel à prendre rang parmi les Conseillères, et, tout en la conservant dans les fonctions de secrétaire du Directeur Général qu'elle exerçait depuis son noviciat, il lui confia la direction de l'Association extérieure. Cette mission était importante et délicate : la Société de la Sainte-Famille n'avait que dix années d'existence, il s'agissait de la faire connaître par le moyen des Associés et des Congréganistes ; de mettre en mouvement, sous ce rapport, le zèle des Supérieures locales, de recueillir des faits édifiants, de préparer des Annales, de multiplier les relations, de procurer des fondations, des vocations, des amis et des bienfaiteurs à l'Institut naissant.

Cette vaste tâche n'effraya point le zèle de celle que nous appellerons désormais la Mère Emmanuel ; elle nous l'a dit elle-même : « Quand le bon Père avait parlé, qu'il avait exprimé un désir, rien ne semblait impossible à ses filles : *Le Bon Père l'a dit* était une réponse devant laquelle s'évanouissaient toutes les objections (1).

La lettre suivante, adressée à la Mère Xavier Gautier, nous montre en quel sens la Mère Emmanuel se mit à l'œuvre :

« J'eusse bien désiré vous écrire lors du départ de nos Sœurs pour Saint-Estèphe, mais je ne pus en avoir

(1) Souv. de Martillac.

le loisir ; je voulais vous féliciter, ma Mère, sur votre heureuse arrivée et sur la jouissance que vous alliez avoir en exerçant le plus beau des ministères, celui de faire connaître Dieu, mais cela me fut impossible ; aujourd'hui, je viens m'en dédommager, et vous dire tout bas, tout bas, que je vous porte envie. Car vous savez que je suis comme sur un clocher, ne voyant les choses que de loin ; vous, au contraire, vous êtes sur les lieux : vous voyez le mal, vous y remédiez, vous voyez le bien et vous en jouissez ; des deux côtés, nous trouvons, il est vrai, notre compte, puisque nous pouvons aimer Dieu et faire sa sainte volonté ; ainsi bénissons-le et soyons toujours dans la joie.

» Je vous envoie par la même occasion quelques imprimés qui vous feront connaître la manière d'établir l'Association de la Sainte-Famille. Vous pouvez communiquer ces imprimés, mais, autant que possible, ne les donnez pas, à moins que ce ne soit à des amis sûrs. Il ne faut, pour le moment, que recueillir les noms des personnes qui veulent bien faire partie de l'Association, en y joignant à côté la somme qu'elles donnent ; la rétribution est fixée à un franc, on accepte les dons volontaires. Vous voyez que le Conseil doit rendre compte de l'emploi de l'argent et qu'il doit s'employer aux frais de correspondance et au soulagement des pauvres. Lorsque vous aurez un certain nombre d'associés, je vous enverrai le règlement avec de plus amples détails, particulièrement sur ce qui regarde l'organisation ; il suffit, pour le moment, que vous recueilliez quelques noms. Vous pouvez dire que l'Association est dirigée par M. Noailles, qu'il y a un Conseil général, qu'il correspond directement avec les chefs de correspondance, ceux-ci avec les chefs principaux, ces derniers avec les chefs particuliers, et ainsi de suite. Enfin, ce qui est bien essentiel, c'est de recueillir tous les traits édifiants que vous pourriez apprendre et de me les communiquer; si vous ne pouvez pas les rédiger vous-même, je m'en chargerai. Les événements politiques, loin d'être un empêchement pour nous, sont, au contraire, un moyen de présenter l'Œuvre et de la faire réussir. C'est lorsque les impies triomphent, que les fidèles doivent s'efforcer d'étendre le royaume de Jésus-Christ; les esprits sont maintenant très portés à se réunir et à prier pour la conservation de la foi : depuis ces derniers troubles nous avons recruté plusieurs membres et l'on en recrute tous les jours. Si vous ne pouviez pas vous en occuper vous-même, ne serait-il pas possible d'en charger quelques personnes ferventes? Je suis persuadée que les dames de votre connaissance en feraient volontiers partie. Oh! ma Mère, que nous serions heureuses si nous pouvions, par nos efforts, sauver quelques âmes, arrêter les progrès de l'erreur et de l'irréligion. Une âme arrachée au démon couvrirait nos fautes, nous rendrait justes et dignes de Dieu. Si l'on comprenait bien ce que c'est que la vertu, le bonheur de ceux qui la pratiquent, on ne trouverait pas pénibles les moyens qu'on emploie pour ramener les pécheurs ou maintenir les justes dans la piété. Je voudrais bien que la Sainte-Famille s'établît de vos côtés avec un peu de régularité; prions pour cela, c'est mon *amen* à tout; si j'en croyais mes désirs, je passerais les jours et les nuits à prier pour tout ce que je vois nécessaire. Que nous sommes à plaindre : il y a tant de bien à faire, et nous en faisons si peu ! Enfin, humilité, patience et abandon entre les mains de notre aimable Époux.

» ... Je ne sais trop si vos finances sont dans un bon état; j'en doute un peu, et je crois bien que vous venez de quitter le *palais* de Lorette pour la *chaumière* de Saint-Estèphe; comme partout on trouve Celui qu'on aime, je vous félicite de votre dénûment extérieur; que l'âme est riche et belle quand le corps gémit dans la misère ! que l'on est heureux de pouvoir s'offrir à Dieu dégagé de toute entrave et de tout embarras !

» Adieu, je vous embrasse de tout mon cœur et vous recommande le soin de votre santé; je fais plus, revêtue de tous mes titres, je vous ordonne de prendre beaucoup de ménagements pour la conservation d'une Mère que j'aime, chéris et honore. »

La Mère Pérille avait été envoyée à Paris pour y solliciter des secours en faveur des Orphelines dans un moment où la détresse était grande; la Mère Bonnat la suivait de cœur dans cette mission délicate, et elle lui écrivait :

« Février 1830.

» .... Ne tombez pas malade à Paris; si je ne dois pas aller vous joindre, que feriez-vous dans une terre étrangère ? Fille de Sion, revenez à Jérusalem, c'est le séjour que vous devez habiter. Vous êtes au milieu des tracas, des inquiétudes; je vous vois maigre, agitée, souffrante, je me mets à votre place, je partage tout ce que vous ressentez; je voudrais, s'il était possible, vous enlever tout ce qui est pénible, mais les désirs sont impuissants : pour soulager ce qu'on aime et surtout une Mère dans votre situation, il faudrait bien autre chose que ce dont je suis capable. Néanmoins, laissez-moi vous engager à vous soigner, à ne pas vous inquiéter. Vous savez si je pense à votre âme, j'ai peur que vous vous troubliez et que chez vous le physique finisse par se ressentir des violences que vous chercherez à vous faire. Je vous défends toute pénitence, dormez en paix jusqu'à ce que le jour vienne vous atteindre; quand il viendra, bénissez le Souverain Seigneur et ne songez qu'au bonheur de l'aimer. Nous lisons au réfectoire les fondations de sainte Thérèse; ses misères, ses peines, ses combats me consolent un peu sur l'état de ma Mère. Elle était malade, obligée de voyager; les gouverneurs, les grands la demandaient et la rebutaient tour à tour, c'était tous les jours nouvelles infortunes; que son exemple vous réconforte et que les tendres amitiés de vos enfants vous soient une petite consolation dans vos anxiétés.

» ....Maintenant, voici un de mes traits : on désire que je vous remplace le soir pour la glose de la lecture; cette seule proposition m'a fait faire un grand sacrifice, j'ai tremblé toute la journée dans l'attente de ce fatal moment; enfin, quand il est arrivé, j'ai perdu la voix, impossible de parler, on a continué la lecture. Mais ce soir, mais demain... ah ! ma Mère, priez pour moi ! je ne vous trouve plus quand j'ai besoin d'aide, de conseil ou de guide. Maintenant, dans les choses les plus simples, je suis tout embarrassée, je fais des fautes partout ; c'est que je n'ai plus ma Mère, que ne puis-je la ramener près de nous! Mais le Bon Dieu ne le veut pas encore et je ne veux que ce qu'il veut ; nous sommes si heureuses de souffrir quelque chose pour lui, il est si doux de pouvoir lui présenter quelques sacrifices, que je dois me réjouir de tout ce qui s'appelle peine et chagrin dans le langage de la nature... »

La Mère Bonnat ne faisait point ici mention de la pauvreté de Lorette, elle était si grande alors que la Communauté établie à Ségur avait dû, par économie, se réunir à celle de la rue Saintonge. Bien loin de se plaindre, l'édifiante Mère disait à la Mère Gautier : « On se resserre peu à peu, on se case le mieux possible ; nous serons plus étroitement, plus pauvrement, mais il faut espérer plus saintement, et c'est là l'essentiel. »

La révolution de 1830 avait jeté de grandes alarmes dans les esprits, la Sainte-Famille avait partagé les craintes générales ; il était si facile d'ébranler un arbre dont les racines ne faisaient encore pour ainsi dire qu'effleurer le sol! Pour se préserver du danger on pria, on eut recours à Jésus, Marie et Joseph, les protecteurs nés de l'Association, et ce fut alors que la Mère Emmanuel composa les Litanies de la Sainte-Famille, qui ont passé depuis dans les prières de règles, et qui récitées dans les moments difficiles, ont souvent obtenu des faveurs et des grâces bien précieuses. C'est ainsi que de toutes façons, elle coopérait au bien général.

Écoutons-la maintenant répondre à des lettres d'affaires : le style est net, précis, la décision claire et formelle, il n'y a ni équivoque, ni mots perdus, la ligne de conduite est tracée, il ne reste qu'à la suivre, mais si on y reconnaît de l'autorité, on y sent aussi un principe de bonté et d'indulgence qui devait subsister chez la Mère Bonnat dans toutes les positions qu'elle serait appelée à occuper.

« . . . Les changements de sujets, d'Œuvres, de lieux, enfin toutes les espèces de mutations sont du ressort de la Supérieure Générale et de son conseil, personne autre n'a le droit d'en faire. Comme ma Sœur M... ne connaît pas encore les règles qu'elle doit observer, il faut l'excuser, j'aime à le faire. N'exaspérez pas cette tête par des reproches trop vifs et puisque ici-bas il faut tourner le mal en bien, je ne vois rien de mieux pour cette Sœur que de tourner son amour-propre vers la gloire de Dieu et le salut du prochain : prétendre la corriger serait chose impossible, et comme dit le proverbe : *Certain âge accompli le vase est imbibé, l'étoffe a pris son pli*. Essayons encore de laisser ces deux personnes ensemble en leur adjoignant une troisième Sœur, peut-être réussirons-nous à les faire s'entre-supporter, et nous ne changerons rien à la petite maison de X..., que j'aime bien telle qu'elle est. »

. . . .

« Les règles ne disent rien sur le genre de mets que les filles de la Conception peuvent prendre au souper, parce qu'il n'est pas toujours possible aux pauvres de s'astreindre à une règle de ce genre. Cette latitude doit leur faire comprendre qu'elles peuvent manger indifféremment ce qui est le plus conforme à l'ordre, à la pauvreté, aux circonstances. »

. . . .

« Notre bon Père vous envoie tout ce qu'il peut de plus paternel ; de temps en temps il dit du mal de ses filles, mais dans le fond je crois qu'il les aime de tout son cœur. Sa santé se soutient assez bonne, il nous prêche en conférence Lorette, Dieu Seul ; l'eau vous vient à la bouche, n'est-il pas vrai ? Les sacrifices, ma Mère, sont si précieux, que je vous félicite d'en avoir quelques-uns à offrir à notre bon Jésus ! »

Si le vénérable Fondateur de la Sainte-Famille avait des idées très arrêtées sur la volonté de Dieu par rapport à la fin que devait se proposer l'Association, et sur les principaux moyens propres à atteindre cette fin, il ne faut pas croire qu'il agît seul et se passât de conseils. Bien loin de là, il se plaisait à prendre les avis de celles de ses filles qu'il associait aux travaux de l'administration, et afin que chacune fût plus à l'aise pour lui faire connaître toutes ses pensées, il avait établi, comme point de règle, que les Filles de Dieu Seul auraient un temps déterminé pour penser devant Dieu à ce qui pourrait procurer le bien de la Société, son extension, ses progrès en quelque genre que ce soit, et qu'à certains jours, fixés aussi, elles écriraient au Directeur Général pour lui communiquer leurs réflexions et les plans ou projets que le bon Dieu leur aurait inspirés. Ces lettres s'appelaient : lettres de Dieu Seul. Nous en avons eu un grand nombre sous les yeux, écrites par les premières Mères de la Société, et nous avons trouvé dans ces précieux recueils, soit le germe de règles, d'usages qui ont été depuis adoptés dans la Sainte-Famille, soit les jalons d'Œuvres ou de Fondations qui ont été réalisées à l'heure marquée par la Providence.

Cette explication donnée, nous lirons avec plus d'intérêt les lettres de Dieu Seul suivantes, que la Mère Bonnat écrivait au bon Père dans le courant de l'année 1831.

« L'état des Œuvres, sous le rapport du temporel, est depuis longtemps l'objet de mes réflexions; nous semblons en apparence posséder quelque chose, il est même des personnes qui pensent qu'on s'est enrichi aux dépens des pauvres et, dans la réalité, la Société ne possède presque rien en revenus et bien peu en capitaux; cette position me peine et m'effraie pour l'avenir; si l'on n'y remédie promptement, il en sera de nous comme des pauvres négociants qui vivent sur le crédit, augmentent chaque jour leurs dettes et finissent par se ruiner. Pour obvier à un pareil malheur, je vois peu de ressources : le travail est presque nul et d'ailleurs si mal payé qu'on ne peut compter sur ce moyen; il en est de même des industries, il y a dans ce moment tant d'établissements de tous les genres et si peu de piété, que la France me semble pour nous un pays stérile. On m'a proposé, il y a quelques jours, de m'enseigner l'allemand gratis; je n'ai répondu ni oui, ni non, désirant avoir votre avis ; cette langue est très difficile à apprendre, mais l'Allemagne est un pays où les œuvres catholiques n'ont pas encore creusé de sillons depuis les ravages du protestantisme, il serait peut-être facile de s'y établir et je suis toujours portée à croire qu'une fondation à l'étranger serait le plus sûr moyen de remédier à la crise de nos finances. Quant à l'Espagne, une tentative ne coûterait absolument rien : en me revêtant d'une armure de fer et d'airain, vous pourriez m'envoyer à la découverte ; je prévois de la part de ma famille bien des difficultés, mais je crois aussi que nous réussirions à faire quelque chose dans ce pays, et, soit une communauté religieuse, soit une maison séculière, nous finirions par avoir une ressource pour soulager la Maison-Mère. On pourrait peut-être faire sonder le terrain par Mlle Lamidor, qui serait, je crois, très propre à cela. Je ne sais pourquoi cette pensée se présente sans cesse à mon esprit, malgré les répugnances naturelles que j'aurais à l'entreprendre ; si c'était la volonté de Dieu, je ne voudrais pas y mettre obstacle, c'est ce qui fait que je vous en reparle encore ».

. . . .

« Je vous ai entretenu dans ma précédente lettre de la facilité que l'on pourrait trouver dans ma position pour faire une tentative en Espagne ; je pense avoir ajouté que je croyais aussi le moment convenable, parce que les royaumes catholiques doivent nous plaindre et être plus disposés par conséquent à nous prêter secours et assistance ; je n'ajouterai rien à cela, sinon que je suis toujours dans les mêmes sentiments et que, si la volonté de Dieu semble nous appeler en Espagne, peut-être serait-il avantageux de ne pas différer trop longtemps; outre que les circonstances peuvent actuellement nous favoriser. Je pense encore, dans l'intérêt de la Sainte-Famille, que mon absence n'aurait aucun inconvénient tant que vous seriez à Bordeaux et occupé des Œuvres extérieures, au lieu qu'il en serait tout autrement si vous étiez obligé d'aller à Paris ou en Italie, deux voyages qui semblent vous attendre. Quant au genre d'Œuvres et à la ville dans laquelle on pourrait s'établir en Espagne, je ne crois pas que l'on puisse déterminer cela en France, c'est sur les lieux ou par des habitants du pays qu'on peut se fixer; dans tous les cas et pour tout ce qu'il vous plaira d'ordonner, je me remets à votre disposition, selon l'esprit de nos Saintes Règles; ce que je désirerais et ce que je crois pouvoir demander à mon bon Père, c'est que si le Bon Dieu m'appelle à fonder un établissement quelconque, il soit placé sous la protection de saint Augustin. »

La famille Bonnat était, en partie, retournée en Espagne, c'est ce qui explique l'espèce de crainte manifestée par la chère Mère pour être choisie, et cependant c'était à elle que Dieu réservait la belle mission de fonder la Sainte-Famille en Espagne, comme c'était à elle qu'il en avait inspiré la première pensée. Chose étrange, la première fondation à Madrid n'eut lieu que douze années plus tard, et la Maison qui a donné naissance à tant d'autres se trouva située dans la *rue Saint-Au-*

gustin; ainsi Dieu réalise même les plus simples désirs des âmes qui s'attachent à faire sa sainte volonté.

La Sœur Eugène de Saint-Pierre Machet venait d'être envoyée à Paris pour essayer d'y établir, sous le costume séculier, une Œuvre destinée à remplacer celle qui s'était séparée de la Société peu de temps auparavant. La Mère Bonnat avait aidé Virginie Machet à reconnaître l'appel de Dieu et à y répondre, et il en était résulté une très grande intimité entre ces deux âmes. Leur correspondance était fréquente; il ne sera pas sans intérêt de lire quelques fragments de celle de la Mère Emmanuel :

« 22 novembre 1831.

» Ma chère Sœur,

» Je profite avec le plus grand plaisir de la bonne volonté d'un mien cousin pour venir vous entretenir un moment et me réjouir avec vous de ce que vous faites la sainte volonté de Dieu à Paris comme à Bordeaux. On dit autour de moi que vous êtes au milieu de Babylone, on vous souhaite d'en sortir au plus tôt; pour moi je vois la chose différemment et il me semble que notre centre, notre asile, le lieu de notre repos étant le divin Cœur de Jésus, nous pouvons être heureuses partout, et partout aussi nous trouver dans une égale tranquillité d'âme. Si vous avez des répugnances, des ténèbres et des peines, je me réjouirai encore avec vous, puisque ce n'est qu'en suivant la route du Calvaire qu'on peut atteindre le ciel, et qu'on n'est véritablement heureux ici-bas, qu'autant qu'on peut offrir quelque chose à Celui qui nous a créés et rachetés avec tant d'amour. Tâchons donc, ma chère Sœur, de ranimer sans cesse dans nos âmes ce vif sentiment de foi qui doit nous soutenir dans l'exil de cette vie; ne voyons plus les objets qui nous entourent avec des yeux terrestres, surtout n'y fixons point nos esprits et nos cœurs destinés à des choses plus relevées et plus magnifiques; peut-être que dans peu de jours tout finira pour nous, alors nous nous saurons gré d'avoir été filles de Dieu Seul et épouses d'un Dieu crucifié !

» J'aurais désiré profiter de cette occasion pour vous envoyer les deux premiers numéros des Annales de la Sainte-Famille, mais l'impression du premier n'est pas achevée, ainsi il faut par force en différer l'envoi; veuillez du moins ne pas oublier mes pressantes recommandations au sujet des traits édifiants, je suis presque étonnée de n'avoir encore rien reçu, il me semble qu'ayant du loisir, vous eussiez pu me faire quelque jolie chose, mais peut-être l'avez-vous fait, ainsi je m'arrête en vous attendant.

» Notre bon Père pense que vous pourriez remplir dans la Sainte-Famille la place de Supérieure provinciale; il faudrait alors faire en sorte de vous former à Paris un petit noyau de membres zélés, avoir quelques réunions, chercher le prêtre qui pourrait remplir les fonctions de Directeur et tâcher même d'étendre l'Association dans les environs, afin d'établir des chefs de correspondance particuliers qui vous rendraient compte ensuite de leur petite œuvre. Quant au règlement, vous en avez un, et j'espère sous peu vous en envoyer d'imprimés pour vous et pour les chefs de correspondance que vous pourriez vous former dans la suite. Songez, je vous prie, que cette Association peut nous devenir très utile et ne la perdez pas de vue au milieu de vos diverses relations. Si vous trouviez aussi les moyens de la faire établir à Lyon, vous me rendriez bien service, je ne compte plus sur les connaissances que j'ai laissées dans cette ville, il faudrait en former d'autres, alors peut-être trouverions-nous un motif de pénétrer dans ce lieu où il y a tant de bonnes âmes et tant de piété. J'ai fait demander à ma tante des images de la Sainte-Famille sur étoffe, afin de les distribuer comme préservatif du choléra, qui, dit-on, nous menace; dès que j'en aurai je vous en enverrai.

Je pense que la Mère Conception vous mettra au courant de la fondation de Martillac, qui s'est faite au milieu des brouillards, de la pluie et de la misère; c'est véritablement une œuvre de Dieu Seul et pour laquelle il faut des âmes généreuses : tout y effraie la nature, il n'y a que la grâce qui puisse soutenir et encourager; alors tous les matins je prie alternativement pour ma Sœur de Paris et pour mes Sœurs de Martillac, demandant à Dieu qu'il daigne les animer de son esprit, leur faire surmonter les difficultés qui se présentent et qu'elles puissent surtout se sanctifier dans les épreuves que la divine Providence leur ménage. »

Et le 20 décembre suivant elle lui écrivait encore:

« Vous m'avez fait bien plaisir, ma bonne Sœur, en me disant que la Sainte-Famille était l'objet continuel de votre zèle et de votre sollicitude; cela me donne espoir que cette Œuvre pourra prendre terre à Paris et y produire, par la suite, les fruits de grâces et de mérites que nous attendons.

. . . .

» Je vous souhaite de bonnes fêtes et une bonne année, abondante en sacrifices, en croix et en grâces ; demandez pour moi la même chose ou faites à mon intention la prière de saint Augustin, qui demandait à Dieu la mort ou le triomphe de la religion. La mort lui fut accordée ; je ne mérite pas la même faveur, mais je vous avoue que je la désire bien quand je vois tous les crimes qui se commettent, et le fonds de corruption qui règne en moi. Quoi de plus affreux que de vivre avec cette pensée : demain j'offenserai Dieu ! et cependant c'est à quoi nous sommes réduits, car quel est le jour où la conscience n'a rien à se reprocher ? Vous voyez, ma bonne Sœur, que ma physionomie et mes pensées ont bien de l'analogie, elles sont couleur du temps, qui est digne de décembre... »

Citons encore cette courte missive où les affaires, la piété, l'affection se mêlent si agréablement, et révèlent à la fois le caractère si sympathique de la Mère Bonnat, son zèle pour l'extension de la Société et l'esprit d'union et de charité qui animait ces Sœurs aînées de la Sainte-Famille, ces modèles achevés dont à jamais on devra suivre les exemples et les leçons :

» Vous souvient-il encore du jour où vous avez quitté Bordeaux, votre Père, vos Mères, Sœurs, etc... ? vous souvient-il encore de cette amie qui vous poursuivait sans cesse en disant : Dépêchez-vous, dépêchez-vous donc? Eh bien ! je la mets de nouveau à votre poursuite, et elle vous crie de Bordeaux : Hâtez-vous d'écrire à Châlons, le temps presse, que doit penser M. de Guinaumond, à qui notre bon Père a annoncé l'envoi des Annales ainsi qu'une lettre pour sa sœur ? il est sans doute arrêté dans son zèle, et s'il vient à se dégoûter, malheur à nous. Ensuite la liste non arrivée ne devait pas être un arrêt; si vous eussiez écrit tout de suite, tout serait peut être déjà organisé, il y aurait des réunions formées à Châlons, des chefs de correspondance établis dans les environs, enfin qui sait tout ce qui se serait fait si les choses eussent marché aussi vite que mon imagination se les représente. Pour vous, trop heureuse Sœur, vous savez conserver votre calme, et vous riez, je gage, de mon exaltation; à quoi bon, dites-vous, s'empresser ainsi quand tous les sages ont dit, chacun en leur langue, que pour faire quelque chose de bien il fallait le faire doucement. Je conviens que vous avez raison et j'ajoute que nous sommes faites pour avoir des relations, parce que votre prudence mûrira mon zèle, et de cette sorte nous ferons merveille.

» J'aurais désiré vous envoyer plus de lettres, mais nos Mères sont ici fort occupées d'une jeune demoiselle qui ne soupire que pour la clé des champs; père, mère, réputation, rien ne l'arrête : l'oiseau veut à toute force s'envoler au bocage et se persuade que le bonheur l'y attend. Je doute fort qu'elle trouve jamais ce bonheur, mais elle est jeune, et comme les moineaux de la fable, ne veut pas ouïr la sage hirondelle. Voilà un premier accroc pour la correspondance ; un autre encore, c'est qu'on travaille beaucoup à l'aiguille pour pouvoir augmenter les revenus de la maison, et vous savez que les ouvrières sont des Sœurs déjà occupées d'autres choses ; or, pour atteindre à tout, il faut se priver, et l'on se met pour cela le cœur à la gêne ; mais rassurez-vous, on vous aime toujours autant, et vous êtes nommée publiquement chaque jour dans le chapelet, ce qui vous prouve que nous prions pour vous, et cela ostensiblement et lorsque la réunion des prières doit nous rendre plus puissantes auprès de Dieu. »

Ainsi que la Mère Bonnat l'avait annoncé à la Sœur Eugène de Saint-Pierre, la Sainte-Famille avait acquis, à la fin de 1831, une petite propriété à Martillac. Cette propriété avait reçu le nom de Solitude et on y avait installé le noviciat des Sœurs de la Conception. La Mère Nativité Trimoulet fut la première Supérieure de l'Œuvre naissante, et bien vite la Solitude devint un lieu cher à toutes les habitantes de la rue Saintonge. Les Souvenirs de Martillac nous donnent tous les détails relatifs à cette intéressante fondation. Nous n'avons point à les relater ici, excepté en ce qui regarde la Mère Bonnat. Nommée, par intérim, Supérieure de la Solitude durant une absence de la Mère Nativité, la Mère Emmanuel vint avec bonheur s'installer à Martillac. C'est pendant la durée du séjour qu'elle y fit alors qu'eut lieu à Léognan la fondation des Sœurs de la Conception, fondation qui dura peu. Toute la correspondance de cette époque ayant été conservée, nous n'avons qu'à la feuilleter pour nous trouver transportées à ces premiers temps, dont les moindres détails sont des trésors de famille.

« Martillac, 12 avril 1832.

» Mon bon Père,

. . . .

» Vous vous êtes réjoui de ce que votre fille s'éloignait de vous, vous espériez peut-être en perdre le souvenir et surtout être débarrassé de ses importunités, mais je viens détruire cet espoir de bonheur et vous assurer que trois lieues de distance ne changent rien à mes sentiments ; je suis toujours la même, toujours maussade, détestable, pleine des défauts que vous connaissez, mais toujours disposée à aimer mon bon Père de loin comme de près. Je viens rappeler à votre mémoire 5 francs que vous m'avez promis et sur lesquels je fonde mon espérance, car Marguerite m'échappe quand je compte sur elle. J'ai eu la messe ce matin, j'ai vu M. le Curé, j'ai dressé mon règlement de vie que voici : travail au jardin ou dans les bois jusqu'à neuf ou dix heures du matin, ensuite travail avec les Sœurs pour la maison, qui a grand besoin qu'on s'occupe de la lingerie ; récréation dans les champs ; après dîner, écritures. J'espère que vous approuverez ce petit plan et que vous voudrez bien vous souvenir de moi devant Notre-Seigneur ; je suis votre enfant et, de plus, éloignée et bien misérable : que de titres pour un bon Père ! »

A la Mère Trimoulet.

. . . .

« J'ai heureusement payé mon foin sans emprunt, grâce aux 15 francs que m'a envoyés le Petit Père ; mais vous jugez que je ne suis guère riche aujourd'hui ; enfin, patience, nous allons ce soir recourir aux industries pour garnir la caisse, puissions-nous être assez heureuses pour trouver de quoi nous suffire. Tout le monde va bien ici et tout marche comme à l'ordinaire ; Françoise avec grand bruit et grand fracas, Gentillot bien doucement, et les autres assez bien. . . . »

A la Mère Pérille.

« 13 avril.

» .... Pendant votre absence, je me suis échappée dans les bois et me voilà dans la plus heureuse solitude qu'on puisse imaginer; que ne puis-je y passer ma vie, ne voir plus que des pauvres à soulager ou à instruire, des travaux pénibles à faire ou à partager ; que ne puis-je oublier en ces lieux et les vices du monde et ses discours frivoles pour ne plus entendre que Jésus, pour ne plus goûter que ce divin Maître, ses leçons et ses maximes ! oh, que je serais contente si Dieu voulait que je fixasse ici ma demeure pendant le peu de jours qu'il me reste à passer sur la terre ! mais, je suis toujours soumise à sa volonté : qu'il ordonne ce qu'il voudra, tout m'est égal pourvu qu'il me fasse miséricorde.

» Nous avons eu hier une grande consolation :

nous fûmes à la récréation visiter la vieille Marianne, qui était bien mal, disait-on, mais qui ne voulait entendre parler ni de curé, ni de sacrements. Après avoir prié la Sainte Vierge, nous nous acheminâmes vers cette bonne vieille qui nous reçut bien ; j'abordai assez vite la question intéressante en lui disant que Pâques approchait. « Je sais, dit-elle, mais quand mon rhume sera passé, je m'en occuperai ». Ce n'était pas notre compte, aussi répliquai-je que M. le Curé viendrait dans l'après-midi et que je l'engageais beaucoup à profiter de sa visite pour se confesser (il y avait plus de quarante ans qu'elle ne l'avait fait) ; sans paraître trop opposée elle n'était cependant pas décidée lorsque nous la quittâmes. De retour à la maison, nous récitâmes le chapelet et les prières à la Sainte-Famille à son intention ; le soir M. le Curé vint nous annoncer qu'elle s'était confessée et qu'elle paraissait dans les meilleures dispositions. Si la Mère Nativité est encore près de vous, veuillez, je vous prie, lui communiquer cette bonne nouvelle, elle lui sera agréable.

» Je tiens à vous dire, ma bonne Mère, que nos besoins étant grands et nos ressources fort minimes, nous sommes à l'article des industries, ce qui procure quelquefois d'assez plaisantes aventures. Hier, jour de congé, profitant de la permission que donnent les Règles, je conduisis mes Sœurs au bois pour faire des bourrées de brindes : nous avons réussi effectivement, non sans rire beaucoup, à installer deux gros fagots que nous avons rapportés sur nos épaules. Aujourd'hui, nous avons pris des leçons pour faire des balais ; en conséquence, je demande d'avance la pratique de la maison et j'espère sous peu retirer quelques petits bénéfices de notre promenade, quoique notre bonne maîtresse Mariotte prétende que nous avons fort mal choisi la matière de notre commerce.

» Ne m'oubliez pas, je vous prie, dans vos bonnes prières, non plus que les enfants qui m'entourent et dont je ne dis pas de mal, car j'en suis assez contente ; elles font ce qu'elles peuvent pour bien faire. Il y a des progrès sensibles dans la Sœur R..., Sœur T... a maîtrisé son caractère cette semaine, en sorte que tout a été fort bien ; il n'y a que Françoise toujours tempête, orage et gros temps, mais comme les bouleversements de l'atmosphère purifient l'air, de même ces brusques incartades sont favorables à celles qui les reçoivent. »

A la Mère Trimoulet.

« 14 avril

».... M. le Curé et tous les bons paysans d'alentour demandent des nouvelles de la bonne Mère et l'attendent après Pâques. Je souris de leur espoir sans le leur enlever, ne voulant pas les priver d'une jouissance que je voudrais conserver si j'étais à leur place. Petit est venu travailler aujourd'hui pour moi ; je vous avoue que je suis enchantée de ce jeune homme et que j'en fais mon ami, c'était peut-être le vôtre, et nous voilà rivales, mais cela n'ira pas jusqu'à la jalousie. Pardonnez-moi mes folies, je suis redevenue gaie et heureuse à Martillac ; je ris comme une enfant, et je vous donne des preuves de mon enfantillage. »

« 15 avril.

».... La seule pensée que je puisse vous suggérer, c'est de trouver une autre Supérieure Générale de la Sainte-Famille, et de me caser ensuite Assistante de la Supérieure de Martillac, ou plutôt, ma Mère, demandez à Dieu qu'il termine une carrière remplie de fautes, et qu'après m'avoir fait miséricorde, il fasse disparaître de dessus la terre une pauvre créature qui n'est bonne à rien. Que vous seriez aimable de m'obtenir une semblable grâce!... Je voudrais bien que vous fissiez demander à M. Teulère quel mal peuvent faire les serpents de ce pays-ci, et quels sont les remèdes à employer contre leurs morsures. »

A la Mère Pérille.

« 18 avril.

» C'est avec bien du plaisir que je viens vous rendre compte de l'Œuvre dont je suis momentanément chargée, et je me trouve heureuse d'une position qui me permet de me mettre sous la dépendance de celle que je regarde toujours comme ma bonne Mère. La petite Maison de Martillac va bien pour la santé et le spirituel des Sœurs, elles sont actuellement dans de très bonnes dispositions, Dieu veuille que cela continue. Ayant hier rassemblé mon Conseil général, j'ai proposé un changement au règlement; je dois l'essayer aujourd'hui, mais je ne continuerai qu'avec votre approbation : c'est de faire la lecture spirituelle à cinq heures, au lieu de six heures et demie. Les classes auraient lieu après, et rien ne serait dérangé ; Françoise et Marguerite pourraient assister à la lecture, ce qu'elles ne font jamais, quoi qu'on puisse dire. Je vous envoie 10 fr. 25 c. que la Maison doit pour l'intérêt des sommes qui lui avaient été prêtées avant le trimestre; après la récolte, je paierai mon loyer; ainsi, faites grâce jusque-là, et n'oubliez pas que c'est faire du bien à son âme que de ne pas poursuivre ses créanciers. »

Au bon Père.

« 18 avril.

» J'ai été agréablement surprise lorsque Marguerite m'a remis votre petite lettre à laquelle je ne m'attendais pas et qui m'a fait bien plaisir. Tout ici vous rappelle à mon cœur, il n'est pas de lieux où je ne vous aie vu, dans toutes mes occupations et tous mes devoirs vous êtes le second mobile qui me fait agir; tantôt c'est pour vous obéir, d'autres fois c'est pour vous plaire, enfin, après Dieu, je pense à mon bon Père, mais rien ne me dit si vous vous souvenez encore de moi, je n'ai rien qui mérite votre attention, je suis pauvre sous tous les rapports et parmi vos filles je n'ai rien qui puisse me faire remarquer; il n'y a que vos lettres qui me laissent croire que vous vous intéressez à votre enfant et que vous pensez à elle lors même qu'elle est éloignée de vous.

» Votre présence à Martillac fait le même effet que la présence d'un bon ange; hier on vous a vu et aujourd'hui on disait : *Qu'es boun lou moussu! mais es si amable! mais es si amable! qu'a l'air d'unn sint!* à peine puis-je comprendre ce qu'ils disent, comment pourrais-je l'écrire ? mais le fait est que vos visites produisent une profonde impression. Je vous dirai aussi que vos filles font des prodiges : après la conversion de la vieille qu'on nous attribue, on nous annonce celle de la femme sauvage ; ce matin elle nous a parlé d'un air agréable et a dit à un voisin que les Sœurs l'avaient engagée à se confesser, ce qui est une marque qu'elle y viendra ; nous avons commencé cette après-midi à prier la Sainte-Famille à son intention et je ne désespère pas que sous peu nous ne l'amenions tout à fait à Dieu. »

....

« Vous m'avez fait espérer que vous vous occuperiez de nous munir de clous, ferrailles, etc... Je n'ose vous le rappeler qu'en vous priant d'en charger Mme Cambon, mais je puis ajouter que cela nous serait bien nécessaire : la maison quelque jour s'écroulera faute d'un clou ; j'en ai demandé à deux ou trois personnes, mais je demande en vain ; l'oiseau du désert n'est plus entendu. »

....

« ... Ne soyez point en peine de ma santé, mon bon Père ; votre fille vous aime trop pour être malade loin de vous, et si elle doit quitter la terre avant vous, j'espère que ce sera sous votre toit et dans vos bras qu'elle rendra son âme à son Dieu ; loin de vous elle ne doit que travailler à sa couronne, et prier pour son bon Père, qu'elle aime avec tout le respect d'une fille en Dieu Seul. »

Au même.

« 20 avril.

» ... Hier, nous avons fait le beau de la paroisse, mes Sœurs, en quêtant, et moi en soutenant le chœur ; jugez d'après cela de la beauté du chant, mais il allait assez bien avec celui du bon Curé et paraissait satisfaire tout le monde : que désirer de plus?

» Je ne sais quelles sont les nouvelles de Paris, mais je vous dirai que celles de Martillac sont désastreuses. Cette nuit deux loups affamés ont paru dans la grande lande, se sont introduits dans un parc à vaches, en ont mangé deux et coupé la queue d'une troisième, le reste s'est échappé en beuglant, et deux d'entre elles sont venues jusque dans notre petite terre, située à côté de Mariotte, dont elles ont dévasté une partie. Je crains fort qu'on n'obtienne pas de dédommagement, les pauvres gens sont assez à plaindre de leur malheur pour qu'on ne l'augmente pas en leur réclamant une indemnité.

» Je vous remercie, mon bon Père, de nous avoir enrichies d'objets bien précieux pour nous, ils vont nous devenir utiles, tant il est vrai que d'un bon Père on obtient tout ce qu'on désire et qu'il ne sait rien refuser à ses enfants. Il s'est établi aujourd'hui une petite voiture publique qui fera deux fois par jour le voyage de Martillac à Bordeaux ; elle est uniquement pour le bourg, ce qui fait espérer qu'elle sera toujours bien composée : ce sera un moyen de plus d'avoir de fréquentes relations avec Bordeaux, et peut-être qu'elle nous amènera quelque jour notre Père. »

Au même.
« 23 avril.

» Je m'afflige et me désole d'être venue si tard à Martillac, je ne puis rien faire de bien et pour tout on me répond qu'il est trop tard. On ne peut plus planter, en sorte que c'est une année de perdue et que je n'aurai rien d'agréable à vous présenter lorsque vous viendrez ici ; vous conviendrez que c'est affligeant. Nous espérons vous voir jeudi, et cette aimable visite achèvera de me guérir, car je suis beaucoup mieux ; il ne manque plus que votre présence pour me rendre à une parfaite santé. J'ai mis tous mes alentours en mouvement pour avoir des brebis, des abeilles, des canards, des oies, etc., mais les paysans sont si lambins que l'on n'obtient pas promptement ce qu'on désire. »

A la Mère Gautier.
« 23 avril.

» ..... Je vous dirai, pour vous engager à venir, que Martillac est charmant avec la saison nouvelle et que je ferais volontiers pacte pour y passer ma vie. Les gens y sont fort bons et fort honnêtes, pourvu cependant qu'on ne leur demande rien, car ils ne sont pas donnants ; il faut ici vivre sur ses propres fonds et ne pas compter sur les autres, sans quoi l'on trouverait des mines rechignées ; mais en faisant semblant d'être riches, comme nous faisons, on tient un rang assez convenable et chacun vous estime fort. .... »

Au bon Père.
« 30 avril.

» ..... C'est avec la précipitation d'un coupable pris en flagrant délit que je me suis échappée hier d'auprès de vous, et Hippolyte, trop fidèle au rendez-vous, ne me laissa plus le temps de vous revoir et de vous demander votre bénédiction ; aussi mon voyage a-t-il été nébuleux et pluvieux. *Seule* avec mes deux compagnes de voyage, je pensais à mon éloignement d'auprès de vous, je vous faisais mes adieux et je me demandais pourquoi mon âme était triste. La réponse fut aussi sévère que salutaire ; elle me fit sentir ma faiblesse et imprima dans mon cœur cette douce vérité : Dieu seul doit posséder ton cœur et peut seul te rendre véritablement heureuse..... »

La vie pauvre qu'on menait à Martillac effrayait le bon Père ; il savait de quoi la Mère Emmanuel était capable en fait de privations et de mortifications ; il n'ignorait pas qu'elle partageait en tout la vie de ses Sœurs pour la nourriture comme pour le travail, et dans sa sollicitude, il lui écrivait aimablement :

« Je ne sais si vous avez ou non du pain ; dans le cas où vous seriez dans cette extrême indigence, il faudrait me le faire savoir, car je ne pousse pas l'avarice jusqu'à laisser mourir de faim les gens d'affaires et les vassaux que nous avons sur nos domaines.

» Adieu, chère enfant, je vous aime toujours mille fois plus que vous ne le méritez ; ce qui me console c'est que vous devez le comprendre, et alors prier avec d'autant plus de ferveur pour moi. »

Le jour même, 4 mai, la Mère Bonnat lui répondait :

« Nous ne sommes pas aux abois, comme vous le pensez, mon bon Père, il est vrai que je ne paie pas le foin, parce que cela absorberait toutes nos finances ; mais en laissant cet article en paix, nous avons de quoi vivre splendidement. Quel bonheur d'être pauvres, on trouve tout bon et délicieux, on se réjouit d'une vétille et l'on chante *alleluia* quand les autres crieraient misère. Nous avons été ces jours derniers comblées de tant de joie en voyant arriver des chaises, des crédences, des pommes de terre et des haricots, que nous avons fait des prières en actions de grâces ; vous pouvez, d'après cela, comprendre l'heureuse simplicité de vos enfants et les douceurs que le Seigneur leur ménage au milieu des privations qu'elles éprouvent. J'ai tout plein de jolies choses à vous dire sur le compte de la Sœur T...; elle m'édifie beaucoup, et me voilà devenue sa très humble servante dans la pratique du bien, ce qui, comme vous pouvez le croire, m'humilie grandement.

» L'Association s'établit ici, hommes et femmes, tous s'en mettent ; c'est admirable !... Nous devons essayer demain la jument et la charrue, ainsi vous saurez bientôt à quoi vous en tenir.

» Adieu, mon bon Père, pardonnez-moi si je vous

aime comme une enfant, mais laissez-moi continuer de le faire et je vous promets de ne jamais cesser. »

Au même.

« 22 mai.

»....Pourquoi ne voulez-vous pas me laisser habiter les bois et la campagne? c'est le seul lieu qui me convienne, le seul où je puisse être bonne à quelque chose, le seul, peut-être, où je ne sois pas à charge aux autres et à moi-même. Plus je vais, plus je deviens stupide et inutile, je fais des sottises à chaque pas, je n'ai ni vertu, ni caractère. Pourquoi voulez-vous me garder près de vous? Ici, mes défauts sont cachés; près de nos paysans je puis paraître savante, je puis les édifier par mes exemples et leur rendre service; que de motifs pour vous fléchir! Faut-il encore vous ajouter que les peines du corps me conviennent beaucoup mieux que les travaux d'esprit, que mon attrait a toujours été pour les pauvres et la vie cachée; que je reçois dans la position où je me trouve actuellement des grâces qui me sont refusées partout ailleurs. Mais je serais sans fin si je laissais courir ma plume au gré de mes désirs et vous comprendrez, mon bon Père, tout ce que je pourrais encore dire pour plaider ma cause, si je ne craignais pas de vous déplaire en insistant davantage. Je me remets donc tout de nouveau entre vos mains ou plutôt entre celles de Dieu, afin qu'il dispose de moi selon sa sainte volonté; je ne veux que ce qu'il voudra, mais je ne puis m'empêcher de regretter une voie qui fut celle de notre divin Maître pendant le cours de sa vie mortelle et qui, d'après ce divin modèle, doit être la plus sûre et la plus parfaite.

» J'ai oublié de me recommander à vos prières pour aujourd'hui et demain, 22 et 23, jours bien remarquables pour moi, puisque ce sont ceux où je suis devenue enfant de l'Église et de Marie ; veuillez, je vous en prie, réparer mon oubli et prier pour cette fille dont vous connaissez le cœur et les sentiments, et qui désire réellement être professe de Dieu Seul. C'est uniquement dans cette vue et pour forcer mon cœur à n'aimer que Lui, que je soupire tant pour m'éloigner de mon bon Père et vivre dans un oubli absolu du monde et de ses vanités. Je redoute ma faiblesse, je tremble pour l'avenir, je suis si coupable d'avoir affligé un Dieu qui m'a tant aimée, que je voudrais cesser de vivre en crucifiant à la fois tout ce qui est naturel en moi et tout ce qui peut devenir dangereux à mon âme, mais je m'attache par-dessus tout à l'obéissance ; ainsi n'écoutez ni mes demandes, ni mes plaintes, je suis votre fille toute soumise et toute dévouée par un attachement filial et respectueux ; c'est ce titre qui m'honore et me rend heureuse. »

A cette dernière lettre, le bon Père, qui connaissait bien sa fille Emmanuel, répondait le lendemain :

« 23 mai 1832.

» Ma chère enfant, vous avez vocation pour la vie des vagabonds et des braconniers ; l'indépendance où vous êtes vous empêche de ressentir l'orgueil qui gémit près du joug; étant au milieu des bêtes, vous croyez avoir plus d'esprit; courant, parlant, vivant dans la joie comme un sans-souci, vous prenez cela pour de la paix, et lorsque vous êtes loin de tous vos ennemis, il vous semble que vous avez du cœur... Je crois que vous auriez grand besoin au contraire d'être remise en cage et d'avoir les ailes un peu rognées. Il me tarde que la Mère Saint-Charles vous chasse, car cette vie, encore une fois, achèverait de vous perdre.

» Adieu, ma chère enfant ; oui, aimez le Seigneur, ne cherchez que Lui en toute chose, et rappelez-vous que la voie la plus sûre pour aller à Lui, est toujours celle qu'il nous trace lui-même; le ciel souffre violence, notre Maître est allé au Calvaire ; ce ne sont pas les chemins qui nous plaisent le plus qui sont pour l'ordinaire ceux qui nous mènent au bonheur. Adieu, priez pour moi, et recommandez-moi aux prières de toutes vos compagnes. »

Quoique bien occupée à la Solitude, et, comme nous l'avons vu, tout en partageant dans la mesure du possible les rudes travaux de ses Sœurs, la Mère Emmanuel, au spectacle de la nature qu'elle aimait tant, se plaisait à chanter les fleurs, ses amies. C'est dans ses promenades qu'elle composait les gracieuses poésies qui avaient pour titre : *le Lilas*, *la Rose blanche*, *le Violier*; puis de cette abondante cueillette, elle faisait un bouquet qu'elle présentait au bon Père à ses visites à Martillac. On retrouvera volontiers ici ces fleurs de la Solitude, auxquelles le temps n'a rien enlevé de leur fraîcheur et de leur parfum.

LE LILAS.

Fleur parfumée,
Toujours aimée,
Dis-moi pourquoi
Je pense à toi ?

Pourquoi je t'aime,
Touchant emblème
De souvenir
Et d'avenir ?

C'est que fidèle,
Tu me rappelle
Et mes beaux jours
Et mes amours.

Tu t'es fanée,
Fleur embaumée,
Et le bonheur
A fui mon cœur.

Comme un mensonge,
Un léger songe,
Est le plaisir
Qui doit finir,

Erreur funeste ;
Il ne me reste,
Après la fleur,
Que la douleur.

LA ROSE BLANCHE.

Parfois seule et pensive,
Je parcours une rive
Qui fut chère à mon cœur;
Et la plus douce image
Qui m'attache à la plage,
    C'est une fleur.

Emblème d'innocence,
Elle eut dès mon enfance
Mon hommage et mon cœur.
Le bonheur de ma vie
Et ma plus chère amie,
    C'était ma fleur.

Mais le vent et l'orage
Ont détruit son feuillage
Et terni sa fraîcheur.
Ce n'est plus cette rose,
Avec l'aurore éclose,
    Est-ce ma fleur ?

Le bonheur est un rêve
Qui dans un jour s'achève.
En brisant notre cœur.
Et toujours notre vie,
Par le temps est flétrie,
    Comme la fleur !

LE VIOLIER.

Sur l'antique chapelle
Cherchez à retenir
Cette fleur qu'on appelle
La fleur du souvenir.
Plus suave que belle,
Elle dit au zéphir,
Comme l'ami fidèle :
Aimer.... et puis mourir !

Comme l'âme blessée,
Elle aime les douleurs ;
La ruine délaissée
Se couvre de ses fleurs.
Sur le donjon placée,
Elle mêle au soupir
Cette douce pensée :
Aimer.... et puis mourir !

De la vieille chaumière,
Elle embellit les toits,
Et souvent, la dernière,
Reste près de la Croix.
Comme une humble prière,
La fleur du souvenir
Murmure sur la pierre :
Aimer.... et puis mourir !

Cette fleur est chérie
Dans nos pauvres hameaux,
On l'aime encor fleurie
Sur nos tristes tombeaux.
Et la beauté flétrie
Qu'elle sait ranimer,
Nous dit de la patrie :
Mourir... et puis aimer ! (1)

Toutes ces gracieuses poésies étaient faites sur des airs connus, on les chantait dans les bois, dans les récréations du soir; le bon Père aimait beaucoup le chant, il se plaisait à écouter les mélodies de ses filles, et pour ces dernières, lui être agréable était le plus puissant des stimulants. La Mère Emmanuel partageait ce goût, laissons-la nous le dire elle-même :

LE CHANT.

Aimer, chanter, c'est l'existence
Que Dieu réserve aux bienheureux,
Et que partage l'innocence
Comme un privilège des cieux.

Aimer, rêver de la patrie,
Oublier la terre et ses pleurs,
C'est le sort de l'âme qui prie,
C'est la Croix qui se change en fleurs.

(1) Rec. de poésies.

Le chant, ce sublime langage
De l'univers reconnaissant,
C'est le plus admirable hommage
Que la terre offre au Tout-Puissant.

Les astres, par leur harmonie,
Chantent l'hymne du Créateur ;
De Dieu, la puissance infinie,
Et la gloire de leur Auteur.

Qui dira le chant de l'aurore
Quand elle annonce le soleil,
Que, par ses feux, elle colore
De la nature le réveil ?

La nuit, la mélodie est sainte,
On entend gémir la douleur.
Avec le jour, la cloche tinte :
Prière, amour, espoir, bonheur.

La foudre, les vents, la tempête,
Par leurs magnifiques accents,
Célèbrent une auguste fête,
L'Éternel joue avec le temps.

Dans nos temples, la voix chrétienne
S'unit à l'orgue harmonieux ;
Plus loin, la harpe éolienne
Inspire un chant mélodieux.

L'amour, la joie et la souffrance
Ont leur chant de fête et de deuil ;
Le clairon parle de vaillance,
Le sistre accompagne un cercueil.

Dans les déserts de l'Arménie,
On entend le lion rugir ;
Dans les plaines de l'Albanie,
L'oiseau chante avant de mourir.

Dans nos bois, c'est la tourterelle
Dont la voix roucoule toujours ;
Et le serpent siffle, près d'elle,
Son désespoir et ses amours.

Depuis l'aigle de nos montagnes
Jusqu'à l'insecte glapissant,
Les chantres ailés des campagnes
Forment un concert ravissant.

Il est un chant que Dieu révèle
A l'âme exilée ici-bas,
Chant d'amour qui monte et se mêle
Aux célestes Alleluias.

Ce chant que l'âme sait comprendre
Et qui fait tressaillir le cœur,
C'est une voix qu'on croit entendre,
C'est la brise agitant la fleur.

C'est le bruissement du chêne
Ou le murmure du ruisseau,
C'est le frôlement du phalène
Ou le cri-cri du vermisseau.

Les Anges seuls peuvent nous dire
Ce que chante l'épi de blé,
Quand il se penche et qu'il soupire
Du poids de sa gloire accablé.

Ce qu'au ramier dit la colombe,
Ce que chante une goutte d'eau,
Lorsque goutte à goutte elle tombe
Sur une fleur, sur un tombeau.

Ce que chante encor à notre âme
L'atome qui descend des cieux,
Le parfum du pays, ou le bruit de la rame
Qui fend, de l'Océan, les flots silencieux.

Pour aimer et chanter nous avons reçu l'être,
Heureux qui le comprend et qui sait en jouir !
Gloire, amour éternel à ce souverain Maître
Qui nous prête des biens capables d'éblouir (1).

Les joies les plus pures ne sauraient durer. A la parole du bon Père, la Mère Bonnat quitta la Solitude et revint à Bordeaux reprendre le cours de ses sérieux travaux. Le bon Père était très souffrant ; c'était le moment où le mal qu'il avait au nez donnait de sérieuses inquiétudes. En outre, la situation politique était toujours bien grave, et le choléra qui venait d'éclater exerçait de toutes parts ses affreux ravages. C'est alors que la Mère Emmanuel composa le *Recours à la Sainte-Famille*, prière devenue quotidienne dans toute la Société. En imprimant cette invocation pour la communiquer aux membres de l'Association, l'imprimeur eut l'idée de l'entourer d'une guirlande de fleurs de lis ; cela fit événement dans le parti légitimiste, on se l'enlevait,

(1) Rec. de poésies.

et la petite prière eut beaucoup plus de succès qu'on ne l'avait espéré. Ainsi que nous venons de le dire, les événements politiques tenaient en haleine : à Bordeaux surtout les émotions étaient profondes; on cherchait à découvrir la Duchesse de Berry, et on sait le bruit que faisaient ces recherches dans les circonstances où elles se produisaient. Les membres du clergé, les Congrégations religieuses eurent un mauvais moment à passer; on craignit même un instant que la Maison de Lorette ne fût inquiétée, et la Mère Emmanuel en donnait ainsi avis à la Mère Chantal Machet, alors Supérieure de la maison de Coutras :

« 21 juin 1832.
» Ma bonne Sœur,

» .... Je suis dans la solitude depuis le 10 ; Martillac, Pauillac, Verdelais, ont attiré le Supérieur, qui a déserté son logis pour courir la campagne, et toute la partie de la maison que vous connaissez est à peu près déserte; j'y suis comme une sentinelle en faction qui attend l'ennemi et qui prépare ses batteries, car on nous a annoncé une visite domiciliaire, et peut-être même quelque arrestation, en sorte que je fais la garde aux archives, bien résolue de défendre tant de papiers qui ont coûté tant de travail et de peine, et de périr avec eux s'ils sont condamnés. Mais je vous présente la chose dans son noir; ne vous en alarmez pas, on dit tant de balivernes dans le monde, que les couvents s'en ressentent un peu et que le bruit du dehors pénètre toujours dans l'intérieur ; heureusement c'est un bruit sans danger. Nous n'avons ni recélé, ni reçu la Princesse, ni conspiré, ni trahi, nous n'avons rien à redouter ; et avec Dieu que pourrait-on craindre ? Je vous laisse avec ce fidèle et unique ami, le seul qui soit vraiment digne de notre cœur et de toutes ses affections ; priez-le pour moi. »

C'est également à cette époque que la Mère Virginie Machet quittait Paris pour aller fonder l'Œuvre de Dreux dans le diocèse de Chartres. La Mère Bonnat la suivait par le cœur dans cette mission, et ne dissimulait point sa joie à la pensée de voir une nouvelle Maison s'ouvrir au dévouement des Sœurs de la Sainte-Famille.

« 9 août 1832.

» MA BONNE SŒUR,

» Il se présente à nous une bonne occasion dont je profite pour envoyer à Mme Hentsch les 120 francs qu'elle vous a avancés ; rien de plus, parce que nos finances sont peu considérables et qu'il est permis au père de famille de ménager ses coquilles. Que cela ne vous attriste pas, faites plutôt comme votre mère selon la chair, qui s'est consolée, en semblable occurrence, en se comparant à ces cadets de famille qu'on envoyait chercher fortune loin du toit paternel, et cela bien souvent avec 3 francs dans la poche ; plus heureux qu'eux, vous avez à votre disposition toutes les richesses de la Sainte-Famille, et il ne dépend que de vous d'être, en un instant, plus fortunée que Crésus ; ensuite, les privations de la pauvreté sont devenues vos jouissances et, comme fille de Dieu Seul, vous vous félicitez de ce que les mondains appelleraient leur détresse. Conservez toujours ma chère Sœur, cette heureuse indépendance de tous les biens de la terre, bientôt, bientôt, nous arriverons au Trône éternel qui nous est destiné et alors nous recueillerons abondamment le fruit de nos faibles travaux. Nous attendons des nouvelles de Chartres et de votre réception auprès de Monseigneur, mon cœur palpite de crainte et d'espérance ; Jésus, Marie et Joseph y seront-ils mieux accueillis qu'ils ne le furent à Bethléem et voudra-t-on s'unir à nous pour les honorer ? Je suis dans l'attente et je confie tout le soin de cette affaire à ceux qu'elle intéresse, elle ne pourrait avoir de meilleurs avocats, et j'ai besoin de me décharger entièrement sur eux pour ne pas m'inquiéter du plus ou moins de réussite...

» ... J'apprends avec plaisir qu'on se remue un peu à Châlons ; il faut exciter leur zèle et les pousser de tout votre pouvoir. L'Association vient de s'établir à Coutras et dans les environs, à Bagnères de Luchon, et dans plusieurs villes du Midi. Le troisième numéro des Annales est à l'impression... »

L'Œuvre de Dreux est acceptée, la Mère Eugène de Saint-Pierre en prend possession, la Mère Bonnat est chargée de lui envoyer les premiers fonds nécessaires à l'installation, et elle les lui annonce en ces termes :

« 29 août 1832.

» Le bon Père va partir pour Martillac, la bonne Mère est occupée par dessus la tête et d'écritures, et d'affaires, et de rapports intérieurs, extérieurs, etc.; la Mère Machet qui n'est ici qu'en passant ne s'occupe que de comptes et de chiffres ; bref il ne reste que la Mère

Emmanuel pour vous écrire, et comme elle le fait à contre-cœur et avec un tour d'esprit grognon, je vous plains de la missive. Au lieu d'amitiés et de ces tendres expressions qui consolent les âmes sensibles je ne vous enverrai que des antipathies, des aversions, des indifférences; nous ne parlons jamais de vous, nous ne vous aimons pas et je vous conseille fort de chercher loin de nous un asile où, coulant des jours dignes d'envie, vous puissiez vous consoler d'avoir perdu notre affection. Cependant nous sommes charitables, et comme vous semblez à plaindre, nous volons à votre secours; tenez, voilà 400 fr. que vous toucherez chez le receveur de votre ville, payez vos dettes et ne criez plus misère, car nous sommes plus malheureux que vous, et si le mauvais temps continue, il faudra s'exiler du toit paternel et aller chercher fortune ailleurs; heureuses si dans notre émigration nous pouvons comme vous trouver des pensionnats aussi bien montés...

» Mais je n'ai pas fini de vous tourmenter, vilaine paresseuse que vous êtes! M'avez-vous seulement donné quatre mots pour figurer dans mes Annales ? Vous croyez que je vous tiens quitte parce que vous faites des dissertations sur la logique, l'arithmétique, etc... Nenni, nenni, ma chère, je ne me paie pas de semblable monnaie; si vous êtes ma Sœur, si vous voulez que je vous aime, il faut que vous m'aidiez à supporter mes charges et que vous me fournissiez au moins les moyens de faire paraître dans trois mois d'ici une quatrième livraison des Annales. Je vous envoie mon défi, répondez, sinon vous êtes perdue d'honneur... »

Dans les lignes qui précèdent, la Mère Bonnat, faisant allusion à quelques projets ultérieurs, parlait d'aller chercher fortune ailleurs. C'est que l'heure devait bientôt sonner où elle serait appelée à son tour à planter l'étendard de la Sainte-Famille sur un nouveau sol. Nous allons maintenant la suivre dans cette voie apostolique.

CHAPITRE III.

Fondation d'une Œuvre de Dames de Lorette à Mont-de-Marsan. — Installation de la Maison Générale et des Archives à la Solitude. — Armes de la Sainte-Famille.

> *Sans aviron, sans voile,*
> *Par un temps orageux,*
> *Je suis la blanche étoile*
> *Qui m'apparait aux Cieux.*
> *Vierge Marie,*
> *En toi j'ai foi,*
> *Mère chérie,*
> *Protège-moi.*
>
> R. B.

La Sainte-Famille ayant choisi pour devise: Dieu Seul! devait en toutes choses se montrer conséquente avec l'esprit que résument ces deux mots, et dans l'extension qu'elle était appelée à prendre elle ne devait point compter sur des moyens humains. La Mère Eugène de Saint-Pierre avait été envoyée à Paris pour y fonder une Œuvre sans d'autre appui que la bonne Providence; n'ayant pas réussi, elle était allée dresser sa tente à Dreux, et là, avec mille peines et travaux, elle était parvenue à s'établir et à faire connaitre la

Sainte-Famille. Le moment était arrivé où la Mère Bonnat allait aussi faire ses premières armes comme Fille de Dieu Seul, et c'est elle-même qui va nous raconter en détail comment se fit la Fondation des Dames de Lorette à Mont-de-Marsan. La générosité de ces filles aînées du vénéré Fondateur de la Sainte-Famille, leur esprit de foi, leur zèle vraiment apostolique, leur amour pour la Société, dont elles voulaient à tout prix favoriser le développement, excitent une sorte d'admiration. Sans protecteurs assurés, sans ressources pécuniaires, sans abri, sans espérances humaines, elles allaient au nom de l'obéissance, rappelant les apôtres envoyés par le Sauveur à la conquête des âmes, sans bourses, sans sacs, sans souliers. La bénédiction de leur berceau se répandait sur les œuvres de ces âmes d'élite, et aussi, comme les apôtres, elles constataient que leurs travaux étaient rendus féconds, et que le nécessaire ne leur manquait pas. C'est de cette époque où la pauvreté était si absolue, que la Mère Trinité Noailles, la vénérable Fondatrice de l'Institut, disait plus tard : « Combien je regrette le temps où nous n'avions rien et où nous étions si heureuses ! »

Écoutons maintenant la Mère Bonnat :

« Un ami du bon Père vint un jour lui dire qu'on désirait beaucoup une Œuvre religieuse d'enseignement dans la ville de Mont-de-Marsan. Le bon Père fut tout heureux de cette ouverture, il pria, réfléchit, prit conseil, et après s'être demandé quelque temps quelle serait la personne chargée de se présenter et de commencer l'Œuvre, il arrêta ses vues sur moi en disant que je n'avais encore rien fait, et il me confia le soin de cette affaire. Il fallait partir en séculière pour sonder les dispositions des personnes, et comme on n'avait pas de fonds, on ne pouvait me donner un costume, on se contenta de la défroque de Mlle Alphonsine Phellot Lamidor, qui était devenue Sœur Marie-Thérèse, et l'on m'en revêtit. C'est ainsi que je partis pour Mont-de-Marsan, dans les premiers jours d'octobre 1832, montant en diligence à huit heures du matin pour arriver dans la soirée.

» Je descendis dans une famille Lafitte, à laquelle j'avais été recommandée, et le lendemain je me rendis de bonne heure à l'église, qui se trouvait en face de sa demeure ; j'avais un immense besoin de prier. C'était la première fois de ma vie que je me trouvais seule pour agir, et quoique je dusse le faire par obéissance, je n'en sentais pas moins toute mon incapacité. Dans le monde, malgré une apparence de liberté, je n'avais jamais fait un pas sans être accompagnée, et toutes les fois qu'il avait fallu prendre un peu d'initiative, j'avais toujours trouvé dans ma famille ou mes amies quelqu'un qui m'avait enhardie et encouragée. Entrée en religion, j'avais pu me montrer entreprenante sous l'œil de l'autorité, mais en ce moment, combien je me sentais peu de tact et d'aptitude pour traiter des affaires de fondation ! j'étais loin de savoir tout ce que j'avais à faire, aussi je me mis à prier de toute l'ardeur de mon âme ; ce fut, je crois, à cette prière si ardente, si pleine de foi et de confiance, que je dus plus tard le succès de ma mission.

» En entrant dans l'église, j'avais remarqué trois autels

dédiés à Jésus, Marie et Joseph ; frappée de la pensée que je me trouvais en présence de la Sainte-Famille dont j'étais la fille, je lui demandai humblement de me guider elle-même, et de ne pas permettre que je fisse rien de répréhensible. Mon cœur était si gros et j'avais tant de choses à demander, que je priai longtemps ; un jeune vicaire qui m'avait remarquée, me suivit au sortir de l'église et me demanda qui j'étais ? Sans le connaître et par la seule impression que firent sur moi ses traits qui respiraient la candeur et l'intérêt, je lui répondis que j'étais une religieuse, venue à Mont-de-Marsan pour voir s'il n'y aurait pas moyen d'établir une maison de notre Ordre dans cette ville. En deux mots et sous le porche de l'église, ce bon vicaire, qui était M. l'abbé Darigan, me dit tout ce que j'avais à faire ; il m'engagea à aller voir M. le Curé, et il se mit pour toutes choses à ma disposition.

» De retour à la maison, je pris le parti d'aller faire mes visites. Le curé, M. Saint-Marc, me reçut très bien ; il garda cependant une certaine réserve, et me dit : « Vous reviendrez et nous causerons. » Un autre M. Saint-Marc, supérieur du collège, ami et condisciple de notre bon Père à Saint-Sulpice, me reçut avec beaucoup plus d'affabilité, et me dit aussitôt : « Pour » l'affaire qui vous occupe, il faut que vous soyez chez » M. le Curé ; je lui en parlerai ce soir et nous arran-» gerons cela. » En effet, le lendemain il vint me dire d'aller voir M. le Curé ; celui-ci me retint à dîner et voulut me garder chez lui. Je dus sans doute à mon air timide et légèrement embarrassé, l'intérêt que je lui inspirai; il me voua, dès lors, une affection dont il me donna bien des preuves dans la suite.

» Je m'installai donc chez M. le Curé, petit vieillard dont les soixante-dix-sept ans trahissaient encore l'ardeur et la vivacité. Son œil brillant éclairait une physionomie maigre et un peu déformée par suite d'un dépôt qu'il avait eu dans la joue gauche. Obligé d'émigrer en Amérique pendant la Révolution de 93, il avait été curé à Québec, et Supérieur d'une Communauté dont il me racontait en riant les minuties et les tracasseries. Ce bon curé me communiqua quelques-unes des œuvres qu'il avait composées, et mit à ma disposition sa bibliothèque, de sorte que je passai chez lui près d'un mois en agréables causeries sur l'histoire, la littérature, les voyages, etc., etc.

» C'était pendant les repas que nous parlions de toutes ces choses; mais lorsque nous nous trouvions sans témoin, nous traitions de nos affaires. Il me fit raconter l'origine de ma Société, ses progrès, ses miracles, ses usages, ses règles, qu'il trouva très sages et très bien appliquées aux besoins du moment. Le projet de fondation lui plaisait d'autant plus que, dans le but d'obtenir des religieuses, il avait fait depuis peu de temps plusieurs démarches qui n'avaient pas eu de résultat; et regardant mon arrivée comme toute providentielle, il voulut en profiter pour commencer aussitôt une maison d'éducation.

» Ce qu'il importait, c'était de choisir un local. Trois maisons étaient disponibles; M. le Curé me les fit visiter, et après bien des pour et des contre, des mais et des si, je m'arrêtai enfin à celle de M. Brettes. Elle était située dans le plus vilain quartier, mais elle avait plus d'espace que les autres, et offrait la perspective de pouvoir devenir plus tard une maison tout à fait religieuse. M. le Curé approuva mon choix ; on continua le bail fait par des demoiselles qui avaient essayé d'y établir un pensionnat, puis en même temps on traita de l'achat. M. Brettes demandait 23,000 francs de cet immeuble, et pendant même qu'on réglait les conditions, il nous permit de nous y établir, se réservant les produits du jardin.

» J'écrivis aussitôt au bon Père pour lui rendre compte du résultat de mes démarches, et pour le prier de m'envoyer des aides. J'ajoutais que le Curé demandait à me garder, et le bon Père voulait bien me répondre sans retard : »

. . . .

« Vous êtes une petite orgueilleuse de penser que votre bon curé fasse un si grand cas de vous ; il m'a bien écrit des choses merveilleuses sur votre compte, je vous en ferai part quand vous ferez votre confession pour les folies de votre voyage. Cependant je vous dirai aujourd'hui qu'il voudrait vous garder pour le moins un an. Tâchez de le rendre plus raisonnable. Je lui écris pour lui faire connaître que vous êtes chargée de plusieurs Œuvres et que vous n'avez personne pour vous remplacer ; que l'intérêt des âmes exige que votre absence se prolonge le moins possible. Parlez-lui dans le même sens. Il est essentiel, en effet, que vous nous reveniez dans le courant du mois prochain. Les avocats les plus habiles sont ceux qui plaident parfaitement le pour et le contre : après vous être rendue aimable autant qu'il le fallait pour établir notre réputation, faites un tour de force maintenant en vous rendant assez peu aimable pour qu'on vous quitte sans trop de regret. Je vous aiderai en cela en vous envoyant des Sœurs qui valent beaucoup mieux que vous, et pour peu que vos gens des Landes sachent goûter le bon, ils ne tarderont pas à leur donner la préférence. La Mère Saint-Charles et la Sœur Françoise partiront samedi matin; il faudra que vous les receviez et que vous les conduisiez dans votre Communauté; il est bon que vous annonciez que ce n'est que l'Assistante et une Sœur converse, afin qu'on ne leur donne pas les honneurs du général; quelques jours après vous arriveront la Mère Peychaud, la Sœur Marie-Thérèse et peut-être la Sœur du Calvaire. Mme Peychaud est déjà connue de quelques personnes du pays; il vous sera facile, sans mentir, d'en donner une haute opinion à celles qui ne la connaîtraient pas..... Pauvre petite défroquée, je conçois votre honte, votre embarras, et je suis bien sûr que cette dégradation momentanée vous ôtera pour toujours l'envie de devenir mondaine. On vous apportera ces habits que vous regrettez tant, vous les baiserez avec respect et vous pourrez enfin vous montrer comme l'épouse de Jésus-Christ. Comment voulez-vous n'avoir pas de distractions au milieu de toutes vos courses et de tous vos travaux? Si je suis effrayé, ce n'est pas pour vous, mais c'est pour moi, puisque vous paraissez ne vouloir vous confesser qu'à Bordeaux et m'apporter par conséquent tous vos gros péchés de voyage. Si je ne craignais pas de mettre dans la confidence une personne qui vous regarde comme une sainte, je vous dirais bien qu'étant si imparfaite, même à Bordeaux, il y a tout lieu de croire que vos misères se sont accrues en voyageant. « Les voyages sanctifient rarement, » dit le pieux auteur de l'*Imitation*, revenez donc au plus vite, ma chère fille. »

» La Mère Saint-Charles et la Sœur Françoise me furent envoyées; elles eurent quelques difficultés à arriver jusqu'à Mont-de-Marsan parce qu'elles n'avaient pas de passe-port et que les employés de la police étant alors à la recherche de la Duchesse de Berry voyaient partout des espions ou des affiliés de la princesse. Enfin après deux ou trois heures de retard, je pus les envoyer dans mon domicile, qui était bien le plus pauvre du monde. C'était la première fondation que je faisais et j'étais fort peu au courant de ce qui est nécessaire. M. le Curé m'avait dit confidentiellement, quelques jours auparavant, qu'il me donnait, pour l'achat de la maison, 18,000 fr., somme mise par lui en réserve, et dont on ignorait l'existence. J'avais compris qu'il ne voulait pas mettre sa famille au courant de ses projets, et me hâtant de faire emplette des principaux objets de mobilier, je m'étais retirée dans la nouvelle maison en remerciant vivement le bon Curé. Il se doutait sans doute de la pénurie dans laquelle j'allais me trouver, car ses yeux se remplirent de larmes au moment de mon départ. Pour lui dissimuler mon embarras, je l'avais assuré que le nécessaire ne me manquait pas, et j'étais partie la veille de la Toussaint.

» C'est dans cette même soirée que la Mère Saint-Charles et la Sœur Françoise m'arrivèrent; je n'eus à leur offrir qu'un morceau de pain et un verre d'eau, puis nous nous couchâmes sur des paillasses, sans oreiller ni couverture. Le lendemain nous allâmes à la sainte Messe, et après une visite faite à M. le Curé, nous rentrâmes pour déjeuner avec des châtaignes : on m'en avait donné un sac qui fit tous les frais de nos repas pendant les premiers jours de notre installation. Mes deux compagnes m'aidaient beaucoup, et au bout de quelques jours nous nous trouvions assez bien dans notre logement. La Sœur Françoise volait tous les matins quelques légumes du jardin ; je m'en inquiétais, je l'en reprenais ; elle finit par s'en troubler et en parla à M. Brettes. Celui-ci comprit sa position et lui répondit : « On n'en dira rien ». Cette parole nous rendit la paix à toutes deux.

» Bientôt nous vîmes arriver la Supérieure, Mère Marie de Jésus Peychaud, et les Sœurs Thérèse et Marie-Thérèse, qui devaient compléter le personnel. Puis un jour il se présenta une postulante : c'était une jeune fille toute fraîche et toute ronde portant le capulet (coiffure du pays). Elle me dit que, se sentant de l'attrait pour la vie religieuse, elle venait se proposer pour balayer et faire la cuisine, car elle était en service, et, n'ayant ni talent ni fortune, elle ne pouvait offrir que sa bonne volonté. Il me serait difficile de dire avec quel plaisir j'accueillis cette bonne fille, qui s'appelait Louise ; je lui promis de la faire accepter, et c'est elle qui fut connue plus tard, à Martillac, sous le nom de Sœur Louise.

» Une fois la maison montée et arrangée, on dut s'occuper de la chapelle et de l'aumônier ; pour cela j'en parlai à M. le Curé, qui tenait fort à ses titres, et qui voulut lui-même s'en charger. Comme je lui proposais d'écrire à Monseigneur d'Aire, il m'arrêta en disant : Cela me regarde ; je puis d'abord autoriser votre chapelle, et nous verrons ensuite à prévenir l'Évêque. — Mais, répliquai-je, nous désirons la Sainte Réserve, et nous aurions aussi besoin d'un prêtre pour la messe. — J'y pourvoirai, répondit M. le Curé. — Je vis que pour tout cela nous aurions des difficultés, mais qu'il fallait d'abord nous taire.

» Pour établir notre chapelle, nous choisîmes dans la maison la pièce qui nous sembla la plus convenable : c'était une grande salle située au-dessus du salon de réception. M. le Curé nous fit présent du premier autel, puis d'un vieux tableau qui devait être placé au-dessus ; quelques personnes charitables donnèrent des objets du culte, et, quand on eut les choses les plus indispensables au Saint-Sacrifice, on fixa le jour de cette première cérémonie au 21 de ce même mois, fête de la Présentation de la Sainte Vierge.

» Pendant les quelques jours qui restaient encore, je présentai à M. le Curé et aux personnes que j'avais eu occasion de voir, la Mère Marie de Jésus, désignée pour Supérieure. On la reçut avec un plaisir extrême ; ses manières gracieuses et polies charmèrent tout le monde. Un moment, on avait cru que je serais restée comme Supérieure de la nouvelle fondation ; quelques personnes l'eussent désiré, mais d'autres me trouvaient trop jeune, et la Mère Marie de Jésus n'avait pas ce défaut. La Sœur Marie-Thérèse, qui l'accompagnait, était une ancienne élève de la maison royale de Versailles destinée aux filles des Chevaliers de Saint-Louis ;

cette circonstance la fit aussitôt accepter par la classe distinguée de la ville.

» Les amis et les connaissances que nous avions pu nous faire, nous procurèrent sans retard nos premières élèves; un noyau de onze à douze enfants se trouvait prêt pour le 21, lorsque M. le Curé vint lui-même nous dire la Messe.

» Il fallait d'abord invoquer l'Esprit Saint et chanter le *Veni Creator;* je ne sais comment je me trouvais seule avec la Mère Saint-Charles pour le chanter; ce fut un de mes prodiges, et je m'en tirai tant bien que mal jusqu'au bout, la Mère Saint-Charles n'ayant pas plus de voix que moi. On ne nous laissa pas la Sainte Réserve, ce qui attrista un peu nos cœurs; cependant on nous fit espérer d'avoir la messe presque tous les jours. Un bon prêtre habitué, M. l'abbé Laurence, devait nous la dire; il se servait de ses ornements et nous rendait ce service gratuitement, ce dont nous lui fûmes très reconnaissantes. Mais dès le lendemain, en entendant sa messe, nous nous trouvâmes tout interdites : il l'avait terminée en moins d'un quart d'heure! De plus, il ne pouvait nous la dire le dimanche, parce qu'il était obligé de célébrer ailleurs; quel chagrin pour nous ! En l'absence du curé, nous avions vu le vicaire, puis un autre prêtre nommé M. Loubéry; tous deux nous avaient offert leurs services, mais le difficile était de les faire agréer par M. le Curé, qui désirait nous garder sous sa direction et qui ne trouvait pas mal notre messe si courte du matin, pas plus que notre assistance à la sienne tous les dimanches. Pour plus de commodité, et à cause de son grand âge, il ne disait jamais sa messe à la paroisse, mais dans la chapelle du collège qui se trouvait en face de sa maison. Là aussi il confessait, à l'aide d'une feuille volante, parce qu'il était un peu sourd. Les ecclésiastiques qui s'intéressaient à nous souhaitaient que nous eussions un aumônier le plus promptement possible. Mais M. le Curé était jaloux de ses vicaires, qu'il trouvait plus maîtres que lui ; il était également chatouilleux vis-à-vis de M. Loubéry, qu'il n'aimait pas et dont il redoutait l'influence. M. Loubéry était un prêtre qui passait pour avoir beaucoup de fortune ; par suite du mauvais état de sa santé, il avait dû quitter le poste qu'il occupait pour prendre la direction d'une petite cure de campagne. Il habitait Mont-de-Marsan et paraissait être, selon toutes les apparences, le prêtre qui nous convenait. Je le proposai à M. le Curé, qui me sut mauvais gré de le lui avoir nommé et ne me répondit que par des phrases équivoques. Il parla de même à plusieurs personnes qui voulurent entamer ce sujet avec lui ; enfin, M. Loubéry lui-même fit une démarche et offrit de se charger de l'aumônerie de Lorette, ajoutant que cela souriait à Monseigneur et serait pour lui une occupation conforme à ses goûts et à ses aptitudes. A ces paroles, M. le Curé ne put que répondre : « Bien, c'est ce que je pensais devoir être le mieux pour ces dames ; reste à savoir comment cela s'arrangera. »

» Pendant ce temps, M. Darigan convoitait aussi la place d'aumônier, et promettait d'aider l'Œuvre de sa fortune et de sa protection ; en attendant il avait commencé à confesser les enfants pendant que M. le Curé gardait la direction des religieuses. Pour moi, laissant les choses ainsi installées, je rentrai à Bordeaux (1). »

La Mère Bonnat reprit ses fonctions momentanément interrompues, tant au Secrétariat qu'à la direction de l'Association extérieure, dont elle continuait à s'occuper avec un grand zèle. Sa correspondance à ce sujet, avec les Supérieures locales, déjà nombreuses, est énorme et prouve l'activité et le dévouement que déployait la Mère Emmanuel à établir et à organiser toutes choses selon les vues du Fondateur. En dehors de ce travail, il y avait le mouvement quotidien de la Congrégation qu'elle suivait au jour le jour; une de ses joies était de faire vivre la Mère Eugène de Saint-Pierre de cette vie du centre dont elle avait été si promptement éloignée, et c'est dans ses lettres à cette dernière, que nous trouvons l'histoire de la famille; le moindre changement enlèverait tout le charme de ces citations :

» 7 mars 1833.

» Grande nouvelle, ma bonne Sœur, nous voulons aussi nous donner des airs de grandeur et nous allons faire rebâtir notre chapelle et peut-être aussi la maison; ce n'est pas cependant par vanité qu'on se résout à cette entreprise; ainsi ne nous jugez pas témérairement, vous savez aussi bien que nous combien Notre-Seigneur était mal logé dans notre Maison-Mère : il habitait un chai humide et incommode où les rats, les caffards et les crapauds avaient établi leur demeure, la

---

(1) Histoire des fondations de Lorette.

mousse croissait dans l'intérieur de notre chapelle, dans les grandes pluies nous y voyions des ruisseaux, enfin elle fut comparée à la grotte de Bethléem. Heureuse ressemblance sans doute, si nous eussions pu la conserver toujours et y loger tous ceux que la dévotion y attire, mais tous ces désagréments réunis nous ont fait prendre la résolution de rebâtir cette partie de maison; elle va s'adosser à de vieilles baraques qui ne pourront guère s'accommoder de ce voisinage et qui s'écrouleront peut-être au premier coup de marteau; c'est ce que nous ne savons pas encore. Pour le moment, vous pouvez juger du déménagement et de l'embarras que va occasionner cette bâtisse; votre maman et moi cherchons un logement où nous puissions nous retirer avec tous nos registres et papiers, ce qui n'est pas une petite affaire. La plus essentielle encore, c'est de trouver les fonds nécessaires : nous allons comme des enfants de la Providence, comptant beaucoup plus sur elle que sur nos faibles ressources ; mais il faut prier, et je vous conjure de vous joindre à nous afin que notre confiance ne soit pas vaine... ».

Quelque temps après, elle lui écrivait encore :

« 13 juillet.

» ... Je vous ai déjà parlé de la jolie chapelle qu'on nous édifie sur les ruines de celle que vous avez connue : elle a quelque chose de gothique dans sa distribution et construction, cela me plaît infiniment; on y trouvera, de plus, des emplacements où l'on pourra solitairement adorer Notre-Seigneur sans être vu ni distrait d'aucun objet, et voilà ce qui me ravit, ce qui fixe, pour ainsi dire, mon cœur aux voûtes de notre Maison-Mère. Je me suis chargée, suivant le doux penchant de mon cœur, de broder l'intérieur de la porte du tabernacle. Jugez de mon bonheur! mon ouvrage sera sans cesse auprès du Sauveur Jésus et lui dira nuit et jour que je ne vis que pour Lui.

» Mais, à mesure que je vois notre Société s'embellir et que j'espère la voir s'enrichir de nouvelles Œuvres et de nouveaux sujets, je médite le projet d'imiter le prophète Isaïe et de m'offrir à Dieu pour une Œuvre qu'on propose; c'est une maison de Bénédictines, située à Mantes, ce qui n'est pas très loin de chez vous; or sus, il faudrait prendre tout bas le froc de Saint Benoît et, avec l'aide de Dieu, convertir cette Maison très régulière, mais antique et isolée, en congrégation moderne, appropriée aux goûts du temps. On aurait à se débattre avec douze religieuses dont la plus jeune a 74 ans, et l'on aurait pour appui l'Évêque et le Supérieur, qui est M. Thibaud, mon ancien père spirituel, aujourd'hui aumônier à Paris. C'est vous faire connaître en peu de mots les avantages de cette Œuvre et les difficultés qu'elle présente; je trouve que ces dernières sont grandes, mais elles me paraissent surmontables; je suis persuadée qu'avant trois ou quatre ans l'Association pourra en être possesseur. Suis-je trop audacieuse de me mettre en avant pour une semblable entreprise? cela peut être, mais qui sait si ce ne serait pas aussi comme une inspiration et un moyen de sortir de ma nullité; quoi qu'il en soit, je ne veux rien autre que Dieu et son saint amour, et, en quelque lieu ou emploi que je me trouve, je serai toujours bien si je suis selon sa volonté. »

Dans la correspondance intime entre ces deux âmes unies par les liens sacrés de la religion, il n'était pas seulement question d'affaires ; la note pieuse dominait toujours, et voici ce qu'inspirait à la Mère Bonnat le retour de l'anniversaire de sa profession :

« 29 septembre 1833.

» Il y a aujourd'hui quatre ans, ma bien chère Sœur, que, sous la protection de saint Michel et de toute la cour céleste, je me vouais à Dieu, sans réserve, par la profession religieuse. Quel beau jour ! et quel plaisir n'ai-je pas à célébrer son anniversaire ! Mon cœur est si plein de sa reconnaissance pour le Dieu qui l'a appelé, que je viens vous en entretenir et vous avouer que je découvre parfois toute l'excellence de la vie religieuse ; oh ! alors, je suis comme hors de moi-même, c'est un paradis anticipé. Que pouvons-nous effectivement désirer de plus que le bonheur de ne plus être ni au monde ni à soi-même, ni à une famille, ni à tous ces riens qui occupent les trois quarts des hommes, mais d'être tout à Dieu. Chaque jour nous le recevons, tous nos moments sont consacrés à sa gloire, nous habitons ses tabernacles ; n'est-ce pas un bonheur égal, en quelque sorte, à celui dont jouissent les saints dans le ciel ? Ceux-ci le voient dans sa gloire, sont assurés de ne jamais le perdre ; mais nous l'avons à notre disposition dans le sacrement de son amour, nous pouvons l'aimer avec plus de générosité, puisque c'est en combattant et en souffrant. Efforçons-nous donc de répondre à ses vues et de devenir ses fidèles amantes..... »

L'âme de la Mère Bonnat se révèle tout entière dans

ces lignes. On comprend ce que le bon Père pouvait attendre d'une telle coopératrice, on comprend les grâces que Dieu devait répandre sur la fidèle servante qui ne cherchait que la gloire du bon Maître en aimant et en aimant toujours !

Cependant le temps marchait, les Œuvres se multipliaient, et le bon Père, poursuivant une idée dès longtemps conçue, trouvait le moment venu de la réaliser. « Ce qu'il désirait, c'était de séparer les chefs généraux du mouvement des Œuvres ; c'était de se former comme un Noviciat de Dieu Seul, dans lequel il pût trouver des Supérieures, des Secrétaires, et surtout des âmes d'élite pour comprendre ses vues et les exécuter. Le séjour de Bordeaux, celui de la Maison-Mère, offrait trop de mouvement et de distractions ; il en avait fait l'expérience et il fixa enfin ses plans sur la Solitude de Martillac. En septembre 1834, les Mères Chantal Machet et Emmanuel Bonnat emportèrent leurs pupitres, leurs papiers, une malle renfermant les archives, et s'installèrent à la Solitude (1). »

La Mère Emmanuel aimait beaucoup Martillac et avait même, à un premier séjour, exprimé le désir d'y rester ; mais ce n'était pas sans une certaine tristesse qu'elle quittait la Maison-Mère de Lorette, ses Mères, ses Sœurs, ses Filles ; outre la séparation, elle comprenait que la supériorité de la Solitude, qui lui était donnée, entraînait avec elle une responsabilité en rapport avec le but à atteindre, et elle s'en effrayait. Toujours docile, toujours abandonnée à Dieu et à la

(1) Souvenirs de Martillac.

volonté de son Supérieur, dont elle voulait en tout seconder les desseins, elle embrassa de suite et de tout son cœur le nouveau genre de vie demandé à sa générosité. L'exiguïté du local habitable exigeait des réparations, il fallait aussi et surtout préparer une petite chapelle, afin que le Dieu de l'Eucharistie pût résider au milieu de ses épouses; la Mère Emmanuel s'occupa de tous ces détails avec autant d'entente que d'activité, et elle écrivait à sa fidèle correspondante, la Mère Eugène de Saint-Pierre :

« Solitude, 12 novembre 1854.

» Il y aura bientôt deux mois, ma bien chère Sœur, que nous nous sommes séparées de nouveau, et ce je ne sais jusqu'à quand. Si nous n'étions pas au service de notre bon Sauveur et toujours heureuses d'accomplir sa divine volonté, quels que soient les sacrifices qu'elle exige de nous, je me serais difficilement consolée de votre prompt départ, de votre court séjour et des obstacles que le bon Dieu a mis à nos communications. Je ne vous ai vraiment pas vue, je vous ai à peine parlé, et vous êtes repartie sans avoir satisfait ce besoin naturel qu'on appelle affection. Il y aurait là une véritable matière d'affliction si Dieu seul n'exigeait pas de nous la perfection. Soyons donc parfaites, du moins tâchons de le devenir et de nous unir chaque jour davantage à notre doux Jésus. Depuis que vous êtes partie, la Solitude a cessé d'être solitaire, envahie par des ouvriers de toutes sortes, la maison a été bouleversée, et nous sommes encore au milieu des débris. Nous avons été réduites à n'avoir plus qu'une seule pièce habitable; pour traverser le reste de la maison, pour faire la cuisine et tourner la broche, il fallait un parapluie; aujourd'hui nous sommes à l'abri d'un toit, mais sans portes ni fenêtres, sous la garde des bons anges, auxquels je confie tous les soirs le soin de nous défendre des voleurs qui infestent les cantons voisins. Grâce à la protection céleste, nous n'avons eu jusqu'ici nul accident, et j'espère que nous jouirons du même bonheur jusqu'à Noël, époque où définitivement nous pourrons ne plus penser qu'à Jésus et ne plus vivre que pour Lui. Privées de sa présence sensible, n'ayant que les bois pour oratoires, nous sommes tristes comme des enfants abandonnées de leur père; la plus douce des consolations nous manque, nous n'avons pas Jésus. Ah! priez pour nous, vous qui êtes plus heureuse! Notre bon Père est presque habituellement près de nous, travaillant à la fondation de Dieu Seul, et jouissant des délices de la retraite; sa santé est très bonne, et quoiqu'il vive en trappiste, il paraît beaucoup plus content qu'à Bordeaux. »

Et quelque temps après elle écrivait encore à la même :

« Vous désirez, ma bonne Sœur, que je vous dise ce que l'on fait dans la Solitude. Hélas! je devrais y devenir sainte et j'en suis bien loin; voilà la première de mes peines et le premier désappointement de ma retraite. Du reste, dans mes bois comme à la ville, je vous aime toujours et je suis heureuse de vous le dire. Je prie aussi, et pour vous personnellement et pour votre Société naissante, afin qu'il plaise au Seigneur de vous faire porter des fruits abondants de salut et de bénédiction. Après cela, que devons-nous désirer ici-bas? Les croix, les contradictions, les souffrances, les humiliations et surtout une sainte et parfaite conformité à la volonté de Dieu.

Nos réparations sont terminées, nous avons sept cellules au premier et trois pièces au rez-de-chaussée. La chapelle n'est point cette petite mignardise gothique que j'avais conçue, c'est tout bonnement une assez grande chambre carrée dans laquelle on a placé un autel et deux vieilles statues de la Sainte Vierge et de saint Joseph. Attristée de la simplicité de mon oratoire, je l'ai tapissé de croix, il y en a seize, ce qui vous apprend qu'auprès de nous on méditera Jésus et Jésus crucifié. Il n'est question d'aucun ornement dans ce lieu, il ne les réclame pas; à des temps plus heureux sont renvoyées la belle salle de réunion et la dévote chapelle. Nos bocages se ressentent de la rigueur de la saison, les arbres semblent morts, nos prairies sont marécageuses, il n'y a que la simple primevère qui réjouit un peu la vue. Vous seriez bien bonne si vous vouliez, étant à Paris, lieu où tout se trouve, m'envoyer de quoi embellir notre désert. Mes goûts sont modestes, je ne demande que de la graine de violier (giroflée jaune, simple), du myosotis ou souvenez-vous de moi; la première sera pour la montagne et la tombe de Sélima; la seconde, pour nos lieux de méditation. Votre maman voudrait bien de l'aristoloche grimpante et toujours verte; ne pourriez-vous pas nous en envoyer quelques graines? »

On le voit, la Mère Bonnat, au milieu de ses travaux, souriait aux plantes, aux fleurs, cherchait à s'en entourer; elle continuait aussi à les chanter en tournant vers Dieu les sentiments qu'elles lui inspiraient.

LA FLEUR DE LA PRAIRIE.

L'objet qui sut me plaire,
C'est, au fond du vallon,
Cette fleur solitaire
Dont j'ignore le nom.
Lorsque le cœur oublie
La peine, le plaisir,
La fleur de la prairie
Laisse un doux souvenir.

Le Dieu de la nature,
Maître de la beauté,
Lui donna pour parure
Grâce et simplicité.
Pour lui, souvent cueillie
En un jour solennel,
La fleur de la prairie
Se meurt près d'un autel.

Heureuse destinée,
Elle vécut un jour,
Parfuma la vallée,
Disparut sans retour.
Image d'une vie
Consacrée au Seigneur,
La fleur de la prairie
Sera chère à mon cœur (1).

(1) Rec. de poésies.

Puis, dans son bonheur de posséder Notre-Seigneur dans le Très-Saint-Sacrement, la pieuse Mère ajoutait :

JÉSUS

Demeurez avec nous,
Beauté toujours nouvelle,
Vous aimer est si doux !
Notre amour vous appelle.
Comme un ami fidèle,
Demeurez avec nous.

Demeurez avec nous,
Prenez notre défense
Contre un juge en courroux ;
Implorez sa clémence,
Soyez notre espérance,
Demeurez avec nous.

Demeurez avec nous,
Pasteur plein de tendresse,
De la fureur des loups
Défendez-nous sans cesse,
Et lorsque le jour baisse
Demeurez avec nous.

Demeurez avec nous,
Enseignez-nous les charmes
De souffrir avec vous.
Et pour sécher nos larmes,
Dissiper nos alarmes,
Demeurez avec nous.

Demeurez avec nous,
Votre enfant vous en prie.
Je suis à vos genoux,
A mon âme flétrie
Parlez de la patrie,
Demeurez avec nous.

Demeurez avec nous,
Doux Sauveur de mon âme,
Je veux n'aimer que vous,
C'est vous que je réclame,
Que votre amour m'enflamme,
Demeurez avec nous.

Demeurez avec nous,
Vous que mon âme adore
Et nomme son époux.
Le jour, je vous implore,
La nuit, je dis encore :
Demeurez avec nous (1).

La Mère Bonnat ne pouvait se contenter de travaux administratifs : aimant Dieu comme elle le faisait, elle avait besoin d'épancher dans d'autres âmes les sentiments qui remplissaient la sienne, et chaque jour des lettres de direction, de conseils, d'encouragements, allaient porter au loin, ou les parfums de sa piété, ou les lumières qu'elle puisait dans le cœur et la direction du bon Père. On retrouvera volontiers ici quelques fragments des lettres de cette époque :

(1) Rec. de poésies.

« Priez pour moi, écrivait-elle à la Mère Trimoulet, afin que je devienne une vraie Fille de Dieu Seul. Journellement nous recevons de nouvelles grâces, nous sommes traitées comme des enfants privilégiées par le meilleur des pères ; pourrions-nous bien après cela être languissantes dans son service ? O ma Mère, marchons avec courage dans la voie de la perfection ; prions, souffrons, gémissons s'il le faut, mais aimons par-dessus tout ce céleste Époux qui nous a appelées à Lui. Ce n'est pas assez, il faut que nous le fassions aimer de toutes les créatures, et surtout de celles qui nous entourent ; il faut enfin nous mettre en état de dire avec saint Paul : « Ce n'est plus moi qui vis, c'est Jésus-Christ qui vit en moi. » Demandez pour moi cette grâce, je la demanderai pour vous, et quand nous nous verrons, nous nous en donnerons des nouvelles. Adieu, ma Mère, oui, tout de bon *à Dieu* (1). »

« Vous avez besoin de patience, écrivait-elle à une Supérieure. Hélas ! c'est la science des sciences, la plus utile et la plus nécessaire ici-bas, où nous avons à porter les autres et à nous porter nous-mêmes. Ici comme chez vous, il faut en faire un usage journalier, ne soyez donc pas étonnée de ce qui vous arrive chaque jour. Priez Dieu pour celles qui vous causent des peines, excusez leurs intentions quand les actes sont répréhensibles, et en méditant sur les misères de l'humanité, regardez-les toujours avec bonté et indulgence. »

(1) La Mère Trimoulet, nous dit la Mère Bonnat dans sa notice, avait fait le vœu du plus parfait.

A une Supérieure nouvellement en charge, et effrayée de sa mission, la Mère Bonnat adressait les encouragements suivants :

« Le temps des épreuves passera, et la récompense sera éternelle. Vous, ma chère fille, qui commencez à éprouver toutes les angoisses de la maternité, ranimez votre foi et votre courage pour porter la charge qui vous est confiée, heureuse d'être associée à vos premiers Supérieurs dans le gouvernement de la Société; réjouissez-vous de pouvoir partager leurs sollicitudes, et efforcez-vous de les diminuer le plus possible. Du reste, je vous réitère la promesse qui vous a été faite, vous reviendrez sous le toit paternel jouir des délices du repos; mais pour le goûter pleinement, ce repos, il faut que vous ayez fait toute une campagne, et votre temps n'est pas encore tout à fait terminé. »

Nous venons de voir la Mère Bonnat aider, encourager les autres; citons encore un passage d'une lettre adressée au bon Père, alors qu'elle était à Martillac, et que ce bon Père était à Bordeaux; ces lignes nous prouveront à quel point la vénérée Mère poussait la perfection en ce qui la regardait :

« J'ai oublié, mon bon Père, de vous demander hier la permission de lire les lettres qui me seraient remises par voie de commission, et dont on paraîtrait attendre la réponse. Le cas que je prévoyais m'est arrivé aujourd'hui, j'ai supposé vos intentions, sans les connaître, et j'ai lu la lettre ci-jointe. Si j'ai fait une faute, je vous prie de me la pardonner, et de me donner pour l'avenir un avis qui me serve de règle. Je ne désire en tout que de vous plaire et de vous obéir. »

Il est dit que pour savoir commander, il faut savoir obéir, ces humbles lignes n'en disent-elles pas plus que tous les discours ?

C'est à cette époque, 1835, que la Mère Bonnat entra en rapports avec le comte O'Kelly, noble Irlandais, que la relation du miracle de l'apparition de Notre-Seigneur avait amené à Lorette, et c'est alors aussi que cette chère Mère, ainsi qu'elle nous l'a raconté dans ses Souvenirs de Martillac, s'occupa avec M. O'Kelly, d'appliquer le Trèfle d'Irlande, *la feuille aux trois cœurs*, aux armes de la Sainte-Famille. Les trois cœurs de Jésus, Marie, Joseph, scellés par le triangle, emblème de la Sainte-Trinité, reposent sur la tige de la feuille, laquelle tige doit rappeler aux membres de Dieu Seul qu'ils sont destinés à être le lien des trois branches, et qu'ils occupent la place principale dans la Société, celle qui soutient l'édifice. Quoique les armes de la Sainte-Famille n'aient été officiellement adoptées par le bon Père que quelques années plus tard, il convient de placer ici la poésie que la légende du Trèfle d'Irlande inspira alors à la Mère Emmanuel. Nous l'avons déjà vu depuis le commencement de ce récit, et nous le verrons jusqu'à la fin, tout ce qui l'impressionnait à un titre quelconque venait se placer sous sa plume dans un langage où la poésie et la piété marchaient toujours de pair, comme deux sœurs unies.

LE TRÈFLE D'IRLANDE.

(LÉGENDE)

On m'a dit qu'autrefois, dans une île sauvage,
Il régnait un géant, fameux par ses exploits :
Il pourfendait les monts, il aimait le carnage,
Bravait les vents, la mer, et leur dictait ses lois.

Ce mécréant mourut... car tout meurt sur la terre !...
Et, son corps reposa sous l'herbe, après trépas,
Mais son âme, dit-on, erra dans la bruyère,
Cherchant en vain la paix et ne la trouvant pas.

Or, il vint à passer, en ces lieux, un saint homme
Qui cheminait tout seul, un rosaire à la main ;
Il portait, dans son sac, des reliques de Rome,
Un ange le guidait vers ce pays lointain.

Priant et bénissant la plaine solitaire,
Il entendit du mort la gémissante voix,
Sur sa tombe, aussitôt, déposant son rosaire,
Il se mit à genoux et se signa trois fois.

« Par le Dieu Tout-Puissant dont je suis le prophète,
» Je t'adjure, dit-il, de paraître en ce lieu ;
» D'accuser tes erreurs et de courber la tête,
» Pour adorer la Croix et connaître ton Dieu ! »

Le mort épouvanté, se dressant sur sa tombe,
Tout contrit s'écria : « De moi, pitié, Seigneur ! »
L'homme saint, sur son front, versa cette eau qui tombe
Pour laver les péchés et sauver le pécheur.

L'esprit du mal, chassé par cette eau salutaire,
Disparut en disant : « Le Seigneur est ici... »
L'île changea d'aspect : une ombre tutélaire
Couvrit de fleurs le sol et l'île dit : Merci !

Merci ! car, dès ce jour, cette île fortunée
Fut l'asile des Saints et leur dut son éclat ;
Et celui qui l'avait de ses pleurs sillonnée,
Reçut bientôt le prix de son apostolat.

On ajoute au récit que ce saint qu'on vénère,
Pour instruire le peuple et lui donner la foi,
Choisit une herbe verte, et la plus éphémère,
Pour lui parler du dogme et lui tracer la loi.

« Dans le trèfle, dit-il, vous trouverez l'image
» Qui vous enseignera l'Auguste Trinité ;
» Trois feuilles et trois cœurs vous feront rendre hommage
» Au Dieu qui sous trois noms est toujours l'Unité. »

Depuis lors, cette plante a pris en Hibernie
Un rang bien glorieux pour ses nobles enfants ;
Elle atteste la foi, la ferveur, le génie,
Et de ce peuple heureux fait des chrétiens constants (1).

(1) Rec. de poésies.

CHAPITRE IV.

Fondation de la Congrégation de l'Espérance. — Fondation d'une Œuvre de Dames de Lorette à Bayonne. — L'Ile de Notre-Dame de Toutes-Grâces. — Voyage à Paris et dans les Maisons du Nord. — Adèle.

> *Dieu est là, et avec Lui il y a des fleurs sous les épines.*
> R. B.

Il y avait seize ans que la Sainte-Famille était fondée. Le Bon Dieu, qui, par les grâces dont il avait comblé la petite Société naissante, avait montré qu'il l'adoptait et la faisait sienne, s'était plu à multiplier le nombre de ses membres et de ses établissements. Déjà l'Association, par les Œuvres de Lorette, de Saint-Joseph et de l'Immaculée Conception, prouvait que la pensée du Fondateur était réalisable, et que, tant par l'organisation particulière qu'il lui avait donnée que par les règles auxquelles il l'avait soumise, elle pouvait vivre de sa vie propre. Une quatrième branche allait surgir de ce tronc déjà vigoureux planté dans le champ du Seigneur, et il ne devait pas tarder à en sortir des fruits qui révéleraient la fécondité de la sève puissante dont le principe était en Dieu Seul.

Cette quatrième branche était celle de l'Espérance. Écrivant ici la vie de la Mère Bonnat et non point celle du vénéré Fondateur de la Sainte-Famille, nous n'avons pas à faire l'historique des détails, des faits, des raisons qui motivèrent la création de la Congrégation nouvelle ; nous n'avons à nous en occuper qu'en ce qui regarde la Mère Emmanuel. Or, la part qui lui fut faite fut certainement la plus importante, puisque le bon Père la choisit pour être la fondatrice d'une Œuvre qui devait un jour prendre de si grands développements, la directrice et la mère d'une petite famille naissante, ignorante par conséquent de sa mission et de ses devoirs.

C'est à Bordeaux, sur la paroisse Sainte-Croix, et le 9 avril 1836, que le bon Père réunit les quelques sujets qu'il destinait à la fondation de l'Espérance. Depuis plusieurs mois déjà, sur l'invitation du digne Archevêque de Bordeaux, Mgr de Cheverus, ce bon Père s'occupait de la fondation de cette Œuvre que le vénérable Prélat l'avait engagé à entreprendre avec des instances qui étaient des ordres pour son cœur docile et filial.

Selon sa coutume, il avait recommandé à celles de ses filles qu'il aimait à consulter, de songer devant Dieu à cette grande entreprise et de lui dire leurs sentiments et leurs pensées à ce sujet. Nous trouvons dans une lettre de la Mère Bonnat les lignes suivantes, datées du 17 février :

« Vous me donnez bien de l'ouvrage, mon bon Père, en me chargeant de travailler pour les futures Sœurs garde-malades ; voulez-vous que je m'en occupe ici ou que j'aille vous trouver et vous faire part de mes idées ? »

Les idées de la Mère Emmanuel étaient bonnes et elles furent agréées, car le bon Père, le moment venu, la chargea de les appliquer. Comme la fondation eut lieu à Bordeaux même, la correspondance fait ici défaut ; mais une des premières novices de l'Espérance a conservé le souvenir des commencements de la Congrégation, et on verra avec plaisir, consignés ici, les détails qu'elle a pu fournir à ce sujet :

« La Mère Bonnat se dévoua à notre Œuvre ; elle nous faisait comprendre ce qu'est la vie religieuse, et nous étions très heureuses d'accomplir tout ce que cette sainte Mère nous enseignait ; elle avait un charme particulier pour nous faire aimer le bon Dieu, et c'est bien à elle que moi et beaucoup d'autres de mes Sœurs devons notre persévérance. Quelques mois écoulés, elle nous prépara à notre prise d'habit par une retraite. Nous n'avions pas de prédicateur ; cette chère Mère nous faisait elle-même les explications de règles, elle nous voyait toutes en particulier et nous donnait de bons conseils pour que nous devenions bien religieuses. Après quatre jours de recueillement, nous prîmes le saint habit dans la chapelle de la maison. La cérémonie était faite par notre bon Père, assisté du Petit Père et de M. Deshortes. La Mère Saint-Charles, de Lorette, amena le chœur des chanteuses, et on chanta pendant la messe. Quant à moi, je n'oublierai jamais les excellents conseils que la Mère Bonnat m'a donnés. J'ai souvent pensé dans les moments pénibles de ma vie religieuse à ce qu'elle m'avait appris par ses paroles et surtout par ses saints exemples ; elle pratiquait tout ce qu'elle enseignait, aussi nous étions heureuses et notre petite Communauté nous apparaissait comme le vestibule du Ciel. Notre maison était grande, mais bien misérable; cette bonne Mère passa quelques mois avec nous dans une extrême pauvreté. Nous étions obligées de travailler pour vivre; néanmoins elle était comme la Sainte Vierge, toujours contente, aimable et heureuse. Notre bon Père venait tous les quinze jours nous faire une explication de règles, mais notre Mère allait le voir souvent et elle nous rapportait le parfum de ses vertus. La Mère Bonnat est bien la fondatrice de l'Espérance. Toutes les Sœurs de cette Congrégation doivent la regarder comme leur première Mère. »

Quelques fragments de lettres écrites durant son séjour à l'Espérance nous montrent en effet la Mère Bonnat toute à l'affaire de sa petite fondation :

« Tout mon monde se joint à moi, écrit-elle le 4 mai à la Mère Trinité Noailles, pour vous remercier de la bonne aumône que vous nous avez envoyée. Ma petite maison marche soutenue par la bonne Providence, qui n'abandonne jamais ceux qui font vœu d'être siens. Tout le monde bénit notre dessein; on trouve l'Œuvre merveilleuse. M. Noailles, dit-on, ne pouvait avoir une meilleure idée. Malgré tout notre désir, nous ne pourrons avoir de chapelle que la semaine prochaine, c'est notre unique peine de n'avoir pas Notre-Seigneur avec nous. J'ai actuellement six novices. Priez, bonne Mère, pour que ce nombre s'augmente, et surtout pour que ces chères enfants deviennent de bonnes religieuses. »

Nous trouvons encore, à la date du 18 mai, dans une lettre adressée à la Mère Eugène :

« J'ai commencé à Bordeaux une fondation de Sœurs garde-malades, laquelle fondation me donne bien du souci tant pour le personnel que pour le temporel; aidez-moi de vos prières, sans quoi il y aura peut-être faillite. »

Puis un mois après, le 14 juin, c'est encore à la même Mère qu'elle s'adresse officiellement pour avoir quelques renseignements qui lui permettent d'organiser son Œuvre sur de solides bases :

« Vous avez appris, lui dit-elle, que je suis dans une nouvelle Œuvre qui se fonde à Bordeaux par les soins du bon Père, et sous la favorable protection de Son Eminence le Cardinal de Cheverus; c'est l'Œuvre des Sœurs garde-malades. Si vous connaissez à Paris les Sœurs de Bon-Secours et le bien qu'elles font, vous vous réjouirez, je pense, de ce qu'il a plu à la divine Providence d'appeler une Fille de Dieu Seul à cette entreprise. Vous nous rendriez aussi un grand service s'il vous était possible de nous donner quelques renseignements sur le règlement particulier que suivent ces bonnes Sœurs dans les rapports avec les malades ou avec les familles. Vous pourriez peut-être nous obtenir ces détails, et beaucoup d'autres qui nous seraient utiles, par le moyen de quelques-uns de vos amis de Paris ».

Comme nous l'avons vu plus haut, la Congrégation de l'Espérance s'est établie sur le fondement le plus solide de tous : la sainte pauvreté. La Mère Bonnat était heureuse d'imiter la Sainte-Famille dans sa vie laborieuse et mortifiée ; elle partageait en tout l'existence des novices qu'elle voulait former aux saintes lois de la vie religieuse, elle se contentait de leur nourriture qui était celle des plus pauvres, elle couchait avec elles dans un grenier mal fermé, qui les mettait à peine à l'abri des intempéries des saisons. Or, il advenait que la pluie, passant à travers les tuiles disjointes, arrivait jusque sur le lit de la Mère Emmanuel, qui n'avait que des moyens impuissants pour se préserver. Elle tomba malade et fut prise de fièvre. Le bon Père, inquiet, exigea que la chère Mère retournât à Lorette. Du reste, sa mission était accomplie, l'Œuvre était établie, et la nouvelle Supérieure n'eut plus qu'à suivre l'impulsion donnée. On sait ce qu'est devenu depuis ce grain de sénevé déposé dans le sol de la Sainte-Famille par la Mère Bonnat, et cultivé par elle dans ses premiers germes....

Cette même année, 1836, eut lieu la fondation de la maison de Lorette à Bayonne, et c'est encore la Mère Bonnat qui reçut la mission d'aller commencer l'Œuvre Elle nous raconte ainsi cette nouvelle campagne :

« Après la maladie dont j'avais été atteinte en m'occupant de l'installation des Sœurs de l'Espérance, je languis quelque temps, et pour me remettre on m'envoya à Bayonne. Ce voyage dans ma famille était un prétexte, je devais suivre les projets d'un établissement de Dames de Lorette dans cette ville.

» J'arrivai au mois d'août. La veille de l'Assomption, j'allai me confesser au curé de Saint-Esprit; après avoir dit qui j'étais, je parlai du but de mon voyage, et le bon Prêtre s'écria : « Ah! mon Dieu, qu'allez-vous entreprendre, qu'allez-vous faire? Bayonne est un pays perdu, vous ne réussirez pas, vous ne savez pas ce qui va vous arriver. Quelle entreprise! » Et il disait tout cela avec un accent solennel et un ton sépulcral qui me faisaient une profonde impression. J'avoue que j'en fus un peu déconcertée et même découragée; cependant je me disais : Si l'œuvre est difficile, c'est une raison de plus pour l'entreprendre et en me répétant le vers si connu :

A vaincre sans péril on triomphe sans gloire,

je formai le projet de persévérer et de commencer.

» J'allai d'abord faire des visites aux amis qui m'avaient été désignés : MM. Barbaste, curé de la cathédrale, et Arbellide, curé de Saint-André. Sans s'être consultés, ils se trouvèrent du même avis et me dirent qu'ils ne rejetaient pas la proposition, mais qu'ils entrevoyaient bien des difficultés à sa réalisation. M. Cestac aurait voulu m'aider, mais il était absorbé par les soins de son vicariat et le commencement de ses œuvres; il ne me dit guère que de bonnes paroles.

» Après avoir fait ces premières visites, je résolus de viser plus haut : j'allai donc chez un des vicaires généraux, M. Boutoye, auquel je confiai mon projet. Je puis dire qu'en lui je trouvai un père qui m'approuva et me donna les encouragements dont j'avais besoin. Il me dit qu'il avait connu et apprécié notre bon Père chez M. Chaminade, à Bordeaux, et que jugeant ses idées d'accord avec les siennes, il avait failli s'unir à lui pour travailler à la gloire de Dieu, mais que les plans proposés n'ayant pu être suivis, il l'avait quitté et était venu à Bayonne où il avait trouvé une position dans laquelle il pouvait se sanctifier, ce qui était tout son désir. Il consentit à me confesser, me promit tout son appui, et m'engagea à voir Monseigneur sans me laisser décourager par ses paroles, ajoutant que c'était un prélat très positif et très scrupuleux pour tout ce qui tenait aux règles et à la discipline de l'Église, et qu'il n'approuverait les choses qu'après les avoir bien examinées.

» Je me présentai donc à Sa Grandeur, qui me dit qu'Elle approuvait le projet, mais qu'avant de l'exécuter on devait bien peser toutes choses, s'assurer de ce qui valait le mieux, la ville ou la campagne, et s'occuper avant tout de régler le spirituel. A tout je répondis oui, et j'ajoutai que, lorsque les choses seraient décidées, je soumettrais nos plans à Sa Grandeur.

» Il restait une grande question à résoudre, celle de savoir où nous nous établirions. J'avais visité plusieurs maisons en ville, mais aucune n'offrait ce qui était nécessaire pour une Communauté ; j'avais également fait quelques démarches à la campagne, et je n'en avais retiré aucun résultat. J'étais dans ma famille, mais ma famille ne m'aidait en rien. Je n'avais d'autre secours que celui d'Élisa, une tante de ma belle-sœur, qui voulait bien m'accompagner dans mes visites et mes excursions. Plusieurs fois je me dirigeai vers Saint-Pierre d'Irrube ; il y avait là des amis, on m'y offrit une espèce de château habité par des Espagnols et par la veuve du malheureux O'Donnel qui, se dévouant pour la cause de Don Carlos, s'était battu avec ses frères, puis avait été tué, et, dit-on, coupé en morceaux par des femmes enragées ou des cannibales forcenés. Le château me convenait assez, mais pour l'avoir il fallait déplacer cette famille malheureuse, et cette pensée me faisait mal.

» A quelques pas on voyait une autre habitation appelée Gaillardet, à cause de sa position qui était effectivement fort agréable. Je trouvais à ce site quelque ressemblance avec la Solitude; on me l'offrit, et M. Arbellide, me disant toujours de commencer à la campagne, je me décidai pour Gaillardet. Il y avait deux mois que j'étais à Bayonne, et bien que je n'habitasse pas en ville, on m'y avait vue plusieurs fois, on avait examiné mon costume, on avait épié mes démarches, et comme Bayonne est la petite ville par excellence, on avait fait à mon sujet bon nombre de cancans. Il était donc urgent que je prisse un parti; aussi, après avoir beaucoup prié Dieu et consulté bien des amis, je me décidai à commencer l'Œuvre à Gaillardet, dans la paroisse de Saint-Pierre-d'Irrube, dont le curé, M. Brettes, nous était très dévoué. Il y avait là aussi un prêtre espagnol qu'on nous offrit pour aumônier; nous fûmes heureuses de l'accepter.

» J'écrivis ensuite au bon Père pour rendre compte de mes démarches et annoncer la décision que je venais de prendre; cette décision ne fut pas précisément approuvée, mais on comprenait ma position et la nécessité où j'étais de commencer l'Œuvre; du reste, comme je n'avais pris cette maison de campagne que pour deux ans, et seulement parce qu'il ne fallait pas tarder davantage à se poser, on ne mit pas d'opposition à cette mesure.

» Je prévoyais que la Supérieure de la nouvelle fondation aurait bien des ennuis à supporter; il fallait qu'elle fût prudente, patiente, zélée, et je ne voyais que la Mère Nativité Trimoulet pour remplir cette charge; je la demandai, on me l'accorda en la faisant remplacer à Mont-de-Marsan par la Mère Aloysia Noailles. Elle m'arriva à la fin d'octobre; je reçus vers la même époque une Sœur converse à laquelle vint bientôt s'en adjoindre une seconde. La première s'appelait Gracieuse, et elle reçut de la Mère Nativité le nom de Thérèse, mais elle ne persévéra pas. L'autre se nommait Marie et elle devint la Sœur Thérésita, si connue plus tard à Madrid par ses nombreux services.

» M. Dubroc, banquier à Bayonne, m'avait prêté 5,000 fr.; avec ces fonds j'avais payé le loyer, acheté des lits et les premiers ustensiles de cuisine. Il restait à organiser tout le matériel de la Communauté, ce qui se fit avec la Mère Nativité. Après la première nuit passée à Bayonne, nous nous installâmes à Saint-Pierre. Deux autres religieuses, les Sœurs Élisabeth et Stanislas, arrivèrent bientôt; c'est alors que nous commençâmes à aller en ville pour achever nos achats et faire nos visites. Après la sainte Messe entendue à la paroisse, nous allions déjeuner, puis nous nous mettions en marche pour faire emplette de ce qui nous manquait, et nous ne rentrions que vers six heures du soir, n'ayant rien pris depuis le café au lait du matin, parce que la Mère Nativité, qui était la règle personnifiée, disait toujours que nous ne devions rien accepter en dehors de la maison. Elle était plus ancienne que moi, je n'osais la contredire et, tout en souffrant de son excessive régularité, je finis par faire comme elle en refusant ce qui m'était offert dans ma famille. Pendant près de quinze jours nous vécûmes de la sorte; on n'eut donc pas à s'étonner si, au bout de ce temps, la Mère Nativité se trouva fatiguée.

» Une maîtresse de pension qui prévoyait que nous allions lui faire tort, nous fit offrir ce qui concernait sa chapelle, donnant le tout à bon marché, et nous en fîmes l'acquisition; une salle qui servait d'orangerie, fut transformée en chapelle, et l'on y posa tous les objets achetés. Un chemin de croix vint ensuite décorer les murs, qui avaient été préalablement blanchis; de sorte que nous fûmes très contentes, et lorsque tout fut achevé, nous allâmes voir l'Évêque.

» Monseigneur nous avait recommandé de ne retourner chez lui que lorsque tout serait réglé, c'était ce que nous faisions. Il commença par nous dire que la campagne nous offrirait bien des inconvénients, et comme nous répondîmes que notre installation n'était que provisoire, il ajouta : « Alors il ne peut y avoir de chapelle, un lieu consacré à Dieu ne saurait être provisoire; on serait obligé de démolir la place où le Seigneur a résidé. — Mais, Monseigneur, répliquai-je, dans nos maisons nous avons eu des chapelles dans des lieux qui ont été ensuite consacrés à d'autres usages. — Cela ne se peut pas, reprit-il, cela n'est pas permis. »

» Voyant qu'il était inutile de poursuivre cette question, nous passâmes à celle du chapelain, dont nous fîmes connaître le nom, puis nous proposâmes à Sa Grandeur M. Claverie, comme confesseur ordinaire, et M. Boutoye comme confesseur extraordinaire; tous trois furent approuvés. Revenant ensuite à la question de chapelle, Monseigneur nous dit qu'on pourrait y célébrer la Messe, mais qu'il ne fallait pas compter sur la Sainte Réserve. Après avoir reçu sa bénédiction, nous nous retirâmes pour aller confier notre peine au Vicaire Général ; celui-ci nous promit que la chose s'arrangerait, ajoutant que Monseigneur était très strict, mais qu'on l'amènerait peu à peu à nous permettre d'avoir le Saint-Sacrement.

» Nous avions fixé la Toussaint pour la date de la fondation ; en effet, ce jour-là nous fîmes une espèce de fête avec le peu que nous avions, et nous appelâmes tous les saints à notre aide et secours. Nous avions répandu beaucoup de prospectus, on nous disait partout que nous aurions des élèves, mais tout se réduisait à des paroles, et les élèves n'arrivaient point. Cependant les dames Despect nous firent espérer les deux demoiselles Dibasson ; une autre dame nous annonça aussi une élève, et ce fut avec des espérances qu'on commença. On priait beaucoup, et pendant que la maison se meublait et s'ornait le mieux possible, on ne cessait de demander à Dieu qu'il daignât la bénir et lui envoyer des enfants.

» Afin de mieux attirer, sur l'Œuvre, les bénédictions d'en haut, la Mère Nativité voulut la commencer par un acte de charité en prenant à sa charge la petite fille du jardinier. C'était une enfant de sept à huit ans, nommée Dominica ; elle annonçait peu de disposition pour le travail et l'étude et beaucoup de propension pour une vie vagabonde. On la recueillit néanmoins, car elle avait perdu sa mère ; on lui fit tout le bien possible par les soins et l'instruction qu'on lui donna ; la suite prouva que tout n'avait pas été perdu : après avoir pendant quelque temps suivi une route un peu dangereuse, Dominica se convertit et entra chez M. Cestac pour y prendre rang parmi les repenties ; elle fut admise au nombre des Bernardines et mourut jeune encore.

» Nous travaillions ensemble et nous nous consolions mutuellement du peu de succès que nous rencontrions, lorsque le bon Père m'écrivit qu'on n'avait pas besoin de moi pour attendre des élèves ; que je devais, en conséquence, laisser ce soin à la Mère Nativité pour revenir expliquer moi-même comment toutes choses avaient été faites. Cette nouvelle nous consterna ; mais il fallait se soumettre, quelque chagrin que je ressentisse de laisser l'Œuvre si peu avancée et les Sœurs dans un si grand embarras ; je dus faire mes adieux. Ce que j'avais prévu arrivait : il fallait à la Supérieure que je laissais beaucoup de vertu, de talent, de patience et de prudence. Heureusement la Mère Nativité possédait tout cela ; je partis donc confiante, bien persuadée que l'Œuvre arriverait à bonne fin.

» Déjà le froid et le mauvais temps commençaient à se faire sentir ; pendant les mois de novembre et de décembre, les fondatrices continuèrent à vivre d'attente et de privation. En janvier, plusieurs espérances vinrent les soutenir et, avec les premiers beaux jours, quelques enfants arrivèrent. Cependant, la Mère Nativité, partageant comme fille spirituelle tous les sentiments du bon Père, souffrait de cette lenteur et ne cessait d'écrire ses peines à Bordeaux, demandant ce qu'il fallait faire. Alors le bon Père envoya à Bayonne la

Sœur Saint-Charles Despect, sur laquelle il fondait ses espérances, soit pour procurer des élèves, soit pour trouver un local en ville. Celle-ci parla à beaucoup de monde, visita bien des maisons, traita avec des dames qui voulaient céder leur établissement, fit de nombreuses démarches qui restèrent sans résultat, et, après avoir passé un mois à consoler et à encourager les Sœurs, elle revint à Bordeaux, sans avoir pu changer leur position.

» L'affaire devait revenir en entier à la pieuse et bonne Mère Nativité. La Providence lui fit trouver, en face de la cathédrale, un établissement qui avait été pendant longtemps une maison d'éducation et dont la propriétaire désirait se défaire. Cette maison était adossée à un pensionnat de jeunes gens qu'on espérait pouvoir acquérir dans la suite. On estimait l'immeuble 26,000 francs; mais comment payer cette somme? car à cette époque la Société n'était pas riche et ne pouvait faire aucune avance. Ce fut encore la bonne Providence qui y pourvut : M. Dubroc, qui nous était déjà venu en aide une première fois, nous offrit 20,000 francs, et la propriétaire ayant consenti à attendre pour le reste, on passa l'acte. Puis, Mme Drevet se chargea de pourvoir aux frais de réparation, et la Maison se trouva fondée à Bayonne même vers la fin de 1838.

» Alors on abandonna Gaillardet avec un certain chagrin pour venir s'installer en ville, on laissait à la campagne le bon air, une agréable position, le souvenir des premiers jours de la fondation et de plusieurs miracles de la Providence qu'on s'était plu à attribuer à la sainteté de la Supérieure. Ainsi l'on avait vu qu'un sac de pommes de terre et un sac de marrons, achetés en novembre et placés au grenier de la maison, avaient servi, pendant tout l'hiver de 1836 à 1837, au dîner et au souper de la Communauté, sans diminuer, sans se gâter ni rien perdre de leurs qualités. Une fois, il n'y avait plus de bois ni pour se chauffer ni pour faire la cuisine; la Mère Nativité dit à une postulante : « Allez » sur la route et achetez une charretée de bois. » La postulante part, mais on ne tarde pas à lui dire que ce n'est pas le jour du marché, qu'il n'y a pas de bois, qu'il est inutile d'attendre, etc... Elle revient, le dit à la Supérieure, qui lui répond : « Allez, et ramenez-moi » ce que je vous demande. » L'obéissante fille repart, regarde, attend longtemps; enfin, elle voit arriver une charrette de bois, et demande si elle est à vendre : « Oui, répond le voiturier, je ne sais pourquoi je » l'amène, mais j'ai été inspiré de venir aujourd'hui. » On l'achète pour la somme de 12 fr., et la Mère Nativité dit seulement : « C'est bien, » tandis qu'autour d'elle on avait la conviction que ce secours était dû à sa foi et à ses prières (1). »

La Maison de Bayonne, fondée au milieu des obstacles, comme toutes les Œuvres de Dieu dont l'épreuve est le baptême, était désormais établie et devait fournir sa carrière dans le champ de la Sainte-Famille. La Mère Bonnat, rentrée à Bordeaux auprès de son vénéré bon Père, partageait de nouveau les soucis et les sollicitudes du gouvernement général des Œuvres.

C'est vers la fin de l'année 1836 que prit naissance

(1) Histoire des Fondations de Lorette.

l'Ile de Notre-Dame de Toutes-Grâces. Si la pensée d'un lieu consacré à Marie, et la réalisation aussi pieuse que gracieuse du plan formé appartiennent au bon Père, on peut comprendre avec quelle filiale joie la Mère Emmanuel vit la Sainte Vierge honorée d'une manière toute spéciale dans la Sainte-Famille. Quand arriva le moment de construire la chapelle de l'Ile, elle voulut y contribuer, et composa un ouvrage intitulé : *Notions de botanique*, qui, après examen, fut vendu à la librairie Lefort, à Lille. En même temps et dans le même but, la Mère Eugène de Saint-Pierre composait un petit roman : *Visnelda ou le Christianisme dans les Gaules*, qui fut acquis par le même éditeur. Les 500 fr. que rapportèrent ces deux ouvrages furent les deux premières pierres de cette pieuse chapelle de l'Ile, dans laquelle, jusqu'à la fin de sa vie, la Mère Bonnat aima à venir invoquer Notre-Dame de Toutes-Grâces en faveur de toutes les Sœurs et de toutes les Œuvres de la Sainte-Famille.

Près de l'Ile il y avait le chêne magnifique que nous y voyons encore. Le bon Père aimait à aller se reposer sous ce bel arbre pour prier, penser à ses Œuvres, réciter son bréviaire. Le chêne du bon Père devait être distingué des autres, et la Mère Bonnat, dans une touchante allégorie, exprimait ainsi ses sentiments filials :

LE CHÊNE

Il existe, dans mon village,
Un chêne aux rameaux toujours verts ;

Faibles plantes, sous son ombrage,
Croissent à l'abri des hivers.
Souvent une brise légère,
Agitant les rameaux naissants,
Semble dire : Aimez un Bon Père,
Qu'il soit heureux par ses enfants !

Dans la solitaire vallée
Le chêne grandit tous les jours,
Et, sous son ombre bien-aimée,
La famille s'accroit toujours.
On entend la brise légère
Murmurer malgré les autans :
Aimez, chérissez un Bon Père,
Qu'il soit heureux par ses enfants !

On prophétise en mon village
Que cet arbre vivra toujours,
Que le lierre, par son feuillage,
Lui rendra ses premiers beaux jours.
Ainsi la forêt tout entière
Peut disparaître avec le temps,
Mais, d'âge en âge, notre Père
Vivra toujours par ses enfants ! (1)

Tout en établissant par elle-même des Œuvres nouvelles, comme elle l'avait fait l'année précédente pour l'Espérance et pour Bayonne, la Mère Emmanuel se dépensait avec un zèle non interrompu, un cœur filial et un dévouement sans mesure aux travaux multiples

(1) Rec. de poésies.

dont elle restait chargée et responsable, puis encore elle s'offrait au bon Père et était toujours prête, quand par suite d'un changement de Supérieure ou d'une mutation quelconque, un poste se trouvait sans titulaire. C'est ainsi qu'en 1837, nous la trouvons à la tête du noviciat de Lorette, s'occupant de la formation des jeunes sujets, les conduisant avec autant de bonté et de sagesse que de fermeté, dans les voies où tout semble si nouveau aux débuts de la vie religieuse. Ses novices l'aimaient et la respectaient ; un mot de la Mère Emmanuel leur aurait fait faire des prodiges. A cette époque, Octavie Daudigeos, celle qui fut depuis la vénérée Mère Saint-Bernard, faisait partie du petit troupeau, et le souvenir plein de charmes qu'elle avait conservé de cet heureux temps, disait ce qu'avait été la chère Directrice. La Mère Bonnat cependant, tout en étant la bonté, l'indulgence même, ne gâtait pas ses novices. La règle, l'esprit religieux étaient la vie de sa vie ; elle n'aurait pu accepter l'oubli ou la négligence du devoir ; elle parlait peu, mais chacun de ses mots avait sa valeur et faisait son chemin dans l'âme de ses filles. Quand elle avait fait une observation ou donné une leçon, on ne l'oubliait jamais, mais jamais aussi on ne se la rappelait sans un sentiment de reconnaissance et d'affection. D'autres fois aussi la compatissante Mère savait, par une attention délicate, aider, consoler, encourager une âme faible et souffrante. Pouvait-on pleurer quand dans un moment d'épreuves on recevait pour soutien des paroles comme celles-ci ?

A UNE JEUNE NOVICE

Enfant prédestinée,
Pour être couronnée,
Il faut suivre Jésus ;
Par la foi, l'espérance,
L'amour et la souffrance,
Imiter ses vertus.

Quand sa voix nous appelle
Il faut être fidèle,
Et dire avec ferveur :
« Seigneur, je veux vous suivre,
Pour vous seul je veux vivre,
Je vous donne mon cœur. »

De Jésus, la parole
Nous instruit, nous console,
Nous montre le chemin.
Quand l'ennemi s'avance,
Il prend notre défense
Et nous donne la main.

Enfant pusillanime,
Que ton cœur se ranime,
Jésus est près de toi.
Il veut sécher tes larmes,
Sourire à tes alarmes,
Il est ton Dieu, ton Roi.

Sur le mont du Calvaire,
Tu trouveras sa Mère

Qui te dira tout bas :
« Pour faire un long voyage,
» Il faut avec courage
» S'animer aux combats. »

Avec Jésus pour guide,
Et sa croix pour égide,
Enfant, marche sans peur ;
Ne crains pas ta faiblesse,
N'as-tu pas la tendresse,
D'un Père, d'un Sauveur.

La route est difficile,
Il faut, d'un pas agile,
Marcher tant qu'il fait jour.
L'ennemi nous menace,
Mais que peut son audace ?
Jésus est notre amour (1).

Le bon Père, sentant sa mission de Fondateur, travaillait constamment à l'extension de ses Œuvres, et ne repoussait jamais, sans un examen sérieux, les propositions qui semblaient tendre à les multiplier. Plusieurs lui avaient été faites dans le nord, une Œuvre de Sœurs contemplatives s'offrait à lui à Versailles ; un pensionnat dirigé par des religieuses proposait à Paris de s'affilier à la Sainte-Famille. Depuis la défection de la Mère Pertuzet, Paris était un objectif permanent pour l'établissement d'une nouvelle maison. Le bon Père se décida à envoyer la Mère Bonnat dans la capitale pour examiner ces diverses

(1) Rec. de poesies.

propositions, et il la chargea en outre de faire la visite de la Maison de Dreux et celle des Maisons récemment installées dans la Champagne. A cette époque un voyage à Paris n'était pas une petite affaire ; la Mère Bonnat ne connaissait point la grande ville et n'y avait guère de connaissances, mais les Filles de Dieu Seul d'alors, dignes de leur titre, ne comptaient point sur les moyens humains, elles allaient où les envoyait l'obéissance, et appuyées sur ce solide soutien, se sentaient prêtes à tous les sacrifices. La chère Mère partit donc, et quelques jours après elle rendait compte au bon Père de son voyage et des incidents qui s'étaient présentés. Nous ne résistons pas au plaisir de citer en entier cette lettre qui a une couleur toute d'actualité, et qui peint si bien celle qui l'a écrite :

« Paris, 25 juin 1837.

» MON BON PÈRE,

» Je suis à Paris, tout étonnée de m'y trouver si loin de vous et dans un isolement qui ne peut se rendre parce qu'il est plus moral que physique et qu'il a pour principe un cœur tout à coup privé de toutes ses affections. J'ai donc bien raison d'être en deuil, oui je le suis et le serai tant que je n'aurai pas occasion de travailler pour ma chère Société. Afin de vous récréer de mes aventures et de mes embarras, j'entreprends l'itinéraire de mon voyage en vous demandant cependant la permission d'être gaie, il ne s'agit que de moi. Rien n'est amusant comme l'intérieur d'une diligence et la variété des figures, des caractères qu'on y rencontre; je vous en épargne les trois quarts pour arriver plus tôt à Poitiers, où nous prîmes un homme de haute stature à figure renfrognée ; peu après un jeune officier, ancien page de la duchesse de Berry. Pendant que tous les autres dormaient celui-ci parlait, me nommait tous les châteaux, me racontait leurs histoires, bref il me mit en train et je commençai aussi à causer, surtout à questionner mon vieux grognon qui s'était annoncé comme ancien militaire. Je parlai de Bonaparte, et bientôt au souvenir de Wagram et de Smolensk, mon homme se réveille et nous conte ses hauts faits d'arme ; officier de la garde impériale, reste de Waterloo, il en avait vu long ; assassiné en Espagne, gelé en Russie, il n'attribuait la conservation de sa vie qu'à la piété d'un de ses oncles, curé, qui lui avait doublé son gilet de reliques en lui faisant promettre de ne jamais le quitter tant qu'il serait à l'armée. Il avait été croyant, avait gardé le gilet ou ses lambeaux pendant dix-huit ans et avait eu le bonheur de rentrer dans sa famille avec autant de gloire que de piété. Cet homme plein de foi, d'esprit naturel, de connaissances, surtout en agriculture, a vraiment charmé la fin de mon voyage et j'ai fini par dire comme le bon La Fontaine : « Il ne faut pas juger les gens à la mine. »

» Je n'étais point attendue à Paris, votre lettre était fort en retard, à cinq heures du matin les Parisiens sont endormis et c'est avec grand'peine que j'ai pu trouver une voiture ; puis il me fallait l'adresse de la rue Poliveau, je suis allée la demander à la Salpêtrière. Mon cocher fumait, jurait, pendant que j'y cherchais M. Matton (1) ; endormis ou ébahis, les gens de cette maison

---

(1) M. Matton était un prêtre qui s'était mis pendant quelque temps à la disposition du bon Père pour s'occuper, sous sa direction, des OEuvres de la Sainte Famille.

ne me donnaient point mes renseignements. Enfin un obligeant individu me dit que ces dames ont une enseigne de pensionnat et je pars pour chez elles. Au nom de M. Noailles, je suis accueillie avec honnêteté ; j'avais besoin d'autre chose que de politesses, mais on n'y pensait pas, de ces côtés on vit comme des anges. La bonne Supérieure vint ensuite me proposer d'aller à la messe ; la nature frémissait un peu, mais la pensée de ma nouvelle vocation me soutint, la grâce eut le dessus. Je reviens à la Salpêtrière : oraison, messe, bénédiction, action de grâces, puis visite à M. Matton, qui s'excuse de ne pouvoir me recevoir chez ses filles, vu les embarras qu'elles ont (ce sont des malades), et m'offre un logement chez lui. « Lundi, me dit-il, vous pourrez sortir pour vos visites ; laissez vos effets chez ces demoiselles, venez ici, je vous y ferai préparer un lit. » Si vous suivez ma narration vous devez, comme moi, mon bon Père, admirer cet arrangement. Je vous permets d'en rire car j'en ai pris mon parti le mieux du monde ; enfin après deux ou trois heures d'allées et venues de la Salpêtrière à la rue Poliveau, on m'offre à déjeuner. J'accepte, et comme déjà je grillais de sortir de l'hospice, je m'habille à la hâte et avec ma Sophie et mon plan de Paris, je me mets en marche.

» Je vais au Jardin des Plantes, j'y comptais trouver une personne d'humaine nature, parlant comme dans mon pays et près de laquelle je pourrais prendre quelques renseignements que je désirais ; mais vain espoir, après avoir fait fi de ce jardin que je trouvais petit, je m'y perds et si bien qu'il m'a fallu y chercher l'orangerie pendant une bonne heure.

J'y trouve M. Richer, mais non sa fille, et me voilà tristement désappointée. Avec Sophie, un paquet de linge et mon plan, je pars pour la rue d'Écosse; d'après mon calcul c'était tout près, mais soit erreur de ma part, soit guignon, j'ai trotté pendant deux heures, demandant à chaque coin de rue et le quartier Saint-Jacques et la rue d'Écosse. Longtemps on ne m'a pas comprise et puis on me disait si vite : allez à droite, la seconde à gauche, puis enfin à droite, qu'avant la fin de la rue j'avais tout oublié, et il fallait encore accoster quelque marchande de petits pois qui me répondait : *Petite mère*, c'est par là. Enfin à midi et demi, j'arrive dans la plus triste rue, au-dessus d'un charbonnier, au haut d'un mauvais escalier tournant, je trouve Mme Lefort peignant et blanchissant ses chambres (1). Le bon accueil de cette dame, sa joie, ses caresses m'ont fait oublier toutes mes fatigues. J'ai dîné selon mon goût de beurre frais, radis et salade, et je me suis crue chez moi ; j'aurais même cédé à ses instances et couché chez elle si je n'avais craint de peiner M. Matton. Mais j'ai pris un autre parti, je hâte mes visites pour m'échapper d'ici mardi matin, je verrai à Dreux quels moyens prendre pour avoir un autre logement.

» Je ne vous parle point aujourd'hui ni d'œuvres, ni de projets ; ma main est trop tremblante pour cela, mes idées trop peu fixées et j'ai besoin de dormir tranquille avant de vous communiquer mes réflexions ; vous n'aurez

---

(1) Mme Lefort avait passé quelque temps à Martillac sous la direction du bon Père qui lui avait fait beaucoup de bien. Cette dame, de retour à Paris, envoya à la Solitude la statue qui fut placée dans la grotte de l'Ile et qu'on y vénère encore aujourd'hui.

donc pour cette fois que du moi. Au courant de mes aventures, j'ajouterai que j'ai les pieds enflés, que je n'ai pas même d'encre, sinon une boue noire qui me fait fâcher contre Paris et me fait regretter de plus en plus ma chère Solitude. Jusqu'ici tout m'a déplu dans cette grande ville, je comptais la trouver si belle qu'elle me paraît laide quoique cependant j'aie déjà entrevu ses plus beaux monuments. A ce sujet, il faut vous conter qu'en cherchant la rue d'Écosse j'ai passé devant le Panthéon, la porte était ouverte, je m'y suis introduite, ai visité cet édifice et ses souterrains ; comme les autres, je suis restée muette d'admiration devant les trois héros choisis par la nouvelle France pour l'illustrer, et j'ai failli demander à mon guide pourquoi on ne joignait pas aux cendres de Rousseau, Voltaire et Lannes, celles de Mirabeau et de Talma ; mais sa figure rébarbative prêtait peu à la plaisanterie, aussi me suis-je bornée à saluer en silence tout ce que j'ai vu, réservant mes observations pour un autre temps.

» Tirant l'aile et traînant la patte, je suis arrivée chez mes vieilles invalides vers quatre heures ; je comptais me coucher de suite, mais l'ange du lieu m'attendait, il a fallu souper, se promener, puis le chapelet, le Salut, je n'ai pu attraper ma chambre qu'à sept heures, j'en ai fermé les portes à clé de peur de quelques nouvelles dévotions et me suis mise au lit. Pardon de tous mes détails, ne lisez ma lettre à personne, on se moquerait de moi, mais vous êtes mon bon Père et vous sourirez des faiblesses de votre fille. Vous savez qu'en tout et pour tout elle désire faire ce qui peut vous être agréable et qu'elle ne s'épouvantera de rien quand il s'agira de vous obéir. »

Comme on l'a vu dans cette lettre, la Mère Bonnat ne fit qu'un très court séjour à Paris, à ce premier passage, et elle se rendit promptement à Dreux. On devine sa joie et celle de la Mère Eugène en se trouvant réunies ! Ces deux âmes se comprenaient si bien, ces deux cœurs étaient unis par une si religieuse affection, ces deux natures d'élite, si différentes à l'extérieur, avaient tant de points de contact et se complétaient si parfaitement l'une l'autre ! La Mère Eugène conduisit la Mère Emmanuel à Chartres, sans doute pour affaires, et les visiteuses en profitèrent pour aller voir N.-D. de Chartres et prier à ses pieds, mais ce pèlerinage ne donna, sans doute, pas complète satisfaction à la Mère Bonnat, car dans une lettre écrite à la Mère Eugène, quelques jours après son départ, nous trouvons cette boutade : « Procurez-moi, s'il se peut, l'histoire de N.-D. de Chartres, autrement je ne vous pardonnerai jamais de m'avoir fait entrer dans l'église par le côté ; vous n'aviez pas l'idée d'une semblable colère, eh bien ! celle-là se joint à celle de ne pas m'avoir fait visiter le beffroi. Vous êtes une indigne femme, sans vous je fais mieux mes affaires et j'entre toujours par les grandes portes. Cheminant ainsi, je suis allée à N.-D. de Liesse et en ai rapporté l'histoire et, ce qui vaut mieux, beaucoup de dévotion. Il faut puiser des sciences partout, sans quoi nous serons effacées. Je vous conseille de vous jeter sur la botanique, j'y brillerai et vous aussi, car vous êtes bonne à tout. Bénissons Dieu de tout. Amour, amour à Jésus ! »

La visite de Dreux terminée, la Mère Bonnat se rendit à Versailles chez les Sœurs de la Compassion, religieuses qui avaient témoigné le désir de s'unir à la Sainte-Famille. C'était une petite Communauté de quatre Sœurs vouées à la contemplation, à la pénitence, à l'austérité, qui n'avaient guère les moyens de vivre et qui cherchaient un appui et un soutien. La Mère Emmanuel la vit de près et rendit au bon Père un compte fidèle de son examen. Disons, dès maintenant, que ce projet n'eut pas de suite, tant du côté des Sœurs qui voulaient garder leur autonomie et rester soumises à leur Évêque que du côté de la Sainte-Famille, qui ne tenait pas à se charger d'une Œuvre semblable. Le bon Père avait tout d'abord souri à cette proposition et l'avait mise à l'étude, parce que, dès lors, il songeait aux Solitaires, mais les obstacles qui surgirent lui prouvèrent que l'heure de la Providence n'avait pas encore sonné pour la fondation de cette branche de la Sainte-Famille.

A Reims, La Mère Bonnat trouva l'Œuvre très bien établie et déjà en pleine prospérité. Cette Communauté s'était affiliée à la Sainte-Famille l'année précédente, et le bon Père, en la mettant sous la direction de la Mère Angèle Grangé, l'avait placée dans la Congrégation de l'Espérance. Les Sœurs étaient nombreuses, elles se dévouaient avec succès à leur ministère de garde-malades, elles avaient un Orphelinat, des dames pensionnaires et quelques postulantes. Cette visite était pour la Mère Emmanuel une vraie consolation, car elle constatait aussi que l'Association extérieure était en voie de prospérité. Somme-Suippes marchait bien également, et avait un intéressant noviciat. « Nos Œuvres sont superbes en Champagne, écrivait elle, de bons sujets fervents, de belles maisons, de bons amis, des protecteurs dévoués, de belles espérances ; je suis tentée de louer le Nord au préjudice du Midi. »

De retour à Paris, la Mère Bonnat examina les divers projets qui avaient motivé son voyage ; un établissement de la Sainte-Famille dans la capitale était un plan constamment suivi et dont la réalisation était désirée de tous. Le pensionnat de la rue Poliveau, auquel on avait pensé un instant, vint à manquer et il n'y avait point à le regretter, car il se présentait dans des conditions qui auraient pu, à la moindre difficulté, être plus nuisibles qu'utiles. On lui parla aussi de l'ouverture d'un pensionnat à Montmartre ; d'un autre, sur la place de la Madeleine ; d'un établissement sur la paroisse Saint-Laurent. Tous ces projets qui avaient successivement causé beaucoup de soucis à la Mère Bonnat, échouèrent les uns après les autres, et pour comble de chagrin, il se trouva que, sans le vouloir, elle avait contrarié le bon Père.

Celui-ci qui voulait fonder des Œuvres, voulait surtout et avant tout que ses filles aînées fussent des saintes, et il ne les épargnait pas quand il avait des observations à leur faire, mais aussi comme son cœur de père était consolé par la manière humble dont elles recevaient ses leçons ; écoutons la Mère Emmanuel :

« Une des plus grandes peines que je puisse éprouver, mon bon Père, c'est de faire ou dire quelque chose qui vous déplaise, aussi suis-je vraiment affligée des reproches que vous m'adressez. Je me reconnais d'autant plus coupable que je n'ai eu nulle intention et ne me suis pas même aperçue d'avoir rien dit d'inconséquent. Je vous demande bien pardon de cette faute, je ne crois pas être dans la disposition de mal accueillir ni une observation, ni quoi que ce soit qui me vienne de vous. Quant à mon cœur, il vous sera toujours dévoué, et rien au monde ne pourra me faire oublier ni ma Société, ni mon bon Père; veuillez donc, en sa considération, pardonner mes sottises. Excusez encore tout ce qui a pu vous peiner en moi, je voudrais presque vous demander pardon d'avance, car je sens que je ne puis faire que des gaucheries. L'air du monde me fait un effet assez extraordinaire, j'y deviens timide à l'excès, et ce n'est qu'à force d'encouragement qu'on peut m'y faire faire quelques pas. Mlle R... m'a emmenée avec elle au cours public de M. Lévy, professeur de belles-lettres pour les dames; ce Monsieur m'a accueillie on ne peut mieux, m'invitant à me rendre à son grand concours où il doit exposer sa méthode, et me disant agréablement qu'il se trouvait heureux quand il pouvait faire partager ses connaissances. C'est l'homme du jour, universel en sciences.

» Paris est un pays unique en ce genre, on y trouve outes sortes de ressources ; si je pouvais y rester six mois, je crois bien que nous y aurions une maison qui nous serait bien précieuse. Mais je ne demande pas à y rester, car les bois et la Solitude me conviennent mieux que toute autre chose; en quelque lieu que ce soit je vous aimerai toujours comme mon bon et tendre Père, et serai aussi votre toute dévouée et respectueuse fille en Dieu Seul. »

Au mois de septembre, la Mère Emmanuel rentrait à Bordeaux rapportant de sa mission plus d'actes d'abnégation, d'humilité, de renoncement et de sacrifices que de consolations, mais elle avait travaillé pour Dieu Seul, et que pouvait-elle regretter? Les Œuvres de Dieu ne sont fécondées que par la Croix.

A Dreux, la Mère Eugène s'était trop avancée comme temporel, elle avait contracté des dettes pour un atelier chrétien qui n'était pas son œuvre propre, et elle avait engagé la Société en s'engageant elle-même. Le bon Père, inquiet de cet état de choses qui pouvait créer de sérieux embarras à la caisse générale dont les ressources étaient fort minimes, envoya à Dreux la Mère Trinité Noailles, dont il connaissait le savoir-faire en économie, et il chargea la Mère Bonnat de faire connaître à la Mère Eugène les torts qu'elle avait eus en s'engageant ainsi témérairement et sans avoir consulté ses Supérieurs. La Mère Emmanuel s'acquitta de cette mission avec une délicatesse qu'on ne saurait trop admirer; elle devinait ce que souffrait la Mère Eugène, elle voulait la consoler, adoucir son chagrin, et cependant remplir son devoir :

« Solitude, 12 octobre 1838.

» Vous avez des peines, bien chère Mère, et votre pauvre cœur tout oppressé a beau crier : Dieu Seul! il lui reste en partage une bonne dose de soucis et d'inquiétudes. Que ne puis-je vous les enlever et vous rendre l'heureuse insouciance du jeune âge religieux, lorsque, occupées de quelques études et essentiellement de celle d'aimer Dieu, nous goûtions si délicieusement le bonheur d'être à son service. Vous souvient-il de ce temps? Comme nos jours étaient beaux! Mais depuis lors nous avons été jugées dignes de travailler pour Jésus : ce bon Maître nous a appelées lui-même à sa vigne, soyons encore heureuses de notre destinée, et n'imitons pas les mercenaires qui se plaignent toujours de quelque chose. Vous êtes aimée, chère Mère, tendrement aimée de vos Supérieurs, de vos Sœurs, et généralement de tous ceux qui vous connaissent; vous n'êtes donc ni oubliée, ni délaissée de votre famille; chassez loin de vous ces sombres pensées, elles nous offenseraient sérieusement si nous pouvions supposer que vous les avez accueillies.

» J'ignorais presque entièrement où en étaient vos affaires temporelles lorsque votre lettre m'est parvenue ; je croyais qu'il avait été décidé de payer les dettes de l'atelier (composé d'apprenties externes) avec des quêtes, souscriptions et les ressources journalières ; vous êtes venue détruire cette douce erreur, en m'apprenant que N... a refusé de se charger des dettes antérieures, et que vous-même les avez acceptées. Puisque vous vous êtes ainsi prononcée, et qu'avant de nous en écrire vous vous êtes imposé ce fardeau, il faut bien que vous le portiez et que vous avisiez au moyen de vous liquider le moins onéreusement possible, mais permettez-moi de vous observer que vous vous êtes méprise gravement dans cette affaire. La Congrégation de Lorette n'était pour rien intéressée dans votre atelier, la Sainte-Famille pouvait l'aider de secours spirituels comme elle aide toutes les Œuvres qui lui sont affiliées, mais ses dettes ne la regardaient pas. L'atelier était uniquement votre œuvre et celle de M. Garnault, c'était donc uniquement avec ce dernier que vous deviez l'arrêter ou la continuer sans y mêler en rien vos Supérieurs, c'est ce qu'on vous a répété sans cesse. Aujourd'hui vous acceptez comme *vôtres* toutes les dettes contractées dans l'atelier, et vous forcez par là la Congrégation de Lorette à payer des sommes dépensées sans son aveu et pour une Œuvre qui ne lui appartient en rien, et dans le moment actuel cela est affligeant. Ne rejetez point sur C... ce triste état de choses, elle ne vous a pas tirée d'embarras, nous en convenons, mais aussi elle n'a rien aggravé. Vous étiez chargée de sa direction, elle était sous votre dépendance, elle n'agissait que d'après vos conseils, et elle a laissé l'atelier comme elle l'a trouvé, c'est-à-dire commencé sur un plan qui est défectueux et ne pouvant se procurer les ressources suffisantes pour se soutenir.

» D'après l'état pénible où sont les choses, le bon Père vous fait dire : que vous étant chargée des dettes, il n'y a plus aujourd'hui de prétexte pour continuer l'atelier et qu'il faut annoncer de suite sa dissolution en renvoyant les enfants. Qu'on n'objecte pas les sous-seings privés que vous avez eu la bonhomie de signer; aucune loi ne peut obliger à continuer de semblables traités. D'ailleurs, avec l'Œuvre, tombent nécessairement les engagements pris pour elle. Et ne regardez pas cette mesure comme laissée à votre jugement, le bon Père ne veut pas qu'on en diffère l'exécution, N... va elle-même recevoir l'ordre de partir pour Paris. Je ne puis pas encore vous annoncer que la caisse générale viendra à votre aide, mais je suis chargée par le bon Père de vous recommander en tout la plus stricte économie et de laisser à la Mère Trinité l'entier maniement des recettes afin qu'on puisse éteindre quelques dettes sans être forcé de recourir à de nouveaux emprunts. Celui que vous vous proposez de faire à Mme Michel doit être en votre nom et pour cela vous n'avez pas besoin d'une procuration. Votre voyage dans le Nord n'a pas eu grande utilité, cependant le bon Père ne vous en gronde pas, seulement il recommande de nouveau l'économie, et au sujet de M. V..., il vous engage à ne pas vous laisser influencer par lui non plus que par aucun autre ecclésiastique pour ce qui regarde vos Œuvres. Ces bons Messieurs n'étant pas appelés de Dieu à fonder la Sainte-Famille, n'ont pas reçu non plus les grâces de la refondre, il ne faut donc pas s'arrêter beaucoup à toutes leurs idées; Filles de Dieu Seul n'oublions pas que nous n'avons qu'une boussole, qu'un soleil, qu'un pilote, et que tout ce qui n'émane pas de cet unique centre est plus ou moins sujet à l'erreur.....

» La Mère Générale vous ayant écrit ces jours-ci, je présume qu'elle aura répondu à vos demandes et vous aura de plus parlé de notre retraite de Dieu Seul qui s'est faite en grand silence avec des cahiers de méditations, puis de la cérémonie qui l'a terminée. Notre Ile est aujourd'hui bénite; le pèlerinage de la Sainte-Famille fondé, et cela par deux illustres prélats, les archevêques de Tours et de Bordeaux. Je ne puis vous donner à cet égard tous les détails que je désirerais, mais vous les apprendrez d'autre part; je ne me réserve que le soin de vous parler de mon amitié, et de vous transmettre la toute bonne et paternelle bénédiction de celui que nous sommes si heureuses d'avoir pour Père..... »

Cette même année 1838 apporta à la Mère Bonnat une des plus vives souffrances de cœur qu'elle ait éprouvées dans le cours de sa vie religieuse. Ce fut la défection de la Mère Angélique Laheyville. Cette Mère, une de ses compagnes de noviciat, avait été appelée par le bon Père à partager les sollicitudes du gouvernement, nommée Électrice à vie en même temps que la Mère Emmanuel, et enfin chargée comme Assistante du Travail de la direction du temporel général de la Société. On comprend ce que fut cette défection pour le bon Père, pour les Mères, pour la Mère Bonnat, en particulier, qui avait toujours beaucoup affectionné la Mère Angélique : son cœur fut brisé. Sous l'impression douloureuse qu'elle ressentit, elle écrivit, sous le titre d'*Adèle*, une sorte d'élégie qu'elle inséra plus tard dans les Souvenirs de Martillac ; nous la reproduirons ici, car ces pages émouvantes renferment des enseignements et des leçons que les âmes religieuses ne sauraient recevoir sans profit.

ADÈLE

« Pleurez, anges, pleurez : celle que vous aimiez n'est plus digne de vous! »

Un jour, notre bon Père resta bien longtemps dans la chapelle de l'Ile, il y pria beaucoup, il y pleura, puis quand il en sortit, il dit à une femme jeune encore : « Ma

» pauvre enfant, je vous relève de vos vœux, vous êtes
» libre maintenant de suivre la voie que vous voudrez,
» je n'en répondrai plus. Comme dernière preuve d'atta-
» chement, je vous offre à Paris une maison où vous
» trouverez des amis chrétiens qui seront heureux de se
» dévouer pour vous, et si vous voulez servir Dieu, si
» voulez suivre sa loi, observer ses commandements, vous
» trouverez encore dans la Sainte-Famille un bon Père,
» des Mères, des Sœurs et des amies... »

« Pleurez, anges, pleurez : celle que vous aimiez n'est plus digne de vous ! »

« Comment l'or s'est-il obscurci ?... Comment son éclat
» s'est-il changé ?... La beauté a fui la fille de Sion... Les
» souillures ont couvert ses pieds, et elle ne s'est pas
» souvenue de ses derniers jours. Elle a été violemment
» déposée de son trône... Seigneur, voyez mon affliction ! »

Les accents lamentables du prophète peuvent seuls exprimer convenablement la tristesse de cet adieu sans consolation. C'était un départ sans retour, une séparation sans espérance, une mort sans avenir, sans la pensée du ciel pour en adoucir l'amertume. C'était bien la mort, mais une mort entourée de ses linceuls souillés, de sa pourriture, de ses vers, de son infection, de tout ce qui pouvait la rendre affreuse pour le cœur, et surtout pour des cœurs amis, pour des Sœurs, pour un Père, pour un Supérieur religieux.

« Pleurez, anges, pleurez : celle que vous aimiez n'est plus digne de vous ! »

Enfant privilégiée, Adèle avait grandi près du Tabernacle du Seigneur, parmi ses épouses, entourée de tous les secours que peut offrir la piété. Nourrie de la parole sainte, préservée de tous dangers, comblée de grâces, elle put joindre au lis de son baptême les roses de sa première communion. Dieu la regarda avec complaisance, il l'aima et l'enrichit de dons naturels et surnaturels.

Distinguée entre toutes ses compagnes, on eût pu lui appliquer les paroles des livres saints : «Plusieurs femmes » ont brillé... Vous les avez toutes surpassées... Elle est » semblable aux palmiers de Cadès... » On sait que le palmier domine toutes les plantes et les autres arbres qui l'entourent, mais il arrive quelquefois qu'un ver malfaisant s'introduit dans les racines de celui qu'on admirait le plus, l'insecte pernicieux avance lentement et secrètement, fait son plan de destruction, et quand l'arbre paraît encore orné de toute sa beauté, qu'il attire tous les regards, le moindre vent suffit pour le renverser et le faire tomber dans la fange. Tel fut le sort d'Adèle.

« Pleurez, anges, pleurez : celle que vous aimiez n'est plus digne de vous ! »

Adèle était la fille d'un officier de la grande armée de Napoléon, elle perdit sa mère très jeune et la perdit d'une manière doublement affligeante. Cette infortunée, succombant aux chagrins ou aux douleurs d'une maladie aiguë, abrégea son existence et éteignit volontairement ce flambeau de la vie que Dieu lui avait prêté. Le péché de la mère retomba-t-il sur la fille ? L'enfant fut-elle chargée de réparer la faute maternelle ? Le crime se transmet-il avec le sang ?.. Le stigmate du malheur est-il héréditaire ?.. Ce sont des secrets que Dieu seul connaît. A nous de ne pas approfondir ce que nous ne pouvons pas comprendre.

Adèle eut toutes les grâces nécessaires au salut. Elle eut tous les secours qui peuvent affermir une âme dans une voie de perfection, il ne lui manqua que la fidélité. Comme une vierge folle, elle s'amusa, négligea ses devoirs et s'endormit. Elle n'entendit pas d'abord la voix de l'Époux qui l'appelait, et quand elle se réveilla, Il avait passé..., Il ne revint pas...; sa lampe était sans huile, sans clarté, elle chercha ce qui lui manquait, appela à son secours, voulut frapper à la porte de l'Époux, et le terrible *Nescio vos* fut la seule réponse.

« Pleurez, anges, pleurez ; celle que vous aimiez n'est plus digne de vous ! »

L'officier de la grande armée, privé de sa femme et obligé de suivre son régiment et d'aller au-devant de la mort qui l'attendait, confia sa fille aux soins de la Supérieure d'un orphelinat du Sacré-Cœur. La valeur et la charité savent toujours se comprendre, le père s'éloigna tranquille sur le sort de son enfant, et la Supérieure bénit Dieu d'avoir ajouté une nouvelle fleur à son bouquet. Ce fut dans ce pieux asile qu'Adèle grandit, s'instruisit, et devint digne d'intérêt sous tous les rapports.

A dix-sept ans ses excellentes dispositions firent croire qu'elle était appelée à la vie religieuse ; elle témoigna de l'attrait pour ce saint état et fut présentée au bon Père pour être une de ses premières filles. Comme Notre-Seigneur, le bon Père aima Adèle et l'aima d'un amour de prédilection. Il la soigna avec cette tendre sollicitude que le jardinier témoigne à sa plante chérie : comme ce dernier est préoccupé de sa fleur, comme il l'arrose, la préserve du froid, de la sécheresse, des ardeurs du soleil, comme il suit ses progrès, son développement; comme il attend avec anxiété le moment où il doit jouir de sa fleur et admirer ses fruits ! Ainsi en fût-il du bon Père.

Dans un des parterres mystiques de l'Église se trouvait une fleur, elle parut belle, elle fut aimée, distinguée entre toutes; pour elle, la grâce réserva sa plus douce rosée, le soleil divin, ses rayons les plus beaux. Mais au moment de s'épanouir on la vit languir, s'étioler et mourir.

« Pleurez, anges, pleurez : celle que vous aimiez n'est plus digne de vous ! »

En religion, Adèle reçut un second baptême, celui des vœux, de cette immolation sublime, qui transforme la créature humaine en créature céleste, et à la demande du ministre de Dieu, lors de la profession : « Quel est votre nom pour l'éternité?» elle répondit : « *Sœur Angélique.* » — « *Sœur Angélique*, reprit le prêtre, faites-vous vos vœux pour toujours ?...» — « *Pour toujours,* » répondit-elle.

Le céleste *hosanna* retentit alors dans le ciel et sur la terre. Notre-Seigneur comptait une épouse nouvelle, les anges, une sœur de plus. C'était avec eux qu'elle devait vivre, comme eux elle devait sans cesse aimer, adorer, glorifier Dieu. Avec les anges, elle devait le servir, lui obéir, exécuter ses volontés. Comme les anges, elle devait effleurer la terre, ne s'y reposer qu'en passant, ne jamais exposer ses ailes aux épines du chemin, sa blanche robe aux immondices des égouts de Babylone. Elle devait partager son temps entre la prière et la charité, du pauvre à Dieu, de Dieu à tous les malheureux, de l'amour au devoir, de l'action à l'oraison, de l'autel au travail, pour revenir encore près du tabernacle jouir, prier, et toujours aimer. Vie des anges de la terre, vous fûtes la sienne quelques jours ! Hélas ! que ces heureux jours furent courts !

« Pleurez, anges, pleurez : celle que vous aimiez n'est plus digne de vous ! »

La Mère Angélique, professe, Fille de Dieu Seul, fut tour à tour secrétaire et conseillère, assistante et économe, enfin nommée Électrice ou Conseillère Générale, et presque en même temps Assistante générale de la branche du Travail et Trésorière générale de toute l'Association Elle fut à la hauteur de toutes ses charges, et y déploya de l'intelligence, du zèle, de la fermeté, de la persévérance, en un mot toutes les qualités apparentes.

On dit que sur les bords de la mer Morte, on rencontre des fruits qui paraissent beaux et bons, mais qu'en les ouvrant on n'y trouve qu'une poussière infecte. Cette comparaison peut convenir à la Mère Angélique.

Elle avait l'apparence de la vertu, elle en pratiquait les actes extérieurs, mais dans le fond de son âme rien ne se faisait plus pour Dieu. L'égoïsme, la vanité, l'amour excessif du *moi*, avaient remplacé l'humilité et l'obéissance La légèreté, la sensualité, avaient banni le silence et la mortification. L'oraison avait été abandonnée, les examens ne se faisaient plus, et quand le corps était à genoux, qu'il semblait prier à la chapelle, l'imagination cherchait le monde et s'éloignait de plus en plus du vrai bonheur. Enfin la tiédeur, cette funeste maladie de l'âme, paralysa peu à peu ce qui restait encore de bon chez la Mère Angélique, et la mort spirituelle acheva son œuvre de destruction.

» Pleurez anges, pleurez ; celle que vous aimiez n'est plus digne de vous ! »

Un médecin ne laisse pas mourir son malade sans essayer de lui rendre la santé, en employant tous les remèdes qu'il croit propres à arrêter les progrès du mal et à rétablir les forces vitales. Il essaie les moyens doux et violents, il ne recule même pas devant la cautérisation ou l'amputation ; sauver la vie est son unique but, et il cherche à l'atteindre par tous les moyens qui sont en son pouvoir. Les Supérieurs agirent auprès de la Mère Angélique comme de consciencieux médecins : prières, retraites, avertissements, avis, reproches, changements de lieux, de position, tout fut employé ; tout devint inutile. Une plaie secrète avait gangrené le cœur.

Un jour, on crut à un retour sincère, la Mère Angélique s'humilia, pria, coupa ses beaux cheveux blonds qu'elle avait soignés avec tant de vanité ; ce fut un jour de bonheur. Le lendemain ne ressembla pas à la veille, la religieuse disparut pour toujours ; rencontrant une de ses compagnes qui l'aimait beaucoup, elle lui dit en lui serrant la main : « Vous montez, je descends, ne m'imitez pas. » Puis elle adressa de nouveau et avec instance la demande d'être relevée de ses vœux, ce qui lui fut accordé. La brebis galeuse ne doit pas rester au milieu du troupeau.

« Pleurez, anges, pleurez ; celle que vous aimiez n'est plus digne de vous ! »

Angélique ou Adèle vit arriver sans effroi le jour et l'heure de la dégradation morale et spirituelle. Elle effaça elle-même son nom de la liste sacrée, quitta les livrées de la religion qui l'avait élevée si haut, s'éloigna de ces murs bénis qui l'avaient vue si belle et si heureuse, de l'autel témoin de ses serments, des lieux où elle avait passé tant de beaux jours... Plus de souvenirs, plus de reconnaissance, plus d'affection, plus de sensibilité. Elle abandonna, avec sa robe de religieuse et d'innocence, la couronne qui lui était promise, le trône qui lui était préparé, la gloire et le bonheur qui l'attendaient. Plus de foi, plus d'espérance !... Aux larmes d'un bon Père, à la désolation de ses Sœurs, elle ne répondit que par ces mots : « Ne me regrettez pas, je vous ai trompés, j'étais indigne » de vous. »

« Pleurez, anges, pleurez : celle que vous aimiez n'est « plus digne de vous ! »

Devant une fleur on jouit, devant un autel on prie, devant une tombe on pleure, devant un abîme on frémit...

Celle qui tombe aujourd'hui était hier à notre place. Qui nous dira la véritable cause de cette chute ?

On l'a vue passer jetant un certain éclat, puis s'approcher d'un précipice et disparaître. Qui sait ce qu'elle est devenue ?

La fille du roi a quitté son trône, elle a laissé tomber sa couronne, et son époux l'a répudiée.

Les vents ont soufflé, la forêt entière a été ébranlée et un arbre déraciné. Qui connaît les jugements de Dieu ? Une étoile brillait au firmament, elle a disparu. Qui nous dira sa destinée ?

Qui peut suivre la trace d'un vaisseau sur la mer ?... d'une hirondelle dans l'espace ?... Qui connaît les desseins de Dieu sur les âmes ?

Quel est le maître de la vie et de la mort? Qui peut pardonner et absoudre? Qui peut ouvrir ou fermer le ciel? C'est vous seul, ô mon Dieu !

« Pleurez, anges, pleurez celle que vous aimiez ! » Priez, anges, priez, et Dieu fera miséricorde à celle » que vous aimiez ! (1) »

(1) Souv. de Martillac.

CHAPITRE V.

La Mère Bonnat est nommée Supérieure Générale de Lorette après la mort de la Mère Conception Pérille. — Séparation des Prêtres associés au bon Père. — Voyage à Rome du Directeur Général. — Affaires de Châlons et de Somme-Suippes.

> *La route est difficile,*
> *Il faut d'un pas agile*
> *Marcher tant qu'il fait jour;*
> *L'ennemi nous menace,*
> *Mais que peut son audace?*
> *Jésus est notre amour.*
>
> R. B.

La Sainte-Famille, tout en rencontrant sur sa route, depuis le jour de sa naissance, la contradiction, l'épreuve, la Croix, avait cependant, sous l'œil de Dieu, suivi une marche constamment ascendante. L'heure allait sonner où l'esprit du mal chercherait à entraver cette marche et à empêcher le bien qui se faisait déjà dans une si large mesure. La Mère Conception Pérille, l'une des premières et des plus dévouées coopératrices du bon Père, qui avait compris ses plans, partagé ses travaux, contribué à l'extension de la

Société, était prématurément enlevée à l'affection de tous et laissait dans les cœurs, comme dans le gouvernement, un vide profondément senti. Cette mort, qui arrivait au mois de décembre 1839, augmentait encore le sentiment de tristesse de celles qui partageaient avec le bon Père les sollicitudes générales. Déjà on pressentait, en effet, la crise qui, l'année suivante, devait séparer, du Fondateur de la Sainte-Famille, les Prêtres auxiliaires qui s'étaient mis sous son obéissance pour s'occuper des âmes et des Œuvres. C'est sous l'impression de la double crainte causée en elle par l'approche de la mort de la Mère Pérille, regardée comme une des colonnes de la Société, et les appréhensions énoncées plus haut, que la mère Bonnat écrivait, le 27 novembre, à la Mère Eugène, sa confidente habituelle:

« Je vous désire beaucoup ici et je vous appelle de tous mes vœux pour devenir ma consolation ; nos cœurs, qui se sont toujours si bien compris, s'uniront encore, je l'espère, pour faire le peu de bien qui sera en notre pouvoir, et par là nous pourrons aussi donner quelques années de paix et de bonheur à notre bon Père, qui souffre tant des diverses épreuves que Dieu ménage à ses filles. Ma lettre vous semble peut-être énigmatique; en voici le secret : un voile lugubre s'étend sur mon cœur ; je redoute une mort et je la vois suivie de nouvelles peines; je sens que nous avons besoin de nous rapprocher et de resserrer de plus en plus les liens sacrés qui nous unissent, car si jamais la division pénétrait parmi nous, ce serait bien là le plus grand de tous les maux. Prions Dieu qu'il nous en préserve, et préparez-vous, chère Mère, à venir m'aider de votre affection dans la cruelle passe que je pressens. Il est très possible que mon voile noir soit tout imaginaire ; d'un instant à l'autre il peut disparaître, gardez donc ma confidence pour vous seule, et en attendant de connaître ce que le bon Dieu ordonnera et de nous, et de ceux que nous aimons, prions beaucoup, aimons-nous beaucoup aussi. »

Aussitôt après la mort de la Mère Pérille, le bon Père s'occupa sans retard de la nomination d'une nouvelle Supérieure Générale, et il assembla autour de lui les Électrices à vie. La Mère Bonnat réunit tous les suffrages. Comme secrétaire du bon Père et Assistante générale ; cette bonne Mère était déjà en rapport avec toute la Société et les doubles fonctions qu'on voulait lui confier ne pouvaient guère s'allier ; mais comme le moment était difficile et que la Mère Bonnat, avec la connaissance des sujets, possédait leur estime et leur affection, on crut convenable de la choisir, et le bon Père lui imposa ce nouveau fardeau, qu'elle accepta par obéissance et par dévouement.

« La Mère Emmanuel connaissait la position qui allait lui être faite, elle savait qu'elle rencontrerait bien des épines sur son chemin, aussi demanda-t-elle pour assistante la Mère Eugène de Saint-Pierre. On accéda à ce désir.

» La nouvelle Supérieure Générale de Lorette et son assistante confondirent dès lors leurs esprits et leurs cœurs, eurent les mêmes joies, les mêmes peines, les mêmes inquiétudes. Quand l'une était faible, découragée, l'autre était pleine de foi, lui montrait le ciel avec ses récompenses, et celle-ci trouvait à son tour dans sa compagne les mêmes secours pour les moments de tristesse. Elles avaient remarqué qu'elles ne se trouvaient jamais abattues en même temps. C'est ainsi que s'aidant et se soutenant mutuellement, elles passèrent ensemble les heures difficiles qui allaient suivre. » (1)

« La crise pressentie éclata dès les premiers jours de 1840. Elle eût pu anéantir la Société si Dieu ne l'avait protégée d'une manière toute spéciale; cette crise se préparait en secret depuis quelque temps par les murmures et le mauvais esprit de deux ou trois sujets ; elle se fit jour par l'organe et l'intermédiaire d'hommes pieux et respectables qui se trompèrent dans leurs jugements et dans leurs appréciations. Sur les plus simples apparences on supposa au bon Père des intentions qu'il n'avait jamais eues, ses démarches furent suspectées, sa conduite blâmée et un zèle fanatique ou diabolique, exploitant ces étranges calomnies, s'empara de quelques esprits qui en vinrent à proposer la déchéance du Fondateur et Supérieur Général de la Sainte-Famille, sous le prétexte qu'il était incapable de gouverner. » (2)

Le bon Père souffrit beaucoup, et préférant se sacrifier pour le bien des Œuvres, il céda en père, quitta le local qu'il habitait rue Saintonge, alla s'établir chez les Prêtres auxiliaires qui demeuraient rue Mazarin et fit revenir les archives de la Solitude à Lorette. Avec le temps, le calme se rétablit, mais le coup était porté ; le bon Père comprit, et ces messieurs comprirent eux-

---

(1) Histoire des fondations.
(2) Souvenirs de Martillac.

mêmes qu'ils ne pouvaient plus songer à agir de concert. Les prêtres auxiliaires se retirèrent peu à peu et le bon Père resta avec le Petit Père, qui lui demeura toujours fidèle, pour s'occuper des Œuvres de la Sainte-Famille.

Comme il est facile de le penser, la Mère Bonnat avait partagé toutes les souffrances du Fondateur de la Sainte-Famille, elle en avait ressenti dans son cœur le douloureux contre-coup, et elle avait mis tout en œuvre pour adoucir cette profonde blessure. Le bon Père, touché d'un dévouement dont il connaissait l'étendue et la sincérité, lui adressait les lignes suivantes :

« Fille bien-aimée et toujours fidèle, soyez parfaitement tranquille, votre bon Père est plus heureux qu'il ne l'était avant cette crise ; il connaît le fonds qu'il faut faire sur certaines créatures, il a appris à se connaître un peu mieux lui-même et plus que jamais il est disposé à ne chercher que Dieu seul. Il voit déjà que tout cela tournera à bien pour les Œuvres, pour ses enfants, pour lui-même. Priez et partagez la paix que Dieu daigne verser dans mon cœur. »

La correspondance de la Mère Bonnat est à peu près silencieuse sur les événements qui se déroulèrent durant cette période de tristesse ; on comprend sa réserve ; cependant, quand tout fut accompli, elle écrivait à la Mère Trimoulet : « La séparation de ces messieurs n'a jusqu'à ce jour attiré aucune épreuve, on en parle peu dans la ville et c'est sur eux assez généralement que le blâme retombe. Dans nos maisons, on n'en parle pas. »

Elle disait aussi à la Mère Chantal Machet :

« En arrivant de Bayonne, j'ai trouvé ici le revers de la médaille, non dans nos maisons, mais chez ces messieurs qui sont définitivement séparés du bon Père; ils ont gardé la maison n° 8, et le bon Père, le Petit Père et M. Denis, sont au n° 7. Jusqu'à présent tout s'est passé fort pacifiquement. Prions pour qu'il en soit toujours de même et que la charité ne soit pas troublée. Il était impossible que les choses restassent comme pendant le carême; tout le monde souffrait trop. Je suis peinée sans doute de ce retrait, qui pourra peut-être occasionner encore des épreuves au Supérieur, mais d'un autre côté je suis contente de voir les deux frères si bien unis. Quand vous devrez parler de cette séparation, vous pourrez dire qu'avant d'en venir là, le bon Père a longtemps prié et réfléchi, et en tout n'a agi qu'après avoir pris conseil de Monseigneur et de MM. Hamon et Gignoux.

» Vous savez que depuis longtemps on presse notre Père d'aller à Rome, pour faire approuver son plan et ses Règles; il n'avait pas cru encore le moment favorable. Maintenant, c'est différent; il est décidé à s'y rendre, persuadé que cela mettra fin à toutes les objections et critiques, à toutes les demandes et réclamations..... »

Si la Mère Bonnat avait cruellement souffert, son cœur religieux ne s'était point cependant laissé abattre sous le poids de l'épreuve, et tant pour se ranimer elle-même que pour consoler le bon Père, elle composait le cantique suivant :

LA CROIX

   Croix adorable,
Trône de mon Sauveur,
   Bois secourable,
Soutiens mon faible cœur.
Ton abri tutélaire
Me sera salutaire.
   Je veux souffrir,
Et près de toi mourir.

   Par la souffrance,
Mon cœur est affaissé ;
   Sans espérance,
Il demeure oppressé.
Lorsque tout m'abandonne,
Je choisis ma couronne.
   Je veux souffrir,
Et près de toi mourir.

   Sur le Calvaire,
Je fixe mon séjour,
   Là, de ma Mère
Je comprendrai l'amour.
La croix a plus de charmes
Quand on a vu ses larmes.
   Je veux souffrir,
Et près de toi mourir.

   Avec Marie,
J'ai passé le torrent ;

De l'agonie,
J'ai compris le tourment.
Je serai sa compagne,
Sur la sainte montagne.
Je veux souffrir,
Et près de toi mourir.

Puisse la lance
Me traverser le cœur,
Et la souffrance
M'unir à mon Sauveur.
La couronne d'épines
A des vertus divines.
Je veux souffrir,
Et près de toi mourir.

Mont du Calvaire,
Je te dois le bonheur ;
Croix salutaire,
Je te laisse mon cœur.
Plaintive tourterelle,
Et gémissant comme elle,
Je veux souffrir
Et près de toi mourir (1).

On trouvera ici avec plaisir, intérêt et profit, quelques lettres adressées à cette époque par la Mère Bonnat à des religieuses de Lorette placées depuis peu sous sa direction immédiate. Elle disait à l'une d'elles récemment nommée Supérieure :

(1) Rec. de poésies.

« Ma chère Fille,

» Je suis bien aise d'apprendre vos bonnes dispositions et celles de vos Sœurs et j'espère que je n'aurai qu'à me féliciter de la position où vous place la divine Providence ; obligée d'être le modèle de vos Sœurs, vous vous surveillerez davantage et en devenant une fervente religieuse, vous acquerrez des mérites pour cette vie et pour le ciel. Ne vous figurez pas la charge au-dessus de vos forces, avec Dieu on peut tout, et comme il ne vous manquera pas, vous avez tout lieu d'espérer. Je tâcherai de vous écrire aussi souvent que possible et puis j'irai vous voir. Si vous avez des moments de peine, prenez sur vous pour qu'ils ne paraissent pas ; à l'heure actuelle, vous avez besoin de ranimer tout le monde, ainsi soyez bonne, prévenante, gaie, faites en sorte que vos Sœurs ne se ressentent pas du changement et qu'elles aient toujours une mère, et qui dit *Mère* dit ce qu'il faut au cœur..... »

La lettre suivante est toute différente de ton et de langage. C'est encore à une Supérieure locale que s'adresse la Mère Bonnat, mais elle parle à une âme virile, à une religieuse dont la vertu est à l'épreuve, et au lieu de la rappeler au devoir avec sa bonté ordinaire, elle veut lui laisser, on le sent, tout le mérite d'un acte d'humilité.

« ..... Je vous en prie, une autre fois ne communiquez pas si promptement nos projets. Avant de vous envoyer la sœur X..., je voudrais vous faire remarquer que sa direction offre bien des difficultés, qu'il faut avec elle beaucoup de douceur et de patience, surtout si vous ne gagniez pas son affection. En général, ma pauvre Mère, c'est à quoi vous devriez travailler; vous n'aurez jamais d'empire sur vos sujets, vous ne pourrez rien en tirer, si vous ne commencez par vous en faire aimer. Quand vous aurez les cœurs, vous pourrez tout exiger sans rien craindre; mais si on vous évite, si c'est toujours par devoir qu'on s'approche de vous, vous aurez bien des misères à supporter. Je sais que tous vos sujets ont leurs défauts, mais aussi qui n'en a pas? Il faut les garder tels qu'ils sont et tâcher d'en tirer le meilleur parti possible, surtout sans les irriter, car, que voulez-vous que je fasse, si toutes les Sœurs de votre maison me demandent leur changement, comme déjà la plupart en témoignent le désir. Je ne peux pas accéder à ces demandes, je suis même obligée de m'en prendre à la Supérieure et de dire : c'est sa faute si toutes ses filles se trouvent malheureuses et ne peuvent plus supporter leur position. Défiez-vous de vous-même, ma chère Mère, et surtout de ce fonds de sévérité que vous avez toujours eu. On gagne plus d'âmes par la douceur que de toutes autres manières. L'esprit de Notre-Seigneur ne respire que charité et indulgence, c'est celui de notre Fondateur, ce doit être aussi le nôtre. Je ne veux pas vous fâcher, mais soyez bien persuadée que vous êtes la principale cause et de la maladie de Sœur A., et des humeurs de Sœur B., et du mauvais caractère de Sœur C. Vous ne savez pas les prendre, ou vous les écoutez trop ; d'un rien vous faites aussitôt une affaire importante et il en résulte des manquements nouveaux et une infinité de misères. Je vous préviens que j'ai reçu bien des réclamations contre vous, et que sans croire tout ce qui m'a été dit, j'ai reconnu bien des choses justes et sur lesquelles je vous prie de réfléchir. Vous êtes jugée aussi, et comme les autres vous donnez prise à la censure : on vous reproche des enfantillages, jalousies, susceptibilités et autres vétilles qui ne conviennent pas à une religieuse, encore moins à une Supérieure. Enfin je voudrais avant de vous envoyer Sœur X., être assurée que vos filles sont calmes, qu'elles sont sinon contentes, du moins résignées à rester avec vous et à y travailler à leur perfection ; j'attendrai donc votre réponse avant de rien changer à notre organisation. »

Écoutons-la maintenant reprendre et encourager une simple Sœur. Qui aurait pu résister à des conseils si pieux et si maternels?

« Ma chère Fille,

« Il n'y a pas de milieu, vous serez pour moi une grande croix ou une grande consolation, selon que vous vous donnerez plus généreusement à Dieu ; optez donc, ma fille, et si vous m'en croyez, que ce soit pour la bonne part, c'est-à-dire celle des amis de Jésus. Mettez-vous à la suite de ce bon Maître, prenez-le pour modèle, il vous soutiendra dans les moments de tribulations ; avec lui vous ne sentirez pas les croix, car vous savez que tout est facile à ceux qui aiment, et vous arriverez enfin au terme que je vous désire. Depuis bien des années déjà vous portez les livrées de Jésus, êtes-vous réellement de ses servantes? Avez-vous acquis quelques traits de ressemblance avec lui ? Cependant les grâces ne vous ont pas manqué, vous en avez eu de tous les genres. D'où vient qu'elles ont si peu fructifié ? Je vous aiderai de tout mon pouvoir, ma fille, vous pouvez compter sur mes prières, mes conseils, mon dévouement et surtout mon affection ; heureuse si je puis obtenir que vous écoutiez la voix de l'Époux et que vous vous y rendiez docile. Adieu, aimez-moi comme je vous aime..... »

Ainsi que nous l'avons vu dans une lettre de la Mère Bonnat à la Mère Chantal Machet, il était question d'un voyage à Rome que devait faire le bon Père. Mais avant d'effectuer son projet, le Fondateur voulut réunir les principaux chefs de l'Association pour leur donner ses instructions : nous en extrayons les passages suivants qui nous montrent le poste important que la Mère Bonnat occupait dans la Société :

« Les statuts et les conseils de perfection ont été rédigés sous les yeux de Marie. Je veux donc que, une fois approuvées par le Pape, vous regardiez ces règles comme l'ouvrage de Dieu seul, comme l'unique pensée de votre Fondateur, c'est pour cela que je ne vous les lirai même pas avant mon retour de Rome.

» J'avance en âge, je serai en paix lorsque je vous saurai constituées d'une manière positive.

» Pendant mon absence le Conseil sera formé : du Petit Père, remplaçant le Directeur Général ; de la Mère Emmanuel Bonnat, Supérieure de Marie ; de la Mère Trinité Noailles, Conseillère ; de la Mère Saint-Charles Despect, trésorière, et de la Mère Eugène de Saint-

Pierre Machet, secrétaire. Il se réunira tous les huit jours, et plus souvent si c'est nécessaire, sous la présidence du Petit Père ou, à son défaut, de la Mère Emmanuel.

» Le Petit Père a toute ma confiance ; je désire qu'on le regarde et qu'on le traite comme un autre moi-même. La Mère Emmanuel l'assistera comme elle m'assistait et conférera avec lui de tout ce qu'elle jugera utile pour les sujets et les Œuvres ; elle dirigera toutes les Congrégations et leurs premiers chefs, de concert avec le Petit Père, comme elle l'a fait jusqu'à présent avec moi.

» L'un et l'autre m'écriront, s'il est possible, tous les huit jours ou tous les quinze jours, à tour de rôle, pour me faire connaître l'état des choses.

» Je pars plein de confiance en mes enfants, et je leur adresse ces adieux de Jésus-Christ : « Que la paix soit avec vous ! » paix de conscience qui s'obtient par la fidélité à tous ses devoirs, paix de famille qui se maintient par l'union et la charité. »

Muni de lettres par lesquelles de nombreux Évêques de France recommandaient au Saint-Père les Œuvres de la Sainte-Famille, le bon Père partit pour Rome le 5 octobre 1840 ; il faisait le voyage avec un prêtre espagnol, nommé M. Anitua. Par la pensée, la Mère Bonnat se plaisait aussi à l'accompagner dans les différents pèlerinages qu'il devait visiter sur sa route.

Vers la belle Italie,
Suivant un voyageur,

Une enfant de Marie
Disait avec ferveur :
Qu'il marche sur vos traces,
Trouve en vous son appui.
Vierge de Toutes-Grâces,
Priez, priez pour lui !

A vos ordres, fidèle,
Il quitta ce séjour,
Quelle aurore nouvelle
Me dira son retour ?
Exaucez ma demande
Et soyez son appui ;
O Vierge de la Lande,
Priez, priez pour lui !

La mer est en furie
Et le ciel orageux,
O divine Marie,
Soutien des malheureux,
Votre enfant vous regarde,
Implore votre appui;
O Vierge de la Garde,
Priez, priez pour lui !

Dans la Ville éternelle,
Il erre en étranger,
Étoile toujours belle,
Guidez le passager.
Qu'en vous soit sa demeure,
Son repos, son appui;
Sainte Marie Majeure,
Priez, priez pour lui !

Dans cet asile aimable
Où vécut l'Enfant-Dieu,
Soyez-lui favorable,
O Reine de ce lieu.
Soyez son interprète,
Sa mère, son appui;
O Vierge de Lorette,
Priez, priez pour lui !

Dans la ville fidèle
Aux leçons du Sauveur,
Une voix maternelle
Retient le voyageur.
Exaucez sa prière
Et soyez son appui;
O Vierge de Fourvière,
Priez, priez pour lui !

O divine Marie,
Mère de l'orphelin,
Vers notre île chérie,
Guidez le pèlerin.
Qu'il marche sur vos traces,
Trouve en vous son appui;
Vierge de Toutes-Grâces,
Priez, priez pour lui ! (1)

Fidèle aux recommandations qu'elle avait reçues au départ, la Mère Bonnat tenait exactement le bon Père au courant de tout ce qui se passait dans la famille

---

(1) Rec. de poésies.

durant son absence. Nous ne citerons ici qu'une seule de ses lettres qui nous donnera l'idée exacte des sentiments de confiance et d'affection que la Mère et les filles professaient pour leur vénéré Fondateur :

« Bordeaux, 7 décembre 1840.

» Mon bon Père,

» Je laisse mon catéchisme à la bonne Sœur Gonzague de Marie afin d'avoir la consolation de vous écrire un peu moins en courant que je ne le fais habituellement. J'ose espérer néanmoins que dans ces mots que je trace à la hâte quand il se présente une occasion, vous retrouvez les vrais sentiments de votre fille, inaltérables comme Celui sur qui repose mon attachement pour vous; ces sentiments seront toujours les mêmes et l'absence et les épreuves ne sauront jamais les détruire. Ainsi donc, déterminée à vous obéir, à vous rester fidèle envers et contre tous, et cela avec une tendresse toute filiale, je suis aussi une de celles dont l'opinion doit vous être la moins suspecte, surtout quand il est question de vous arrêter loin de nous. Je vous désire bien ardemment pour moi, pour les besoins de mon cœur et pour remonter mon courage, souvent bien bas; cependant je ne voudrais pas que vous nous revinssiez avant que vos affaires essentielles et principales fussent terminées. Personne ne pourra vous remplacer à Rome, pour lever les difficultés, répondre aux objections, obtenir ce que vous désirez et ce que nous désirons tous si vivement. Si vous reveniez trop tôt, tout serait compromis et peut-être perdu, aussi d'une commune voix toutes vos filles vous engagent à demeurer à Rome jusqu'à ce que vous soyez assuré d'avoir obtenu et terminé tout ce que vous voulez. Nous vous écrivons tout ce qui se passe ici, le bien comme le mal, nous commençons à prendre une certaine expérience et, entre nous, nous décidons nos petites affaires de façon à éviter les sottises et à suivre autant que possible vos plans et vos projets ; soyez donc en paix sur notre compte, votre absence aura l'avantage de nous laisser aller seules, et jusqu'à présent tout a été bien. Les misères sont intérieures, elles tiennent aux caractères, aux esprits, aux imperfections des sujets, il n'y a rien à faire qu'à prendre patience, tant qu'on pourra on se supportera mutuellement.

» Ne redoutez pas non plus les dépenses que votre séjour à Rome occasionnera, la Providence, vous le savez, est notre Mère et elle nous en donne des preuves. Il y a des ressources qui arrivent à point nommé et toutes les Œuvres de la Sainte-Famille se feront un bonheur de vous fournir tout ce qu'il faudra ; soit par la poste, soit par mandats ou billets sur les fonds italiens, on peut vous envoyer de l'argent, de grâce dites-nous si vous en voulez et ne vivez pas en pauvre pour économiser. Enfin je suis inquiète de votre solitude : avec votre cœur, votre manière de sentir, vous devez souffrir cruellement. Vous riez peut-être de nos préoccupations, mais vous savoir seul, loin de toute votre famille, cela nous est presque aussi pénible qu'à vous, et nous voudrions toutes pouvoir aller vous servir et vous consoler par nos soins et notre tendresse. Dans ma lettre officielle je vous parle de toutes nos affaires, ici je me réserve de vous dire tout confidentiellement que nous sommes toujours dignes de votre intérêt. Vos filles en général marchent bien, il y a de l'union entre les Œuvres, on s'aide et on s'aime, et malgré ma misère si bien connue, toutes s'adressent à moi comme à leur Mère. J'en suis parfois confuse et toujours humiliée. Mme Cambon *bougonne* et vous aime toujours, les Dames de Sainte-Anne sont sensibles à votre souvenir et prient pour vous. Nos petites filles sont bien gentilles et toujours pleines d'affection pour leur bon Père. Les novices vous désirent beaucoup parce qu'elles espèrent à votre retour prendre l'habit ou faire des vœux ; enfin toutes les Sœurs prient et se mortifient à votre intention. Elles me demandent tous les jours de vos nouvelles, elles voudraient des détails sur votre position, elles craignent que vous ne renouveliez les beaux jours du vicariat de Sainte-Eulalie ; alors chacune raconte ce qu'elle sait et le tout compose un bon Père que tous les cœurs aiment et chérissent bien tendrement. Mère Saint-Charles est toujours souffrante du froid, de sa faiblesse ; Mère Agnès va assez bien, mais fort triste ; Mère Trinité s'afflige parce qu'il survient tous les jours de nouvelles dépenses ; Victorine se traîne pieuse et résignée ; Mère Nativité veut que je vous dise mille bonnes choses de sa part ; elle a été souffrante, mais elle est mieux.

» Ne restez pas si longtemps, mon bon Père, sans nous donner de vos nouvelles ; les jours passent lentement loin de vous et huit jours répondent à un mois de durée pour vos enfants et surtout pour celle dont vous connaissez le tendre attachement et qui sera toujours avec respect et soumission votre toute dévouée fille en Dieu Seul. »

Ne séparant jamais la pensée du bon Père d'un sentiment de piété, la Mère Bonnat composa à cette époque une petite poésie que les habitantes de la Solitude devaient, durant l'absence, aller chanter en forme de prières dans leurs pèlerinages à la Vierge des Bois :

NOTRE-DAME DES BOIS.

Asile solitaire,
Je viendrai chaque jour,
Te parler de mon père,
Demander son retour.

Vierge, sois-lui propice,
Bénis tous ses instants,
Il mit à ton service
Sa vie et ses enfants.

Oiseaux de ce bocage,
Suspendez votre chant,
Cessez votre ramage,
Le Bon Père est absent.

Élégante bruyère
Qui ne brillez qu'un jour,
Attendez le Bon Père
Pour orner ce séjour.

Dans cette solitude
Si déserte aujourd'hui,
Sans gêne et sans étude,
Tous les cœurs sont à lui.

L'enfant de la chaumière,
En répétant son nom,
Ajoute : C'est un Père,
Le bonheur du canton.

A l'autel solitaire
De la Vierge des Bois,
Le pâtre, en sa prière,
Répète bien des fois :

Vierge, sois-lui propice,
Bénis tous ses instants,
Il mit à ton service
Sa vie et ses enfants (1).

Vers la fin de décembre le bon Père quitta l'Italie et rentra en France par Chambéry et Lyon. Après avoir salué Notre-Dame de Fourvières dans cette dernière ville, il se rendit à Saint-Chamond pour faire une petite visite d'amitié à la famille Dézermeaux et il arriva à Bordeaux dans la première semaine de janvier. Les Supérieures de quelques maisons principales l'y attendaient pour lui souhaiter la bienvenue. Le bon Père réunit ses filles, leur parla de la réception du Saint-Père, de ses espérances pour l'approbation des Règles, de ses projets d'avenir, de la nécessité de former une Maison générale, d'avoir des chefs particuliers pour la direction de chacune des branches de la Société, etc., etc. Puis il leur annonça son intention de faire imprimer les Conseils de perfection comme règles communes à toutes les

---

(1) Rec. de poésies.

Sœurs, à quelque Congrégation qu'elles appartinssent.

Il est facile de concevoir le bonheur de la Mère Bonnat au retour du bon Père; outre la joie de sa présence, elle voyait la Sainte-Famille sortir des langes de l'enfance, et prête à prendre rang dans ces belles phalanges religieuses qui forment l'ornement de l'Église; son grand cœur était inondé de reconnaissance, mais elle avait besoin de cette consolation car, à cette même époque, quelques défections s'étaient produites dans les maisons du Nord et dans celles du Midi, des Œuvres avaient été compromises, l'une même avait cessé d'exister, et la pauvre Mère ressentait péniblement le contre-coup de ces épreuves.

« En attendant que nous puissions nous rejoindre, réunissons-nous souvent dans le divin Cœur de Jésus, écrivait-elle sous cette impression à une Supérieure qui connaissait ses peines du moment ; aimons à nous y retirer dans nos afflictions pour y puiser les consolations solides, dans nos tentations, pour y apprendre à combattre jusqu'à la mort, dans nos sécheresses, pour prouver à Jésus que nous voulons être à Lui sans réserve et sans partage. Oh! ma fille, que nous serions heureuses si, vraiment unies à Dieu, nous ne vivions que pour lui plaire et l'aimer uniquement! Alors les événements de la vie, les contrariétés, les épreuves, loin de nous abattre, nous réjouiraient et nous porteraient à aimer le bon Maître de plus en plus. Faites en sorte que cet heureux état devienne le vôtre. Pour cela, soyez bien généreuse avec Dieu. Que la supériorité ne vous fasse pas oublier les mérites et les consolations de l'obéissance et du renoncement, défiez-vous beaucoup des dangers qui environnent les pauvres Supérieures et tous les jours demandez à Dieu la grâce de mourir simple religieuse. Pour moi, c'est ma pratique ordinaire, et j'espère que cette grâce me sera bientôt accordée. Faites de même, ma chère fille, hâtez de tous vos vœux cet heureux moment et surtout celui où nous irons nous reposer dans le sein de notre Dieu. »

Au mois d'avril suivant, la Mère Bonnat allait faire la visite de la Maison de Mont-de-Marsan, des Œuvres de la Conception qui continuaient à se multiplier dans les Landes, et de la Maison de Bayonne. Là, elle tomba malade et fut prise d'une fatigue assez étrange à son âge : la coqueluche. Comme le mieux ne se produisait point, malgré les soins qu'on prodiguait à cette bonne Mère, le bon Père s'en inquiéta et l'engagea à rentrer à Bordeaux.

« . . . . . J'ai appris avec bien du chagrin que vous êtes malade, lui dit-il, j'ai chargé la Mère Eugène de Saint-Pierre de vous exprimer ma peine, de vous dire de vous soigner et de revenir auprès de nous le plus tôt possible. Votre médecin, dont le nom est si étrange que je ne puis me le rappeler, n'a pas chez nous une réputation telle que nous puissions lui livrer notre grande Supérieure Générale. Si donc, en remplissant votre bouche de sucre d'orge, vous pouvez vous mettre en route, venez, ma fille... ici nous vous soignerons et vous guérirons.... l'amour est plus fort que la mort !...

» Je ne vous parle ni de moi, ni des choses dont on

vous a parlé, ou dont on pourra vous parler à Bordeaux... Seulement je vous attends, je vous désire, dès que vous pourrez venir sans inconvénient pour votre santé. Le malaise que vous éprouvez est quelquefois d'une assez grande durée, on m'a dit que certaines personnes avaient gardé la coqueluche pendant six mois... Or, si vous restiez à Bayonne durant ce temps-là, vous y mourriez, et après quand vous reviendriez à Bordeaux vous nous trouveriez tous enterrés... Ne faites donc pas tout ce mal pour complaire à votre docteur... Vous feriez bien mieux de nous revenir et de nous amener Mme votre sœur, nous aurons ainsi deux mortes à ressusciter et nous nous en sentons la force. »

Les préoccupations auxquelles le bon Père faisait allusion dans cette lettre, étaient causées par les inquiétudes que lui donnait la maison de Somme-Suippes ; la Supérieure était entourée de prêtres et d'amis qui ne cherchaient rien moins qu'à séparer l'Œuvre du centre en mettant en avant des questions de temporel. La situation ne paraissant pas très claire, le bon Père envoya à Somme-Suippes la Mère Emmanuel, qui y arriva sans être annoncée afin de mieux se rendre compte de ce qu'il en était. Celle-ci, après avoir examiné toutes choses, crut que le plus prudent était d'emmener à Bordeaux la Mère Xavier Gauthier sur laquelle elle exerçait cette douce influence que donne l'affection, et elle laissa une Supérieure provisoire. Malheureusement le malaise ne fit que s'accroître au lieu de s'améliorer ; les affaires prirent une tournure tout à fait inquiétante, et, subitement, au mois d'avril 1842, le bon Père résolut de se rendre dans le Nord. Quand il arriva à Somme-Suippes, la bombe avait éclaté. Un des grands vicaires de Monseigneur de Châlons s'y était rendu avec une ordonnance de son Évêque qui relevait toutes les religieuses de l'obéissance qu'elles devaient à leur Supérieur Général et leur enjoignait de reconnaître pour Supérieure une des Sœurs de la Maison, traître à sa Société, et qui avait su se faire agréer par l'Évêché. Quelques novices se soumirent, d'autres demandèrent du temps, d'autres enfin refusèrent absolument leur adhésion et partirent de suite pour Bordeaux.

Ce qu'un Vicaire Général faisait à Somme-Suippes, un autre le faisait à Vitry, et les curés les imitaient dans leurs paroisses. Les principales Supérieures restèrent fermes à leur poste, attendant la fin de la crise. Le bon Père, apprenant ce qui s'était passé, se rendit à Reims pour en conférer avec l'Archevêque. Celui-ci, qui ignorait tout, écrivit de suite à l'Évêque de Châlons pour lui signaler le danger qu'il y a à séparer des Œuvres de leur Supérieur légitime et régulier. De Reims, le bon Père alla à Châlons ; son entrevue avec Monseigneur dura longtemps. L'Évêque fut très étonné d'apprendre qu'il avait été trompé lorsqu'il croyait avoir agi pour le bien. Éclairé par Monseigneur de Reims et par le Fondateur de la Sainte-Famille, le vénérable Prélat rapporta, sans retard, l'ordonnance qu'il avait rendue, rétablit tout ce qui avait été bouleversé et chargea M. Noailles de régler tous les intérêts en question. Cette conclusion fut un véritable triomphe pour le bon Père. De Bordeaux, la Mère Bonnat suivait avec anxiété toutes les péripéties de cette crise; on comprendra ses angoisses en lisant sa correspondance durant ces jours néfastes.

« **2 mai 1842.**

» Mon bon Père,

» Il serait impossible de vous rendre combien nous avons été malheureuses pendant cinq ou six jours. Nous avions appris les tristes nouvelles du Nord sans rien savoir de ce qui vous concernait. Où est-il ? Que fait-il ? nous demandions-nous sans cesse ; comment a-t-il pu supporter cette trahison ? car c'en est une véritable. Enfin, l'imagination courait en folle et mille idées sinistres venaient oppresser nos cœurs. Ne sachant où vous prendre, ne voulant pas que nos courriers se perdissent, j'étais fort embarrassée ; enfin, votre lettre au Petit Père est venue nous rendre à la vie. Nos prières ont été exaucées et vous avez supporté cette nouvelle épreuve avec votre courage ordinaire. Bon Père, combien nous avons partagé vos peines, combien nous les partageons encore, car cette funeste révolution aura des suites qui ne seront peut-être pas effacées de longtemps. Mais quoi qu'il en soit, nous vous conservons, et le reste nous importe peu en comparaison. Nous continuons de demander à Dieu qu'il vous accorde son secours spécial, et ne pouvant vous aider autrement, nous le faisons en intéressant le ciel en votre faveur. Hier, nous avons eu le Saint-Sacrement exposé, c'était la première fois que la Solitude avait ce bonheur ; on a eu bien de la ferveur et toutes les prières étaient pour vous. Maintenant nous désirons que vous terminiez les affaires du Nord aussi solidement et aussi positivement que possible, puisque

vous veniez vous délasser de vos travaux près de vos enfants dévouées et affectionnées, qui seront si heureuses de vous témoigner leurs sentiments » . . . . .
. . . .

« ....Mon Dieu, vous ne pourriez donc pas être évêque vous-même, et me revoilà à mes rêveries. Au défaut d'évêché, les Congrégations soutenues par des corps religieux marchent avec assurance . . . .

» Je vous donne mes idées pour le vent, peut-être, n'importe. Il est de fait que vous êtes bien seul pour lutter contre tant d'envieux, devant vous on se rend et puis quand on est loin on se remet à cabaler, et cette vie de batailles continuelles m'afflige beaucoup pour vous. Si elle est selon les desseins de Dieu, j'ai tort de la craindre; pourquoi redouter ce qui doit embellir votre couronne? Si vous trouvez que mes pensées aient quelque fondement profitez de votre voyage pour vous procurer des aides ou des soutiens, ou bien encore cette position dans laquelle je voudrais tant vous voir, non par vanité, mais pour le bien des Œuvres. Si je n'étais pas femme ou si j'étais une autre femme, je sais bien ce que je ferais, mais je suis toute pauvrette, je n'ai que le cœur qui ne tremble pas, et celui-là, depuis longtemps, est à votre disposition ; faites donc ce que vous voudrez de ce trésor, pourvu qu'il soit à vous, il est content et ne désire que de vous suivre au ciel, terme de toutes nos sollicitudes... »

« 7 mai 1842.

» La Mère Régis était venue hier avec trois de vos filles du Nord pour remercier la Sainte-Vierge de leur fidélité, lorsque la bonne lettre de Sœur Saint-

Paulin nous est arrivée : les larmes de bonheur ont alors coulé et toutes ensemble nous avons remercié Dieu de la bénédiction qu'il accorde à nos Œuvres. Pourrions-nous maintenant nous laisser aller à la crainte ? Oh ! non ; Jésus, Marie et Joseph sont réellement avec nous, et avec de tels protecteurs nous sommes assurées du succès. Je pense que vous allez profiter de l'avantage de votre position pour tout régler selon vos vues et repousser de la Société celles qui s'en sont rendues indignes, surtout *celle* qui a dû plus qu'aucune autre se mêler à tout cela. De grâce, qu'elle ne soit plus comptée au nombre de vos filles ! Nous regrettons qu'il n'y ait pas parmi nous des croix d'honneur à distribuer pour celles qui se sont si bien montrées, mais vous saurez les récompenser d'une autre manière. . . . . . .

» Tout ce que ces bonnes Sœurs de Somme-Suippes nous ont raconté nous pénètre de confiance et de vénération pour vous, cher bon Père ; vous avez dû bien souffrir, mais Dieu vous a fait la grâce de souffrir en saint, et maintenant il veut vous récompenser ; encore une fois, Dieu soit béni ! Cette crise va, selon toutes les apparences, prolonger votre séjour dans le Nord ; nos cœurs en gémissent un peu, mais que cela ne vous inquiète pas..... »

La Mère Angèle Grangé, Supérieure à Reims, s'était montrée admirable de fidélité et de dévouement durant toute cette période, et elle avait eu la consolation de donner ses soins au bon Père, qui était tombé malade à la suite des événements que nous venons de mentionner.

« J'ai partagé toutes vos angoisses, — lui écrivait, le 8 mai, la Mère Bonnat ; — mais, plus heureuse que nous, vous aviez le bon Père et vous pouviez le consoler, tandis que, quand on est loin, on se fait des idées bien pénibles et l'on souffre encore plus. Enfin, il paraît que Dieu a eu pitié de nous et nous a protégées d'une manière presque miraculeuse ; remercions-le bien et mettons en lui seul toutes nos espérances. Je ne vous ai pas écrit plus tôt, ne sachant que vous dire dans l'état de peine où nous étions. A présent que nous commençons à respirer, je me hâte de vous féliciter de ce que votre position vous a mise à même de faire et pour notre Père et pour nos Sœurs ; je vous en remercie. Soyez assez bonne pour nous écrire souvent les détails qui nous sont si nécessaires en ce moment; nous avons eu et nous avons encore tant d'inquiétudes !.. Ayons confiance et prions toujours, voilà ce qu'il importe. Nous sommes bien reconnaissantes du bon secours donné par votre Archevêque et vos prêtres, Dieu veuille les en récompenser comme nous le désirons : nous prions à cette intention. Toutes nos Mères se joignent à moi pour vous assurer de leurs sentiments. Plus que jamais, resserrons les liens qui nous unissent en Dieu Seul, que les épreuves nous affermissent et que rien au monde ne puisse nous séparer de notre principe, de notre saint Fondateur. Après quelques jours d'orage, la paix viendra, et cette paix sera d'autant plus douce que nous aurons plus souffert ici-bas. »

La Solitude, étant la Maison générale, se trouvait l'écho fidèle de tous les événements qui se passaient dans la Société ; mais quand il plaisait au Seigneur de faire trêve à l'épreuve, les enfants du bon Dieu aimaient à l'en bénir en se livrant, à certaines fêtes de l'année, à d'innocentes récréations, dans lesquelles la Mère Bonnat apportait son contingent d'entrain, d'esprit, d'amabilité. Le bon Père encourageait ses filles, il comprenait que l'arc ne pouvait toujours rester bandé, il n'oubliait pas qu'aucune n'était d'un âge à pouvoir se passer de distraction. A cette époque de pauvreté si grande, les moindres objets étaient reçus avec un plaisir dont nous n'avons plus l'idée, et nous avons sous les yeux la liste des cadeaux offerts pour une fête qui nous dit bien éloquemment la simplicité de nos premières Mères. Cette liste fait partie d'un journal écrit en entier de la main de la Mère Bonnat, elle rend compte des événements de la Solitude sur un ton gracieux et familier où l'esprit naturel a sa large part ; c'est dans ce journal que nous trouvons la date de l'établissement de l'École des filles à la Solitude. Sous le titre « Partie officielle, novembre 1842, » on lit : « Une grave question occupe actuellement quelques-unes de nos sommités, c'est de donner à l'enseignement primaire des petites filles de Martillac l'importance qu'il doit avoir et de pouvoir, par ce moyen, enlever au régent du village les quelques petites enfants qu'il s'est cru en droit d'admettre à sa classe.

» D'après un arrêté du Conseil général, il a été décidé : 1º que Mme P. Machet, munie d'un diplôme de premier degré, sera reconnue comme institutrice communale ; 2º elle aura pour la seconder, dans ses pénibles fonctions, Sœur Saint-Ephrem pour la matinée, et

Mlle Augusta pour l'après-midi ; 3º sous peu, la méthode Meissas et Michelot sera mise en plein exercice. Nous croyons que cette nouvelle sera agréablement reçue. »

Dans le même numéro, sous le titre « Variétés, littérature, mélanges, » se trouvent les couplets suivants, chantés, le 3 novembre, à la Mère Mélanie Despect, dont saint Charles était le patron :

> Plus de fleurs dans la plaine,
> Plus de chants dans nos bois,
> Zéphir est sans haleine,
> Le rossignol sans voix ;
> La nature flétrie
> Commence ses douleurs.
> Pour fêter Mélanie
> Recourons à nos cœurs.
>
> L'hirondelle légère
> S'éloigne de ces lieux,
> Et la fleur éphémère
> Disparaît à nos yeux.
> Mais il est dans la vie
> Des plaisirs pour le cœur,
> Et chérir Mélanie
> Est pour nous un bonheur.
>
> Si de fleurs, le bocage
> Se trouve dépourvu,
> Il est un autre hommage
> Qu'on offre à sa vertu ;
> Du pauvre, elle est l'amie,
> L'ange consolateur,

Et près de Mélanie,
On trouve le bonheur.

Bonne et compatissante,
On n'altéra jamais
Cette grâce touchante
Qui double les bienfaits.
Toujours sensible amie
Et toujours tendre sœur,
On aime Mélanie
Quand on connaît son cœur.

Active ménagère,
Elle veille toujours ;
Ses soins sont d'une Mère,
Ils sont de tous les jours.
Sa famille attendrie
En connaît la douceur,
Et chérir Mélanie
Est un besoin du cœur.

Dans ce modeste asile,
Nous passons d'heureux jours,
Notre cœur est tranquille
Et purs sont nos amours.
Toujours de notre amie
Nous ferons le bonheur,
Pour chérir Mélanie,
Nous suivrons notre cœur (1).

---

(1) Rec. de poésies.

A la fin de cette même année, la Mère Emmanuel avait la douleur de perdre son frère aîné, M. Hippolyte Bonnat, négociant à Madrid. Il avait épousé Mlle Luisa Alinari, fille d'un banquier espagnol, qui restait veuve, sans fortune et avec cinq enfants en bas âge. Les deux aînés vinrent en France, la petite fille, reçue à Lorette, y fit son éducation, et Augustin fut placé, par Mme Drevet, dans un pensionnat de Bordeaux. Sous le coup de cette peine, la Mère Bonnat disait à la Mère Nativité Trimoulet, le 14 janvier 1843 :

« . . . . Il ne m'a pas été possible de vous écrire plus tôt, tant j'ai eu de chagrin ; mon cœur a été si oppressé qu'il a fallu quelque temps pour me remettre ; maintenant je suis mieux, d'abord parce que les épreuves diminuent en s'éloignant, ensuite parce que je suis plus résignée à ne vouloir que ce que Dieu veut, et qu'auprès de ce divin Maître on trouve des consolations dans les plus pénibles moments. Au milieu des fêtes et des fleurs de Noël, il y a toujours pour moi un bouquet de myrrhe, je l'ai observé depuis longtemps, et chaque année qui revient ramène, sous une autre forme, le bouquet douloureux. Puis-je douter que ce ne soit une preuve de l'amour de Dieu ? Oh ! non, je le sens, il est doux de partager les premières souffrances de Notre-Seigneur, et si je n'ai pas la force d'aborder le Calvaire, je suis heureuse de trouver près de la Crèche l'occasion de dire à mon Dieu : Je veux vivre, souffrir et mourir près de vous. Tout en ayant ma part de soucis, croyez que j'ai partagé les vôtres, et que le temps me dure bien d'apprendre que chez vous tout va mieux. Merci de vos bons souhaits et de vos utiles cadeaux, j'ai été ravie d'avoir une armoire dans mon bouquet. »

Bon nombre de fondations s'effectuèrent durant l'année 1843; cependant, elle devait, avant sa fin, voir encore s'accomplir une œuvre appelée à ouvrir un vaste et nouveau champ au zèle des Sœurs de la Sainte-Famille. L'établissement de la maison de Lorette, de Bayonne, avait fait souvent songer à l'Espagne; la Mère Despect y avait son père, la Mère Bonnat son frère, et c'était une sorte d'aimant; on parlait peu, pourtant, de ce projet, qui ne rencontrait pas que des sympathies; on disait : l'Espagne est en révolution, le schisme y existe, les Communautés sont dissoutes; on n'a pas d'argent, on a peu de sujets, ce serait une entreprise téméraire. Mais le Bon Dieu a ses moments, et il conduit toutes choses à la fin que sa prescience infinie leur destine. Ce ne fut qu'après la mort de MM. Bonnat et Despect que ce projet, qui était resté latent et que ces morts auraient dû faire abandonner, reprit une nouvelle vigueur. On écrivit à M. Alinari, banquier à Madrid, très bien posé dans la grandesse espagnole et beau-père de M. Bonnat, pour lui demander s'il croyait qu'un établissement de Dames de Lorette aurait, dans cette ville, quelque chance de succès. M. Alinari répondit que le moment était propice, que la révolution avait détruit les Communautés enseignantes, et qu'il fallait se hâter de venir s'installer. Cette lettre arriva à Bordeaux le troisième dimanche de septembre, jour de la fête de Notre-Dame des Sept-Douleurs.

« Après avoir pris connaissance de cette missive, le

bon Père se rendit à la chapelle, pria longtemps, consulta Dieu, et faisant appeler la Mère Bonnat, lui dit : « C'est la volonté divine, ma fille, vous irez à Madrid, et la Sainte-Vierge vous protégera. Choisissez une compagne, et préparez-vous au départ. »

» La Mère Emmanuel s'inclina devant la volonté de Dieu, qui lui était manifestée par la voix de son Supérieur; elle désigna pour la compagne dont on lui laissait le choix, la Sœur Stanislas Fornier, qui était alors à Bayonne, et qu'elle prendrait au passage. Le 13 novembre 1843, à neuf heures du soir, la Mère Bonnat disait au bon Père, à ses Sœurs, à ses filles qui l'aimaient, un douloureux adieu, et elle partait seule pour cette Mission si lointaine, si inconnue.

» Ce départ de la Solitude était triste; le passé rappelait de douces et pieuses jouissances, le présent offrait des regrets, des adieux et des larmes, et l'avenir cachait derrière ses voiles la crainte et l'incertitude. La nuit était sombre et nébuleuse, comme ces nuits d'automne qui précèdent l'hiver; cependant, au travers des nuages, apparaissait une blanche étoile qui se cachait, revenait et reparaissait sans cesse, comme pour consoler et diriger la pauvre voyageuse; aussi se prit-elle à dire, en la regardant : *Ave Maris stella — Funda nos in pace — Monstra te esse Matrem — Sit laus Deo Patri. Amen* (1)».

(1) Souv. de Martillac.

CHANT DE DÉPART

13 novembre 1843

La dernière hirondelle
A quitté le manoir,
Je vais partir comme elle,
Avec un doux espoir.
Une Mère chérie
M'a dit : Ne tarde pas,
Je m'appelle Marie,
Je guiderai tes pas.

Une main paternelle
A béni le départ,
Mon œil sur la tourelle
Jette un dernier regard.
Mon âme est attendrie
Mais ne chancelle pas,
J'obéis à Marie
Qui dirige mes pas.

Sur la terre étrangère
S'offrent mille dangers,
Mais celle en qui j'espère
Garde les passagers.
Cette Mère chérie,
De l'ange des combats
M'éloigne ; avec Marie
On ne s'égare pas.

A l'ombre de ma Mère,
Je ne redoute rien.
Que craindre sur la terre
Avec un tel soutien ?
Près d'elle, je défie
La douleur, le trépas.
La fille de Marie
Aime et ne tremble pas (1).

(1) Rec. de poésies

LIVRE III

1843-1857

« ..... Avant de recueillir des fruits, il faut planter et semer, ce n'est pas ce qui donne le moins de peine aux ouvriers ; il arrive même quelquefois que leurs travaux sont stériles et qu'ils semblent avoir perdu le prix de leurs sueurs... J'espère qu'il n'en sera pas ainsi pour nous, qu'avec du zèle et de la persévérance, nous parviendrons à établir notre Association d'une manière solide... Souvenons-nous bien qu'elle est un vrai Protée, se déguise sous toutes les formes, s'accommode de tout et se trouve bien partout, le tout pour la plus grande gloire de Dieu : c'est le seul but qu'elle envisage, la seule récompense qu'elle attend et qu'elle demande au Seigneur ; du reste, elle se soumet volontiers aux humiliations et ne perd jamais courage... Si donc nous ne pouvons réussir d'un côté, tournons-nous de l'autre ; les pauvres ne pensent pas comme les riches, par conséquent, si les uns refusent le bien que nous leur offrons, les autres l'accepteront peut-être ; si ce n'est pas dans une contrée, que ce soit dans une autre ; si ce n'est pas dans les villes, que ce soit dans les campagnes, mais il faut absolument que nous trouvions des amis et des serviteurs à Jésus, à Marie et à Joseph. Avec de la foi, du courage, de l'amour, nous sommes assurées de la victoire, soyons donc sans crainte sur l'avenir et que notre devise : Gloire à Dieu Seul, nous anime et nous soutienne !.....»

R. B.

CHAPITRE I.

Fondation d'une Œuvre de Dames de Lorette à Madrid. — La Mère Bonnat, Conseillère Générale. — Voyage du bon Père à Madrid. — La Mère Bonnat résigne ses fonctions d'Assistante Générale incompatibles avec son séjour nécessaire en Espagne.

> *Vierges de l'Aquitaine, à Dieu Seul consacrées,*
> *O Vous, dont le blason est la feuille aux trois cœurs,*
> *Soyez anges bénis de ces belles contrées,*
> *Du céleste jardin, soyez toujours les fleurs.*
>
> R. B.

La Mère Bonnat, dans son *Histoire des Fondations de Lorette*, raconte ainsi son voyage et les commencements de l'Œuvre de Madrid :

« En arrivant à Bayonne, le 14 novembre, je vis ma sœur qui m'attendait tout affairée ; elle me dit que, si je voulais profiter d'une bonne occasion, il fallait me décider à partir le soir même pour Madrid. Puis, sans me laisser le temps ou la faculté de réfléchir, elle ajouta qu'elle avait arrêté les places à la diligence, que je partais avec Mme Gascon, dont le mari était un des correspondants de la famille, que cette dame connaissait le pays et la langue, et que rien ne pouvait mieux nous convenir. Quand il fut question de nos costumes de voyage, pour la Sœur Stanislas et pour moi, elle nous arrangea deux pièces d'indienne en forme de jupes et prétendit qu'aux douanes on ne visitait pas les dames; puis elle remplit nos malles de divers petits objets qu'il fallait faire passer comme étant à nous. Dans l'émotion et la stupéfaction où nous étions, nous acceptâmes tout, et nous nous mîmes en route.

» A Béhobie, on nous demanda nos passe-ports, qu'on nous fit assez attendre; à Irun, notre dame accompagnatrice était malheureusement trop connue, et tenue pour suspecte. Dès qu'on la vit, on la fit entrer dans une salle réservée et l'on nous y introduisit également, en nous demandant si nous n'avions rien à déclarer. Nous répondîmes aussitôt que nous avions des jupons, et nous nous empressâmes de les quitter; la dame fut alors obligée de déclarer elle-même une pièce de tulle et de dire que tout était pour son compte. On dressa un procès-verbal, on fit payer l'amende, et nous entrâmes en Espagne comme des contrebandières, ce qui nous fut reproché plus tard à Madrid.

» Cet incident si désagréable nous occupa pendant une partie du voyage, qui fut long et pénible, nous passâmes quatre jours et trois nuits en diligence, nous arrêtant pour tous les repas, gravissant les Sierras tantôt à pied, tantôt avec des bœufs pour aider les chevaux; enfin, nous arrivâmes à Madrid brisées de fatigue.

» Il était neuf heures du soir, nous reçûmes bon accueil chez M. Alinari et nous nous reposâmes jusqu'au lendemain, qui était un dimanche. Nous entendîmes une messe en musique, ce qui nous charma ; pour y aller, nous avions dû prendre des mantilles et adopter le costume espagnol. Nous étions dans une famille où le père seulement parlait français, et nous nous en trouvions extrêmement gênées. On nous indiqua, dans la rue que nous habitions, une chapelle dont le recteur parlait un peu français ; nous allâmes nous confesser, et c'est là que, tous les matins, nous entendions la sainte Messe. Ce bon prêtre, qui nous avait fait raconter notre histoire, nous dit qu'il nous enverrait un de ses amis pour nous apprendre l'espagnol, et nous acceptâmes avec reconnaissance.

» En effet, notre nouveau professeur venait tous les jours parler avec nous, et, dans un mauvais français, il cherchait à nous enseigner sa langue ; malheureusement, nous comprîmes, dès le premier moment, que nous ne nous entendrions pas. Il était d'un caractère absolu et même un peu entêté, répétant toujours les mêmes choses, et, quand il survenait une discussion au sujet d'un mot ou d'une virgule, il persistait dans son idée, il voulait la faire prévaloir, et il obligeait même à l'adopter. Moi, plus souple, j'aurais cédé tout de suite pour en finir, mais ma compagne, qui n'avait pas le même caractère, s'entêtait aussi de son côté, et de là résultaient des discussions interminables.

» Cependant, cet ecclésiastique nous rendit service en nous faisant faire l'étude du pays ; il nous apprit le schisme qui régnait à Madrid, l'Archevêque n'était point reconnu à Rome, et tous les prêtres qui communiquaient avec lui étaient dans la fausse voie. Il n'y avait que le Patriarche des Indes, chargé de la cour, qui n'était pas compris dans cette réprobation, le recteur de l'Église des Italiens dépendait également du Pape, et continuait à exercer légitimement ses fonctions, ainsi que les prêtres qui traitaient avec lui, et non avec l'Archevêque. Cette communication me fit aussitôt connaître les difficultés de ma position. M. Alinari ne s'inquiétait pas de ces divisions avec Rome, il en plaisantait même, et disait que Rome, toujours prête à pardonner les erreurs du cœur, conservait toute sa sévérité pour des points de croyance ou de hiérarchie. Il avait voulu nous présenter au Patriarche et à l'Archevêque, et à tous les deux à peu près dans le même sens, c'est-à-dire comme membres d'une Congrégation à la fois séculière et religieuse, venant à Madrid pour y fonder une maison d'éducation. L'accueil de ces autorités avait été bienveillant, mais comme le Patriarche des Indes, Mgr Bonel y Orbe, me représentait le Saint Siège, que mon devoir et son droit étaient évidents, je fus heureuse de rencontrer chez lui une plus grande sympathie, et je me promis de le cultiver. Il était, à cette époque, le protecteur de la jeune Reine, qui ne faisait et ne disait que ce qu'il jugeait bon ; aussi, dès le premier moment, nous promit-il l'approbation de Sa Majesté, et même plus encore si c'était nécessaire.

» Nous en étions là de nos visites, lorsque le prêtre qui nous renseignait nous arrêta tout à coup en nous disant de prendre garde à nous. Il nous annonça en même temps le Père Carrasa, jésuite, qui était logé chez la comtesse de Montijo. Ce Père vint effectivement nous voir, il avait un extérieur doux et religieux qui, loin de nous plaire, nous inspira je ne sais quelle défiance de lui et de tout ce qu'il pouvait nous proposer. Cette fâcheuse impression nous empêcha de profiter de plusieurs circonstances qui eussent été avantageuses à notre Œuvre. Pour le moment, il nous engagea à l'aller visiter, ajoutant que la comtesse serait très bien disposée en notre faveur, qu'il lui avait parlé de nous, et qu'elle désirait nous voir.

» Nous allâmes en effet chez Mme la comtesse de Montijo, qui nous reçut très gracieusement et appela ses filles et sa nièce afin que nous puissions faire leur connaissance et parler français avec elles. Ces jeunes personnes, ayant été élevées en France, s'exprimaient parfaitement dans notre langue ; elles nous entretinrent du Sacré-Cœur, comprirent notre intention et nous engagèrent beaucoup à persévérer. Elles assurèrent surtout que ce serait un éminent service rendu au pays, puisque les jeunes filles espagnoles étaient obligées de se priver d'instruction ou d'aller chercher à l'étranger ce qu'elles ne trouvaient pas dans leur patrie. Elles nous montrèrent ensuite un tableau en nous demandant si nous y reconnaissions leurs traits ; nous n'eûmes pas de peine à le faire. Sous un costume hongrois se trouvait la gracieuse Francisca, depuis duchesse d'Albe ; sous la figure d'une italienne était l'aimable Eugénie, depuis impératrice des Français ; enfin sous celle d'une bergère était Fanny, leur cousine. Elles s'amusèrent entre elles au sujet de cette peinture ; l'aînée se plaignait d'être trop petite et les autres riaient de son courroux. Puis la comtesse me conduisit dans son oratoire ; les chandeliers, la lampe, les *Te Igitur,* les burettes, tout était en argent massif ; les nappes et les ornements étaient aussi fort beaux. Elle dit ensuite au Père Carrasa : « Si nous leur donnions le couvent de los Afligidos? » — Mais le Père objecta que la maison n'était qu'une ruine, et se trouvait de plus sous le coup d'un procès qui n'était pas encore terminé.

» Peu de jours après, nous fûmes invitées à dîner chez le Père José Ramirès, recteur des Italiens, avec notre professeur D. Andrés Martinez, notre confesseur D. Antonio Herrero, et D. Eduardo Carrasa. Ne sachant presque pas parler, nous nous trouvâmes fort embarrassées à ce dîner qui nous paraissait si nouveau, car il était tout à fait à l'espagnole. C'était d'abord une soupe qui pouvait passer pour un plat de riz avec des saucisses et des foies de volailles, puis venait le *puchero* avec ses *garbanzos*, sa *verdura* (légumes), son *tocino* (petit salé, lard, jambon, saucisson), puis enfin le bouilli, composé de bœuf, volaille et mouton. En général, chez les Espagnols, on sert le potage comme un plat et on le mange de même ; puis on sert les *garbanzos* et la *verdura*, et enfin le bouilli avec le petit salé. On a aussi deux verres, l'un pour l'eau et l'autre pour le vin, que les bons Espagnols sont convenus de boire séparément ; le grand verre est pour l'eau et l'autre pour le vin. Ces usages, que nous voyions pour la première fois, nous étonnèrent parce que, chez M. Alinari, on mangeait un peu plus à la française. Après le dîner, on parla de notre projet et l'on promit de nous aider.

» Mais toutes ces visites et ces connaissances que nous étions obligées de faire déplaisaient beaucoup à la famille Alinari; je le comprenais et je désirais ardemment avoir une maison pour y être libre. Aussi tous les jours allions-nous faire un tour dans la ville pour y chercher une demeure, en songeant chaque fois à ces paroles du vieux cantique :

> Joseph, mon cher fidèle,
> Cherchons un logement.

» Ces promenades faites avec Mme Alinari n'aboutirent à rien, et nous nous trouvâmes aussi peu avancées qu'auparavant ; il était dit et écrit que la fondation de Madrid devait, comme toutes celles de la Sainte-Famille, n'avoir que de pauvres amis et de pauvres secours. Un jour que nous étions plus affligées que d'ordinaire, nous allâmes visiter Mme Gascon, notre compagne de voyage, et nous lui dîmes notre embarras de maison : « Mais, nous répondit-elle, dans la rue Real del Barquillo il y en a une qui s'achève, et dans laquelle vous pourriez commencer votre œuvre ; si vous voulez, j'en ferai la proposition au propriétaire. »

» Au retour, nous en parlâmes à M. Alinari qui n'approuva pas la chose, la maison était trop neuve, disait-il, et située dans un mauvais quartier ; bref, elle ne pouvait convenir. Sur ce, il se mit à se plaindre de nous, de nos sorties et visites, de notre indépendance, de nos usages, etc., etc. A cette tempête, je ne répondis que par le silence, et je me retirai ; le lendemain M. Alinari était de meilleure humeur.

» La chose essentielle pour nous était de savoir où nous trouverions des fonds ; j'avais toujours pensé à notre hôte. Quel ne fut pas mon désappointement quand il me répondit qu'il lui était impossible de nous aider, qu'il ne pouvait même nous servir de caution et

— 228 —

de protection auprès du propriétaire ou des marchands ! Sa femme me parla dans le même sens, et ajouta que tous ses meubles étaient sous les scellés ! Cette nouvelle me fit tant d'impression que j'en tombai malade : une fièvre très forte accompagnée de délire me retint au lit pendant plusieurs jours, et je sais que, dans la crainte de mourir, je fis promettre à la Sœur Stanislas de continuer seule l'Œuvre que nous avions commencée ensemble. Cependant les remèdes me rétablirent ; c'était au moment des fêtes de Noël que je m'étais trouvée souffrante, et je dus me passer ce jour-là de toute espèce de consolations spirituelles. Pour me dédommager de mes privations, j'avais reçu le petit mot suivant du bon Père : « Je n'ai que deux minutes à ma disposition, mais il faut que je vous les donne pour vous dire que j'offrirai une de mes trois messes de Noël à votre intention, et que je vous souhaite votre fête comme le plus tendre des pères peut la souhaiter à la plus aimée de ses enfants. »

» Ces bonnes paroles, en me consolant, m'aidèrent à me rétablir, et je repris mes démarches momentanément interrompues.

» J'avais écrit en France à M. Drevet et à la Mère Antoinette, Supérieure à Bayonne, pour les prier de nous prêter de l'argent ; les prêtres dont j'ai parlé plus haut m'avaient avancé près de 6,000 réaux (1,500 francs). Avec cela j'avais juste de quoi payer le premier trimestre de notre loyer, mais il nous fallait une caution, et M. Gascon se chargea de l'être pour nous. De plus, il me conduisit chez un marchand en gros, me disant que je pouvais prendre tout ce dont j'avais besoin et qu'il en répondait. Combien je lui en fus reconnaissante! C'est un bienfait que je n'oublierai jamais de ma vie. M. Gascon faisait un commerce tout modeste, son genre et ses manières étaient simples, mais il avait un bon cœur, et cela suppléait à tout.

» M. Alinari, comme banquier et comme grand commerçant, avait un train de prince : sa maison, ses domestiques, son entourage, tout annonçait la richesse, et pourtant sous ces dehors pompeux se trouvaient la gêne et presque la misère, puisqu'il vivait ainsi depuis plusieurs années sur des fonds qui ne lui appartenaient plus. Son air de grandeur faisait dire à ma compagne, que c'était lui qui avait fait donner à la rue que nous habitions son nom de *calle del Principe*. Les connaissances de M. Alinari étaient en rapport avec son genre d'opulence : il était lié avec tout ce qu'il y avait de mieux dans Madrid, il connaissait tout le monde, toutes les histoires, les anecdotes de la ville, la chronique du pays, celle de la cour et de tous ses agents, de sorte que plus tard il nous rendit beaucoup de services en nous faisant connaître les familles des enfants qui nous étaient présentées, et tout ce qui se rattachait à leur probité et à leur réputation.

» Cependant on me répondit de Bayonne : la Supérieure de Lorette m'avançait 1,000 francs, mon beau-frère m'en prêtait 3,000, et avec ces fonds je pus faire honneur à mes affaires. Nous nous installâmes dans la maison de la rue Real del Barquillo, où nous meublâmes un salon, des classes, un réfectoire ; et le reste qui nous concernait demeura pauvre. Pour achever la fondation on m'envoya de Bordeaux quatre religieuses : deux Sœurs de chœur, et deux converses.

» Nous étions donc au nombre de six pour commencer, et nous voulûmes que le 2 février, fête de la Purification de la Sainte-Vierge, fût le jour fixé pour la fondation. Ce jour-là nous entendîmes la sainte Messe à la paroisse, et nous fîmes la sainte Communion. Nous ne pouvions avoir le Saint-Sacrement dans notre demeure, parce que la maison était habitée par toutes sortes de locataires, mais ce qu'il nous fut possible d'avoir, ce fut un modeste oratoire avec un autel et une Vierge en bois sculpté, ouvrage d'un certain mérite. Nous nous y rendions à toutes les heures déterminées par la Règle, pour faire nos exercices de piété. Ce lieu et celui où nous couchions, qui se trouvait tout à côté, étaient les moins secs de la maison, de sorte que pour les assainir nous nous servions des *braseros*, en usage dans le pays. Mais, encore novices dans les coutumes espagnoles, nous employions du charbon de bois, et une nuit nous faillîmes nous asphyxier. Je me réveillai la tête pesante, et me sentant prise d'un étrange malaise, je n'eus que le temps d'aller ouvrir la porte de notre dortoir, et je tombai sur le plancher. Heureusement je revins à moi, et, en retirant le brasero, je pus sauver mes Sœurs qui dormaient encore.

» Nous étions à peine installées, qu'on nous présenta des pensionnaires ; nous en eûmes jusqu'à douze. Il nous arriva aussi des externes, c'étaient des demoiselles qui désiraient seulement apprendre le français ; nous acceptions tout, heureuses de nous faire connaître et d'avoir quelques ressources. Néanmoins ce qui nous réjouissait devint précisément une cause de disgrâce : le propriétaire de la maison se lassa du va-et-vient résultant du mouvement d'un pensionnat. Ces enfants et ces jeunes filles qui entraient dans la maison et qui en sortaient, ces domestiques qui causaient et riaient en les attendant, tout cela le fatiguait, et il nous fit dire qu'il ne voulait plus nous garder, que nous avions à chercher un autre logement.

» Cette nouvelle nous jeta dans de grandes perplexités, car tout en sachant que les lois espagnoles protègent les locataires, nous comprenions bien qu'il nous était avantageux d'avoir une maison à nous avec une chapelle. Nous nous mîmes aussitôt en prière, demandant avec ferveur que Dieu daignât nous accorder un local. Sur ces entrefaites, on nous parla d'un vieux couvent de capucins, mais les uns déclaraient que c'était une ruine qui ne convenait pas pour un pensionnat, d'autres disaient qu'il était loué, qu'on ne pouvait y songer, et que de plus la maison était sous le coup d'un procès. M. Alinari nous servit peu en ce moment : il était brouillé avec nous et avec moi particulièrement, parce que j'avais meublé ma maison sans le consulter, que j'avais fait un voyage à l'Escurial sans lui en parler, que j'avais reçu une dame pensionnaire sans lui demander son avis, et plusieurs autres griefs du même genre. Il est de fait que j'avais fait tout cela avec intention et pour ne pas être sous sa tutelle, parce que les personnes qui venaient nous voir en étaient gênées; les ecclésiastiques surtout nous disaient assez librement : « Nous ferions pour vous ceci ou cela, mais la présence de ce Monsieur nous importune. »

» Ainsi placée entre des amis d'opinions et de genres si différents, je devais tenir le milieu et tâcher de donner un peu à chacun tout en conservant ma liberté. Consulté donc pour le couvent des capucins, M. Alinari fut un de ceux qui s'y opposaient le plus : il disait que nous ne pourrions traiter avec le Monsieur qui tenait la partie principale, parce que c'était un républicain et de plus un malade défiguré par un cancer qui rendait son visage hideux à voir. Toutes nos autres recherches de maisons étaient d'ailleurs inutiles, et le couvent des capucins se représentait sans cesse à nous ; alors nous nous décidâmes à faire une démarche auprès de la duchesse de Medina Cœli, à laquelle le monastère était revenu. La duchesse douairière nous dit qu'elle et son fils nous verraient avec plaisir habiter ce couvent, mais qu'il fallait nous entendre avec son majordome et avec les gens qui demeuraient encore dans la maison.

» Le majordome Don Policarpo était un petit homme qui avait à peine la taille d'un enfant ; il était très dévot ; des prêtres, nos amis, lui ayant parlé de nous, il se montra tout disposé à nous aider. D'abord il nous fit visiter la partie de la maison qui tenait à l'église, et cela nous ravit : habiter presque le même local que Notre-Seigneur nous parut un tel bonheur que nous résolûmes de faire tout notre possible pour nous trouver bientôt dans cette demeure. Nous avions fait une neuvaine à sainte Rita, patronne des choses impossibles, nous la continuâmes en invoquant, en même temps, saint Antoine de Padoue, patron du couvent. Enfin, un jour, je dis à la Sœur Stanislas : « Il faut que vous alliez trouver vous-même le Monsieur dont on nous a parlé ; quant à moi, je vais rester en prière pendant tout le temps de votre visite. Allez avec confiance et en chemin priez la Sainte Vierge et sainte Rita. » Elle obéit, et Dieu récompensa sa foi; elle revint contente et me raconta toute l'histoire du couvent.

» Occupé d'abord par les Capucins, il avait été pris, comme tous les autres, par le gouvernement, puis loué à un homme qui en avait fait une maison de danse et de plaisir, un casino enfin. La partie supérieure avait été donnée pour les veuves des hommes morts pendant la révolution; la partie du bas était entièrement convertie en maison de plaisance. Le duc de Médina Cœli avait fait un procès pour prouver au gouvernement que cette maison n'appartenait pas aux Capucins, mais bien à lui, et qu'on devait la lui rendre; il avait gagné ce procès, il lui restait à en intenter un autre pour avoir la jouissance du local. Après avoir donné ces détails, Don Polycarpo avait ajouté : « Je veux bien traiter avec vous; vous êtes des dames étrangères, vous venez ici pour un noble but, si je puis vous aider je serai utile à mon pays, et c'est là mon intention, mais à une seule condition, c'est que personne ne se mêlera de nos affaires, et que surtout les gens du duc ne s'en occuperont pas. Je vous céderai mes droits sur la maison, et pour les embellissements que j'ai faits au jardin, pour la grotte, pour le kiosque, etc., je demande 4,000 réaux.

» Nous eûmes le malheur de chercher à diminuer cette somme, et de le lui faire demander par un de ses amis; cette démarche faillit tout perdre, il ne voulait plus traiter avec nous, disant que nous avions contrevenu à ses conditions, cependant il se rendit et on lui paya de suite les 4,000 réaux. Nous nous trouvâmes ainsi maîtresses du rez-de-chaussée; il nous restait à obtenir le premier étage, et c'était bien là le plus difficile.

Toutes ces femmes paraissaient des furies quand on leur disait de s'en aller, elles criaient, vociféraient, et trouvaient une extrême abondance de paroles pour prouver qu'elles ne pouvaient sortir d'une maison qui ne leur coûtait rien. J'en étais effrayée, et nous eûmes recours d'abord au majordome du duc, qui essaya de parlementer sans presque rien gagner ; alors, nous commençâmes nos réparations dans le bas, et nous chargeâmes l'homme qui les faisait, le brave Domingo, d'aller chaque matin frapper à toutes les portes de ces femmes, en leur demandant quand elles sortiraient.

» Ce manège réussit ; il y eut des réponses malhonnêtes, des plaintes, mais les pauvres femmes finirent par se lasser d'entendre tous les jours répéter la même formule ; elles comprirent que toutes leurs résistances devenaient inutiles, et chaque jour une ou deux s'en allaient. Enfin, elles partirent presque toutes, les unes emportant les serrures de leurs portes, d'autres leurs fenêtres, d'autres salissant exprès leurs murailles pour nous contrarier. Quand elles furent dehors, nous découvrîmes deux escaliers qu'on avait condamnés et qui étaient devenus des cloaques de pourritures et d'immondices ; il fallut plusieurs charrettes pour enlever toutes les saletés qui se trouvaient dans la maison.

» Il nous restait encore comme locataire une bonne vieille de cent six ans, et sa fille, qui en avait quatre-vingt-cinq ; puis deux ecclésiastiques qui desservaient l'église, et qui étaient de ceux avec lesquels nous ne pouvions traiter, parce qu'ils étaient soumis à l'Archevêque et avaient fait de l'église des Capucins une paroisse : le Duc s'occupait en ce moment de la faire rétablir comme église particulière. Il y avait aussi un professeur d'équitation, qui avait installé dans le jardin un *picadero;* enfin, il y avait en plus un certain Manuel avec son fils, enfant malade que nous gardâmes jusqu'au jour où le pauvre père, prenant lui-même sur ses épaules le corps mort de son fils, l'emporta au cimetière. Nous n'eûmes que des larmes à lui donner, et il ne revint plus.

» Pendant les réparations, on eut quelques difficultés avec le majordome, qui nous reprit plusieurs cellules et tout un côté du cloître; ces mesures étaient nécessaires pour rétablir la demeure des Pères Capucins, qui commençaient à se réunir de nouveau et à desservir l'église. Nous en eûmes un peu de chagrin, mais il fallut céder et le faire encore de bonne grâce. Les réparations faites dans les bâtiments s'élevèrent, avec la conduite des eaux dans le jardin, à environ 48,000 réaux, et il fut convenu que cela nous serait compté à titre de loyer, moyennant 12,000 réaux par an. Comme nous n'avions pas d'argent, nous convînmes avec le maître maçon et le fontainier, que nous paierions peu à peu, c'est-à-dire 2,000 réaux par mois.

» C'est pendant que nous étions occupées de ces réparations, que nous nous refroidîmes davantage avec les prêtres qui s'étaient posés tout d'abord comme les amis de l'Œuvre. L'un d'eux, celui qui nous avait donné des leçons et qui aspirait à devenir notre aumônier, voulait tout ordonner dans la maison : « Il faut une porte ici, disait-il, il faut une fenêtre là. » Et nous de répondre : « Cela ne peut être, cela ne se fera pas. » Ce bon prêtre voulait faire de nous des religieuses entièrement espagnoles, et nous, nous avions dans le cœur les leçons de notre bon Père, qui nous avait dit au départ : « Ne prenez des usages espagnols que ce que vous ne pourrez absolument pas éviter, mais faites en sorte de rester françaises ; c'est même cette qualité qui vous fera apprécier. » Il résultait de là des dissentiments incessants entre nous et nos amis ; nous finîmes par nous lasser les uns des autres, mais n'anticipons pas sur les événements.

» La salle de la bibliothèque des Capucins devint notre chapelle ; cependant, comme nous avions l'église si près de nous, il fut convenu que nous nous contenterions d'y aller à la messe, et d'assister dans les tribunes aux solennités qui s'y célébraient. Les tribunes devaient nous servir aussi pour les visites au Saint-Sacrement ; en temps de révolution, il faut faire ce qu'on peut, non ce qu'on veut. Enfin, nous nous installâmes pour le commencement du mois d'août (1). »

Il aurait été regrettable d'interrompre l'intéressant récit de la Mère Bonnat ; cependant la correspondance de cette époque a un tel cachet d'actualité, qu'au risque de faire des répétitions et de revenir en passant sur des faits énoncés déjà, il y a lieu d'insérer ici quelques lettres échangées alors :

« Madrid, 26 février 1844.

» Mon bon Père,

» Je n'attends pas la fin des huit jours pour vous écrire, parce que je crois nécessaire de vous dire ce qui se passe ici afin que vous puissiez y réfléchir, voir quels

(1) Histoire des fondations de Lorette.

moyens on pourrait prendre et ce que je dois faire moi-même. Le rappel des Évêques exilés et le retour de Marie-Christine donnent aux Espagnols beaucoup d'espérance ; ils entrevoient la paix et les idées religieuses se réveillent. On n'espère pas de longtemps obtenir le changement des ordonnances qui ont détruit les anciennes communautés, mais on pense que les nouvelles institutions seront protégées, et comme la Sainte-Famille a paru la première, qu'elle suffit à tous les besoins, c'est vers elle que se porte le zèle des personnes pieuses. On me l'avait déjà dit, mais on me le répète maintenant avec plus d'assurance : sous peu il est probable qu'on nous offrira la direction de la maison royale d'Aranjuez. Cet établissement est une fondation de Christine pour les filles d'officiers, il est mal dirigé, et comme nous avons beaucoup d'amis à la cour, on croit que nous serons proposées et l'on me dit : Préparez des sujets. Si cela arrive, je voudrais pouvoir accepter, parce que cette maison royale serait, pour le moment, une approbation tacite qui suffirait à toute la Sainte-Famille. Ayez la bonté, je vous prie, de me dire si je puis suivre l'élan et si vous pourrez, avec quelques sacrifices, m'aider de sujets ; si nous en avions, il nous serait possible sous peu de nous établir dans toute l'Espagne. Une dame pieuse qui a vu l'aperçu de nos Œuvres a été ravie du but que se proposent les Sœurs de l'Espérance. Nos bons Messieurs disent encore : Écrivez afin qu'on en destine quelques-unes pour l'Espagne et qu'elles commencent à apprendre la langue du pays. Plus encore que Lorette, cette Œuvre s'étendra partout. Plus tard on sollicitera des Sœurs de la Conception pour les petits endroits. Je vais vous effrayer de toutes mes demandes, mais si vous étiez ici, si vous voyiez ainsi que moi les bonnes dispositions du pays, les ressources qu'il offre pour l'avenir, vous ne pourriez résister au désir de vous étendre partout. C'est une terre neuve pour nous, on vous y vénère, on n'a pas de préjugés contre les Œuvres, il serait donc facile d'y établir l'Association telle que vous l'entendez, et pourvu que les sujets qui viendront aient un bon esprit, cela ira bien.

» On ne cesse de demander les Annales parce que, dit-on, ce serait le moyen de faire connaître les Œuvres et d'éveiller les vocations qui depuis douze ans dorment faute d'espoir. »

« Votre dernière lettre sur la fondation de Madrid, répondait le bon Père, a remonté notre courage et notre confiance. Il faut donc continuer, chère enfant, ce que vous avez commencé, puisque Dieu vous soutient et vous donne de si grandes espérances. Je suis convaincu que cette fondation, si elle réussit, aura des résultats immenses, soit pour la religion, soit pour notre Société, et je suis heureux de penser que ma fille bien-aimée aura été celle dont la divine Providence se sera servie pour nous ouvrir cette voie. Nous prions pour que Jésus, Marie et Joseph soient avec vous afin que Dieu bénisse votre pieuse entreprise. »

A la Mère Despect.

« 28 février 1844.

» MA CHÈRE FILLE,

« Pour vous distraire un moment de vos graves pensés de sous et deniers, voilà que je vous envoie de mes œuvres poétiques ; c'est toujours la même teinte, mais qu'y faire ? Si l'on veut me résumer, il faudra, je crois, prendre quelques fleurs des champs, du tout on aura peu d'essence mais un léger parfum qui se conserve plus dans le cœur que partout ailleurs. Comme il est très probable que *la Primevère* sera fanée quand j'arriverai, ne m'attendez pas pour dire ce qu'elle m'inspire. Puissé-je vous amuser de mes rêveries, ce sera toujours quelque chose de gagné. Je vous donnerai l'air de *l'Hirondelle* quand j'irai vous voir. »

A cette lettre qui se terminait par des questions de temporel, étaient jointes les deux pièces de vers annoncées :

LA PRIMEVÈRE

Fleur si douce et si chère,
Aimable primevère,
  A ton retour
Je renais L'espérance
Annonce à la souffrance,
  Un heureux jour.

Au vallon solitaire,
Aimable primevère,
  J'aime à te voir.
Ornement du bocage,
Ta fleur est un présage,
  Un doux espoir.

Ah ! fleuris pour mon Père,
Aimable primevère,
 Dis-lui toujours
Que la belle Ibérie
N'a pas, comme patrie,
 Tous mes amours.

Ne sois pas éphémère,
Aimable primevère,
 Et, sans appui,
Conserve ta verdure
Et ta simple parure,
 Pour moi, pour lui (1).

L'HIRONDELLE

O toi, fidèle messagère,
 Qu'on voit tous les ans
 Partir au printemps ;
Vers l'hermitage solitaire,
 Délicieux séjour,
 Porte mon amour,
 Vole dans le bois,
 Vers ce saint asile,
 Où calme et tranquille,
 S'élevait ma voix,
 Priant pour celui
 Qui fut mon appui.
Dans cette retraite si chère,

(1) Rec. de poésies.

Comprends ton bonheur,
Chante avec ardeur,
Et surtout redis à ma Mère,
Que pour la servir,
Je voudrais mourir.

De mes sentiments, interprète,
Aux champs, au vallon,
Tu diras mon nom;
Toujours, confidente discrète,
Ne dis qu'à ma sœur
Le secret du cœur.
Revois mille fois
La pauvre chaumière,
Le banc de mon Père,
La fleur de nos bois,
Le frêle églantier
De l'étroit sentier;
Et près de cette onde si claire,
Sous l'ombrage frais
Des saules épais,
Tu pourras redire à ma Mère,
Que pour la servir,
Je voudrais mourir.

En cette île à jamais bénie
Que j'aime toujours,
Fixe tes amours.
Entre dans la grotte chérie,
Où le cœur souffrant,
Vient en gémissant.

Dépose une fleur
Aux pieds de Marie,
Offre-lui ma vie,
Donne-lui mon cœur;
Et sur le bouleau
Qui penche vers l'eau,
Va contempler ce sanctuaire,
Où souvent les vœux
S'élèvent aux cieux,
Et là, tu diras à ma Mère,
Que pour la servir
Je voudrais mourir (1).

A la Mère P. Machet.

« Madrid, 8 mars 1844. »

» MA CHÈRE FILLE,

» Mille remerciements de votre bonne lettre et de toutes celles que vous avez écrites pour cette Œuvre, le bon Dieu vous en récompensera, il en sera de même pour tous les détails que vous voudrez bien me donner sur ce pays que j'aime tant et que je visite si souvent en imagination; chaque fois que vous m'en parlerez, ce sera un acte de charité qui, plus tard, embellira votre couronne. Je voudrais pouvoir, en retour, vous dire beaucoup de choses de mon Espagne, mais je laisse ce soin à mes filles, par suite de mon naturel, un peu laconique, je ne saurais dire que le précis, par exemple : la maison est très froide, il y a beaucoup de fenêtres sans vitres, le jardin est triste, les jours sont

---

(1) Rec. de poésies.

courts, on casse des tabourets, on laisse les portes ouvertes, on répand de l'huile (c'est un usage de Congrégation), on m'apporte des comptes effrayants, on m'annonce des élèves, puis elles n'entrent pas ; je crois parler à des bonnes et ce sont des marquises, nous avons des enfants charmantes, d'autres très maussades ; il y a des parents qui comprennent ce que c'est que l'éducation, d'autres qui n'y entendent rien ; il y en a qui paient exactement, d'autres qu'il faut harceler. Sœur Saint-Jean vient de se jeter par terre et s'est quasi démis l'épaule ; mon confesseur m'ennuie beaucoup, celui des enfants encore plus, ils veulent se mêler de tout ; heureusement que j'ai pour moi M. Alinari, qui trouve fort étrange que le confesseur prétende s'occuper du dortoir et de la cuisine ; enfin, ici comme ailleurs, je déteste les dévots et les dévotes qui se mêlent des affaires des autres. Pour achever la narration de mes nouvelles, je crois qu'il se passe beaucoup de choses en ville et puis d'autres dans chaque maison, mais je n'en sais aucune, vous me dispenserez donc de vous les conter. Mille choses aimables aux habitants de la Solitude, aux Louise, Madeleine, Joséphine, Jeanne, Marguerite, Marceline, les Lusseaud, les Bertrand, Dominique, puis aux bois, prairies, fontaines, cascades, lapins, oiseaux, poissons, etc...

» Le jour de l'Annonciation vous irez de ma part à l'Ile et dans la chapelle, à la place où je me mets ordinairement, vous direz à Marie que je lui offre dans ma postulante N... le premier fruit de notre Œuvre d'Espagne, qu'elle daigne la bénir et attirer à sa suite une nombreuse compagnie de jeunes filles. Puis aussi vous aimerez bien cette enfant, vous l'instruirez de ses devoirs. Adieu, chère fille, en voilà plus long que je ne croyais en dire, mais vous y reconnaîtrez le plaisir que j'ai à causer avec vous et à vous assurer de ma tendre affection en D. S. »

Ce n'était pas sans émotion, qu'à son arrivée à Madrid, la Mère Emmanuel était allée s'agenouiller dans l'église de *Santa-Cruz*, où elle avait été baptisée, et où sa mère avait été enterrée. Alors sous l'impression de cette visite, elle avait composé les vers suivants, qui étaient tout à la fois une action de grâces pour le passé, un acte de confiance pour le présent et une prière pour l'avenir.

   Auguste sanctuaire
   Où repose ma mère,
   Enfin je te revois.
   Dans ton onde sacrée,
   Je fus régénérée
   A l'ombre de la Croix.

   Orpheline, étrangère,
   J'ai vu sur cette terre
   La Croix me soutenir;
   J'ai versé bien des larmes,
   Et j'ai trouvé des charmes
   A prier, à gémir.

   J'ai vu briller l'orage...
   J'ai pu fuir le naufrage...
   Un ange me guidait;

Et lorsque ma faiblesse
Accusait sa tendresse,
Sa main me soutenait.

Dans la saison de plaire,
Cet ange tutélaire,
Par un secret ennui,
Me disait : Dieu t'appelle,
Et ton âme immortelle
Ne doit aimer que Lui.

De l'affreuse tempête
Qui grondait sur ma tête,
Dieu seul me préserva ;
Il me prit pour épouse,
Et sa bonté jalouse
De la mort me sauva.

Mon Dieu, je renouvelle
Le vœu d'être fidèle
A mon céleste Époux.
Que je sois anathème,
Si jamais mon cœur aime
Un autre objet que vous !

Que l'amour, la souffrance,
Brisent mon existence,
Et que tout meure en moi !
Heureux qui peut se dire :
J'ai souffert le martyre,
Mon Dieu, ce fut pour toi (1) !

(1) Recueil de poésies.
L'église de Santa-Cruz a été démolie en 1869.

Il était question, on le sait, que la Mère Bonnat vînt en France : « Quand aura lieu ce voyage? écrivait-elle au bon Père; je n'ose le fixer, on me répète de toutes parts que je ne puis pas quitter avant que la maison ne soit tout à fait installée. Que voulez-vous que je fasse? Si vous pouviez vous passer de la Mère Despect et l'envoyer ici faire un triennal? Si vous vouliez nommer une autre Supérieure Générale de Lorette? Je vous l'ai déjà dit : avec le caractère du pays et celui de mes filles, je ne vois que la Mère Despect et moi pour remplir ce poste. Vous allez rire de ma naïveté, mais je vous dis ma pensée, qui est juste, je crois. Il ne faut pas ici du trop savant, du trop grand, du trop ardent, du trop raide, il faut quelqu'un qui connaisse bien l'Association, enfin je suis comme toujours à votre disposition et je vous renouvelle avec mes vœux de Dieu Seul, mes serments que j'ai eu le bonheur de ne jamais violer et l'assurance d'une affection filiale et respectueuse que vous connaissez et que rien ne pourra altérer. »

Au mois d'août le voyage projeté s'effectuait, la Mère Emmanuel venait en France, et à peine arrivée à Bayonne, elle écrivait au bon Père :

« Je suis un peu étourdie et étonnée par suite de la fatigue de la route et du changement de climat, mais heureuse de revoir la France et de comprendre tout ce qui se passe et se dit auprès de moi. Plus heureuse encore en pensant que, sous peu de jours, je serai près de vous et recevrai votre bénédiction. Je voudrais vous arriver riche de vertus, digne d'être votre enfant, mais, hélas! je me trouve si misérable que j'ai honte de moi ; enfin vous me recevrez avec votre bonté ordinaire et vous me direz ce que je dois faire plus tard pour être vraiment votre fille. »

Le 27 du même mois, après avoir raconté toutes les nouvelles de la famille à la Mère Affre, Supérieure à Bayonne, elle ajoute : « La mantille charme tous les esprits, on m'a fait ici des fêtes effrayantes de cris et de baisers, c'était à en étouffer ; heureusement que pour me conserver entière le bon Père m'a prise et m'a emmenée à la Solitude. Ce qui m'a rendue heureuse par-dessus tout, ce sont les Règles. Je les ai baisées avec respect et bien serrées comme le plus précieux trésor, il me semble que nous devons faire une neuvaine en action de grâces, de ce que le Fondateur a pu les terminer, et pour demander à Dieu de les observer avec fidélité jusqu'à la mort.....

» Vous croyiez, chère fille, que je n'aurais pas le temps de vous écrire? Eh bien! je le trouve pour vous dire d'abord mille choses tendres et aimables comme vous le méritez quand on considère les qualités que vous possédez, puis pour vous gronder de trouver la vie pénible et de vous ennuyer lorsque les choses ne vont pas comme vous voulez. Je n'aime point que mes filles aient cet esprit-là et je voudrais qu'aimant Dieu de toute leur âme, elles fussent toujours contentes de ce qu'il lui plaît de permettre ou d'ordonner. »

Le bon Père profita de la présence de la Mère Bonnat au centre de la famille pour réunir le Conseil Général de Marie, pour donner à ses Règles l'importance qu'elles devaient avoir et pour régler quelques affaires générales. « Trois ordonnances, portant la date du 3 septembre, furent rendues à la suite de cette session ; la première promulguait les Règles des Sœurs de la Sainte-Famille telles que le bon Père les avait rédigées depuis son retour de Rome ; la seconde confirmait la Mère Bonnat dans ses fonctions d'Assistante Générale pour la Société de Marie, nommait la Mère Mélanie Despect trésorière générale, la Mère Pauline Machet, secrétaire générale, et désignait en outre ces trois Mères pour faire partie du Conseil particulier du Directeur Général ; la troisième ordonnance nommait les premières Conseillères Générales de Marie remplaçant les Électrices à vie. Elles étaient au nombre de six : les Mères Aimée Noailles, Rita Bonnat, Adelina Trimoulet, Mélanie Despect, Suzanne Machet et Virginie Machet.

» Au mois d'octobre la Mère Emmanuel rentrait à Madrid pour continuer l'Œuvre qu'elle avait commencée, mais de loin elle partageait une peine cruelle qui apportait de nouveaux chagrins au cœur du bon Père. La Mère Saint-Charles Camy, dont le caractère avait toujours eu quelque chose de singulier, se trouva blessée dans son amour-propre parce qu'elle n'avait pas été nommée Conseillère Générale lors de la dernière et définitive promotion, elle se livra à un noir chagrin qui devint le principe d'une maladie dont il fut impossible de la guérir ; on l'entoura de soins, on essaya de la distraire, on la fit voyager, on prit enfin tous les moyens possibles pour améliorer son état. Tout fut inutile. Exemple terrible du mal que peut produire l'amour-propre quand il est écouté et caressé (1). »

« Nous prions, ma chère Mère, écrivait alors la Mère Bonnat à la Mère Chantal Machet, et pour vous et pour toutes les Œuvres qui ne subsistent qu'au milieu des traverses et des épreuves. Dieu le permet ainsi précisément pour affermir le centre, et lorsqu'il laisse tomber un fruit ou casser une branche, c'est pour que l'arbre vive plus longtemps. Ne voyons-nous pas chaque année que les jardiniers taillent et émondent sans pitié leurs plus beaux arbustes ? la Providence agit de même à notre égard, bénissons-la de ses soins et ne nous attristons pas de ce que nous ne comprenons pas ses desseins ; quand le jour de toute vérité aura lui pour nous, nous saurons le pourquoi de toutes choses ; d'ici là travaillons tout de bon à notre sanctification et à celle des âmes qui nous sont confiées, aimons Dieu et abandonnons-nous à sa très sainte volonté. Cette philosophie est la meilleure à mon avis, et celle qui nous procure le plus de paix. »

Continuant à renseigner le bon Père sur les usages espagnols et à le tenir au courant de tout ce qui concernait l'Œuvre de Lorette, la Mère Bonnat s'exprimait ainsi, le 27 décembre 1844 :

. . . .

« La fête de Noël a été solennisée de notre mieux ; nos soixante-dix enfants remplissaient admirablement

---

(1) Histoire des fondations.

la chapelle ; la messe de minuit a été chantée en musique : *Introït, Kyrie, Gloria, Credo, Sanctus* et trois Noëls avec accompagnement de piano, et, en certains moments, de tambourins, castagnettes, panderettes et tous les instruments villageois du pays. De l'avis général, c'était bien, et tous les invités ont été contents. Pour la *noche buena,* nous avons reçu une vingtaine de dindons, autant de gâteaux appelés *masapanes,* et puis des oranges, des grenades, des confitures, des raisins secs, etc., etc. C'est une vraie curiosité que cette fête de Noël en Espagne, elle se passe en festins, sérénades, visites et cadeaux ; il en résulte une fort triste chose, qui nous a vivement peinées, c'est qu'il n'est pas permis de faire la Communion pendant la messe de minuit. Il n'y a même, parmi les religieuses, que les Visitandines qui aient ce privilège ; je pense que nous pourrons aussi l'obtenir de Rome, quand nous serons un peu plus installées comme religieuses. Nos amis influents disent que nous pouvons prendre notre habit, sans le voile ; nous l'avons essayé, mais nos costumes sont peu disposés pour cela, nous avons ri et on a ri de nous ; nous avons mis bonnet noir, bonnet blanc, et en dernier lieu nous sommes revenues comme avant. Nous allons tâcher d'imaginer un bonnet qui puisse plaire à tous et de nous arranger un costume qui convienne au pays, après quoi nous vous le soumettrons. Les autorités nous voient avec plaisir, sont, je crois, disposées à nous soutenir, mais elles veulent que nous allions doucement, que nous nous fassions aimer par nos Œuvres, que nous ne soyons pas surtout *monjas* et qu'on puisse nous approuver sans aller contre les décisions prises vis-à-vis de toutes les communautés. C'est à quoi nous travaillons... »

La Mère Bonnat désirait vivement que le bon Père allât visiter l'Œuvre naissante de Madrid, et sachant que sa demande avait été prise en considération, elle pressait le voyage en ces termes :

« 10 janvier 1845.

. . . .

» Vous me demandez, bon Père, si votre visite serait utile, je me hâte de vous répondre que je la crois indispensable pour faire connaître la Sainte-Famille et établir le noyau de nos Œuvres. Quant à les étendre, cela dépendra de votre volonté et des sujets que Dieu nous enverra. Mais il y a certaines bases qu'il faudrait établir ; ainsi nous n'avons ici aucun appui parce que je n'ai voulu dépendre de personne. Cette position devient de plus en plus pénible et sera par la suite insoutenable ; il faudrait qu'un ecclésiastique fût au moins protecteur et conseil. Je pense beaucoup au Patriarche pour cela, mais vous jugerez tout par vous-même. Je vous dis que votre présence fera connaître la Sainte-Famille, parce que votre pauvre fille parle chaque jour un peu moins, elle s'enfonce dans sa cellule, pense, prie et se montre peu, on en conclut assez généralement que je suis un peu sotte. Que penser, en effet, d'une personne qui n'est ni sainte, ni spirituelle, ni intrigante ; on me dit à moi-même que c'est miracle de voir ma Maison réussir ; je le crois aussi, car le premier mobile est bien peu de chose. Je vieillis beaucoup, ma vue s'affaiblit considérablement, je n'ai plus de mémoire, je deviens d'une extrême susceptibilité, songez un peu à ce que vous pourrez faire de moi, car les charges et les emplois ne me vont plus, et cela en toute vérité et simplicité. Comme refrain, je vous dirai : Venez nous voir, bon Père, vous apprécierez par vous-même le pays et ses gens, vous fixerez le chemin qui doit se suivre et l'Œuvre ira ensuite en se développant chaque jour davantage. »

Pressé par de si filiales sollicitations, le bon Père se mit en route, le 23 février 1845, en compagnie de la Mère Despect et de M. Bonnat, second frère de la Mère Emmanuel, et, arrivé à Madrid, il descendit chez M. Alinari. Il visita d'abord les autorités ecclésiastiques, les principaux amis de l'Œuvre, puis s'occupa de l'intérieur de la Maison, des Sœurs et des enfants. Parmi ces dernières, celles qui étaient préparées à la première Communion reçurent de sa main le Pain des anges et furent enrôlées sous la bannière de la Sainte-Famille. C'est pendant ce séjour qu'on proposa au bon Père des fondations à Barcelone et à Grenade... La première offrant plus de chances de réussite, il fut décidé qu'on s'en occuperait d'abord.

Selon les instructions qu'il avait données à ses filles de rester toujours françaises, le Fondateur fut très satisfait de l'aspect de la maison, mais il ne put s'empêcher de constater que cette recommandation, si fidèlement suivie, était la cause d'un malaise réel existant entre les religieuses et les aumôniers. « Le genre espagnol avec ses antiques croyances, ses exigences, ses habitudes, ne pouvait sympathiser avec le caractère français, plus léger et moins méthodique. Un peu plus de douceur et de patience de la part des premiers eût épargné bien des ennuis, mais ils étaient chez eux, dans leur pays, et il leur semblait tout naturel que celles qui venaient s'y établir adoptassent tous leurs usages. Le bon Père, comprenant la difficulté de cette situation, fit tous ses efforts pour l'améliorer, mais il se trouvait en présence d'obstacles que le temps et les circonstances pouvaient seuls modifier. Il quitta donc Madrid comblé des bénédictions de ceux qui avaient apprécié et compris ses excellents projets » (1). Dès son retour à la Solitude, il s'adressait en ces termes à la Mère Bonnat :

« 4 mai 1845.

» On vous a écrit de Bayonne notre heureuse arrivée en France, et vous sachant suffisamment renseignée sous ce rapport, j'ai cru pouvoir attendre, pour vous écrire moi-même de Bordeaux, que toutes les visites et toutes les affaires les plus urgentes fussent expédiées. Cependant, il me tardait de vous répéter combien j'étais heureux de mon voyage à Madrid, combien j'ai été satisfait de toutes mes enfants et surtout de vous, ma fille bien-aimée, qui vous êtes dévouée si généreusement à cette bonne œuvre. Dieu a béni ce dévouement au-delà de toutes mes espérances et nous ne saurions commencer sous de meilleures auspices pour l'établissement et l'extension de la Sainte-Famille dans toutes les Espagnes. »

Cette extension, la Mère Bonnat la désirait autant que

---

(1) Hist. des Fondations.

le Fondateur de la Sainte-Famille, elle poursuivait activement tous les projets formés et elle pouvait lui écrire le 3 juillet :

« A Grenade, on s'occupe de nous préparer un pensionnat, déjà la maison est offerte près de l'Alhambra, dans une magnifique situation. A Barcelone, également, les projets se poursuivent, on en a parlé au Consul et dans la dernière lettre on assurait déjà une quinzaine d'élèves. Ah ! que n'ai-je un prêtre et quelques Supérieures ! Je grille en voyant tout ce qui pourrait se faire et me trouvant les bras liés faute de secours ; je vous en conjure, mon bon Père, pensez à nous. »

Parlant ensuite de la manière dont on avait célébré la fête de Saint-Pierre au pensionnat et à la Communauté, elle ajoutait :

« Dimanche dernier, après avoir satisfait à la dévotion et demandé pour vous force bénédictions célestes, nous avons, dans la soirée, donné un goûter à nos enfants. Le manège avait été décoré avec des draperies pour le transformer en salon, la petite statue de saint Pierre était sur une colonne, et sur un trône couronné de fleurs et entouré de verdure, se trouvait votre portrait. Après le goûter, de nombreux toasts ont été portés pour le bon Père, pour toute la Sainte-Famille ; nos enfants étaient si joyeuses ! Ensuite la danse a commencé, et comme le mouvement était vif, le trône a été ébranlé : le bon Père est tombé sur les fleurs, les vases sur les pots... mais, ô bonheur ! le bon Père a vu tout se briser sous lui, et lui-même n'a rien éprouvé. La soirée s'est terminée par une espèce de feu

d'artifice, qui a failli nous rendre coupables de haute trahison. Depuis la révolution, les fusées sont défendues (nous l'ignorions); les nôtres, ayant été aperçues du Prado, ont occasionné une grande rumeur; chacune, disait-on, était un signal donné pour soulever tel ou tel quartier; déjà on se hâtait de quitter la promenade pour courir chez soi, quand quelques personnes ont dit à haute voix : Cela part du Collège français, ce sont des enfants qui s'amusent. *Ah! malditas sean las Francesas y la Francia y todo lo que viene de ella,* s'écria un bon Espagnol; d'autres ont ri. M. Alinari a eu grand'peur, nos enfants se sont bien amusées, moi-même j'ai joui un moment de la gaîté de la soirée, et tout s'est terminé sans rien de fâcheux ». . . . .
. . . .

Le Patriarche des Indes, plein de bienveillance pour Lorette, pensant que la présence royale pourrait être utile à l'Œuvre, engagea la jeune reine Isabelle et sa mère à venir visiter le couvent. Le 16 mai, au moment où l'on y pensait le moins, les deux voitures royales, attelées de huit chevaux chacune, et suivies de l'accompagnement que réclamait, à cette époque encore, l'étiquette de la cour d'Espagne, encombraient les rues qui avoisinaient la maison. Le lendemain, la Mère Bonnat écrivait :

« Vers les trois heures, je travaillais dans le jardin, lorsque j'entends la cloche qui m'appelle et je distingue les cris de : la reine ! la reine ! Je me rends au parloir pour savoir ce qui se passe, et je trouve au salon Isabelle, la Reine-Mère et l'infante Marie-Louise, quatre dames d'honneur, les ducs de la Roca et de San-Carlos, les marquis de Malpica, de Zembrano, de Santa-Cruz, et trois gardes d'honneur. Je me confonds en excuses de n'avoir pas été prévenue. Je demande à Sa Majesté la permission de préparer mes élèves et lui propose de visiter le jardin, ce qu'elle accepte très gracieusement. Au jardin, la Reine-Mère m'a questionnée très agréablement sur l'établissement ; puis, avec beaucoup de tact, a récité une assez longue prière dans la petite chapelle, de sorte qu'en achevant le tour du jardin, la grande salle était disposée et les enfants habillées. Le tout a semblé s'être exécuté comme par enchantement. Les enfants ont fait un compliment et offert des fleurs. Leurs Majestés ont examiné les ouvrages, écouté les questions qui ont été adressées aux élèves sur l'histoire et la géographie ; elles ont tout loué, ne cessant de dire des choses gracieuses pour l'établissement. La Reine Marie-Christine a exprimé le désir d'entendre les enfants chanter en français un cantique à Marie, ce qu'elles ont fait à l'oratoire ou chapelle d'en haut ; lorsque Sa Majesté y est arrivée, on a entonné : *A Marie, à notre Mère*, etc.

» Après avoir visité toute la maison, ces grands personnages se sont retirés très satisfaits ; ils l'ont dit, non seulement à nous, mais à des personnes étrangères qui nous l'ont répété. Il me reste maintenant à vous conter, comme supplément, les événements amusants que cette visite inattendue a occasionnés. La Reine n'a averti qu'en route qu'elle venait chez nous ; impossible donc de nous prévenir. Le grand écuyer ne savait pas quelle était notre porte d'entrée, en sorte que la garde d'honneur stationnait sur la place des

Cortès ; les voitures et les chevaux de parade encombraient la calle del Prado ; tout le quartier était en rumeur, et l'on ne savait encore à quelle porte s'arrêter ; c'est une marchande d'oranges qui a servi d'introductrice. Le marquis de Malpica a sonné, et la prudente Madeleine lui a demandé : *Que quiere V^d ?* Que voulez-vous ? Au nom de la Reine, elle a ouvert ; mais lorsque le marquis lui a dit : « La Reine attend, descendez pour la recevoir, » elle s'en est allée en criant : « Je ne suis rien ! je ne suis rien ! » La porte abandonnée, ces messieurs ont fait eux-mêmes les honneurs de la maison.

» A mesure que la Reine avançait avec moi dans le jardin, elle voyait des figures étonnées, qui reculaient et s'enfuyaient ; c'était pour elle un divertissement. Je ne vous dis rien de mes filles, dont quelques-unes avaient un peu perdu la tête. Au demeurant, tout le monde a vu Sa Majesté ; elle a été très bonne, sa mère très aimable, et le duc de la Roca parfait pour moi ; aussi, depuis ce jour, je l'appelle mon ami. J'omets de vous dire que M. Alinari, qui se trouvait au couvent, nous a rendu des services infinis ; il a rangé les pupitres, les fauteuils, les ouvrages, même les tapis ; il ne voulait pas paraître parce qu'il était en redingote, mais il a été aperçu, et la cour l'ayant distingué, l'a fait approcher en lui donnant des témoignages d'estime.

» Il ne faut pas passer sous silence que le duc de San-Carlos, en traversant la salle, s'est trouvé coiffé par la lampe qu'on n'avait pas eu le temps d'enlever ; heureusement que l'huile est restée à son poste, et le duc en a ri, ainsi que les autres. »

Au mois d'août, la Mère Bonnat arrivait à Bordeaux ; elle y venait pour décider la fondation de l'Œuvre de Barcelone, pour régler certaines questions relatives à la Maison de Madrid, et enfin pour prier le bon Père de lui enlever les titres d'Assistante de Marie et de Supérieure Générale de Lorette, qu'elle reconnaissait être un obstacle au bien qu'elle se sentait appelée à faire en Espagne. Elle fit le voyage en poste et faillit périr en route. Au détour d'un chemin, les chevaux prirent leur élan et la voiture fut retenue presque miraculeusement sur le bord d'un précipice.

« En arrivant à Bordeaux, dit la Mère Bonnat dans ses Chroniques, je demandai d'être délivrée des titres et charges qui pesaient sur moi, et dont mon éloignement m'empêchait de m'occuper. Je fis aussi observer au bon Père que le titre de Supérieure Générale, si je le conservais, pourrait nuire à l'esprit des Œuvres d'Espagne qui ne s'accoutumeraient pas à regarder Bordeaux comme le lieu d'où devaient leur arriver les permissions, tandis que, n'étant plus que simple religieuse, il me serait beaucoup plus facile d'établir l'esprit de dépendance envers les premiers Chefs, et de donner moi-même l'exemple de la soumission. Le bon Père trouva mes raisons bonnes et les sanctionna.

» Je lui demandai également à n'être plus Assistante Générale de Marie ; je fis remarquer qu'étant occupée de quelque Œuvre particulière, je ne pouvais penser à toutes, que le bon Père lui-même pourrait en éprouver de l'embarras, et qu'il valait mieux que je fusse dégagée de cette charge. Le bon Père se montra un peu plus difficile sur cet article, me disant qu'il n'avait personne à qui confier cet emploi. Mais je lui fis observer que, sans m'en retirer le titre, il pourrait en faire remplir les obligations pendant quelque temps, ajoutant que, si les choses allaient bien, il donnerait ensuite le titre, et ferait la nomination définitive. Cette proposition parut lui convenir, il me répondit alors que j'étais dégagée de toute responsabilité, et je me sentis le cœur au large. Il donna momentanément la Supériorité générale de Lorette à la Mère Gonzague de Marie (P. Machet); quant aux fonctions de Directrice Générale, ou d'Assistante de Marie, il ne nomma personne, et se contenta de charger la Mère Despect d'en remplir les obligations (1). » Au lendemain de cette décision, la Mère Bonnat écrivait à la Mère Fornier, son Assistante à Madrid :

« 14 septembre 1845.

» Je ne veux pas que vous appreniez par une autre que je ne suis plus Supérieure Générale de Lorette, c'est la Mère Gonzague de Marie qui doit en remplir désormais les fonctions. Cela change peu de chose à ma position en Espagne, cependant je suis bien aise que pour certains esprits vous ne parliez que pour établir et soutenir l'autorité de la Supérieure Générale, et qu'en toutes rencontres vous paraissiez tout renvoyer à sa décision. Ceci est essentiel, pour établir en Espagne l'esprit de la Congrégation, nous serions bien malheureuses si nos Œuvres n'étaient pas fondées et animées par l'esprit de la Sainte-Famille. Je compte sur vous, ma fille, et j'espère que vous serez toujours fidèle au

(1) Chroniques.

principe : Dieu Seul et mes Supérieurs. Si le bon Dieu a voulu que vous fussiez ma première compagne, montrez-vous toujours vraie religieuse, et partagez toujours mes opinions, voilà l'affection que je demande et attends de vous. »

Cette grande question reglée, la Mère Bonnat fit ses préparatifs pour la fondation de Barcelone qu'elle va nous raconter elle-même dans le chapitre suivant.

CHAPITRE II

Fondation d'une Œuvre de Dames de Lorette à Barcelone. — Fondation d'un orphelinat de Saint-Joseph à Madrid. — Voyage à Rome de la Mère Bonnat.

> *..... Combien de miracles*
> *Nous avons dû compter dans nos premiers beaux jours!*
> *L'obéissance alors nous dictait ses oracles*
> *Et nous guidait toujours.*
>
> R. B.

« Une dame espagnole, mariée à un français, dont nous avions la fille dans notre pensionnat de Madrid, était venue, au commencement de l'année 1845, nous communiquer une lettre du Consul de Barcelone, M. de Lesseps, qui lui demandait si une de nos Congrégations enseignantes ne pourrait pas s'établir à Barcelone ; on faisait espérer des enfants et un accueil favorable. Nous nous empressâmes de répondre affirmativement, à la condition, toutefois, qu'il n'y eût pas de Communauté du même genre dans la ville. Alors nous reçûmes une lettre de M. Villasequia, qui nous renouvelait cette proposition avec plus de détails, nous disant que la demande avait été faite d'abord aux Dames du

Sacré-Cœur, et que, sur leur refus, on avait pensé à nous. Il ajoutait que différentes familles de Barcelone nous offraient leurs filles, que nous en aurions une dizaine pour commencer l'Œuvre, et qu'on nous attendait pour le mois de septembre. Je répondis que je devais soumettre ce projet aux Supérieurs de Bordeaux, mais qu'on pourrait presque certainement compter sur nous pour l'époque indiquée ; je croyais être sûre de la réussite de cette fondation.

» C'est alors que je partis pour Bordeaux, où mes affaires personnelles une fois terminées, je n'eus plus qu'à hâter la solution de la question de Barcelone. On me donna pour compagne la Sœur Marie du Sacré-Cœur Gruet, qui devait être première maîtresse de classe de l'Œuvre nouvelle. Pour Supérieure, je proposai la Sœur Stanislas, mon assistante de Madrid ; elle fut agréée. Mais j'avais besoin de fonds pour commencer ; j'en fis inutilement la demande à la caisse générale, qui était dans l'impossibilité de me faire la moindre avance. Dans mon embarras, je m'adressai à différentes personnes, et ce fut la Mère Marie-Thérèse Phellot-Lamidor, Supérieure Générale de l'Espérance, qui me vint en aide en empruntant elle-même à une de ses dames pensionnaires ; cette dame consentit à prêter 3,000 fr. dont on lui payerait les intérêts, et qu'on rembourserait le plus tôt possible. — Je me crus soulagée d'un grand poids, mais pour toucher cet argent, il fallait attendre et surmonter bien des obstacles et des difficultés ; enfin, on m'assura qu'on me les donnerait le jour du départ, ou plutôt en diligence, parce que la Mère Marie-Thérèse devait venir avec moi jusqu'à

Toulouse. Quel ne fut pas mon désappointement, lorsque j'arrivai au bureau, de trouver, au lieu de la personne que j'attendais, un billet dans lequel on me disait que des circonstances imprévues avaient fait ajourner le voyage; et d'argent, rien! A cette époque, les places arrêtées et payées, il fallait partir; je n'avais donc ni le temps ni les moyens de me renseigner où je trouverais l'argent dont j'avais si grand besoin. En conséquence, je partis le cœur fort triste, et en proie à une pénible impression; il me semblait que l'horizon était noir pour moi, et il l'était en effet, comme il le fut pendant toute la durée de cette fondation, que j'appelai la fondation de mes larmes. J'arrivai à Toulouse, où la réception qu'on me fit fut des plus singulières; je me hâtai de repartir, après avoir écrit à Bordeaux pour qu'on m'envoyât de l'argent à Montpellier ou à Perpignan.

» Pendant le trajet, nous rencontrâmes de très mauvais chemins; une pluie torrentielle tombait, et près de Béziers il fallut nous arrêter, tant les éléments paraissaient déchaînés contre les pauvres voyageurs; enfin, après un arrêt de quelques heures, nous reprîmes notre route. La Mère Saint-Paul Baquey, Supérieure à Montpellier, voulut m'accompagner jusqu'à la Jonquera; grâce à ses soins, le voyage fut agréable, mais dès que nous fûmes séparées, notre mauvaise étoile reparut. Après une triste nuit passée à Gérone, nous arrivâmes à Barcelone; nous nous installâmes à l'hôtel des Quatre-Stations, et le lendemain, après avoir entendu la sainte Messe dans l'église de Sainte-Monique, nous allâmes faire nos visites à M. de Lesseps et à M. Villasequia; c'est chez ce dernier que m'attendait le plus grand désappointement. Quand je lui fis connaître qui j'étais, il jeta un cri et me dit tout troublé : « Septembre étant passé, nous ne comptions plus sur vous, et nos filles sont parties hier pour Perpignan, où les Dames du Sacré-Cœur les attendent. Mais ne vous découragez pas, nous vous viendrons en aide. Je vais parler à ces messieurs, et demain nous irons chez vous à dix heures, pour voir ce qu'il y aura à faire. » Puis il me fit visiter sa maison, qui portait encore les traces du dernier bombardement, et nous nous quittâmes en apparence bons amis, mais un coup de massue sur la tête ne m'aurait pas produit plus d'effet que cette visite.

» Nous rentrâmes à l'hôtel, la soirée et la nuit se passèrent en tristes réflections. Ces messieurs vinrent le lendemain, comme ils l'avaient promis; ils furent très polis, exprimèrent leurs regrets, firent des plans d'établissement, dirent beaucoup de bonnes paroles, mais au milieu de tout cela, il n'y eut rien de positif. Je pris alors le parti de leur annoncer que, tout en étant contrariée de ce qui m'arrivait, je voulais commencer l'Œuvre; ils m'approuvèrent fortement et se retirèrent. Une fois seule dans ma chambre, je fus en proie à une grande consternation : je me voyais à Barcelone, sans argent, sans amis, sans appui; je ne connaissais absolument personne, je n'avais pour compagne qu'une enfant qui pouvait à peine comprendre ce que je souffrais et que je ne voulais pas non plus décourager. Que faire? Je plaçai toute ma confiance en Dieu, lui disant qu'il savait combien mes intentions étaient droites et simples et lui demandant de me venir en aide.

» Comme le bon Dieu écoute toujours la prière d'un

cœur qui ne cherche que Lui, il m'inspira ce que j'avais à faire. Je commençai par régler mon séjour à l'hôtel. On nous demanda pour chacune 4 fr. par jour pour trois repas et l'on nous donna une jolie petite chambre à deux lits. Ainsi installée, je m'empressai d'écrire à Toulouse pour avoir l'argent promis, puis à Madrid, pour obtenir quelques secours. La Mère Stanislas se mit aussitôt en mouvement, mais nous comptions encore peu d'amis et de connaissances ; elle demanda cependant à un riche banquier, dont nous avions la fille, s'il ne voudrait pas nous prêter quelque chose. Ce monsieur répondit d'abord par des phrases ambiguës et finit par dire qu'il prêterait peut-être 1,000 fr., mais à 6 %. Je refusai avec indignation. Tandis que l'homme riche dédaignait de nous assister, un pauvre ami, notre marchand de toile, m'offrit un prêt de 1,000 fr. et même de 2,000 sans intérêts ; j'en acceptai 1,000 pour le moment.

» Pendant que tout cela se traitait par lettres, j'avais fait quelques tentatives à Barcelone, mais les messieurs auxquels nous étions recommandées nous disaient des paroles dorées et ne donnaient rien, ce qui nous faisait dire que le monde ne se prête aux bonnes œuvres que lorsqu'elles sont faites. Cependant nos prospectus s'imprimaient, et avec M. de Lesseps qui mettait sa voiture à ma disposition, j'avais fait les visites les plus essentielles. L'Évêque était un vieillard bon et indulgent, qui nous reçut comme ses filles, nous promettant tout ce que nous pourrions désirer de lui. Le Gouverneur civil nous reçut également bien. Quant au Gouverneur général ou militaire, c'était un soldat terrible dans l'exercice de ses fonctions; ainsi, le jour de notre arrivée il avait fait fusiller six hommes, et comme on lui disait que l'un d'eux n'était peut-être pas coupable, il répondit : Il l'est puisqu'il le paraît; qu'il meure! Cet homme si terrible, que nous redoutions de voir, était dans ses rapports de société l'homme du monde le plus doux, souriant avec un enfant, versant des larmes avec une femme en pleurs ou en prières. Son accueil fut encore plus aimable pour nous que ne l'avaient été les deux autres; il nous promit même sa petite fille qui n'avait que trois ans.

» Après ces visites et ces démarches, l'essentiel pour nous était d'avoir un logement ; nous commencions à le chercher, lorsque M. de Lesseps vint nous dire, tout consterné, que les Dames du Sacré-Cœur, connaissant nos projets et pensant qu'elles pourraient aussi bien que nous s'établir en Espagne, venaient fonder une maison à Barcelone. — Je vous avoue, ajouta-t-il, que cette mesure me fait peur pour vous, ces dames ont déjà des rapports avec les principales maisons de la ville, l'une d'elles est une espagnole connue et estimée ici ; elles sont soutenues par les Pères Jésuites, et je crains bien qu'elles n'aient pour elles toutes les ressources et toutes les protections. — C'est vrai, répondis-je, et je ne comprends guère qu'elles veuillent venir dans le moment même où nous nous établissons : deux maisons du même genre, fondées en même temps, produiront l'effet d'une concurrence pénible. Je ne suis venue ici que sur leur refus formel, et maintenant qu'elles me voient sur le point de commencer l'Œuvre, elles arrivent ; ceci est mal, je vous le dis et je vous prie de le leur dire. Mais, quoi qu'il en soit, mes prospectus sont faits et je commencerai. » Après m'avoir adressé ses compliments de condoléance, M. de Lesseps me quitta, et le même jour il alla à la rencontre des Dames du Sacré-Cœur ; je compris que, comme consul et comme autorité, il se devait à tout le monde, et qu'ensuite il pouvait avoir plus d'attrait pour une Œuvre entourée de tout le prestige public, plutôt que pour une autre qui n'avait pas encore une grande considération dans le pays.

» A peine arrivées, les Dames du Sacré-Cœur trouvèrent à Sarria une maison qui leur fut donnée, elles firent alors venir de Perpignan leurs élèves espagnoles, et elles étaient déjà installées, que nous nous trouvions encore dans l'embarras. Je quittai l'hôtel et je louai pour un mois deux chambres au second étage, dans une petite rue proche de l'église de Nuestra-Señora del Mar. Là, nous nous installâmes le mieux possible, et avec un pot et un peu de charbon, nous préparâmes nos repas. Nous avions acheté des couvertures, puis des matelas qui nous paraissaient superbes et surtout bon marché ; ces matelas devaient être posés sur des lits de camp, mais pour nous, qui ne pouvions les mettre que sur le pavé, il nous fut facile de constater qu'ils étaient soufflés, et le lendemain nous nous réveillâmes toutes contusionnées ; relevés les uns sur les autres pendant le jour, ces mêmes matelas nous servaient de sofa. Durant ce temps d'installation provisoire, la Sœur Gruet me rendit les plus grands services ; avec un mouchoir sur la tête, elle allait chercher l'eau, puis acheter ce qu'il nous fallait au marché, qui heureusement se trouvait tout près de là. Dans cette humble demeure nous reçûmes la visite de M. et Mme de Lesseps ; nous riions de notre pauvreté ; nous eûmes cependant la consolation de pouvoir être utiles à une pauvre famille en lui cédant gratuitement notre petit appartement pendant une quinzaine.

» Nous nous étions accommodées de notre mieux jusqu'au moment où il nous avait été possible de trouver une maison à louer. Enfin, nous nous arrêtâmes à celle du marquis de Cerdañola, ou plutôt à un étage de cette maison, qui nous fut loué pour la valeur de 3,000 fr. par an. Cet hôtel, situé sur la plaza Santa-Ana, était très vaste, outre les appartements donnant sur la rue, il y en avait d'autres intérieurs qui faisaient le tour d'un jardin, et de plus une cuisine et des décharges en sous-sol ; bref, la maison était tout ce qu'il fallait pour un des meilleurs pensionnats. J'avais fait venir de Madrid la Sœur Stanislas. Une postulante de Perpignan nous était arrivée, en sorte que nous nous trouvions en nombre suffisant pour aller nous installer le jour de la Toussaint.

» Enfin nous atteignîmes notre but : bientôt nous eûmes quelques externes et trois pensionnaires. Nous avions trouvé dans la maison une petite chapelle tout arrangée et déjà bénite, où l'on nous disait de temps en temps la sainte Messe. Nous désirions avoir la Sainte Réserve, et l'Évêque était assez bien disposé à nous y autoriser ; mais il fallait qu'un prêtre demeurât sous le même toit, ou du moins tout auprès. Cela offrait quelques difficultés, et de plus nous n'étions pas en mesure de payer un aumônier, aussi cette faveur tarda-t-elle quelque temps encore à être accordée ; c'est alors que je pensai à regagner Madrid en laissant la Mère Fornier, Supérieure. » Nous avions éprouvé tant de peines et de chagrins dans cette fondation, que l'annonce de mon départ fut pour toutes les Sœurs une nouvelle épreuve. La pauvre Supérieure surtout semblait prévoir ce qui allait lui arriver, elle me priait avec tant d'instance de ne pas l'abandonner, que j'en étais moi-même tout attendrie. Cependant il lui fallut prendre son parti, et je revins à Madrid après avoir promis de retourner à Barcelone (1). »

Avec l'admirable esprit religieux qui la caractérisait, la Mère Bonnat se mit sans retard et simplement au rang secondaire que lui avait fait sa démission des premières charges de la Société. A la Mère Despect, à la Mère P. Machet, elle ne dira plus dans sa correspondance : ma chère fille, mais : ma chère Mère ; elle demandera les plus petites permissions, elle acceptera avec un édifiant esprit de foi leurs décisions, et là comme partout elle sera le modèle que toutes pourront admirer et imiter.

Un projet bien cher à son cœur l'occupa dès son retour à Madrid : on se souvient de sa prédilection pour les orphelines ; le moment lui semblait arrivé d'ouvrir un asile à ces pauvres enfants sans mères, et elle s'empressait d'en avertir et de demander les autorisations nécessaires :

» Je me suis occupée cette semaine de l'Œuvre des Orphelines, écrivait-elle à la Mère P. Machet, le 17 dé-

---

(1) Hist. des fondations de Lorette.

cembre : une espèce de projet a été présenté au chef politique ou préfet et a été approuvé. Ce même projet en forme de lettre a été soumis à Sa Majesté par votre très humble, la Reine a promis sa protection, l'autorité va donner son ordonnance, et voilà l'Œuvre en train. Nous avons six orphelines qui vont s'établir ces jours-ci dans la partie du local qu'on appelle la Thébaïde. Nous comptons sur cette Œuvre, beaucoup de grandes dames la désirent, on commence à faire des offrandes et nos élèves naturellement donnent pour les pauvres enfants tout ce qu'elles peuvent réunir. »

Tel fut l'humble début de l'important établissement qui, aujourd'hui, installé à Pinto, compte plus de cent orphelines.

Mais si les Œuvres s'étendaient, si le bien se faisait, la Croix n'en était pas moins sans cesse dressée pour la Mère Emmanuel. Dans le but de lui venir en aide au milieu des mille difficultés et tracasseries qui lui étaient suscitées par des aumôniers qui ne comprenaient pas l'Œuvre ou voulaient y exercer une trop grande influence, le bon Père avait eu la pensée d'envoyer à Madrid, M. l'abbé Deloume, curé de Gradignan, qui l'aimait beaucoup, se disait son fils et se mettait à sa disposition.

M. Deloume accepta ce poste et se rendit à Madrid, pendant que la Mère Bonnat était à Barcelone ; mais les espérances qu'on avait fondées ne se réalisèrent pas : la présence de ce prêtre français éloigna subitement les sympathies du clergé espagnol ; lui-même ne sut ou ne put se faire à sa position, et quelques mois plus tard, il dut rentrer en France, sans avoir rempli la mission pour laquelle il était allé en Espagne. Toutes ces peines, ces ennuis, ces difficultés, brisaient la pauvre Mère, qui se sentait seule, triste, délaissée et n'avait pour se soutenir et se consoler que le souvenir de sa famille religieuse, que sa vocation de Dieu Seul. Elle ouvrait son âme au bon Père qui lui répondait :

« Vous vous trouvez bien seule et bien faible, pauvre enfant, mais rappelez-vous ce que disait sainte Thérèse : « Dieu est avec vous et il vous consolera, il vous fortifiera d'autant plus que vous aurez moins à vous appuyer sur les créatures. » C'est ce sentiment de foi qui me fait supporter votre absence et la pensée des soucis que vous devez avoir dans votre position. Chère enfant, il vous faut passer par les épreuves qui accompagnent les œuvres et les serviteurs de Dieu, vous n'en aurez que plus de mérite et plus de joie quand vous aurez accompli la mission que le Seigneur vous a donnée... Je me propose de dire la messe à l'Ile à votre intention, dès mon retour à la Solitude, et toutes vos Sœurs y feront la sainte Communion. Nous y prierons pour vous comme nous vous aimons : de tout notre cœur. Écrivez-moi souvent, parlez-moi de votre santé, de vos Sœurs, de votre Œuvre, j'ai besoin de cette consolation. »

A cette lettre paternelle était joint le portrait du bon Père.

« Il me serait difficile, répondait la Mère Bonnat, de vous exprimer tout ce que j'ai ressenti en revoyant vos traits qui seront toujours pour moi si aimables, si

aimés ; j'en ai pleuré longtemps, puis j'ai de nouveau
offert à Dieu tous les sacrifices de ma vie, en lui demandant miséricorde pour mes misères journalières. Il me
semble que n'ayant rien refusé à Dieu, qu'ayant été
fidèle à votre devise : *Dieu Seul*, qu'ayant cherché à être
vraiment votre fille, je puis espérer beaucoup et que,
sans présomption, je puis m'arrêter à la consolante
pensée qu'un jour le ciel nous réunira pour connaître,
aimer et bénir Celui qui aura été le mobile de toutes
nos actions. »

LE REGARD DE JÉSUS.

Lorsque mon cœur, accablé de tristesse,
Cherche la paix et ne la trouve plus,
J'entends ces mots d'ineffable tendresse :
As-tu compris le regard de Jésus ?

As-tu compris la douceur infinie,
De ce regard imprégné de vertus,
Te rappelant l'amour et l'agonie
De ton Sauveur, ton bien-aimé Jésus ?

Ce doux regard, d'un apôtre infidèle
A fait un saint, généreux et confus ;
Et Madeleine, aussi notre modèle,
Se convertit au regard de Jésus.

Ce doux regard doit raviver mon âme,
Lui redonner les biens que j'ai perdus,
Trésor du ciel, qu'avec foi je réclame,
Reste sur moi, doux regard de Jésus !

Divin Sauveur, ma joie et ma lumière,
Mon seul bonheur et l'amour des élus,
Je veux t'aimer et dire, en ma prière :
Je t'ai compris, doux regard de Jésus ! (1)

Ce regard de Jésus en s'inclinant sur la Mère Bonnat allait lui accorder une faveur que son cœur chrétien et religieux saurait apprécier, une grâce qui serait pour toute sa vie un souvenir béni. Une jeune espagnole, Mlle Léocadie de Zamora, avait fait part à la Mère Emmanuel de ses désirs un peu vagues d'embrasser la vie religieuse; mais, avant toute décision, elle voulait aller à Rome prier au tombeau des Saints Apôtres et elle demanda à la Mère Bonnat de l'accompagner. Avec l'autorisation du bon Père, celle-ci accepta une proposition qui répondait si bien à sa piété et, au mois d'avril 1846, nous la trouvons dans la Ville éternelle pour les grandes solennités de la Semaine Sainte. Quelques fragments de ses lettres au bon Père vont nous initier aux consolations de ce séjour :

« 12 avril 1846.

» Éveillée aujourd'hui, à trois heures, par le canon et les cloches, j'ai assisté à deux messes, fait la sainte Communion et vu la grande cérémonie de Saint-Pierre, qui est réellement une chose bien imposante. Je devais avoir une bénédiction particulière du Saint-Père, mais un malheureux garde m'en a empêchée. Je ne vous dis rien des dévotions de ces jours derniers, sinon qu'elles ont été fort belles . . . .

(1) Rec. de poésies.

» . . . .

. . . . J'ai pu enfin être présentée au Souverain-Pontife par le Supérieur Général des Capucins, qui m'annonça à Sa Sainteté comme Supérieure espagnole appartenant à l'Association de la Sainte-Famille, « *Là où se trouvent des Filles de Dieu Seul*, dit en souriant le Saint-Père.— Oui, répondit le bon capucin, et c'est une d'elles que je vous présente. — *Bene, bene*, dit le Pontife, je la bénis avec celles qui travaillent près d'elle, et toutes leurs Œuvres d'Espagne. » Je vous l'avoue, mon bon Père, j'étais loin de m'attendre qu'au milieu des graves préoccupations de la papauté et de la multiplicité des affaires qui passent tous les jours devant lui, le Saint-Père ait conservé le souvenir d'une Œuvre dont vous ne lui avez parlé qu'une fois en 1840 ; cette mémoire paternelle sera une consolation pour la Sainte-Famille tout entière, nous aimerons à y voir l'approbation intime du Chef de l'Église, du vénérable Grégoire XVI, qui a gardé dans son cœur d'apôtre la pensée des Filles de Dieu Seul pour les bénir plus spécialement. »

La Mère Bonnat rentra en Espagne par Barcelone, mais elle ne fit que passer, car, en se rendant à Rome, elle s'était arrêtée dans cette maison, y rencontrant le bon Père et la Mère Despect, venus pour visiter l'Œuvre et préparer la fondation de Mataro.

Un mois s'était à peine écoulé depuis sa rentrée à Madrid, que la Mère Emmanuel s'associait au deuil de l'univers catholique à la mort de Grégoire XVI et qu'elle saluait l'élection au Saint-Siège du cardinal Mastaï Ferretti, sous le nom de Pie IX.

A la même époque, Mgr Donnet, archevêque de Bordeaux, qui projetait un voyage en Espagne auquel il ne voulait pas donner une couleur politique, l'entreprit seulement dans le but avoué de visiter les Œuvres de la Sainte-Famille, et il témoigna le désir de loger à Lorette. La Mère Bonnat allégua son vieux monastère, ses cellules de capucins, etc., etc. Mais Sa Grandeur répondit qu'Elle savait s'accommoder de tout et qu'on n'aurait pas de peine à son sujet.

« Deux mots seulement pour vous donner des nouvelles de l'illustre voyageur, écrivait la Mère Bonnat durant le séjour du vénéré Archevêque à Madrid : il est arrivé sans être fatigué, hier à quatre heures du matin, c'est à peine si j'étais éveillée. Monseigneur a la bonté de se contenter de tout et d'avoir un valet de chambre encore plus accommodant, de sorte que nous sommes fort à l'aise. Hier il a déjà vu une partie des autorités, aujourd'hui il est chez la Reine ; je crois qu'il a lieu d'être satisfait de l'accueil qu'on lui fait, nous en avons le contre-coup et il nous vante avec un orgueil paternel. Il fait ses grandes visites avec le rochet qu'on lui a brodé à Lorette et il a soin de le montrer à tout le monde. Mardi, il doit dîner à l'ambassade française avec le patriarche des Indes, le président des Ministres, etc.; il veut que son voyage soit en apparence tout à fait pour nous, cela ne peut que nous faire du bien. »

Aux premiers jours de juillet, la Mère Bonnat écrivait de nouveau :

« Nos hôtes sont partis à notre grand regret, avec

eux nous nous croyions en France, le mouvement et l'animation qu'ils donnaient à notre maison nous font vivement sentir aujourd'hui notre exil, notre solitude. Monseigneur était bien pour sa santé, il a un tempérament qui résiste à toutes les fatigues, il ne se plaint de rien, s'accommode de tout, on le trouve toujours missionnaire et apôtre. Il a édifié par ses vertus notre intérieur de Communauté; il a édifié de même ceux qui n'ont fait que l'entrevoir; aujourd'hui, son éloge est dans toutes les bouches. Les grands seigneurs qui l'ont entretenu parlent de sa modération évangélique, le clergé de sa piété. On cite quelques mots de ses réponses si vertueuses, et nous, religieuses, nous avons à nous rappeler ses exemples de simplicité et de mortification.

» On a voulu donner à son voyage une intention de politique, mais ces bruits n'ont pas eu de succès, et les journaux commencent à parler dans un autre sens.

» C'est à Jean maintenant qu'il faut venir : le pauvre homme s'est cru, je suppose, tout au moins chez les Illinois; vous ne pouvez vous figurer son contentement quand il a dû s'occuper des préparatifs de départ. Je ne lui crois pas de vocation pour les Missions étrangères. »

A la fin de cette lettre, la Mère Bonnat, passant à un autre ordre de choses, ajoutait : « J'apprends avec plaisir que l'on bâtit une chapelle à Martillac; on ne m'en donne nul détail, parce qu'on me croit sans doute devenue indifférente à tout. Quoi qu'il en soit, informez-vous de ce qui doit être au fond du sanctuaire. Un tableau ferait-il plaisir ? Quel sujet désirerait-on ?

Quelles dimensions faudrait-il lui donner? Un de mes neveux, assez bon artiste, pourrait peut-être l'exécuter à notre gré; avant de lui en parler, je voudrais savoir si cela serait agréable et surtout quel sujet l'on voudrait choisir. J'ai pensé à une Sainte-Famille. »

Pour répondre à ces lettres, disons dès maintenant que de la visite de Mgr Donnet à Madrid il résulta, entre le vénéré Prélat et la Mère Bonnat, une de ces sympathies religieuses qui survivent au temps et aux événements. Toujours le Cardinal Donnet se montra l'ami dévoué, fidèle, plein d'intérêt, de la Mère Emmanuel; toujours il se plut à lui donner des marques de la plus paternelle sollicitude, et lorsque accablé lui-même par l'âge et les infirmités il apprenait que la Mère Bonnat, sa vieille amie, touchait à son heure suprême, il se rendait péniblement à son chevet pour lui porter, avec sa bénédiction d'Évêque et de Pasteur, les grâces spéciales dont un Prince de l'Église est le dépositaire.

Quant au tableau, le bon Père l'accepta; M. Augustin Bonnat fit la copie d'une Sainte-Famille de Raphaël, que la Mère Bonnat envoya à Martillac. Devant ce tableau, suspendu au fond du sanctuaire et au-dessus de l'autel, le bon Père célébra pendant longtemps le saint sacrifice de la messe. Remplacé aujourd'hui par le groupe de la Sainte-Famille, il occupe une place d'honneur dans une des grandes salles de la Solitude.

Malgré le mouvement, la vie, l'animation que la Mère Bonnat répandait autour d'elle pour soutenir les Œuvres créées et en fonder d'autres, le Bon Dieu ne lui épargnait point le pain substantiel de la souffrance. Il la voulait sainte et bien sainte, et comme elle était forte pour porter la croix, il fallait que son âme en sentît toute la pesanteur. Avec le bon Père seul elle s'épanchait :

» Je voudrais pouvoir m'échapper sans rien dire et profiter de mes vacances pour aller me reposer près de vous, mon âme et mon cœur en auraient grand besoin, mais, vœu superflu ! plus que jamais, je suis collée ici et ne puis en sortir, il faut me contenter de saluer de loin le berceau de ma vocation, prier Marie de me protéger et travailler à l'œuvre d'Espagne avec courage et persévérance. Il se présente souvent bien des épines et bien des dégoûts ; que de soucis, que de moments pénibles à passer ! heureusement Dieu est là pour nous soutenir et ses grâces augmentent avec les épreuves. . . . .
. . . .

» ......J'ai été bien heureuse de recevoir de Mère Saint-Bernard des détails sur la Solitude et sur la Sainte-Famille, depuis longtemps je ne savais plus rien, Mélanie Despect ne m'écrivait plus, personne ne me donnait les nouvelles de ce qui m'intéresse. Je suis heureuse aussi d'apprendre que Mélanie est mieux ; qui vous chérira comme vos vieilles filles ? Je vous avais écrit, au sujet de mes infirmités, une lettre que j'ai déchirée ensuite pour ne pas vous attrister du récit de mes misères, le résumé est que je suis très fatiguée de mes nerfs, habituellement très triste, je ne peux recevoir une lettre sans être malade, bien que j'aie soin de prier avant et après ; je me sens si seule, n'ayant personne qui me comprenne, et cependant, je ne peux penser même à une absence, quelque courte qu'elle soit, sans exposer ma maison bâtie de pierres disjointes que seule je retiens.

. . . .

» ..... C'est toujours le cœur bien triste que je vous écris ces lignes, jamais je n'ai senti plus vivement mon isolement et toute la difficulté de ma position. Je suis entièrement seule, sans avoir une âme à laquelle je puisse dire : je souffre de telle et telle chose. . . .

» Je regarde mes souffrances comme indispensables, mais la nature recule toujours devant la croix. Vous me dites de ne pas avoir peur des hommes; non, je n'ai pas peur, je suis pénétrée de confiance en Dieu, assurée de son secours, ne voulant que sa volonté ; je sens qu'il ne peut me manquer, mais je suis seule avec ma mélancolie, mes appréhensions, mes prévoyances, toutes ces faiblesses de cœur que vous connaissez et que la prière ne dissipe pas entièrement ; je me confie en Marie et de nouveau lui offre et ma vie et mon dévouement. A mon intention, veuillez, je vous prie, dire une messe à Notre-Dame de Toutes-Grâces, à l'Ile, s'il se peut, je prierai en union avec vous.... »

SEULE !

Seule sur la terre,
Je cherche un appui,
Mon cœur solitaire
Succombe à l'ennui.
Seule ! sans patrie,
Faudra-t-il périr ?

Toi seule, ô Marie,
Peux me secourir.

Mère bien-aimée,
Témoin de mes pleurs,
Toi qui fut nommée
Mère des douleurs,
Comprends ma tristesse
Et console-moi,
Soutiens ma faiblesse,
J'ai recours à toi.

Je t'aime et j'espère
Ton secours puissant,
Montre-toi ma Mère,
Je suis ton enfant.
Mon âme affligée
Ne sait que gémir,
Mais encouragée,
Je saurai souffrir.

C'est sur le Calvaire
Que mon doux Sauveur
Te donna pour Mère
Au pauvre pécheur;
Souviens-toi des larmes
Que tu répandis,
Calme mes alarmes
Au nom de ton Fils.

Pardonne ma plainte,
Toi qui sus souffrir,

Je n'ai plus de crainte,
La Croix peut s'offrir ;
Laisse-moi ma peine,
Mes pleurs, mes soupirs,
N'es-tu pas la Reine
De tous les martyrs ?

De la coupe amère
J'accepte le fiel,
Rends-moi, tendre Mère,
Digne enfin du ciel.
Aimable modèle,
J'ai compris ta voix,
Et reste fidèle
Au pied de la croix.

Seule sur la terre
Je n'ai plus d'ennui,
Mon cœur solitaire
Repose aujourd'hui ;
Je trouve au Calvaire
La croix du Sauveur,
L'amour d'une Mère,
La paix, le bonheur (1).

A ces lignes si tristes et en même temps si résignées, le bon Père répondait sans retard :

« Je suis bien peiné de vous savoir souffrante, ménagez-vous, chère enfant, et surtout ne vous fatiguez

(1) Rec. de poésies.

pas l'esprit. Je comprends la sensibilité dont vous me parlez, les impressions pénibles que vous éprouvez, même à la vue d'une lettre..... Hélas! je suis aussi faible que vous et c'est bien souvent ce que je ressens moi-même. Je ne me remets qu'en m'abandonnant, moi et toute la famille, entre les mains de Dieu et en m'établissant dans la disposition de souscrire à ce que tout meure et disparaisse si c'est la volonté divine; ou bien en me demandant, qu'ai-je à craindre des créatures et des événements, si je demeure avec Dieu?... Grâce à ce bon Maître, il m'est facile d'entrer dans cette disposition d'esprit toutes les fois que j'ai quelques peines; mais les impressions reviennent aussi bien facilement... il faut souffrir, chère enfant, pour aller au ciel, cela ne durera pas toujours. Je comprends tout ce que votre isolement ajoute aux peines de votre position, et si j'étais un saint, vous sentiriez davantage les effets de mes prières et de ma tendresse paternelle; car je suis bien souvent d'esprit et de cœur auprès de ma vieille fille, de mon enfant bien-aimée... J'espérer que vous viendrez vous réconforter dans votre famille. Je conçois que vous ne puissiez vous éloigner en ce moment, mais il faudra bien trouver un moyen de vous dégager pour quelques jours..... »

L'espérance de venir en France se reposer près du bon Père, et plus encore la prière qui ramenait toujours le calme dans cette âme fervente, résolue à souffrir et à aimer malgré les réclamations de la nature, rendirent la paix à la vénérée Mère. S'oubliant elle-même, dominant ses impressions, elle reprit son énergie habituelle et s'adonna plus que jamais à procurer du bonheur autour d'elle. Une charité plus expansive se dégage toujours d'un cœur qui s'est reposé à l'ombre de la Croix.

A cette époque, l'union du Duc de Montpensier, l'un des fils de Louis-Philippe, avec l'Infante, sœur de la jeune Reine Isabelle, faisait beaucoup de bruit et la question des mariages espagnols préoccupait, non seulement la France et l'Espagne, mais l'Europe tout entière. Pour distraire un instant la Mère V. Machet, la Mère Bonnat lui donnait quelques détails sur la manière dont les choses s'étaient passées à Madrid :

« 23 octobre 1846.

» Dans le dernier paquet, chère Mère, il n'y avait rien pour vous, parce que le temps et l'heure étaient contraires ; ce courrier vous dira qu'il ne fait guère plus beau, les neiges de Guadarama ne sont pas propres à égayer beaucoup les idées ; n'importe, noire ou grise, mon imagination court vers la Gironde saluer l'aimable Supérieure de Notre-Dame de Lorette. Je vous arriverai presque aussitôt que Son Altesse, qui, ne sachant pas le français, vient de se marier avec un prince qui ne sait pas l'espagnol ; il en est résulté mille petites drôleries que la chronique a recueillies. Grâce à leur bonne et agréable mine, les princes français n'ont pas laissé de fâcheuses impressions ; ils ont été aussi fort généreux pour les pauvres ; il n'y a qu'une chose qu'il est impossible de pardonner : *c'est qu'ils sont français !...* Pendant les fêtes, on a poussé l'incivilité jusqu'à mettre tout en mouvement pour l'érection d'un monument à Baylen, lieu où les espagnols forcèrent les français à capituler, sous l'Empire. M. de Bresson en étouffe de rage ; pour le consoler, son fils est grand d'Espagne et comte de Sainte-Isabelle. Dans le même moment, on a vu apparaître une nouvelle duchesse et cinq ou six marquis ou comtes avec des titres de grandesse qui ont fort effarouché l'ancienne noblesse. On disait, dans un salon de haute aristocratie : Sous peu, nous aborderons le décrotteur avec le titre d'excellence....

» On s'est marié, comme vous avez su, d'abord dans un salon, le soir, puis le lendemain matin à l'église ; il y avait de belles voitures, de beaux chevaux, de belles robes ; on dit que celle de noce, brochée or, garnie de dentelle d'or, sera donnée à Notre-Dame d'Atocha. Il y en a eu en points d'Angleterre, d'autres en satin broché et moire : ce devait être bien ; elles étaient garnies en argent, en dentelles, en marabout, que sais-je encore ? J'étais un peu loin pour bien distinguer. Les taureaux ont fait fureur ; calcul approximatif, on en a tué environ cinquante, et autant de chevaux ; le sang a beaucoup coulé. Les illuminations étaient médiocres ; au résumé, il n'y avait pas d'enthousiasme ; les uns craignaient, les autres se plaignaient, et les plus sages se taisaient ; ainsi se partageait la foule. Ce dont je suis fort dépitée, c'est que personne n'a songé à moi ; *on dit* qu'on a distribué beaucoup d'argent, et je n'ai pas manqué de présenter mes orphelines ; rien n'est arrivé jusqu'à notre misère, qui commence à se faire sentir avec le froid. Un bon prêtre, ému de compassion, est allé faire plusieurs visites à notre intention, et en a rapporté de bonnes paroles ; mieux aurait valu de bonnes couvertures. Les comédiens sont fort disposés à nous céder une maison qui leur servait d'hôpital ; il y a une chapelle, car, sachez-le bien, cette profession est honorée par la Sainte-Vierge elle-même. *Prima donna* de toutes les compagnies, il faut voir quelle belle chapelle elle a dans une paroisse, entretenue avec ses appointements, bien entendu ! J'ai fait quelques démarches pour cette maison, le défaut d'argent m'y a fait renoncer ; il faudrait faire beaucoup de réparations, et puis, et puis... j'en suis restée là jusqu'à ce que luise un beau jour.

» . . . J'en reviens à me dire avec anxiété : Qui sera notre aumônier ? Terrible question dont la solution doit nous sauver ou nous perdre ; je ne veux point me charger de la résoudre, cependant elle me donne de bonnes migraines, pendant lesquelles je vois le monde entier si noir que je cours à mon bonnet de nuit et lui seul me console ; si j'étais poète je lui adresserais une hymne de reconnaissance. Je ne vous dis rien de mes filles, elles sont plus ou moins aimables selon le côté par lequel je les envisage, ce qui prouve que philosophiquement nous pouvons être plus ou moins heureux selon que nous savons prendre les choses. »

Quelques jours plus tard, c'est à la Mère Fornier que s'adresse la Mère Emmanuel ; elle lui continue son intérêt et ses conseils, elle lui parle volontiers de l'Œuvre de Madrid, elle l'encourage dans ses peines, elle la console en lui envoyant une de ses poésies.

« 29 novembre 1846.

. . . .
» Il faut absolument que sous bien des rapports nous soyons espagnoles, et ce pour la gloire de Dieu. Nous ne sortons plus en chapeaux, nous faisons la génuflexion, nous nous frappons la poitrine à l'élévation, etc... Vous voyez que nous progressons vers la sainteté du pays. Qu'importent ces minuties si nous pouvons avec cela nous faire aimer et produire du bien.

» Pour avoir la paix, il faut être disposé à tous les sacrifices possibles. Nous devrions sans cesse laisser aux autres la prédominance, les succès des Œuvres, les consolations, et ne nous garder que le travail et l'humiliation. Entrez dans cette voie, ma fille, vous verrez que l'âme s'en trouve bien, qu'elle meurt chaque jour avec délice et finit par aimer la Croix avec toutes ses souffrances. Je ne suis jamais plus heureuse que lorsque, accablée, je ramasse mes forces pour dire à Dieu : Je suis votre enfant, je m'abandonne à vous, j'espère en vous.

» Je vous envoie mes derniers vers : *Allons au ciel.*

> Avec bonheur, l'homme entrevoit la vie
> A son matin.
> De fleurs, d'amour, elle semble embellie
> Par le destin.
> Rêve trompeur, survient la coupe amère
> Avec son fiel.
> Ah ! sans regret abandonnons la terre,
> Allons au ciel !

Pour nous, la vie est un pèlerinage,
    Un long exil,
Heureux celui qui, pendant le voyage,
    Craint le péril.
Pour tous, hélas ! c'est une coupe amère,
    Pleine de fiel.
Ah ! sans regret abandonnons la terre,
    Allons au ciel !

Plus notre cœur se berce d'espérance
    Et de bonheur,
Et, plus encor, il ressent la souffrance
    Et la douleur.
Pour le proscrit, que la vie est amère,
    Pleine de fiel.
Ah ! sans regret abandonnons la terre,
    Allons au ciel !

Monde trompeur, tes beautés ravissantes
    Offrent des fleurs,
Mais sous les fleurs, les épines cuisantes
    Causent des pleurs.
Pour nous charmer, sur la liqueur amère,
    Tu mets du miel.
Ah ! sans regret abandonnons la terre,
    Allons au ciel !

Adieu, séjour où règnent la tempête
    Et le remords ;
Je vais jouir d'une éternelle fête
    Sur d'autres bords.

Je suis au port, plus de douleur amère
Et plus de fiel.
Ah ! sans regret abandonnons la terre,
Allons au ciel ! (1)

(1) Rec. de poésies.

CHAPITRE III.

Le Père Miranda. — La Mère Bonnat prend son diplôme. — Troubles à Madrid. — La Communauté est autorisée à revêtir le costume religieux.

> « *Que Jésus soit toujours présent à nos cœurs, pour les aider à souffrir, pour les animer au combat et leur apprendre quelle est la voie qui mène au ciel.* »
> R. B.

La question de l'aumônerie, toujours pendante, restait une épine pour la Mère Bonnat. Voyant que toutes ses recherches et ses démarches étaient vaines, elle supplia Dieu, avec plus d'instances, de lui venir en aide, et comme cela lui était arrivé tant de fois, le bon Maître accorda à sa ferveur ce qu'il avait refusé à ses efforts. Dans les premiers jours de février 1847, elle fut providentiellement mise en rapport avec un ancien Provincial des Capucins et Missionnaire apostolique, nommé le Père Miranda. Ce Père Miranda avait alors cinquante-cinq ans; c'était presque un confesseur de la Foi, tant il avait souffert durant les crises révolutionnaires; il avait été conduit en France comme prisonnier de guerre et avait dû travailler aux fortifications à Saint-Quentin; rentré en Espagne, il avait été condamné à mort par les Christinos, exilé par un autre parti, et on pouvait dire de lui, avec vérité, qu'il avait souffert sur terre et sur mer, de ses amis et de ses ennemis. Rien n'avait altéré son courage, sa foi et sa gaîté. Il s'occupait depuis sept ans, comme professeur d'espagnol, dans un pensionnat important, quand il fut présenté au même titre à la Mère Bonnat. Elle l'accepta, et écrivit à ce sujet au bon Père : « Le Père Miranda est un ami intime de la maison Medina Cœli ; il est fort estimé pour sa vertu et pour sa science ; il n'est pas à la mode, mais il a tout le reste pour lui. Il se charge de toutes les confessions ; donnera tous les jours une heure de catéchisme et une heure de leçon de grammaire espagnole ; dira la messe à l'heure qui nous conviendra, et de plus, il nous fera une instruction tous les dimanches. Le Père Miranda nous rapprochera du clergé espagnol, nous assurera l'affection des Medina Cœli et celle des Pères Capucins qui desservent notre église de San-Antonio. Je bénis le bon Dieu de l'allègement qu'il m'envoie. »

Quelque temps après, elle ajoutait :

« Notre Père Capucin nous convient très bien ; il est pieux et comprend que, dans le moment actuel, il faut faire le bien que l'on peut sans blesser les gens du monde et leur désir de progrès. C'est un homme de bon conseil, à ce qu'il me paraît. Dieu veuille que cela dure, j'en ai si grand besoin pour mon repos ! »

Cela dura; le Père Miranda tint tout ce qu'il promettait et, près de lui, la Mère Bonnat se vit à l'abri des préoccupations qui s'étaient sans cesse succédé autour d'elle pour les soins spirituels de sa maison. Le Père s'attacha à l'Œuvre, aux Sœurs, aux enfants, et se dévoua largement à procurer le bien général. Il était un peu original, un peu de l'autre siècle, mais sous une écorce parcheminée, il cachait un cœur excellent. Quand il connut bien la Mère Bonnat, il la vénéra, il admira sa vertu, ses grandes qualités et, en dehors d'elle, se plaisait à la nommer la *Santa Madre*. Les deux caractères faisaient cependant contraste : le Père Miranda était parfois rude, sévère, exigeant même ; la Mère Bonnat toujours prête à excuser, à pardonner, à faire miséricorde, si bien que le Père l'avait surnommée *la Indulgencia plenaria*. Nous rencontrerons plusieurs fois désormais le nom du Père Miranda dans la vie de la Mère Bonnat à Madrid, c'est pour cela qu'il était utile d'esquisser le portrait de celui qui devait tant alléger les sollicitudes de la Mère-Emmanuel et rendre tant de services à l'Œuvre de Lorette.

Le Père Miranda, en appelant la Mère Bonnat l'*Indulgence plénière*, ne s'était pas trompé ; nous trouvons la preuve qu'elle méritait bien ce titre dans une quantité de lettres dont nous ne pouvons citer ici que des fragments ; mais avec quelle consolation ne lira-t-on pas ces lignes empreintes d'une charité dont l'effusion était puisée à sa source même, dans le Cœur Sacré de Jésus.

« Je n'ai jamais eu l'intention de disculper la Sœur X... de ses torts, mais comme habituellement tout le monde accuse et que personne ne relève, j'ai pris ce dernier emploi. Il est des gens qu'il ne faut pas toujours juger sur leurs actes, parce qu'il y a chez chacune de nous une organisation que nous ne pouvons changer. On reprend le fait quand la faute se voit, mais on n'en doit pas conclure qu'on avait une mauvaise intention. La Sœur X... a un jugement obtus, diffus et défiant; vous ne changerez jamais cela. Il faut même s'attendre aux actes qui émaneront de ce défaut intellectuel; néanmoins Sœur X... est susceptible de bien des vertus. »

. . . .

« Ne jugez pas les autres, excusez sans cesse, c'est le moyen d'être jugée favorablement vous-même, et par les hommes et par le Souverain Juge. Vous savez que je recommande toujours la bonté. Ne vaut-il pas mieux être brebis que louveteau. Allons, soyez bonne, humble, patiente, gardez la mansuétude, la bénignité, la longanimité, aimez la vie obscure, pauvre, silencieuse, et le Jésus de la Crèche vous caressera, et le Jésus de la Croix vous regardera, et le Jésus de l'autel vous aimera. »

. . . .

« ..... Ne me dites jamais que vous feriez mieux dans le monde, c'est une hérésie, c'est une absurdité, vous serez la même partout, et ce n'est pas au vent du Nord ou du Midi qu'il faut attribuer ce qui se passe dans l'intérieur de la maison. A la Crèche de Jésus allez apprendre ce que vous devriez savoir depuis longtemps. Là, devenez petite à vos yeux et courbez cette tête de sicambre qui cherche toujours à avoir raison. La seule vraie raison de l'âme pieuse, c'est de n'en avoir aucune, c'est de se laisser reprendre, contrarier, humilier, et cela sans rien dire, bonnement, simplement, comme font les petits enfants ; mais vous avez de l'esprit, vous regrettez de l'étouffer, et voilà d'où vient tout le mal. Je vous désire l'esprit de Jésus, les vertus de Jésus et le bonheur qu'on goûte près de Jésus ; soyez fidèle à cette règle et vous trouverez le paradis sur la terre..... »

« ....Je comprends tout, mais quel remède apporter? Les plaintes n'avancent à rien, au contraire, elles augmentent souvent le mal ; les réflexions, surtout quand on se les communique, sont plus mauvaises encore ; elles aigrissent le cœur et fortifient les tentations de tristesse et de découragement. Vous pouvez écrire à vos Supérieures et demander votre changement ; mais, si vous me consultez, je vous dirai : Ne le faites pas. La croix que l'on fuit se trouve ailleurs plus pesante ; nous ne pouvons goûter la paix qu'en accomplissant la volonté de Dieu ; or, Dieu vous a appelée à X..., restez-y ; là sera votre salut, votre sainteté. On ne se sanctifie pas sans peine, et pour pratiquer les vertus chrétiennes au degré *héroïque*, il faut avoir les occasions ; si elles se présentent pour vous, tant mieux ; réjouissez-vous et devenez chaque jour plus douce, plus humble, plus patiente, plus intérieure. Songez aux saints qui nous ont précédées et qui ont passé par des voies plus pénibles que la vôtre, songez à Marie qui a tant souffert, à Notre-Seigneur dans sa douloureuse Passion ; si vous la méditez souvent vous aurez honte de vous plaindre pour si peu de chose. Soyez bien convaincue de vos misères, de votre peu de vertus, de talents, d'esprit naturel, et alors vous serez résignée ; l'humiliation ne vous coûtera plus tant, vous serez plus tranquille et plus heureuse au milieu de vos peines. Enfin, devenez une sainte et priez pour celles qui vous font souffrir, peut-être obtiendrez-vous leur changement ou une telle abondance de grâces que vous désirerez plus de croix. Je n'ai pas le temps d'écrire à Sœur N..., mais communiquez-lui cette lettre, et au lieu de vous entretenir de vos peines, animez-vous à souffrir avec ferveur, excitez-vous mutuellement à la sainteté. La vie passe vite, la mort est peut-être à la porte, et le ciel sera la récompense de quelques jours de travaux... »

A la fin d'avril, un changement avait eu lieu dans la direction de la Congrégation de Lorette. La Mère Machet avait été nommée Supérieure Générale en remplacement de sa sœur, la Mère P. Machet. En recevant l'ordonnance, la Mère Bonnat écrivait à l'une et à l'autre, en des termes qui révèlent l'esprit de foi et de soumission dont elle était animée en toutes circonstances :

« Je viens d'apprendre le changement survenu dans votre position, dit-elle en s'adressant à la Mère Gonzague de Marie ; pour ce qui vous est personnel, je vous félicite ; c'est une lourde charge que d'avoir une si nombreuse famille ; pour d'autres motifs, je regrette que vous ne soyez plus à la tête de la Congrégation. On savait rendre justice à vos vertus et on était heureuse de se dire : Tâchons d'imiter notre Mère. Pardonnez-moi si j'ai pu, pendant votre administration, vous donner quelques sujets de peine ; je sais que j'ai besoin de toute l'indulgence de mes Supérieurs. Recevez aussi mes remerciements. »

. . . .

Le même courrier apportait à la Mère Eugène de Saint-Pierre les lignes suivantes :

« Au moment où j'expédiais la lettre ci-jointe, l'ordonnance qui nous annonce votre nomination m'est parvenue... Les regrets que j'exprime à la Mère Gonzague de Marie ne peuvent vous peiner; ils sont chez moi l'expression de la plus parfaite estime et n'altèrent point mon attachement pour vous. Je me trouve heureuse d'être votre fille, je compte sur votre bonté et je ferai ce qui dépendra de moi pour alléger, autant que possible, une charge dont je connais toutes les difficultés... »

Inclinons-nous devant les admirables conséquences de la vie religieuse : celle qui traçait ces lignes avec une humilité si touchante était, il y avait à peine deux ans, la première Supérieure de la Société tout entière.

Rien ne coûtait à la Mère Emmanuel quand il s'agissait de procurer, d'étendre ou d'asseoir le bien que son grand cœur rêvait pour les Œuvres de la Sainte-Famille. Ne comptant pour rien sa personnalité, elle ne reculait devant aucun obstacle, devant aucun sacrifice ; c'est ainsi qu'en 1847, redoutant que l'absence d'un diplôme espagnol fût une lacune capable de compromettre l'avenir de sa maison et ne voyant autour d'elle personne qui pût subir l'épreuve de l'examen, elle oublia ses quarante-quatre ans, se mit à l'étude avec une persévérante énergie et se trouva bientôt en mesure d'obtenir un brevet dans une langue qui lui avait été jusqu'alors peu familière. Le Bon Dieu bénit sa générosité ; il lui accorda le plus complet et le plus brillant succès.

Cependant le bon Père trouvait qu'il y avait bien

longtemps qu'il n'avait vu la Mère Bonnat, et dans la correspondance très fréquente qu'il avait avec elle, il la pressait de venir en France. En lisant ces invitations réitérées et si paternelles, on comprend mieux encore le cœur du Fondateur de la Sainte-Famille.

« 11 octobre 1847.

» Cette Espagne vous tient donc bien au cœur puisque vous vous passez ainsi de tant de personnes qui vous aiment ! Si vous aviez bonne envie de les voir, vous pourriez bien en demander la permission au bon Père et obtenir de Dieu qu'il arrangeât les choses à Madrid de telle façon que votre absence n'y occasionnât aucun mal... Mais vous ne le voulez pas, convenez-en ?... Je me demande quelquefois ce qui vous charme tant dans un pays qui vous fait perdre votre gaîté, qui a tué votre muse..., car vous ne chantez plus ; c'est en vain que nous prêtons l'oreille pour entendre s'il n'arrive pas quelques chansonnettes d'au-delà des Pyrénées.....

» Ne pourrait-on arranger les choses de façon à ce que la Mère Eugène allât séjourner à Madrid le temps que vous passeriez à Bordeaux ? Dites-moi ce que vous en pensez. Je me fais vieux, ma fille se fait vieille, nous ne pouvons pas quitter ce monde, après nous y être si bien connus, sans nous voir encore quelques instants, sans nous encourager à marcher dans la voie que nous a tracée notre divin Maître, et qui doit nous conduire au même but. Vous me parlez, chère enfant, des peines, des épreuves que le Seigneur ménage à votre bon Père ; c'est bien peu de chose, si on songe à ce que Jésus a souffert pour nous, aux dettes que nous avons contractées et à la récompense qui nous est promise. D'ailleurs, qu'est-ce que tout ce qui passe? A mesure qu'on approche du terme, on juge mieux des choses que l'on va quitter : plaisirs et peines n'ont de prix qu'autant qu'ils servent à gagner le ciel ; ce n'est pas que la nature ne les ressente et que quelquefois on ne soit triste, et alors on peut goûter les consolations que le Bon Dieu fait trouver dans le cœur d'une enfant ou dans celui d'un père. Je vous remercie, ma fille bien-aimée, de toutes celles que vous m'avez procurées, et je voudrais aussi vous en faire trouver dans ma tendresse paternelle toutes les fois que vous en avez besoin. Venez donc à votre bon Père quand vous êtes triste... Vous me dites que vous avez souvent une grande disposition à vous affliger, non seulement du présent, mais aussi de l'avenir, et qu'alors vous envisagez toutes choses du côté qui peut vous les rendre plus pénibles... Le remède à ce mal, mon enfant, c'est un entier abandon entre les mains de Dieu ; pourvu qu'il soit avec nous, que nous soyons à Lui, qu'avons-nous à craindre? Avec Lui, nous avons toutes choses, et sans Lui, tout le reste n'est rien. Et puis, pourquoi nous tourmenter d'un avenir qui peut-être ne sera pas pour nous? A chaque jour suffit son mal ; vivons au jour le jour, en aimant le Bon Dieu, en souffrant pour Lui, en faisant aussi bien que possible ce qu'il exige de nous dans le moment... »

« 9 novembre 1847.

»…. A propos de votre voyage au pays, il me semble, chère enfant, que vous choisissez une bien mauvaise saison. Voudriez-vous être la seule fleur qui parût à cette époque dans notre Solitude? Vous n'avez pas à craindre, cependant, la comparaison, car vous aurez toujours notre préférence entre mille. Il serait, en effet, convenable que vous puissiez passer quelque temps dans la Maison dont vous êtes toujours la première Supérieure comme Assistante de Marie (1), et je voudrais que l'air embaumé du printemps et la nouvelle parure de nos champs vous rappelassent vos beaux jours de la Solitude. Donnez-moi une bonne réponse, pour que je puisse régler selon vos désirs votre voyage et celui de la Mère Eugène. »

« Le désir que j'ai de vous voir, mon bon Père, répondait la Mère Emmanuel dès le 14 novembre, fait que je m'inquiète peu de l'hiver et de sa froidure, ensuite je ne suis plus poétique : deux et deux font quatre, je paie trois, il m'en reste un, voilà où j'en suis. Par motifs d'intérêt, je désire être ici pour les fêtes de Noël afin de recevoir les cadeaux qu'on m'envoie ordinairement; par le même motif, je désire encore être ici le 22 mai, puis le mois de juin pour les prix, puis les mois suivants à cause des chaleurs qui tournent toutes mes têtes; il ne me reste donc que novembre, janvier, février, mars et avril pour pouvoir voyager avec un peu de tranquillité sur ce que je laisse derrière moi. Veuillez vous-même décider ce que vous voulez que je fasse, de grand cœur je souscris à tout ce qui me rapprochera de vous. Il me semble qu'il y a un temps infini que je n'ai vu la Solitude et mes pensées s'y portent bien souvent; gelée ou

(1) Le bon Père faisait ici allusion à la charge d'Assistante de Marie qu'il avait conservée à la Mère Bonnat tout en lui en ôtant la responsabilité.

fleurie elle sera toujours pour moi un séjour de paix et de bonheur. D'après ce que vous déciderez, Mère Eugène dressera ses plans ; pour moi, les miens sont tout prêts : je lui donnerai mes comptes, ma caisse, la mettrai au courant du train-train de la maison, de la manière dont il faut engrainer les rouages pour éviter le bruit et les ruptures, ensuite je n'aurai qu'à prendre la diligence. »

Il en fut comme le bon Père l'avait désiré, on décida que la Mère Eugène de Saint-Pierre irait passer à Madrid le temps que la Mère Bonnat donnerait à Bordeaux, et on arrêta que la première quitterait la France le 26 février. Précisément ce même jour était inaugurée la République de 1848.

Selon toutes les apparences, la Mère Eugène aurait dû suspendre son voyage et revenir de Bayonne, où elle était déjà rendue, pour être à son poste et savoir au moins ce qui allait se passer. Mais, en vraie Fille de Dieu Seul et de l'obéissance, elle se crut tellement assurée de la volonté de Dieu par l'ordre qu'elle avait reçu quelques jours auparavant, qu'il ne lui vint pas à la pensée le plus léger doute, et elle s'éloignait de la France au moment où l'on proclamait la déchéance de Louis-Philippe et le triomphe de la Révolution, sous le nom de République. Pendant ce temps, la Mère Bonnat, inquiète, s'empressait d'écrire à la Mère M. Despect :

« 28 février 1848.
» CHÈRE MÈRE,

» Les nouvelles qui nous arrivent sont tellement effrayantes que nous sommes dans la plus grande anxiété. Je viens donc vous prier de nous écrire le plus tôt et le plus souvent possible. Que se passe-t-il chez vous ? Cette révolution se fait-elle sans verser de sang ? Notre bon Père est-il en sûreté ? Nos Œuvres sont-elles épargnées ? Mille questions se présentent à notre imagination, et, naturellement craintives, nous ne voyons que du noir. Combien je désirerais être près de vous et surtout près du bon Père pour l'entourer, le soigner ; mais je suis si loin qu'au moment où je trace ces lignes la crise est peut-être terminée ; si elle venait à se prolonger, si on attaquait le clergé, déterminez le Supérieur à venir nous trouver. Selon toutes les apparences, l'Espagne restera dans son état actuel ; on n'y veut rien de républicain et on veut de la religion véritable. Mais, quoi qu'il en soit, écrivez-moi ou faites écrire ce qui se passe, ce qui vous concerne. Je vous adresse mes demandes ne sachant où est Mère Eugène, ne sachant pas si je puis m'adresser directement au Supérieur. Mes amitiés à toutes nos Sœurs ; au bon Père, mon affectueux dévouement, mes respects et tout ce que votre bon cœur vous suggérera. Qu'on vienne en Espagne si la France se bouleverse. Je n'ai pas la force de vous en dire davantage. De grâce, des nouvelles détaillées de Martillac et de Bordeaux. »

Rassurée par la tournure pacifique que prirent tout d'abord les événements et par l'arrivée à Madrid de la Mère Eugène, la Mère Bonnat vint en France, et pendant quelques semaines se reposa près du bon Père, soit à la Solitude, soit à Bordeaux, des sollicitudes de sa laborieuse mission et des tristesses de son long exil. C'est alors qu'elle apprit la mort de Mme Dézermeaux, la bonne tante qui lui avait servi de mère et qui tout en s'inclinant devant la volonté de Dieu, n'avait jamais pu se consoler de l'éloignement de sa chère Rita.

Le calme extérieur qui régna en France pendant quelques mois n'existait pas dans tous les esprits; on se sentait sur un volcan. Les clubs, les réunions publiques préparaient les journées de Juin qui devaient être si néfastes. Un de ces clubs était installé dans la rue Saintonge, en face de Lorette, et de sa fenêtre, la Mère Emmanuel voyait tout ce qui se passait dans la salle, entendait tout ce qui s'y disait. Rendant compte d'une de ces séances à la Mère Despect, elle s'exprimait ainsi : « J'ai assisté hier soir au club Lamartine, il y a eu de beaux discours sur la liberté des votes et des élections et sur les bienfaits de la République. Les uns étaient improvisés, les autres écrits. Quand l'orateur cherchait ses lunettes, il y avait de grands éclats de rire ; l'un d'eux nasillait, on lui a dit : Mouchez-vous. Pendant que les uns criaient : Vive la République, les autres disaient vive le Roi, vive Napoléon. Enfin la séance a été levée à dix heures, et la porte ne s'ouvrant pas assez vite, les trois quarts des gens ont passé par la fenêtre pour s'en aller. »

Durant ce séjour près du bon Père, il n'y avait cette fois-ci aucune affaire sérieuse à traiter, la visite était toute de consolation pour le Père comme pour la fille. Après six semaines ainsi données aux joies de la famille, la Mère Emmanuel reprit la route de Madrid et, dès son arrivée, elle écrivait au bon Père :

« 30 avril 1848.

» Me voilà rendue à mon poste, triste de mon éloignement et cependant résignée à tout ce que Dieu me demandera. J'ai eu le bonheur de vous voir, cela m'a donné des forces; il me semble que je suis plus courageuse, plus disposée à travailler, sans me plaindre et sans murmurer. Je serais même heureuse de souffrir si je pouvais en cela diminuer vos soucis ou du moins les adoucir.

. . . .

» Combien il me tarde de savoir le résultat des élections et surtout de connaître quel sera le sort des congrégations religieuses; la vie m'est amère puisque je suis toujours dans l'attente et dans la crainte. Puissent Jésus, Marie et Joseph veiller sur nous et nous préserver des maux qui nous menacent ! »

« ..... Je viens de recevoir votre lettre du 30 avril, lui répondait le bon Père, je vous remercie de tout ce qu'elle contient d'affectueux, vous savez combien vous êtes payée de retour. Que Dieu vous rende, ma fille bien-aimée, tout le bien que vous m'avez fait! Il m'eût sans doute été trop doux de vous conserver auprès de moi, c'est pour cela que le bon Maître vous veut en Espagne, mais si nous l'aimons, si nous faisons sa sainte volonté, le temps viendra, et peut-être n'est-il pas éloigné, où nous serons pour toujours réunis dans une meilleure vie. »

La Mère V. Machet avait quitté l'Espagne peu de jours après l'arrivée de la Mère Bonnat; elle était à peine rentrée à Bordeaux qu'elle y recevait de Madrid la lettre suivante :

« 8 mai 1848.

» MA CHÈRE MÈRE,

» Pendant que vous vous réjouissiez hier avec vos chères filles qui devaient être si heureuses de vous revoir, ici nous avons passé une journée bien triste sans qu'il y ait rien de personnel pour nous. Depuis plusieurs jours nous étions prévenues qu'il y aurait du tapage en ville; il a commencé hier matin, à deux heures, dans la calle de Toledo, calle Mayor, plaza Mayor, plaza del Palacio. A dix heures tout était fini et le gouvernement avait la victoire. On attribue l'insurrection aux progressistes, qui voulaient, disait-on, enlever la Reine et tuer Marie-Christine et Narvaez. Le régiment dit d'España était pour les insurgés; on s'est battu chaudement pendant quelques heures, et on évalue à mille le nombre des morts. Une partie de la troupe a fait sa soumission au général Cordova, ce qui a été pris les armes à la main a passé dans la journée au conseil de guerre, et, hier soir, à six heures on a décimé cette masse à la porte d'Alcala. Cette terrible insurrection me pèse sur le cœur comme si je l'avais ordonnée. Le Père Miranda a beau dire :—Nous devons accepter la volonté de Dieu, ils se sont confessés, ils s'en sont allés à la gloire, etc., j'en suis encore malade. De cette affaire, les églises ont été fermées hier, nous n'avons eu aucune fonction chez nous, bien que ce fût la fête de la Divina Pastora. Il vous est facile de vous figurer comment s'est passée cette journée du 7 mars. Les parents nous avaient laissé tous les enfants, il n'y a que les M..... qui ont voulu les emmener au milieu des troupes, des cris : « Qui vive ! quittez votre manteau ! » Véritable folie de la part de cette famille. Aujourd'hui tout est calme et triste, les enfants viennent et on ne s'entretient que des malheurs d'hier. »

Dans les premiers jours de juillet 1848, le bon Père fut atteint d'accès de fièvre pernicieuse qui mirent sa vie en danger ; l'inquiétude fut grande dans toute la famille, on pria, on eut recours à la Sainte-Vierge, qui si souvent déjà avait exaucé les vœux qu'on lui avait adressés pour le vénéré Fondateur. Cette fois encore la prière des enfants pour leur père trouva le chemin du cœur de celle qui est tout à la fois la Consolatrice des affligés et le Secours des infirmes. La maladie put être enrayée et le bon Père recouvra la santé. Instruite par la Mère V. Machet de ce qui s'était passé, la Mère Emmanuel s'empressait d'écrire au bon Père :

« Madrid, 22 juillet 1848.

» Le moment du repos n'est pas encore arrivé pour vous, vos pauvres enfants ne sauraient encore marcher seules et Dieu, qui connaît nos besoins, a eu pitié de nous ; qu'il soit à jamais béni ! Si pour vous, très bon Père, l'exil se prolonge, consolez-vous en pensant à nous, au bien que vous nous faites ; sans vous les forces nous manqueraient, de loin comme de près on trouve du courage en se disant : Je travaille dans les vues du bon Père. Si nous perdions cet appui, nous serions bien faibles, bien découragées. Restez donc longtemps encore au milieu de nous, votre seule présence, que dis-je, votre nom seul est pour nous ce qu'était au peuple juif la nuée mystérieuse qui le conduisait et le soutenait dans le désert.

» Nous avons uni nos prières à celles de nos Sœurs de Bordeaux, nous avons prié Marie et cette divine Mère nous a répondu qu'elle ne nous abandonnerait pas...

12 JUILLET 1848

D'un fortuné bocage,
D'un asile enchanteur,
Part, en un jour d'orage,
Un long cri de douleur :
A la Vierge Marie,
Tous les cœurs ont recours,
Mère à jamais chérie,
Soyez notre secours !

Comme un sombre nuage
S'avançant vers le Nord,
Un sinistre présage
Semble annoncer la mort.
La famille éplorée
Soudain tombe à genoux :
O Mère vénérée !
Marie, ah ! Sauvez-nous !

Sur la rive fleurie
Qu'ombrage l'oranger,
L'ange de l'Ibérie
Se réveille au danger.

Il invoque une Mère
Et dit, avec effroi :
Conserve-leur un Père
Pour les guider vers toi.

A la vierge fidèle,
A l'enfant du hameau,
Un ange, de son aile,
Indiquait un tombeau.
Mais aux pieds de Marie
Les cœurs sont réunis,
Et la Vierge attendrie
Les présente à son Fils.

Aux champs de la Provence,
Aux rives de l'Adour,
Partout la tendre enfance
Redit ce cri d'amour :
Marie, ô tendre Mère,
Soyez notre secours,
Conservez un bon Père
Et prolongez ses jours.

MARIE

« O Famille chérie,
Objet de mes amours,
Je vous rends à la vie
En prolongeant ses jours.
Sur cette triste terre
S'arrête un des élus,
Gardez votre bon Père
Et ne soupirez plus (1). »

(1) Rec. de poésies.

Quelques jours après la Mère Emmanuel écrivait de nouveau :

. . . .

« Comme je suis seule et que je ne me sens pas la force d'entreprendre des travaux qui seraient cependant fort utiles, j'imite le limaçon et m'enferme dans le plus profond de ma coquille; pourtant les inquiétudes me poursuivent, je me dis : ne serait-ce pas du vivant du Fondateur que devraient se régler les bases de la Sainte-Famille en Espagne ? Ne serait-ce pas plus tard une grande sécurité pour l'Association que de se dire : le bon Père a décidé telle ou telle chose? Jusqu'à présent, nous n'avons pas trouvé d'hommes pour nous comprendre ou nous aider. Cela entre sans doute dans les vues de la Providence, que devons-nous faire ? Si vous vouliez envoyer pour Supérieure des Sœurs de la Conception, un sujet de Dieu Seul, que vous en eussiez envoyé un autre pour l'Œuvre des Orphelines ou de Saint-Joseph, trois Congrégations se seraient trouvées représentées ici et on pourrait réfléchir un peu et voir où l'on marche, où l'on va. Vous auriez dirigé le mouvement, donné les premières solutions, et plus tard l'Espagne, comme la France, bénirait votre nom. »

Il était question, en effet, depuis quelques mois d'un établissement de Sœurs de la Conception à Madrid, le Supérieur et les Messieurs du Collège polytechnique avaient entendu parler avec tant d'éloges des Sœurs qui étaient employées au Collège d'Oullins, qu'ils s'étaient adressés à la Mère Bonnat dans le but d'avoir des Sœurs de la Conception pour l'économat, la lingerie et l'infirmerie. Cette proposition fut agréée, et au mois d'octobre, quatre Sœurs de la Conception se rendirent à Madrid. « Cette fondation, qui semblait être peu de chose, eut cependant des effets considérables. C'était d'abord une troisième branche de la Sainte-Famille qui s'implantait sur la terre espagnole; en second lieu, c'était un prodige, à Madrid, de voir des religieuses circuler dans les rues avec leur costume. En Espagne, avant la Sainte-Famille, on ne connaissait pour les femmes que les couvents cloîtrés. Les Sœurs de la Charité qui sortaient, avaient adopté, avec une coiffe basse, une mantille épaisse qui leur faisait donner le nom de *Béates* et ne les distinguait pas du commun des fidèles. Les religieuses de Lorette elles-mêmes n'étaient encore sorties qu'en séculières. Les Sœurs de la Conception, demandées par des personnes haut placées dans la société et aux opinions très libérales, se crurent en droit de se présenter partout avec leur costume. Ce fut un événement dans la ville, on les remarqua, on les suivit, puis, comme on s'habitue à tout, on ne leur dit plus rien. Leur exemple fut imité, d'autres religieuses se mirent à circuler avec leurs costumes, et c'est grâce aux Sœurs de la Conception que, non seulement à Madrid, mais dans toute l'Espagne, on a pu rompre avec les coutumes du passé, et voir l'habit religieux accepté au dehors (1). »

La Mère Bonnat avait fait souvent jusque-là des tentatives pour revêtir, elle aussi, le costume religieux et le donner à ses filles. Les amis, consultés, avaient toujours reculé devant l'opportunité de cette mesure, dans la crainte qu'elle ne fût nuisible à une Œuvre acceptée

(1) Histoire des fondations.

comme séculière ; on redoutait surtout des tracasseries de la part d'un gouvernement peu porté pour les communautés. Sans doute, on savait au fond ce qu'étaient les Dames de Lorette, mais on les acceptait, on se contentait des apparences et on les laissait tranquilles. Il sembla à la Mère Emmanuel que la prudence sous ce rapport avait fait son temps ; sans recourir à tant de conseils, elle demanda et obtint l'autorisation de la Cour, et elle reprit enfin, ainsi que ses filles, ces saintes livrées dont elles avaient été privées si longtemps. Ce fut une vraie fête de famille dans le vieux couvent que cette *prise d'habit*. Le bon Dieu accordait à la Mère Bonnat cette petite consolation au milieu de peines incessantes, elle l'accueillait avec reconnaissance, et jetant les yeux sur les jours qui s'étaient écoulés depuis son arrivée à Madrid, elle disait au bon Père :

« 23 novembre 1848.

» Mon bon Père,

» Je voulais vous écrire depuis bien des jours, mais j'étais si triste, je me trouvais si malheureuse, que j'ai voulu attendre une disposition un peu moins gémissante. Il est de fait que je dois me trouver heureuse de faire la volonté de Dieu, que ce tendre Père bénit mes démarches et qu'au milieu de mes larmes et de mes désolations la Sainte-Famille s'établit en Espagne. Il y a cinq ans que j'y suis revenue comme j'en étais sortie, c'est-à-dire fort misérable ; sans amis, sans fortune, et déjà l'Association compte cinq Établissements, bientôt six, et beaucoup en perspective. J'ai établi ma Société, payé mes dettes et, pour achever mon ouvrage, j'ai repris le costume religieux qui semble assurer ma fondation ; et malgré tant de faveurs que Dieu m'accorde, je suis, tous les jours, plus sotte, plus effrayée ; je tremble d'un rien, je me laisse accabler pour une misère ; enfin, je suis très peu de chose. Aidez-moi, bon Père, et par vos prières obtenez-moi le courage dont j'ai besoin pour suivre jusqu'à la fin la voie que Dieu me tracera. Je ne refuse pas le travail, ni la souffrance, au contraire, j'ai péché et je désire expier mes fautes, mais j'ai besoin de forces, et parfois je me trouve dans le plus étrange accablement. »

Jusqu'à présent, nous n'avons vu la Mère Bonnat que dans les travaux de l'administration générale ou dans les labeurs d'une vraie mission d'apôtre. Arrêtons-la un instant sur cette route de Fondatrice qu'elle a déjà si généreusement parcourue, et où elle fournira encore une longue carrière, pour vivre avec elle de la vie de communauté, et la suivre dans tous les détails de la supériorité locale. Pour les âmes qui aiment vraiment Dieu, il n'y a rien de petit à son service, parce que tout ce qui se fait avec un grand cœur et une volonté déterminée de plaire au divin Maître, porte en soi sa valeur et son mérite. Dans les détails qui se partageaient les heures de la vénérée Supérieure de la Maison de Madrid, la part de l'édification sera donc aussi grande que celle qui ressort des fondations ou des Œuvres qui l'ont mise à même de procurer, sur une si vaste échelle, la gloire de Dieu, l'extension de sa Société et le développement du règne de Jésus, Marie et Joseph.

A moins de motifs sérieux, la Mère Emmanuel vivait absolument de la vie de communauté, et du matin au soir suivait, au milieu de ses filles, les exercices prescrits par la Règle ; la seule infraction qu'elle se permît, c'était un lever plus matinal ; elle était toujours rendue à la chapelle bien avant les autres, et quand on lui en demandait la raison : « Il y a si longtemps que Jésus est seul ! » répondait-elle simplement. Une fois en présence du Très-Saint Sacrement, la pieuse Mère semblait tout oublier, son attitude était simple, digne, mais révélait le recueillement le plus profond. Son regard restait fixé sur le tabernacle, sa tête s'inclinait un peu en avant ; on était tenté de se demander si elle voyait, si elle parlait, si elle entendait. A Madrid, elle allait souvent prier dans une des tribunes grillées qui entourent l'église San-Antonio. Il y avait un petit coin obscur où une seule personne pouvait trouver place ; que d'heures la Mère Bonnat n'a-t-elle pas passées dans cette chère tribune ! C'est là qu'elle se retirait dans les moments pénibles, là qu'elle allait recommander à Dieu les Œuvres qu'elle entreprenait, les âmes qui souffraient, les besoins de sa Maison, de la Société, de l'Église, de l'univers entier, car sa grande âme embrassait le monde dans sa charité, et toujours elle sortait de ses entretiens avec Notre-Seigneur calme, rassérénée, consolée, unie à Dieu et à sa sainte volonté.

Après Dieu, le grand amour de la Mère Bonnat était pour les pauvres. Elle avait été heureuse quand il lui avait semblé possible de recevoir une petite famille d'orphelines qui allait toujours grandissant, et que sa charité ne trouvait jamais trop nombreuse. Ces enfants

21

savaient si bien que la Mère Emmanuel était leur Providence que, dans un moment de détresse, au lieu de faire une neuvaine à sainte Rita, la patronne des choses impossibles, on les trouva toutes en prière, s'adressant à *sainte Rita Bonnat*. On peut deviner si la vénérée Mère s'amusa de la méprise.

Les pauvres étaient l'objet de sa sollicitude. Dieu seul a le secret des abondantes aumônes qu'elle répandait dans leur sein, des moyens qu'elle employait pour leur venir en aide, des pieuses industries dont elle usait pour leur procurer des secours. Ceux-ci, reconnaissants, avaient trouvé un moyen tout espagnol de témoigner leur gratitude à leur bienfaitrice. Chaque année, le soir du 22 mai, jour de sainte Rita, les pauvres de la Mère Bonnat se cotisaient pour que des musiciens vinssent donner une sérénade sous les fenêtres du vieux couvent. De toutes les attentions dont on l'entourait pour sa fête, la sérénade des pauvres avait toujours la préférence.

Souvent il arrivait qu'on lui recommandait des français que des revers de fortune ou des raisons politiques amenaient en Espagne; la Mère Bonnat, avec la délicatesse exquise qui la caractérisait, trouvait toujours moyen de secourir ces grandes infortunes sans les humilier. A un français venu dans ces conditions, elle procura des leçons de peinture, puis un appareil photographique, et bientôt l'infortuné se vit à l'abri du besoin.

La Mère Emmanuel avait une très grande habileté pour les travaux à l'aiguille, elle les aimait, et elle voulait qu'on les aimât autour d'elle. Pour lui être agréable, ses filles se mettaient à l'œuvre, et comme on connaissait ses goûts, ses désirs, les inclinations de son cœur, on avait pris, à Madrid, la gracieuse habitude d'offrir quelque petit objet à la Mère Bonnat, à chacune des fêtes de la Sainte-Vierge : c'était habituellement du linge ou des ornements de chapelle, ou bien encore des vêtements pour les orphelines ou les chers pauvres. C'était plaisir alors de la voir sourire et frapper joyeusement dans ses mains pour remercier ses filles de leur délicate attention.

En récréation, elle savait oublier tous ses soucis afin d'être gaie, aimable, et de mettre de l'entrain dans sa Communauté. Aux jours de fête de famille, elle imaginait toujours quelque chose de nouveau pour faire un plaisir ou procurer une agréable distraction. Parfois, elle s'amusait à composer des chansonnettes toutes d'actualité, dont tout le monde répétait en chœur le joyeux refrain. Mais ce n'était pas seulement de ses religieuses que la chère Mère s'occupait ainsi, elle voulait que les élèves eussent, elles aussi, dans leurs récréations, comme elles l'avaient en tout, leur part de ses sollicitudes. Pour les engager à sauter, à danser, elle composait des rondes que les enfants chantaient de tout leur cœur, et qui, à côté de la note gaie, apportaient toujours la leçon maternelle. La *Pâquerette* était une de ces rondes. Le succès qu'elle obtint lui mérite ici une place.

> Petite pâquerette,
> On dit que le zéphir
> A, dans ta collerette,
> Écrit notre avenir ;
> Montre-moi ta science,
> Oracle si vanté,

En toi j'ai confiance,
Dis-moi la vérité.

Je voudrais être heureuse,
Traverser de beaux jours,
Étourdie et rieuse,
Danser, chanter toujours.
D'où vient que je désire
Un bien que je n'ai pas,
D'où viens que je soupire?
Fleur, dis-le-moi tout bas.

Dis-moi ce qu'il faut faire
Pour trouver le bonheur?
Dis-moi si l'art de plaire
Suffit à notre cœur?
Si pour être jolie
Il faut riches atours,
Si l'amitié nous lie
Autant que les amours?

La petite fleurette
Aussitôt répondit :
« Vois la bergeronnette
Qui prépare son nid ;
Comme elle, ménagère
Des beaux jours d'ici-bas,
Obéis à ta Mère,
Ne me consulte pas » (1).

(1) Rec. de poésies

La vénérée Mère Bonnat était très vive par nature ; avec elle, il fallait toujours aller vite, vite, comprendre, exécuter, ne pas se faire répéter les choses, mais, par vertu, elle avait su acquérir un tel empire sur elle-même, qu'elle en était arrivée à dépenser une dose de patience qui étonnait son entourage. S'il arrivait qu'on lui manquât, le pardon était presque aussi promptement accordé que la faute commise ; ce qui lui était personnel n'avait pas l'air de la toucher, mais en même temps, elle savait être ferme lorsqu'une question de principe ou d'ordre était en jeu ; tous les caractères, toutes les organisations subissaient son influence ; elle possédait le secret de gagner les cœurs, et le cœur une fois gagné, elle en profitait pour conduire à Dieu. Elle-même s'attachait profondément à ses filles ; si elles lui étaient retirées, elle les suivait de ses encouragements, de ses conseils ; si elles lui étaient ravies par la mort, leur mémoire restait vivante dans le cœur de la Mère Emmanuel. Les cimetières espagnols diffèrent des cimetières français : les cercueils, au lieu d'être mis en terre, sont disposés, par rangées, dans des murailles profondes et chaque corps est placé dans une case qui ferme à clef. La Mère Bonnat voulait que le nom de la Sœur défunte fût inscrit sur cette clef, et elle la gardait dans sa chambre comme un souvenir permanent de celle qui n'était plus.

Au parloir et dans les relations extérieures, la Supérieure de Lorette était fort appréciée ; c'est grâce à ses relations qu'elle avait pu poser sa Maison, la faire accepter par la grandesse espagnole, et réunir autour d'elle un nombre toujours croissant d'élèves des meilleures familles. L'Œuvre une fois en bonne voie, la Mère Emmanuel commença à se retirer peu à peu ; elle se faisait remplacer au parloir, n'y paraissait que quand c'était absolument utile, n'y faisait que de courtes stations, et profitait du moindre coup sonné à la cloche de Communauté pour prétexter un exercice et se retirer. Elle aurait voulu se faire oublier, mais, vains efforts ! Plusieurs années après son départ d'Espagne, un marchand ayant chez lui une photographie de la Mère Bonnat, l'exposa dans son magasin : immédiatement la foule accourut ; toutes les connaissances, toutes les anciennes élèves de la vénérée Mère se disputèrent la précieuse image et voulurent à tout prix en posséder de semblables.

Après ces quelques détails intimes, nous allons, aux chapitres suivants, retrouver la Mère Emmanuel dans l'exercice de sa mission de Fondatrice et d'Apôtre de la Sainte-Famille.

CHAPITRE IV.

Fondation de l'Orphelinat de Plasencia. — Installation des Sœurs de l'Espérance à Madrid. — La Mère Bonnat, institutrice des Infantes, sœurs du Roi. — La Mère Despect nommée Directrice Générale. — Mort de la Mère Trinité Noailles.

Si je pouvais pour celui que j'adore,
Toujours aimer, travailler et souffrir !
Mais, pour Jésus, je voudrais plus encore...
R. B.

A la fin de 1848, le marquis de Mirabel, noble et riche espagnol, avait demandé des Sœurs pour une Œuvre d'orphelines à Plasencia-(Estramadure). L'Orphelinat existait déjà, mais dans des conditions d'éducation qui ne plaisaient point au marquis, et il s'était adressé à la Mère Bonnat, afin de procurer à la petite famille, aux besoins de laquelle il pourvoyait, des Mères et des Institutrices qui pussent sérieusement préparer l'avenir des orphelines. La proposition avait été acceptée, et les fondatrices, désignées pour cette Maison de Saint-Joseph, étaient arrivées à Madrid en même temps que les Sœurs de la Conception ; elles attendaient là le moment de se rendre à leur nouveau poste.

« Au mois d'avril 1849, la petite colonie se mit en route ; la Mère Emmanuel avait voulu l'accompagner et, selon l'usage espagnol, le Père Miranda faisait comme aumônier partie du voyage. Il n'y avait pas, à cette époque, de routes praticables pour aller à Plasencia ; il fallait chevaucher à travers les bois comme au temps du moyen-âge ou bien s'y rendre en charrettes. Ce fut ce dernier moyen qu'on adopta, et on mit cinq jours pour faire les quarante lieues qui séparent Madrid de Plasencia. Les bagages occupaient le fond de la charrette, les voyageurs devaient se trouver au-dessus : il fallait donc une échelle pour monter dans ce véhicule. Après avoir entendu la messe et s'être mis sous la protection de Jésus, Marie et Joseph, le convoi s'ébranla. On s'arrêta chaque nuit dans des auberges plus ou moins confortables ; la dernière nuit, qu'on dut passer presque au milieu des bois, les aventures ne manquèrent pas. On était dans une maison qui avait été dévastée par les voleurs peu de jours auparavant, et où l'on n'avait plus à offrir que deux lits pour les six voyageurs.

» Plasencia était autrefois capitale de province, ville forte avec un beau château ; elle est placée dans une position délicieuse, abritée du vent du nord par la chaîne de montagnes qui sépare le Portugal de l'Espagne ; les oliviers, les orangers, les lauriers y croissent ; sa situation, son climat, son important commerce de vers-à-soie, faisaient de cette ville un véritable paradis. Mais la faction de Padilla, en 1520, établit là son centre d'action et amena la ruine de Plasencia. Charles-Quint, maître de la couronne, fit raser le château, abattre le donjon et démanteler les murailles de la ville qui, dès lors, resta ouverte. Ses autorités et son centre de province furent transportés à Cacérès, les travaux de la cathédrale en construction furent interrompus. Cet édifice devait être bâti d'après les plans du fameux architecte Hérédia ; mais l'église est restée seulement avec son chœur et son transept, sans avoir de nef, et cependant elle est assez vaste pour la population et elle est encore considérée comme une vraie curiosité. » (1)

Les fondatrices furent reçues avec beaucoup de bienveillance ; elles étaient rétribuées largement, et de plus logées, nourries et blanchies par l'Établissement. Le marquis de Mirabel avait acheté, pour les y installer, une belle maison qui se ressentait encore de son ancienne splendeur : on y voyait des plafonds sculptés et des mosaïques pour paver le rez-de-chaussée. Sous le rapport du spirituel, elles avaient également tout ce qu'elles pouvaient désirer : Plasencia étant le siège d'un évêché, elles y trouvaient tous les secours qu'offre une ville épiscopale.

La Mère Bonnat resta quelque temps au milieu de ses filles pour les installer et régler toutes choses avec le marquis de Mirabel ; elle profita de son séjour pour visiter ruines et donjons, château-fort et cathédrale, et l'imagination remplie de tout ce qu'elle avait vu et appris, elle fixait ainsi ses souvenirs :

LE CHATEAU DE PLASENCIA

Les siècles ont passé sur vos murs solitaires,
Noble et sombre manoir de féodalité,

(1) Hist. des Fondations.

Et le temps a gardé vos ruines séculaires,
    Pour l'immortalité.

Vos donjons sont détruits, vos voûtes sont ouvertes
Au pauvre pèlerin qui demande un abri ;
L'oiseau des nuits parcourt vos demeures désertes
    Et dort sur un débri.

Sur ces rocs de granit où s'appuyaient vos dômes,
On n'entend que les cris des pâtres voyageurs ;
Ou ces étranges bruits qui semblent des fantômes
    Racontant vos malheurs.

Restes du vieux château, parlez-nous de ses gloires,
Alors que les seigneurs régnaient en souverains,
Et que, sur vos créneaux, ils chantaient leurs victoires
    Sur les fiers sarrasins.

Un jour, s'il m'en souvient, pour une cause sainte,
On vit ici des preux jurer fidélité,
On entendit leurs voix redire en cette enceinte :
    Padilla !... Liberté !

Quelques jours de splendeur, et puis l'ignominie,
Les fers et l'échafaud, les ruines et la mort ;
Succomber en servant d'arme à la tyrannie,
    Hélas ! quel triste sort !

Trois siècles ont passé, emportant dans la tombe
Les esclaves, les rois, et je retrouve encor
Le sceau qu'un potentat mit sur une hécatombe :
    Le Té (1) du Traïdor (2).

(1) Potence double ayant la forme d'un T.
(2) Traître. Dans le pays on dit : C'est le Té du Traïdor.

D'un superbe manoir voilà donc ce qui reste...
Arrête ici tes pas, homme faible et mortel ;
Ta gloire est vanité, tout en ces lieux l'atteste,
Dieu seul est éternel (1) !...

La Mère Bonnat était à peine rentrée à Madrid qu'une nouvelle occasion d'étendre la Sainte-Famille se présentait à elle. La vicomtesse de Zarbalan, femme d'une haute piété, avait fondé un refuge pour les pauvres filles pénitentes et s'était dévouée de tout son cœur à l'établissement de cette bonne œuvre. Se sentant impuissante à remplir seule les devoirs multiples d'une telle mission, et voulant assurer l'avenir de sa fondation, elle demanda à la Sainte-Famille, par l'entremise de la Mère Bonnat, de lui venir en aide. Ses propositions furent agréées du bon Père, qui, tout en laissant à la Mère Emmanuel le soin de décider quelle serait la branche de la Sainte-Famille qui serait chargée de cette Œuvre, inclinait pour la confier aux Sœurs de l'Espérance. Les sujets destinés à la diriger partirent sans retard pour Madrid, et, dès le 10 mai, la Mère Bonnat pouvait écrire au bon Père ;

« Nos bonnes Sœurs sont arrivées sans que nous sussions leur départ et nous ont agréablement surprises. La vicomtesse venait d'exprimer sa désolation, quand nous l'avons fait prévenir qu'enfin l'objet de ses désirs était réalisé. Elle s'est empressée d'accourir pour voir les Sœurs et doit, dès aujourd'hui, les conduire à leur

---

(1) Rec. de poésies.

demeure, près de l'église de *San Francisco el Grande*. Dieu veuille maintenant les soutenir et les diriger! Elles paraissent bien disposées. La dernière lettre de Mère Despect me donnant la liberté de les laisser dans la branche de l'Espérance, je l'ai fait avec joie, parce que je désire beaucoup cette Congrégation en Espagne. Elle y est déjà connue et aimée par les éloges qu'on en fait en France; d'ailleurs l'Œuvre du Refuge ne peut lui nuire en rien: au contraire, elle mettra de suite les Sœurs en rapport avec ce qu'il y a de mieux à Madrid. La vicomtesse sait bien que si plus tard les repenties se font religieuses, ce sera une société à part. Dans les commencements, les Sœurs seront obligées de se soumettre à certaines petites choses qu'elles corrigeront peu à peu, car elles ne peuvent rien établir ni rien changer avant de s'entendre avec la fondatrice, qui, du reste, est excellente et ferait honte à bien des religieuses ferventes. C'est une de ces piétés comme on en voit peu. Il y a déjà vingt-deux repenties de réunies, auxquelles il faut tout apprendre: lire, travailler, balayer, etc...; elles sont dans la plus grossière ignorance de ce qui est utile et encore plus de leur religion. C'est à force de douceur que la vicomtesse en est venue à bout. Pour leur faire adopter des draps de grosse toile, elle a ordonné, devant elles, qu'on en mît à son lit; alors les plus récalcitrantes ont dit : Nous aussi, nous en prendrons. Il y a mille faits de ce genre que les Sœurs devront recueillir et imiter pour dominer ces âmes qui veulent être à Dieu, mais qui regrettent les jouissances du monde. »

La joie de la Mère Bonnat ne fut pas de longue durée;

comme toutes les Œuvres de Dieu, celle de l'Espérance ne devait s'implanter qu'à l'ombre de la Croix. Anticipant sur l'avenir, disons de suite que l'Œuvre du Refuge ne tarda pas à donner de nombreux soucis. La Supérieure ne connaissait pas le pays ; elle voulut agir sans consulter la Mère Emmanuel, et après s'être entendue avec l'aumônier, prêtre influent par sa position et sa fortune, elle résolut de se séparer de la vicomtesse de Zarbalan. La Mère Bonnat, avertie, ne put que rappeler les Sœurs, et comme toutes les repenties voulaient les suivre, elles se réunirent de nouveau dans un autre local et sous une autre Supérieure. L'Œuvre sembla d'abord marcher assez bien ; mais ce n'était qu'un arrêt dans l'épreuve, la nouvelle Supérieure manquant de franchise et oubliant ses devoirs, quitta un jour la Communauté pour n'y plus revenir. Les repenties, découragées, se retirèrent et furent remplacées par des enfants. La Maison devint ainsi une préservation jusqu'au jour où les orphelines qui étaient à Lorette leur furent adjointes.

Il est facile de comprendre quelles furent les peines de la Mère Bonnat durant cette longue série d'épreuves ; elle avait besoin de se rappeler, pour ne pas se décourager, que la Fille de Dieu Seul doit savoir regarder et porter la croix.

Pendant les pourparlers qui avaient eu lieu à l'occasion des fondations de Plasencia et de la Conception à Madrid, bien des lettres avaient été échangées, et malgré les meilleures intentions, tant de la part de l'Administration que du côté de la Mère Bonnat, quelques froissements involontaires s'étaient produits. A Bordeaux, on trouvait que la Mère Emmanuel avait trop agi de sa propre autorité. La Mère Bonnat prétendait, elle, que ne recevant pas des réponses plusieurs fois demandées, elle avait pris le silence pour une adhésion, et dans son chagrin de n'être pas comprise, elle avait apporté une certaine amertume à sa plainte. Le bon Père n'était pas habitué à rencontrer la plus légère nuance entre ses propres sentiments et ceux de la Mère Emmanuel ; il fut peiné, et comme il l'aimait trop pour lui passer le moindre tort, il lui écrivit avec une bonté où l'autorité du Supérieur, se mêlant à l'indulgence du Père, rappelait affectueusement au devoir celle qui s'en était un instant écartée.

« MA BIEN CHÈRE ENFANT,

» J'avais chargé la Mère Despect de répondre aux passages de votre lettre qui demandaient une prompte décision, et je m'étais réservé de vous dire à l'oreille que la manière dont vous aviez pris les observations de votre bon Père et le ton avec lequel vous y répondiez m'avaient fait d'abord beaucoup de peine... Mais toutes les impressions qui pourraient contrister mon cœur à l'égard de ma fille, ou faire supposer que le sien n'est plus pour moi ce qu'il a toujours été, ne sauraient séjourner longtemps en moi ; et aujourd'hui, chère enfant, il n'en reste plus la moindre trace... Je suis persuadé également que vous vous êtes déjà fait justice, et que la plus légère observation, sous ce rapport, serait parfaitement inutile, et ne pourrait que vous affliger en vous donnant à penser que je vous crois toujours dans les mêmes dispositions.

» Je comprends, ma fille, tout ce que votre position peut avoir de pénible, dans certaines circonstances, pour votre zèle, votre cœur et votre organisation ; je voudrais que vous fussiez un ange d'obéissance, de résignation et de douceur dans tous vos rapports avec la Famille, et j'ai moins que tout autre le droit de me plaindre, quand il n'en est pas ainsi, puisque je suis moi-même si misérable... Il est vrai que dans les torts que vous pouvez quelquefois vous donner aux yeux de vos Sœurs, je suis moins sensible à ces torts mêmes qu'à l'impression défavorable qu'ils pourraient faire. Vous êtes ma fille aînée, celle sur laquelle se sont reposés, avec complaisance, mes soins, mes affections, mes espérances et peut-être aussi mon orgueil de père... Je voudrais pouvoir vous montrer, toujours et dans toutes les positions, comme un modèle... et puis, le Bon Dieu vous a accordé tant de grâces, il vous a mise à même de me révéler si souvent tant de cœur et tant d'âme qu'il me semble toujours qu'il ne dépend que de vous d'être une grande sainte...

» Quoi qu'il en soit, ma fille, et quelles que soient les misères que nous vous fassions, soyez du moins assez juste pour ne jamais nous supposer des pensées de défiance ou des sentiments qui ne sauraient entrer dans notre cœur ; songez que la position des supérieurs exige bien souvent qu'ils prennent des mesures dont on ne peut sentir la nécessité dans une situation différente ; que les individus les plus capables et les plus dignes de confiance doivent se fondre dans l'ensemble des mesures générales que réclament l'ordre et le bon gouvernement dans une Société dont tous les membres ne se ressemblent pas ; et que, pour bâtir solidement, il faut toujours se rappeler que les individus passent, et que tel sujet sur lequel on peut compter pour toutes choses, sera remplacé, d'un moment à l'autre, par un autre sujet qui n'aura pas les mêmes qualités. C'est pour cela, chère enfant, qu'on exigera parfois que vous vous renfermiez dans la consigne de votre poste, comme on l'exigerait de toute autre, quoique l'on fût grandement disposé à étendre cette consigne, si, ne considérant que votre personne, on mesurait vos pouvoirs sur la confiance que vous inspirez. »

Nous n'avons pas la réponse à cette admirable lettre, où le Père et le Supérieur se révèlent avec tant de cœur et de dignité; mais il nous est facile de supposer ce qu'elle apporta de regret et de douleur au cœur de la Mère Bonnat, et ce qu'elle lui inspira d'humilité et de filiale soumission. Plus les âmes sont justes et unies à la volonté de Dieu, plus elles ont conscience de ce qui peut déplaire au cœur du bon Maître, et c'est pour cela que les saints confessent leurs torts avec tant d'humilité et de contrition. La Mère Emmanuel était de la race des saints et des parfaits; comme elle aimait beaucoup Jésus, elle voulait le lui prouver par sa fidélité; une chute ne pouvait l'abattre, trop humble pour se décourager, elle se relevait dans la prière, et dans un sentiment plus complet de son néant.

Au mois d'août, la Mère Bonnat fit un voyage en France : le bon Père désirait régler définitivement la question, toujours pendante, de la première charge de la Société. La Mère Emmanuel avait le titre d'Assistante de Marie, la Mère Despect remplissait les fonctions inhérentes à cette dignité, et il ne pouvait manquer d'en résulter pour tous de fréquentes difficultés. La présence de la Mère Bonnat en Espagne semblait de plus en plus nécessaire à mesure que la Sainte-Famille y prenait de l'accroissement, on ne pouvait donc songer à la rappeler au centre. Le bon Père pensa alors que le meilleur moyen était de donner à la Mère Despect le titre correspondant à la responsabilité qui lui incombait. La Mère Bonnat le fortifia dans la conviction que cette mesure était nécessaire et la nomination fut décidée et promulguée. Libre alors de tous titres, la Mère Emmanuel retourna à son poste. La tristesse l'y attendait. La Mère Stanislas Fornier, Supérieure à Plasencia depuis la fondation, se sentant atteinte d'une maladie de poitrine, n'avait plus qu'une idée fixe : venir mourir à Madrid, près de la Mère Bonnat. On sait la ténacité de la volonté chez certains poitrinaires. Dans un état à faire craindre qu'elle ne pût supporter le voyage, la Mère Stanislas quitta seule Plasencia et arriva mourante à Madrid : c'était justement pendant l'absence de la Mère Bonnat. Elle mourut peu de jours avant le retour.

En même temps, une Sœur de Lorette, intelligente maîtresse de classes et toute jeune encore, fut subitement prise d'un accès de folie que rien ne put enrayer. A l'arrivée de la Mère Emmanuel, elle était encore dans ce triste état, mais elle ne résista pas longtemps aux atteintes de cette pénible maladie, et elle s'éteignit doucement.

Sous la double impression de ces morts, entourées de circonstances qui avaient tant affligé son cœur, et sous l'empire des graves pensées qu'inspirent les fins dernières, la vénérée Mère les méditait ainsi :

L'OMBRE

Ombre chérie
Qui suivez mes pas,
De la patrie
Parlez-moi tout bas.
Est-ce une erreur, une chimère ?
Mais j'entends toujours sur mes pas
Un être dont la voix bien chère
Souvent m'appelle et parle bas.
Quelquefois cette ombre chérie,
M'indiquant un point lumineux,
Me dit : Enfant, c'est la patrie,
C'est là que nous serons heureux.

Si vous êtes l'ami fidèle
Qui devez diriger mes pas,
Laissez-moi dormir sous votre aile,
Portez-moi toujours dans vos bras ;
Éloignez de moi le mensonge,
Protégez toujours mon sommeil,
Que mes jours passent comme un songe,
Et que la mort soit mon réveil.

Ami des cieux, être invisible,
Parlez-moi de votre séjour,
Et loin de ce monde sensible,
Soyez pour moi l'ange d'amour ;

Préparez ma dernière aurore,
Qu'elle me réunisse à vous,
Et qu'avec vous je puisse encore
Rêver un avenir plus doux.

Racontez-moi ce qui se passe
Lorsque pour nous s'ouvre le port,
Et que l'âme à travers l'espace
A suivi l'ange de la mort ;
Que trouve-t-elle sur la route
Qui mène aux pieds de Jéhova ?
Quand, des cieux, on touche la voûte,
Oublie-t-on ceux qu'on aima ?

Lorsque nous laissons cette terre
Qui nous introduit dans les cieux,
Est-ce un archange, est-ce une mère,
Est-ce la main d'un bienheureux ?
Qui s'occupe de nous défendre
Lorsque nous tombons à genoux,
Et que, tout tremblant, il faut rendre
Le compte qu'on attend de nous ?

A ma demande, à ma prière,
Hélas, vous ne répondez rien ;
Vous voulez qu'une autre lumière
Soit mon espoir et mon soutien.
Que du moins votre voix si chère
Me dise encor : Voilà les cieux,
C'est là qu'on retrouve sa mère,
C'est là que nous serons heureux (1).

Rec. de poésies.

Le Roi avait près de lui, à la Cour, deux sœurs, jeunes encore, dont l'éducation était terminée, mais qu'on désirait voir se perfectionner dans l'étude de l'histoire et de la littérature françaises et acquérir par là une plus grande facilité à s'exprimer en cette langue. Comme la Mère Bonnat avait toujours eu de bonnes relations au Palais, on songea à elle, et un envoyé du Roi vint lui demander si elle consentirait à donner des leçons aux Infantes.

Au premier moment, l'humilité de la Mère Emmanuel la fit hésiter, mais elle pensa que son acceptation pourrait devenir une protection pour les Œuvres, et elle se décida à une démarche qui coûtait à sa timidité.

« La plus grande nouvelle de la semaine, écrivait-elle, le 7 novembre 1849, à la Mère Despect, c'est mon installation comme maîtresse de français des Infantes. Le bon Père m'avait engagée à accepter si on renouvelait la demande, M. Alinari m'a parlé dans les mêmes termes, auparavant il avait voulu causer avec les ministres, qui s'étaient montrés très bien disposés pour moi et avaient dit qu'ils voyaient avec plaisir que je fusse choisie pour être placée près des princesses. Tous ces préambules terminés j'ai annoncé que je ne voulais aucune rétribution, mais une voiture pour me conduire et me ramener. On en a mis une du Palais à ma disposition et l'on m'a dit que les 4,000 réaux affectés au professeur de français seraient donnés à la maison pour les orphelines. Tout conclu, j'ai fait hier mon entrée au Palais, j'avais un peu honte (j'aime si peu la représentation quelle qu'elle soit), les jeunes princesses étaient encore plus intimidées que moi, en sorte que je me suis assez vite mise à l'aise. J'irai donner ces leçons trois fois par semaine : le mardi, le jeudi et le samedi de neuf heures à onze heures du matin ; en voiture, bien entendu, et avec mon costume religieux. »

La Mère Despect était Directrice Générale ; c'était la Mère Bonnat qui l'avait reçue dans la Sainte-Famille, avait en quelque sorte décidé sa vocation, avait dirigé ses premiers pas, avait toujours été sa Supérieure, sa Mère, son amie ; désormais l'affection, sans diminuer, revêtira un caractère de respect qui révélera à quel point le sentiment religieux domine chez la vénérée Mère ; dans la lettre suivante, on le sent, c'est la fille qui écrit à sa Mère, la religieuse à sa Supérieure :

« L'année qui vient de s'écouler, lui dit-elle le 27 décembre 1849, nous a offert bien des peines, celle qui se présente nous en offrira de nouvelles et votre cœur en prévoit déjà de bien cruelles. Mais le Dieu qui frappe est aussi celui qui soutient : s'il augmente nos souffrances c'est afin de nous donner une plus brillante récompense. Puisque vous êtes maintenant la Mère de cette nombreuse famille que Dieu appelle à sa suite, il faut que vous en deveniez aussi le modèle dans toutes les circonstances, et que vous nous enseigniez ce que nous devons faire dans les croix, dans les afflictions de toutes sortes. Nous vous aiderons de nos prières, tous les jours nous demanderons pour vous ces grâces particulières qui ne sont données qu'aux saints, afin que vous deveniez de plus en plus digne du respect et de la vénération de toutes vos filles. Je n'ose vous souhaiter d'autres consolations que celles que donne la foi et qui nous méritent le ciel. »

La tristesse à laquelle il est fait allusion au commencement de cette lettre était provoquée par la maladie grave d'Isaure, sœur de la Mère Despect, qui, jeune encore, succombait quelques jours après, en laissant dans le cœur de tous ceux qui l'avaient connue d'impérissables regrets. Isaure n'ayant pu suivre sa sœur en communauté, était Dame de la Sainte-Famille, et elle avait toujours rempli les devoirs de cette vocation dans leur plus parfaite acception. Sa mort était donc vraiment un deuil pour sa famille religieuse. La Mère Bonnat savait ce que la Mère Despect, qui avait servi de mère à sa sœur, souffrirait dans cette cruelle séparation.

« Vous devez comprendre, lui écrivait-elle le 20 janvier 1850, tout le chagrin que j'ai eu de la mort de notre chère Isaure, que j'aimais tant ! Combien je la regrette pour vous, pour l'Œuvre de Bayonne, pour le bien qu'elle faisait et qu'elle eût pu faire plus tard, pour moi enfin qui étais si heureuse de la trouver à Bayonne lorsque j'y passais. Mais elle avait sans doute accompli sa tâche et Dieu l'a appelée à lui pour la récompenser. J'envie son sort, elle est heureuse avec les anges auxquels elle ressemblait. Puisse-t-elle du haut du ciel nous aider à suivre avec persévérance le chemin de la vertu ! Nous prions pour elle, et cependant j'ai confiance qu'elle-même nous obtiendra bien des grâces. Quelle vie, ma chère Mère! que de larmes on y verse! que de chagrins! que de peines! et, selon Isaure, il faut se résigner et ne pas désirer de la voir finir avant que Dieu lui-même ne l'ordonne . . . .

» Nous suivons ici fort doucement une route très épineuse, les peines semblent se multiplier, j'en suis souvent fort accablée. Il faut que la pensée de Dieu seul vienne en aide et encore plus celle de l'éternité. »

C'était l'heure des sacrifices, le Bon Dieu allait en demander un bien grand au bon Père et à la Sainte-Famille tout entière : la bonne, la vénérée Mère Trinité était enlevée, le 13 mars, à l'affection de son frère et de toutes ses filles. Un voile de deuil s'étendait sur tous les cœurs, car on savait tout ce que cette première coopératrice du Fondateur avait été pour la Société naissante. De Madrid, la Mère Bonnat s'associa à cette grande douleur, elle avait toujours eu une vénération particulière pour la Mère Trinité, dont elle admirait les héroïques vertus et surtout l'humilité profonde.

« Nous avons senti bien vivement la mort de notre bonne Mère Trinité, écrivait-elle au bon Père ; la première, elle avait suivi les traces de la Sainte-Famille, et sa conduite nous avait toujours tant édifiées ! C'est une perte pour toute la Société ; on aimait à se dire : voilà notre Fondatrice ! et maintenant elle est au ciel.... Elle a tant souffert, que Dieu a voulu abréger son martyre et il l'a enlevée plus tôt que nous ne croyions. Votre bon cœur a recueilli ces jours-ci bien des mérites, car il a dû souffrir près de cette chère malade. Tout en priant pour elle, nous prions aussi pour vous, et nous demandons à Dieu qu'il vous conserve encore pour vos enfants qui ont grand besoin de vous. »

QU'IL EST DOUX DE MOURIR !

Votre fidèle épouse a fini sa journée,
Et près de vous, Seigneur, se hâte d'accourir,
Elle est prête à partir, sa tâche est terminée,
Et dit, en approchant de l'heure fortunée :
Pour vous aimer, mon Dieu, qu'il est doux de mourir !

Comme un bienfait du ciel, je reçus l'existence :
Dès le berceau, Seigneur, j'appris à vous bénir,
Toujours enfant chéri, guidé par l'espérance,
J'ai traversé la vie avec reconnaissance.
Pour vous aimer, mon Dieu, qu'il est doux de mourir !

Elle apparaît enfin cette dernière aurore
Qui me laisse entrevoir un heureux avenir ;
Pour m'appeler, Seigneur, vous attendez encore,
Mais le soleil paraît et l'ombre s'évapore...
Pour vous aimer, mon Dieu, qu'il est doux de mourir !

Hâtez-vous, doux Sauveur ; la cloche au loin résonne,
C'est l'heure du banquet, les portes vont s'ouvrir,
L'ange qui me gardait prépare ma couronne,
De célestes clartés, je sens qu'il m'environne.
Pour vous aimer, mon Dieu, qu'il est doux de mourir (1) !

(1) Rec. de poésies.

Et le bon Père répondait : « Nos jours passent, chère enfant, et nous passerons nous-mêmes bientôt pour toujours... Profitons du temps et des grâces que le bon Maître daignera nous accorder encore... Détachons notre cœur de ce qui nous échappe et ne détournons plus nos regards de la céleste Patrie...

» L'hiver s'est tellement prolongé chez nous, que j'ai retrouvé le printemps à la Solitude où vous désiriez que je pusse le rencontrer. Notre île de Toutes-Grâces devient plus belle et plus pieuse chaque année, nous venons d'y établir la station de Notre-Dame de la Bonne Mort, c'est là que nous allons souvent prier pour nous et pour les Sœurs de la Sainte-Famille qui nous sont dévouées. Nous avons fait aussi réparer et clore d'une grille en fer le cimetière où reposent nos Sœurs, où repose notre chère Mère Trinité... Elles prient pour nous... bientôt nous irons les rejoindre. Oui, chère enfant, au milieu des morts et des révolutions, nous marchons toujours ; nous avons logé les Sœurs de la Conception, parce qu'elles étaient réellement sans gîte, mais notre tente est celle du voyageur, notre demeure permanente est dans le ciel, où nous n'aurons plus rien à craindre. »

Pendant que la Mère Bonnat s'occupait de multiplier autour d'elle les Œuvres de la Sainte-Famille, de grandes épreuves surgissaient pour les maisons établies en Catalogne. L'Œuvre de Mataro, près Barcelone, avait été fondée en 1846 et avait paru dans des conditions propres à y établir un noviciat pour les Sœurs de l'Immaculée-Conception. Tout alla bien les premiers temps, la Catalogne fournissait des postulantes sur lesquelles on aimait à compter pour l'avenir de l'Association en Espagne; mais dans une visite faite en 1848, par la Mère Régis Aumoitte, celle-ci s'aperçut que l'esprit de famille était profondément altéré dans la Communauté et qu'une influence étrangère, celle du confesseur, s'y substituait à l'influence légitime des premiers Supérieurs. L'aumônier ne songeait à rien moins, en effet, qu'à faire de la Maison, composée d'un noviciat, d'un pensionnat et d'un hospice, une œuvre diocésaine. Il s'entendait pour cela avec l'aumônier de Lorette de Barcelone, et l'Évêque, influencé, se prêtait à ces manœuvres.

« La Mère Despect se rendit à Mataro, mais hélas ! il était trop tard. Sa bonté, ses encouragements restèrent inutiles pour la pauvre Supérieure dévoyée sur l'âme de laquelle la grâce avait passé.....

» Le 12 juin 1850, vers cinq heures du soir, les meneurs de cette triste affaire, réunis au couvent, faisaient appeler la Mère Despect et lui signifiaient que la Maison de Mataro était désormais sous la direction exclusive de l'évêque de Barcelone. Après une scène d'une violence inouïe, la pauvre Mère était mise littéralement à la porte sans égard pour son caractère, sa dignité, sa santé, et tous les droits élémentaires de la délicatesse. Il était neuf heures du soir, lorsqu'elle fut obligée de quitter la maison avec les quelques Sœurs fidèles qui voulurent la suivre. Les voyageuses arrivèrent à Barcelone, en pleine nuit, brisées de fatigue et d'émotion. Monseigneur, que la Mère Despect vit le lendemain, ne voulut rien entendre et parut disposé à prendre pour l'Œuvre de Lorette de Barcelone les mêmes mesures que pour celle de Mataro. Mais là, il échoua complètement, car c'était la Mère de Lesseps qui était supérieure. » (1) En apprenant ces désolants récits, dont elle ressentait si douloureusement le contre-coup, la Mère Bonnat écrivait au bon Père :

« 22 juin 1850.

» Les nouvelles que je viens de recevoir de Barcelone m'ont consternée. A qui donc se fier ? Il est vrai qu'après ce qui s'est passé sous nos yeux, rien ne doit nous surprendre ; je pense à tout ce que votre cœur a souffert de ce nouveau coup et cette peine augmente la mienne. Le Bon Dieu vous veut saint, il vous fait suivre la voie qui mène à Lui. Plus que jamais je me rattache à mes Supérieurs, prête à dire, comme notre défunte Mère Affre : Si je devais être infidèle, enfermez-moi dans une prison noire. J'espère, avec le secours de Dieu, rester ferme, mais, hélas ! que de souffrances avant d'arriver au terme ! Nous prions beaucoup pour nos Supérieurs et pour nos Sœurs et j'ai fait commencer à la même intention une neuvaine de messes à Notre-Dame de la Providence..... »

La semence de la Croix est toujours féconde et les œuvres de Dieu ne prennent racine qu'à l'abri de cet arbre divin. La Sainte-Famille en fit encore l'expérience dans la fondation de Valence (Espagne) qui suivit de près le schisme de Mataro. La Sœur qu'on avait envoyée pour établir l'Œuvre songea bientôt à secouer le joug de

(1) Notice de la Mère Saint-Charles (Mélanie Despect).

l'autorité, mais, déjouée dans ses projets, elle fut exclue de la Société et, sous une nouvelle direction, l'Œuvre se consolida, à la grande joie de la Mère Bonnat, qui, partageant les peines des débuts, avait craint un instant que la tempête n'emportât l'établissement naissant.

Les épreuves et les secousses qui agitaient les branches de la Sainte-Famille sans en ébranler le tronc, ne faisaient que rapprocher la Mère Emmanuel de ce centre où toutes ses affections demeuraient rivées : sa correspondance, mélange d'affaires et d'expansion, exprimait bien les sentiments de son cœur.

Citons quelques passages d'une lettre à la Mère Despect :

« J'ai fait dire la messe de souvenir pour l'ange que nous avons perdu. Mais pourquoi s'affliger de son bonheur ? Heureux ceux qui partent les premiers et qui laissent une vallée de misères pour un séjour de délices. Je commence à partager les sentiments du Petit Père, et je voudrais voir mourir toutes les enfants que j'aime afin de les savoir heureuses et délivrées surtout du péril d'offenser Dieu. Plus on avance dans la vie, plus le cœur se flétrit en voyant les crimes qui inondent la terre. Il est vrai que je me trouve plus que personne à même de le savoir; les intrigues de cour, dont je suis si rapprochée, m'apprennent tous les jours que pour satisfaire leurs passions les mondains n'épargnent rien. De mon coin, je leur prêche tant que je peux la nécessité de faire du moins l'aumône, mais quand ils ont dépensé 50,000 réaux pour leurs plaisirs, ils croient faire beaucoup en me donnant 10 fr. Enfin le monde sera toujours le même, laissons-le passer . . . .

» Une bien grande consolation pour moi, c'est que malgré nos charges et nos inquiétudes, on n'a refusé aucun des pauvres qui se sont présentés à la porte : tous ont reçu, et quelques-uns tous les jours, des restes, du pain ou de l'argent. En comptant les personnes nourries dans les trois maisons, il y en a de 150 à 160. Je vous demande, en remerciement, une visite à Notre-Dame de Toutes-Grâces, car c'est cette divine Mère qui nous protège et nous soutient d'une manière toute miraculeuse.

» Il y a dans ce moment une grande agitation dans le monde politique, à cause du changement de ministère ; on me donne des espérances d'appui, je ne sais s'il faut y compter, je crois que ce n'est qu'en Dieu seul que nous devons espérer.... »

Ce que je désire,
O Jésus, c'est vous ;
Et quand je respire,
Je vole vers vous. -
Lorsque je soupire,
C'est encor pour vous ;
L'objet qui m'attire,
O Jésus, c'est vous,
Et ce que j'aspire
C'est vous, toujours vous (1).

(1) Écrin.

CHAPITRE V.

Voyage du bon Père à Rome. — Promulgation des Règles de la Sainte-Famille. — Les Sœurs de l'Espérance dans leur mission de garde-malades à Madrid. — Visite des Maisons d'Espagne. — Cours d'histoire français-espagnol composé par la Mère Bonnat.

> « *Il y a un vrai mérite à servir Dieu sans consolation, à aimer les créatures sans attrait naturel, à accomplir la règle tous les jours avec la même fidélité.* »
> R. B.

Dans sa sollicitude de tous les instants pour les Œuvres dont il était le Fondateur, le bon Père avait sans cesse le regard tourné vers cette Espagne qui promettait une si fructueuse moisson aux Sœurs de la Sainte-Famille. Quelque confiance qu'il eût en la Mère Emmanuel, son bras droit, une de ses filles aînées, si digne de le représenter par ses qualités, ses vertus, son dévouement à la Famille, son zèle à en procurer l'extension, il se sentait, lui, la mission donnée par Dieu d'établir toutes choses selon le plan particulier qui servait de base à la Sainte-Famille. A mesure que les diverses branches de l'Association s'enracinaient sur ce sol étranger, il voulait que chacune fût à sa place, fît son œuvre, sans confusion, sans mélange et que l'admirable harmonie qu'il avait établie entre elles n'eût rien qui pût la troubler. Sous l'impression de ces graves pensées et en présence des conséquences que ses prévisions pouvaient entrevoir, il dirigeait, il conseillait la Mère Bonnat avec cette autorité affectueuse qui rendait si efficaces les leçons paternelles, leçons qui, aujourd'hui encore, ne sauraient être écoutées sans profit :

« Martillac, 26 janvier 1851.

» MA BIEN CHÈRE ENFANT,

» Si nos vœux de bonne année ressemblaient à ceux qu'on s'adresse dans le monde, s'ils étaient soumis aux mêmes lois de l'étiquette, j'aurais à vous faire bien des excuses pour avoir passé les temps de rigueur sans répondre à vos souhaits si affectueux, sans vous exprimer ceux que je forme de mon côté pour le bonheur d'une âme qui m'est si chère. Le jour de l'an, en disant la messe pour toutes mes filles, j'ai prié pour vous d'une manière toute particulière; oui, ma fille bien-aimée, il faut que nous devenions des saints. Voilà déjà grand nombre d'années que nous sommes sur la terre, et avant que le dernier jour, qui approche, ne soit arrivé, il faut réparer le temps perdu, le temps mal employé; notre bon Maître nous y invite par les sacrifices qu'il nous demande, par les épreuves qu'il nous envoie, par les travaux et les sollicitudes dont il remplit nos dernières années... Correspondons à tant d'amour, à tant de miséricorde ! Qu'il n'y ait plus, dans toute notre vie, une pensée, un désir, un acte qui ne soit pour lui ! Employons le reste de nos forces, de notre existence, à lui gagner des âmes, et mourrons les armes à la main ! Encore quelques jours d'absence, de travail, de combat, et puis nous irons nous reposer ensemble dans notre céleste Patrie.

» Je crois, comme vous, que la Sainte-Famille est appelée à faire quelque bien en Espagne, et je m'en réjouis d'autant plus que vous y aurez une grande part, puisque c'est vous, chère enfant, que Dieu a choisie pour nous ouvrir cette nouvelle voie. L'esprit révolutionnaire, l'esprit de philosophie et d'impiété, qui a déjà ravagé toute l'Europe, s'étend de plus en plus en Espagne, en pervertissant vos mœurs, en changeant toutes vos idées, en vous poussant dans une voie de réforme et de progrès dans laquelle, malheureusement, vous serez à mille lieues de votre clergé, de vos institutions religieuses. Or, il y a des siècles entre vos prêtres, vos religieux d'aujourd'hui et la génération qu'enfantent actuellement vos institutions politiques ; ce sont deux peuples qui ne pourront s'entendre, et l'ancien, celui qui porte en lui les principes de vie, restera longtemps encore à une trop grande distance du nouveau, pour arrêter les déplorables inconséquences de son éducation révolutionnaire. C'est ce qui me fait penser que le remède devra venir, en grande partie, des nations qui vous ont apporté le mal, et que des institutions françaises, pour lutter contre l'esprit qui vous travaille maintenant, seront appelées à protéger votre jeunesse, en attendant que l'Espagne religieuse se soit elle-même formée à ces nouveaux combats ; mais ces institutions étrangères auront moins à souffrir, dans les commencements, de la part de leurs véritables adversaires, que de la part de ceux dont elles viendront défendre la cause.....

».... S'il est à désirer que vous puissiez encore avoir une surveillance entière sur toutes les nouvelles fondations que la Sainte-Famille fera à Madrid, quelle que soit la branche dont elles fassent partie, on ne pourrait, sans renverser toute l'organisation de notre Association et sans dénaturer l'esprit des Œuvres, mettre Lorette à l'Espérance, à Saint-Joseph, à la Conception, ou mettre ces différentes branches dans Lorette. Il est impossible, en effet, que l'esprit d'une Œuvre soit l'esprit de l'autre pour ce qui est propre à chacune d'elles; il est impossible aussi que des Œuvres ainsi mélangées se développent dans le sens qui leur convient, et que tout ce chaos bâti en l'air ne finisse, tôt ou tard, par tomber en marmelade. C'est ce que vous pensez comme nous, je n'en doute pas, chère enfant, et c'est pour cela que je voudrais savoir quelles sont vos idées, pour donner peu à peu à l'Œuvre de la Conception, ainsi qu'à celle de l'Espérance, la couleur et le mouvement qui devraient les perpétuer en les développant et en les consolidant. Vous me donnerez donc, à cet égard, les renseignements qui me manquent.

» Je vois avec plaisir que votre Maison vient en aide, pour le personnel comme pour le temporel, aux Œuvres de charité ou de zèle dont vous avez jeté les fondements; mais cet état de choses, que Dieu doit bénir, comme il bénit tout ce que le zèle qui vient de Lui enfante, ne peut durer qu'autant que la prudence et les circonstances le permettront ; car vous savez combien les ressources d'une maison d'éducation sont changeantes, sont précaires, et si des Œuvres de charité ne reposaient que sur ces ressources, non seulement elles pourraient tomber d'un moment à l'autre, mais elles entraîneraient encore, dans leur ruine, jusqu'à la Maison qui leur servirait d'appui, et peut-être en compromettant notre Société tout entière. Il me semble donc, chère enfant, que nous devons agir avec beaucoup de prudence, tout en faisant autant de bien que possible, car nous ne sommes que les mandataires de l'Association dans les Œuvres qu'elle nous confie, et nous ne devons jamais perdre de vue ce mandat, dont nous avons à lui rendre compte aussi bien qu'à Dieu.

» ..... Je vous dirai tout bas, à l'oreille, que la Mère Eugène, la Mère Despect et votre bon Père pourraient bien se trouver à Rome dans le mois de mars ; je serais bien aise d'aller une fois encore consulter le Seigneur dans la Ville éternelle sur les dernières bases à donner à nos Œuvres. Quand le moment sera venu, on vous fixera davantage sur ce voyage, ainsi que sur l'époque du départ ; en attendant, je vous demande de prier de tout votre cœur. Vous verrai-je à Bordeaux, vous verrai-je en Espagne ? Je ne le sais pas encore ; mais je le désire trop pour que Dieu ne le veuille pas ; priez aussi pour cela, chère enfant.

» Adieu ; je ne vous dis rien de la famille, ma lettre est déjà si longue et j'ai si peu de temps ! Je vous bénis du plus profond de mon cœur ; je bénis vos Sœurs, vos élèves ; je bénis le Refuge, les orphelines... Recommandez-moi à tout ce monde ; et vous surtout, ma fille bien-aimée, priez toujours pour votre bon Père. »

Ainsi, le bon Père annonçait à la Mère Emmanuel son projet d'un nouveau voyage à Rome. Il avait, il est vrai, mis la dernière main à son Œuvre en donnant à ses filles les Règles qui devaient désormais être leurs lois, mais avant tout, il les avait soumises au Souverain Pontife, qui les avait louées en bénissant le Fondateur de la Sainte-Famille et l'Association tout entière. Il voulait maintenant porter aux pieds du Saint-Père l'expression de sa reconnaissance, l'assurance de son amour et de son dévouement à la chaire de Pierre, et obtenir encore de nouvelles faveurs pour cette famille dont Dieu l'avait fait le Père et le Pasteur. A la nouvelle de ce voyage, la Mère Bonnat s'empressait d'écrire :

« Je me réjouis de penser que vous retournez à Rome pour achever de mettre en ordre nos Règles et nos Œuvres. Nous vous suivrons en priant pour le succès de vos démarches, nous demanderons tous les jours à Dieu qu'il vous accorde toutes les grâces nécessaires pour perfectionner ce que vous avez déjà si bien commencé et, j'ose l'espérer, Dieu exaucera nos prières et vous accordera la consolation de tout régler pour le plus grand bien des âmes et des Œuvres. »

Le 2 avril 1851, le bon Père quittait Bordeaux ; il était accompagné de la bonne Mère Despect, de la Mère V. Machet et de M. l'abbé Sabatier, un de ses amis. Nous n'avons point à faire ici la relation de ce voyage, dont on trouve les détails à leur lieu et place ; contentons-nous de lire la lettre que le bon Père adressait de Rome à la Mère Bonnat :

« Rome, 14 avril 1851.

» CHÈRE ENFANT,

» Si la belle Ibérie ne vous a pas fait oublier votre Père, le beau ciel de l'Italie ne distraira pas mon cœur de ma fille bien-aimée. Nous voilà à Rome depuis samedi dernier, après avoir visité Gênes, Livourne et Pise, et partout nous avons prié pour nos enfants. La Mère Despect et la Mère Eugène ont eu quelques atteintes du mal de mer en sortant de Marseille, mais elles ont pris le dessus et accompli le voyage en *vrais marins*. Nous avons commencé la Semaine Sainte en assistant à l'office des Rameaux à Saint-Pierre, où nous avons eu le bonheur de voir le Saint-Père et de recevoir plusieurs fois sa bénédiction. Ces premiers jours vont être employés en dévotions et en petites excursions au milieu des monuments de la Ville éternelle, ensuite nous nous occuperons de nos affaires.

» Je n'ai pas besoin de vous dire que si nous prions pour nos enfants dans tous les lieux que nous visitons, vous avez une part toute particulière dans les prières de votre bon Père.

» Je ne puis rien vous apprendre encore ni de Rome, ni du motif qui nous y retient ; je le ferai de vive voix, je l'espère, à mon retour à Bordeaux où je compte vous revoir. En attendant, je vous donne ces quelques lignes parce que votre cœur filial autant que le mien en a besoin, les nouvelles de la Famille font toujours plaisir.

» Il m'est inutile de vous demander vos prières, je sais qu'elles nous accompagnent en Italie et qu'elles nous y feront trouver bien des grâces, bien des consolations. »

Les chers voyageurs quittaient Rome le 21 mai, trois jours après l'audience pontificale qui les avait comblés de consolations, et avait enrichi la Sainte-Famille de si précieuses faveurs.

De retour à Bordeaux, le bon Père, plus convaincu que jamais par tout ce qui lui avait été dit à Rome, que sa pensée était bonne, qu'il fallait la suivre et que la volonté de Dieu était qu'il établît sa Société sur les bases qu'il lui avait données, appela autour de lui les Conseillères Générales de Marie. Cette réunion imposante eut lieu au mois d'août; le bon Père se plut à redire aux premières Mères de la Société les motifs de son séjour dans la Ville éternelle, les encouragements qui lui avaient été donnés, les perfectionnements apportés aux Règles, qui avaient été goûtés et acceptés, les bénédictions accordées à l'Association tout entière dans la personne des Conseillères Générales. Puis il distribua à celles-ci les croix et les anneaux, insignes de leur charge, insignes précieux, puisque la croix revêtue des plus riches indulgences, même de l'indulgence *in articulo mortis*, a le privilège de les conserver tout en étant transmise d'une Conseillère défunte à celle qui la remplace.

La Mère Bonnat était présente à cette réunion du Conseil Général; si son cœur religieux s'était réjoui de ces communications importantes, elle avait surtout béni le Seigneur dans un sentiment de reconnaissance pour toutes les grâces dont sa chère Société était l'objet. Quand le bon Père distribua les anneaux aux Conseillères Générales, il donna le n° 1 à la Mère Emmanuel. Ce n° 1 avait été destiné, dans le principe, à la Mère Trinité Noailles, qui l'aurait mérité à tant de titres ; mais cette vénérée Mère n'était plus sur la terre, et le bon Père trouvait qu'après celle qui avait été la Fondatrice de la Société, ce premier anneau devait revenir à celle qui avait si largement et si généreusement contribué à l'extension de la Sainte-Famille. La Mère Emmanuel reçut avec un respect religieux et une profonde gratitude, des mains de son Supérieur et de son Père, ce signe de son union intime avec Dieu Seul, dans la Sainte-Famille ; elle ne pouvait se sentir plus liée qu'elle ne l'était à sa Société, à son Fondateur et à ses Œuvres ; mais dans son cœur, elle promettait une fidélité encore plus généreuse, un dévouement plus complet, une donation plus entière, et en le pressant souvent sur ses lèvres, elle aimait à répéter :

> Anneau béni, céleste talisman,
> Du vrai bonheur, je te dois l'espérance ;
> Reste toujours mon plus bel ornement,
> Et du salut, donne-moi l'assurance.
>
> Anneau béni, rappelle-moi toujours
> Que la ferveur doit être mon partage,
> Et qu'à Dieu Seul j'ai consacré mes jours
> Afin d'aimer chaque jour davantage.
>
> Anneau béni, doux présent paternel,
> Rappelle-moi la bonté ravissante

Du Père aimé qui, d'un air solennel,
Disait : Enfant, sois toujours bienfaisante.

Anneau béni, tu seras mon trésor,
Le doux espoir de ma longue carrière,
C'est avec toi que, prenant mon essor,
J'irai du ciel contempler la lumière (1).

Fidèle aux conseils que lui avait donnés le bon Père, la Mère Bonnat, dès son retour à Madrid, s'étudia à les mettre en pratique, et à appliquer chacune des Congrégations à ce qui était proprement de sa mission. Jusque-là, on le comprend, la maison de Lorette était une sorte de Maison-Mère de toutes les autres ; elle s'occupait de tout, elle répondait à tout et pour tout ; c'était toujours à la Mère Bonnat qu'on s'adressait, elle payait de sa personne, de ses sujets, de son argent. Il était temps de marcher dans une autre voie. Sans leur enlever les enfants qu'il n'était pas possible alors de leur retirer, la Mère Emmanuel voulut que les Sœurs de l'Espérance commençassent leur mission de garde-malades. Depuis longtemps elle avait le plus grand désir de les voir dans l'exercice de leur ministère, mais, sous ce rapport, elle savait, par expérience, avec quelle prudence il fallait procéder pour ne pas froisser les coutumes ou les habitudes, pour ne pas attirer sur soi, avant l'heure, l'attention des autorités qui regardaient toujours de très près quand il était question de communautés religieuses, « autorités, disait la Mère Bonnat, qui changent comme le vent et qui deviennent, tour à tour, nos amis et

---

(1) Rec. de poésies.

nos ennemis sans motif apparent. » Quand les moments de la Providence lui semblèrent arrivés, elle engagea les Sœurs à se mettre à l'œuvre ; il n'y eut, tout d'abord, qu'un petit nombre de malades, les Sœurs avaient besoin d'être connues dans cette nouvelle phase de leur dévouement, mais peu à peu leurs soins furent appréciés, on les réclama, et l'Œuvre de l'Espérance eut bientôt à Madrid les meilleures relations, comme les meilleures sympathies.

A cette époque, mourut le bon Monsieur Alinari ; il s'endormit dans le Seigneur en fervent chrétien, consacrant ses derniers jours à la prière, à la réparation, à la préparation au moment suprême. La Sainte-Famille perdait un ami qui lui avait toujours été bien dévoué et qui lui avait rendu les plus signalés services ; elle le regretta, pria pour lui et conserva son souvenir comme celui d'un des principaux bienfaiteurs de ses Œuvres en Espagne.

Au commencement de février 1852 avait lieu la tentative d'assassinat de la jeune reine par un prêtre nommé Mérino. Le misérable ne put consommer son forfait, mais l'événement fit grand bruit et eut un retentissement particulier à Bordeaux et dans la Sainte-Famille, car pendant son exil en France, ce malheureux Mérino avait été curé de Saint-Médard d'Eyrans, près Martillac.

« La semaine qui vient de s'écouler, écrivait la Mère Emmanuel à la Mère V. Machet, a été pour toute l'Espagne, mais surtout pour Madrid, une semaine de douloureuses émotions. Il vous sera facile de comprendre la profonde douleur des espagnols, si fiers de n'avoir dans leur moderne histoire aucune tache de régicide, vous comprendrez également la peine qu'ont éprouvée toutes les personnes pieuses et par-dessus tout celle du clergé. Pour nous, nous n'avons commencé à respirer qu'hier soir, en apprenant d'abord la conversion de ce pauvre prêtre et ensuite la fin de ses tourments. A l'archevêché de Bordeaux on doit se rappeler Don Martin Mérino, qui a été près de onze ans curé de Saint-Médard. Peut-être M. Plassan et le bon Père l'ont-ils connu, si c'est de Saint-Médard, près de Martillac. Dites-nous, je vous prie, ce qu'on en dit à Bordeaux et quelle est réellement la paroisse qu'il a desservie ? Je n'ai point été au Palais cette semaine, j'ai fait demander de n'y aller que mercredi afin de laisser passer les premières impressions ; je tremblais en montant les escaliers avec mon costume religieux... Mais il ne m'est rien arrivé de fâcheux. »

Les secousses qui avaient atteint deux ans auparavant les maisons de Valence et de Barcelone, faisaient désirer au bon Père que les visites pussent se renouveler de temps en temps. La Mère Bonnat fut désignée pour aller porter à ces deux Œuvres importantes la consolation de sa présence, et la chère Mère partit accompagnée du Père Miranda, enchanté de faire ce voyage. « Comme sainte Thérèse, disait en riant la Mère Emmanuel, je voyage avec mon aumônier. » Partout elle était reçue avec une joie filiale, avec une religieuse vénération. Les cœurs s'ouvraient et se dilataient en sa présence, et grâce à la confiance générale qu'elle inspirait, elle pouvait faire du bien, consoler les cœurs affligés, soutenir les faibles, relever les énergies, donner aux Supérieures comme aux Sœurs les conseils dont chacune pouvait avoir besoin. La Mère Joséphine Guy était alors à Barcelone; la Mère Bonnat, qui cherchait toujours les moyens d'être agréable à ses filles, et qui savait le plaisir et le bien que peut faire une attention délicate, lui donnait une petite pièce de vers intitulée *la Vieille Mère*, que, par affection et respect, elle avait composée pour sa mère, la vénérable Mme Guy.

LA VIEILLE MÈRE

Console-toi, ma vieille mère,
D'avoir vu passer le printemps,
Quand on sait aimer, prier, plaire,
Ma mère, il fait toujours beau temps.

Le printemps passe avec les roses,
L'été voit fleurir les gazons,
L'hiver recueille toutes choses,
C'est la plus belle des saisons.

Dans la jeunesse on rit, on pleure,
Pour un ruban, pour une fleur,
L'amour, le plaisir, tout s'effleure;
Pour les vieux ans, le vrai bonheur.

La vieillesse est le plus bel âge,
Celui du cœur, de la raison,
L'orateur qui veut un suffrage,
L'obtient par sa péroraison.

Dans la vieillesse on se repose,
On jouit par le souvenir,
C'est un départ que l'on dispose,
C'est un long jour qui va finir.

Lorsque, battu par la tempête,
Un désert fut notre séjour,
Le départ est un jour de fête,
Pour le cœur, c'est le plus beau jour.

Console-toi, ma vieille mère,
D'avoir vu passer le printemps,
Quand on sait aimer, prier, plaire,
Ma mère, il fait toujours beau temps.

Ces blancs cheveux que je caresse,
Parlent de ton cœur bienfaisant,
De ton admirable tendresse;
Je les vénère en les baisant.

Ces rides me semblent si belles,
Que je répète tous les jours
En parant ton front d'immortelles :
Je t'aime et t'aimerai toujours.

La vieille femme est belle et bonne,
Quand pour Dieu son cœur a battu,
C'est l'astre du soir qui rayonne
Par son amour et sa vertu.

Vieillir avec Jean et Marie,
Les tendres amis du Sauveur,
Vieillir comme eux, mère chérie,
Voilà ta gloire et ton bonheur.

Ma vieille mère, tendre amie,
Ton voyage est près de finir,
Bientôt tu seras endormie,
Mais Dieu saura nous réunir.

Console-toi, ma vieille mère,
D'avoir vu passer le printemps,
Quand on sait aimer, prier, plaire,
Ma mère, il fait toujours beau temps (1).

Peu de temps après son retour de ce long et fatigant voyage, car l'Espagne alors ne connaissait pas les chemins de fer, la Mère Bonnat se rendit à Plasencia qu'elle eut la consolation de trouver en très bonne voie et en pleine prospérité ; le marquis de Mirabel était content, les Sœurs heureuses et satisfaites, les enfants intéressantes. Cette visite fut pour la vénérée Mère comme une halte dans une oasis; elle se reposa durant douze jours, jouissant vraiment d'une paix à laquelle elle n'était guère habituée au milieu de ses continuelles traverses.

A ce moment, du reste, la Sainte-Famille semblait être de plus en plus adoptée en Espagne; les demandes de fondations se succédaient sans interruption; la Mère Emmanuel les transmettait à Bordeaux, mais le personnel était loin d'être en mesure de répondre à tant d'offres diverses. On proposait des Pensionnats de Lorette à Cordoue, Cadix, Palma, Lisbonne ; on offrait aux Sœurs de la Conception la direction d'une crèche, puis d'un

(1) Rec. de poésies.

hôpital ; on réclamait des Sœurs de Saint-Joseph pour divers Orphelinats.

La Mère Bonnat, en présence de ce mouvement si accentué, souhaitait vivement une visite du bon Père ; mais ce dernier venait d'être souffrant, les médecins l'avaient envoyé à Vichy pour y faire une saison ; le moment ne semblait guère favorable pour entreprendre un voyage comme celui de Madrid. Sans oser presser, car la santé du bon Père lui était infiniment chère et précieuse, elle se hasardait néanmoins à faire connaître doucement ses désirs et ceux de ses filles.

« Madrid, 5 août 1852.

» Mon bon Père,

» C'est avec bien de la consolation que nous avons appris votre retour à Bordeaux et nous désirons sincèrement que vous éprouviez un heureux effet des eaux, afin d'être délivré de ces cruelles douleurs que vous avez ressenties ce printemps. Espérons que les remèdes, les soins et surtout les prières de vos filles obtiendront de la bonté de Dieu qu'il vous conserve la santé et encore de longues années pour diriger le troupeau que vous avez réuni. Selon une certaine prédiction, je dois mourir avant vous et une autre personne avant moi. Cette dernière, qui est N..., n'a point envie de quitter la vie, elle s'y cramponne de toutes ses forces, et, si la prophétie est vraie, nous avons encore le temps de souffrir et de travailler. Mes filles espéraient recevoir votre visite cette année, et les espagnoles étaient bien heureuses de penser qu'elles auraient le bonheur de vous connaître. Après vos souffrances et vos différents voyages, nous n'osons plus y compter, cependant, veuillez nous donner l'espoir que si rien ne s'y oppose, vous penserez à nous et tournerez vos pas de nos côtés. On s'occupe sérieusement de chemin de fer et l'on assure que celui d'Irun à Madrid sera achevé dans trois ans. C'est alors que nous pourrons aller à Bordeaux pendant les vacances de Noël ou de Pâques sans rien déranger aux occupations ordinaires. Cette perspective réjouit d'avance votre famille madrilène... On nous annonce beaucoup de pensionnaires pour la rentrée, nos dortoirs sont trop petits, il faut en faire un troisième; pour cela nous avons les maçons, et pour cela aussi je me suis décidée à faire un acte libéral et réactionnaire, j'ai fait démolir la prison des Pères Capucins; je ne sais si vous vous en souvenez? En démolissant on a trouvé, sculptées sur la pierre, des croix, une tête de mort, des sentences que je n'ai pu déchiffrer, le millésime de 1726, etc... On voyait que c'étaient les œuvres de ceux qui avaient habité ces tristes lieux. Notre Père Miranda ne dit rien de toutes nos destructions, mais, parfois, il se prend à soupirer de voir tous les changements que le temps amène dans les lieux et dans les esprits. Il est toujours bon et dévoué pour nous; accoutumées à ses rudesses, nous savons apprécier ses bonnes qualités et nous cheminons en paix. Vous savez que c'est à quoi je tiens par-dessus tout et ce qui me fait supporter en silence les mille et mille misères qui se présentent journellement. »

Le bon Père, nous venons de le voir, avait été souffrant, il n'était pas rétabli, et tout en adhérant pleinement à la volonté de Dieu, il éprouvait par moments une impression de tristesse. Qui pouvait alors mieux le comprendre que la Mère Emmanuel? Il le sentait, et lui disait :

. . . .

« Et vous, pauvre enfant, qui m'avez écrit plusieurs fois sans avoir encore un seul mot de votre bon Père, n'est-il pas juste que vous en receviez un aujourd'hui ? J'ai bien souvent formé le projet de m'entretenir avec vous, et toujours mes occupations et mes souffrances l'ont fait avorter. Je m'en suis consolé en pensant à vous, en priant pour vous de tout mon cœur. Car de toutes mes anciennes affections, la plus vivace et la plus douce est celle que je vous ai vouée. Je me rappelle ma chère fille Emmanuel comme le prisonnier se rappelle, au fond de son cachot, le lever du soleil, la fleur des champs ou les doux concerts des oiseaux... Ces premières années sont déjà loin de nous ; au lieu de nous arrêter ainsi à ce qui n'est plus, il faut que nous portions nos regards vers la céleste Patrie ; c'est là que nous nous reverrons pour ne plus nous séparer ; c'est là que nos cœurs se nourriront de joies plus pures et plus stables.

» Je ne vous dirai rien de nos Œuvres que Dieu bénit, qui se multiplient et s'étendent de plus en plus en France. Vous recevrez probablement sous peu le second numéro des Annales, dont vous nous avez préparé vous-même les plus précieux matériaux. Vous y verrez les nouvelles fondations que nous venons de faire.... »

Tout en s'occupant activement des Œuvres extérieures

qu'elle embrassait avec tant de zèle, la Mère Bonnat donnait le mouvement, l'impulsion, la vie à la maison d'éducation qu'elle dirigeait. L'instruction des femmes a laissé longtemps à désirer en Espagne ; les travaux d'intérieur semblaient leur lot exclusif; de là, de véritables lacunes dans les livres consacrés à l'enseignement. La Mère Emmanuel n'aimait pas à se laisser prendre au dépourvu, ou à se heurter à une difficulté. « Ce qui lui manquait, elle le composait, dit une de ses filles qui a été sous sa direction à Madrid. Nous avions besoin de classiques succincts, clairs, pouvant en même temps faciliter l'étude de la langue française. La Mère Bonnat s'adonna à la composition d'ouvrages historiques, où l'espagnol, mis en regard du français, procurait cette double leçon. Nous avons entendu M. Martinez de la Rosa, alors Ministre, assistant aux examens de fin d'année, qui étaient publics à cette époque, louer la rédaction de l'*Histoire d'Espagne* composée par la Mère Bonnat. Elle savait si bien se faire aimer, stimuler le zèle de chacune, favoriser les dispositions naturelles, que les maîtresses et, par une suite naturelle, les élèves apportaient une ardeur toujours croissante soit pour préparer ces terribles examens publics, soit pour s'occuper des dessins et des travaux manuels destinés aux expositions de fin d'année, qui faisaient un ensemble fort remarquable et très admiré.

» Dans les Ordres les plus sévères, à Madrid, une heure et demie dans l'après-midi est accordée à la sieste. Pendant les trois mois des plus grandes chaleurs, de midi à cinq heures, on ne respire pas, et la souffrance est plus intense encore pour les françaises que pour les espagnoles. Jamais la Mère Bonnat ne voulut accepter ce repos, qui lui aurait été souvent bien nécessaire ; elle suivait le règlement habituel de sa vie de communauté ; ses filles faisaient comme elle, par conséquent, et le travail n'éprouvait aucune interruption. »

L'Espagne est, en quelque sorte, devenue une seconde patrie pour la Sainte-Famille ; tout ce qui est coutume du pays, étude de mœurs, usages divers, ne saurait manquer d'intéresser ; et s'il en est ainsi à l'heure présente, avec combien plus de plaisir ne lisait-on pas alors les lettres de Madrid, où la Mère Bonnat, quand elle n'avait pas à parler affaires et qu'elle oubliait un instant ses soucis et ses tristesses, savait causer avec tant de charmes ! C'était surtout avec la Mère V. Machet qu'elle laissait courir sa plume comme en jouant.

« Le jour de l'an, lui écrivait-elle au commencement de janvier 1853, nous avons eu à San-Antonio une cérémonie digne des premiers temps de l'Église. Au pied de l'autel, on nomma tour à tour les Pères Capucins, les dévotes de Notre-Dame, la famille de Médina Cœli et les Béates françaises (nous). A chacun on assignait un saint protecteur, une vertu à pratiquer et un quatrain ou distique pieux, le tout entremêlé de musique champêtre que faisaient nos enfants aux tribunes. Jamais je n'aurais pu me figurer une dévotion si singulière et si éloignée de notre siècle. Pour ma part, j'ai eu saint Job : pour vertu, la patience, et pour distique : « Fais en sorte de t'appliquer beaucoup à une patience rare ; sois patiente et regarde Jésus durant le cours de sa vie. » Toute Supérieure pouvant profiter de cette leçon, je vous l'envoie comme souvenir de notre dévotion simple et fervente.

» Je suis peinée que les projets de voyage de cette année soient pour le Nord et que l'Espagne n'ait rien à espérer; mais si cela entre dans les desseins de Dieu, patience et soumission à cette sainte volonté à laquelle tout est subordonné. Nous terminons aujourd'hui la neuvaine de la Divina Pastora avec la pompe que vous savez; cette bénite Congrégation qui nous a été si long-temps en opposition commence à revenir de ses préjugés contre nous, et aujourd'hui on m'a remis un papier ou feuille d'admission afin que nous entrions en participation de ses saintes œuvres, de quoi le Père Miranda s'est fort réjoui en disant qu'il est Pasteur et nous Pastourelles. Figurez-vous ce troupeau à cheveux gris, quelle grâce il peut avoir! ces petites récréations dévotes sont nos seules jouissances, car pour l'ordinaire nous vivons dans le travail et les privations de toutes sortes. Puissent-elles nous aider à gagner le ciel après les quelques jours qui nous restent à passer sur cette terre; c'est l'essentiel et au moment de la mort nous nous réjouirons en proportion des épreuves que nous aurons traversées. »

Il en était de la Mère Bonnat comme de tous ici-bas : à mesure qu'on avance dans la vie, on voit tomber peu à peu autour de soi, ainsi que les fruits durant l'automne, ceux qui ont été les amis, les compagnons de l'enfance, ceux qu'on a connus, ceux qu'on a aimés. Au mois d'août, mourait près d'elle, à Madrid, son second frère, jeune encore, qui laissait une petite famille bien intéressante. La Mère Bonnat, pleine de ce courage que donne la foi, avertit elle-même le mourant de sa fin prochaine, l'exhorta, le consola, lui parla du ciel, de l'éternité. M. Joseph Bonnat était un chrétien véritable ; il laissa à sa femme, à ses enfants, à sa sœur, les seules consolations réelles au moment d'une séparation dernière. La Mère Emmanuel le pleura, le regretta ; et elle composa son épitaphe :

> O toi qui nous quittas sans attendre le soir,
> Pour goûter le repos de l'éternelle vie,
> Reçois ce souvenir de ta première amie,
> Demain j'irai te voir !

Puis détournant ses regards de la terre pour les reporter vers la Patrie céleste, où déjà presque tous les siens étaient réunis, elle écrivait :

LE CIEL

> Je n'ai point de patrie sur la terre,
> Ma patrie est le ciel.
> Je n'ai point de père sur la terre,
> Mon père est au ciel.
> Je n'ai point de mère sur la terre,
> Ma mère est au ciel.
> Je n'ai point de frères sur la terre,
> Mes frères sont au ciel.
> Je n'ai point d'amis sur la terre,
> Mes amis sont au ciel.
> Je n'ai point de demeure sur la terre,
> Ma demeure est au ciel.

> Je n'ai point de trésor sur la terre,
> Mon trésor est au ciel.
> Je n'ai point de bonheur sur la terre,
> Mon bonheur est au ciel.
> Je n'ai point d'amour sur la terre,
> Mon amour est au ciel (1).

M. Bonnat laissait plusieurs enfants; l'un d'eux, nommé Léon, est celui qui, depuis, est devenu une célébrité par son grand talent pour la peinture. Artiste déjà très distingué, il désira faire le portrait de sa tante, qui voulut bien s'y prêter dans le but de procurer un plaisir à ses filles, mais qui tint à être placée entre deux pauvres orphelines, afin de rester entourée à jamais des enfants qui avaient été l'objet de sa prédilection. Cette toile est très belle et d'une ressemblance parfaite. La Mère Bonnat y est en pied, et de grandeur naturelle. Des deux orphelines qui ont posé à ses côtés, l'une est allée bien jeune au ciel, et la seconde s'est faite religieuse chez les Capucines de Pinto. Il est doux de penser que la vénérée Mère, en s'entourant de ces enfants, avait fait sur elles une prière qui aura été, pour ces deux petites âmes, une bénédiction et une grâce de salut.

A ce portrait *physique*, s'il est permis de s'exprimer ainsi, nous pouvons ajouter un portrait *moral* qui a été également peint de main de maître. La Mère Bonnat elle-même, dans une page intime intitulée : *Ce que je suis*, s'est représentée telle qu'elle se voyait. Elle s'est

---

(1) Écrin.

jugée non seulement sans indulgence, mais à certaines lignes, avec cette sévérité des saints quand ils se regardent eux-mêmes ; cependant, pour les personnes qui ont bien connu la Mère Emmanuel, il y a dans l'ensemble, et jusque dans les contrastes si nettement accusés, un cachet de vérité qui donne à ce portrait tout autant de vie que peut en avoir celui qu'a exécuté, avec un si beau talent, M. Léon Bonnat.

CE QUE JE SUIS

Sans être laide, je ne suis point belle, et mes traits prononcés, comme les sentiments de mon âme, portent l'empreinte des luttes douloureuses de la vie. D'après la phrénologie, il y a chez moi de fortes passions, beaucoup d'imagination, de la droiture, de l'amour-propre et une heureuse prédisposition à aimer Dieu et toutes les choses grandes, nobles et vertueuses. A cette disposition naturelle j'aime à attribuer ce qu'il y a de bon en moi. Une éducation sérieuse et chrétienne a modifié mes mauvaises inclinations, néanmoins je suis encore prompte, brusque, impatiente, vindicative. J'ai de l'orgueil, de la fierté, de la susceptibilité. Je suis envieuse, sensuelle, paresseuse. Il y a en moi un singulier mélange de faiblesse et de courage, de vivacité et d'apathie, d'égoïsme et de dévouement, de légèreté et de constance, de mélancolie et de gaieté. Je suis craintive, timide et entreprenante. Je n'ai peur de rien et je m'effraie de tout. J'ai une volonté absolue et je cède volontiers. Rien ne change mon opinion et cependant j'adopte celle des autres. J'ai de l'esprit, de l'instruction, de l'expérience, du tact, de l'usage du monde, et je suis parfois gauche, niaise, sotte et même ridicule. Pour être aimable et spirituelle, il faut que je me sente entourée d'amis bienveillants, il faut que ma vanité soit encouragée, il faut que je puisse être à l'aise, ce qui m'arrive très rarement. Douée d'une extrême délicatesse de sentiments et d'impressions, je possède une sorte de double vue qui me fait connaître et sentir ce que pensent et éprouvent les personnes qui m'entourent. Si ce sont des hommes, je trouve en eux le besoin de dominer et je me replie sur moi-même comme la sensitive. Si ce sont des femmes, je découvre en elles cet insatiable désir de plaire, d'aimer, de paraître, d'être préférée, et je leur cède la place. D'où provient cette déférence? Est-ce vertu, est-ce égoïsme? Il y a de l'un et de l'autre. D'une part, c'est modestie, humilité; de l'autre, c'est l'effet d'un naturel pliant qui redoute l'opposition. Si j'étais plante, je serais liane, roseau ou violette, c'est-à-dire plante humble et flexible de manière à laisser passer le zéphir ou l'aquilon en courbant plus ou moins la tête. Cette excessive délicatesse qui domine mes facultés intellectuelles, dirige aussi mes affections. J'aime beaucoup et beaucoup de choses, mais très peu de personnes. Je sens que j'aime Dieu, sa gloire, ses ouvrages. J'aime l'humanité tout entière, malgré ses taches, ses plaies, ses malheurs. J'aime ceux qui souffrent, ceux auxquels je puis être utile, ceux qui m'aiment. Il me semble que chez moi l'amour se traduit par ces deux mots : bonté et reconnaissance. L'amour est habituellement en moi le reflet du sentiment qu'on me témoigne. Je n'ai inspiré que des affections vertueuses, mais si j'avais eu le malheur de rencontrer le vice, nul doute que je fusse devenue vicieuse sans le vouloir ou sans m'en douter. Dans les événements de la vie, comme dans mes rapports avec les créatures, je vois toujours le bon côté des choses, et j'apprécie les vertus, les talents, les bonnes qualités, avant d'avoir vu les défauts. Cette disposition, avantageuse pour tendre à la perfection de la charité, est défectueuse dans les charges et surtout dans celle de Supérieure, que j'ai presque toujours exercée. Les déceptions sont tristes, et le cœur, souvent trompé, finit par s'isoler et s'affliger, même du bien qui se présente. Ces brisements continuels ont diminué en moi l'expansion et la confiance. Je ne doute de personne, mais pour m'ouvrir, épancher mon âme, je ne puis le faire qu'auprès de Dieu, et de là ce besoin incessant de prier qui fait aujourd'hui ma vie et mon bonheur. Je ne suis indifférente à rien. Je m'intéresse à tout ce qui touche la religion, ma Société, mes filles, mes amis, ma patrie; mais je considère toutes ces choses comme si j'avais déjà une autre existence. Entre Dieu et moi il y a un nuage, une invisible barrière que je voudrais traverser. Entre le monde et moi il y a une distance que je cherche à augmenter, afin de pouvoir dire en vérité : « Je ne vis plus, c'est Dieu qui vit en moi (1). »

(1) Écrin.

CHAPITRE VI.

Maladie du bon Père. — Troubles à Madrid. — Mort de la Mère V. Machet. — Maladie de la Mère Despect. — Voyage en France de la Mère Bonnat.— Fondation d'une Maison de l'Espérance à La Rochelle. — Transfert de l'Administration de la Solitude à Bordeaux.

> *Puisse la lance*
> *Me traverser le cœur,*
> *Et la souffrance*
> *M'unir à mon Sauveur !*
> R. B.

Répondant enfin aux pressantes sollicitations de ses filles, et cédant lui-même au besoin d'aller voir, bénir, encourager les Œuvres qui se multipliaient en Espagne, le bon Père avait promis à la Mère Bonnat d'aller à Madrid au printemps de 1854. Déjà les cœurs s'épanouissaient dans cette heureuse attente, les plus beaux projets se formaient pour la bonne visite, que rien cette fois ne semblait devoir entraver; mais dans notre vallée de larmes les jours de deuil sont plus fréquents que les jours de joie ; Dieu ne veut pas laisser ses enfants oublier un seul instant qu'ils sont dans l'exil. Au commencement de mars, le bon Père fut frappé subitement d'une attaque qui eut un douloureux retentissement dans tous les cœurs. On peut deviner ce que fut une telle nouvelle pour la Mère Bonnat ; émue, tremblante, inquiète pour la vie du bon Père, elle traça à la hâte quelques lignes, pour demander à la Mère V. Machet la permission de venir à Bordeaux ; mais bientôt, plus maîtresse d'elle-même, elle lui écrivait encore :

« Madrid, 11 mars 1854.

» Ma bonne Mère,

» Il ne m'a pas été possible de vous écrire ces jours-ci, à cause de l'émotion que je ressentais ; aujourd'hui que nous avons beaucoup prié, j'ai un peu plus de force et je viens vous dire combien nous avons été atterrées par l'accident arrivé à notre bon Père ; nous espérons qu'il traversera cette crise, mais, adieu l'espoir de le voir ici, adieu la paix, car le moment où il se trouvera mieux sera celui où l'attaque pourra se renouveler. Que de tristes pressentiments ! que de cruelles réflexions ! heureuses celles qui sont mortes les premières ! Je ne sais si vous acquiescerez à ma demande, en me permettant d'aller à Bordeaux ce printemps. Je trouve bien long d'attendre l'été et je ne pourrais rester tranquille qu'en pensant que j'obéis en gardant ma maison. Je comprends très bien que je ne saurais en rien vous être utile, c'est uniquement pour ma consolation et dans la crainte que l'attaque ne se renouvelle que j'ai fait cette demande, aussi me soumettrai-je à la décision qu'on me donnera. Nous avons commencé des prières, en invoquant Marie sous tous ses titres ; nos saints

Capucins prient Notre-Dame de la Providence ; nous, Notre-Dame des Douleurs ; les orphelines, Notre-Dame d'Atocha ; j'espère qu'elle écoutera nos supplications et ne nous privera pas encore de notre saint Fondateur. Veuillez, si l'occasion se présente, offrir à ce bon Père notre respectueuse affection, lui nommer ses filles de Madrid parmi celles qui sont les plus dévouées et dans ce moment les plus vivement affectées. A la bonne Mère, dites bien aussi que nous pensons toutes à ce qu'elle doit souffrir et que nous prions pour elle en priant pour le bon Père. »

Comme on le pense bien, la permission demandée fut promptement accordée. Si c'était un besoin du cœur pour la Mère Bonnat de se rapprocher du bon Père souffrant, c'était une consolation pour le vénéré Fondateur de la Sainte-Famille de voir près de lui, au nombre de ses filles qui l'entouraient de soins et d'affection, celle sur laquelle il avait toujours aimé à se reposer comme sur un appui solide et fidèle. La Mère Bonnat arriva sans retard ; le bon Père était déjà beaucoup mieux, il ne lui restait comme traces de ce grave accident, qu'un léger défaut de sensibilité dans le pouce et l'index de la main droite, et une petite difficulté à articuler certains mots ; la tête, du reste, était très saine, et, comme le disait un médecin qui l'avait vu peu de temps après : *Si M. Noailles a été attaqué, il n'a pas été entamé.* La Mère Emmanuel fut heureuse de trouver le bon Père aussi bien ; elle ne le quittait que le moins possible ; elle lui consacrait tout son temps ; comme il ne pouvait être en ce moment question d'affaires, elle savait l'intéresser, le distraire, l'occuper sans le fatiguer. Elle resta ainsi près de lui tout le mois d'avril, puis, la convalescence s'accentuant, elle comprit qu'elle devait retourner près de ses filles ; mais que le départ était triste ! que d'inquiétudes pour un avenir plus ou moins prochain ! que d'angoisses prévues par suite de l'éloignement ! Dominant toutes ces émotions, la Mère Bonnat quitta le bon Père, se demandant si elle le reverrait en ce monde, et dès le lendemain de son départ, elle écrivait à la Mère Despect :

« Bayonne, 2 mai 1854.

» Ma bien bonne Mère,

» Je suis partie si précipitamment l'autre jour, j'étais si triste, j'avais le cœur si serré que je n'ai pu ni vous dire adieu ni vous remercier de toutes vos bontés pour moi. Je viens le faire aujourd'hui, et quoique je me trouve encore malheureuse de laisser la France et surtout le bon Père, je veux que vous receviez ici, avec l'expression de ma tendre affection, tous mes désirs de travailler pour ma Société et mes Supérieurs tant qu'il me restera quelques forces. Heureuse si je puis, par ma bonne volonté, vous aider et diminuer quelquefois les pénibles inquiétudes qui pèsent sur vous. Je prierai beaucoup, je travaillerai à devenir une sainte et alors, de loin comme de près, je pourrai vous être utile....

» ..... A peine éloignée de vous, je me suis rappelé plusieurs choses dont j'avais besoin de vous parler, mais ne l'ayant pas fait de vive voix, j'attendrai d'être à Madrid et un peu tranquille pour le faire. Ce que je vous demande toujours, c'est de l'indulgence pour ma nature indépendante et impressionable, n'oubliez jamais que je suis espagnole, excusez-moi souvent et soyez assez bonne pour m'aimer toujours. Dites au bon Père tout ce que vous croirez de plus affectueux et de plus dévoué. Je suis heureuse de l'avoir vu, d'avoir reçu sa bénédiction et je sens que si la volonté de Dieu m'en séparait pour toujours, je serais plus tranquille que je ne l'eusse été il y a quelques mois. Mais j'espère encore le revoir, je demande cette grâce à Dieu et pour lui comme pour vous je ne cesserai de prier, chaque jour, d'une manière toute particulière. »

Se trouvant mieux, le bon Père avait voulu aller à la Solitude. Là, un matin, en terminant sa messe, il éprouva un second accident, beaucoup moins grave que le premier, mais assez sérieux pour renouveler toutes les inquiétudes ; la bonne Mère Despect ne vivait plus, elle ne pouvait accepter qu'on restât à la campagne à cause de l'éloignement des secours, elle se préoccupait à un point extrême, et, comme cela arrive en pareil cas, tout le monde en faisait autant autour d'elle. La Mère Bonnat, qui savait combien la faible santé de cette chère Mère la rendait impressionnable, s'efforçait de lui remonter le moral, de la fortifier, en lui rappelant les grands devoirs de sa mission :

« La Mère Eugène m'apprend vos nouvelles inquiétudes, lui écrivait-elle le 16 mai, et je les partage bien vivement tout en vous exhortant à ne pas vous exagérer les choses. Avec le régime qu'on fait suivre au bon Père, vous devez vous attendre qu'il aura souvent des fatigues plus ou moins fortes ; n'allez pas croire, pour cela, que ce sont de nouvelles attaques : à force de les craindre on finira par en voir à chaque instant et l'excès des précautions augmentera le mal. Surtout, ma chère Mère, ne vous rendez pas malade vous-même. Dieu veille sur nous, ayez confiance en lui, et, s'il est possible, communiquez cette même confiance à tout le monde. Dans votre position vous êtes le point de mire, on fera ce qu'on vous verra faire; si vous voulez voir vos filles calmes, religieuses, prier avec ferveur et confiance et mériter, par là, les miracles que nous désirons, soyez vous-même supérieure à tous les événements. Le bon Père a besoin d'être rassuré, tranquillisé, n'allez pas augmenter son mal par le vôtre. Nous prions pour lui et presque autant pour vous, car il vous faut, plus que jamais, des grâces surnaturelles pour traverser les jours qui se présentent. »

Pendant qu'elle cherchait à ranimer le courage des autres, la Mère Bonnat gardait dans son cœur un sentiment de tristesse profonde, mais calme et résignée, qui lui faisait, plus que jamais, aspirer au ciel. Elle priait, elle confiait à Dieu le secret de ses désirs et de ses espérances, et répétant comme la patronne de l'Espagne : *Je me meurs de ne pouvoir mourir*, elle s'appliquait à elle-même ces paroles, les commentait, les paraphrasait et nous en laissait ce pieux écho :

NOSTALGIE DE L'AME
(Imitation du cantique de sainte Thérèse.)

Pauvre exilé sur la rive étrangère,
J'attends toujours le moment de partir;

Loin de Jésus, je languis sur la terre,
Et je me meurs de ne pouvoir mourir !

Pendant la nuit, je gémis, je soupire,
Avec le jour s'augmente mon désir ;
Loin de Jésus, la vie est un martyre,
Et je me meurs de ne pouvoir mourir !

Si de l'amour je garde l'espérance,
Mon cœur a soif d'un bonheur à venir ;
Tout ici-bas augmente ma souffrance,
Et je me meurs de ne pouvoir mourir !

Si je pouvais, pour Celui que j'adore,
Toujours aimer, travailler et souffrir....
Mais, pour Jésus, je voudrais plus encore
Et je me meurs de ne pouvoir mourir !

Quand de Jésus la voix se fait entendre
Et que son cœur au mien daigne s'unir,
C'est un amour que je ne puis comprendre,
Et je me meurs de ne pouvoir mourir !

Nul ici-bas ne connaît mon martyre
Et ne comprend ce qui me fait gémir,
J'aime et j'attends, je languis, je soupire,
Et je me meurs de ne pouvoir mourir !

O doux Jésus ! seul amour de mon âme,
Sur votre cœur daignez me soutenir ;
Un feu divin me consume et m'enflamme,
Et je me meurs de ne pouvoir mourir ! (1)

(1) **Rec.** de poésies.

A cette époque, l'Espagne semblait être sur un volcan, et de fréquents soulèvements venaient effrayer la petite colonie française du vieux couvent de Saint-Augustin, qui, par sa situation en face des Cortès, se trouvait toujours au centre du mouvement. L'insurrection du mois de juillet 1854 eut un caractère exceptionnellement grave; la Mère Bonnat en racontait ainsi les divers incidents :

« Madrid, 27 juillet 1854.

» Mon bon Père,

» Il ne m'a pas été possible de vous écrire plus tôt, soit à cause de l'émotion que j'ai éprouvée tous ces jours-ci, soit à cause de ma maison et de mes filles, dont j'ai dû m'occuper avec plus de soin. Aujourd'hui que nous sommes assez tranquilles, je viens vous dire que Dieu nous a protégées d'une manière bien visible, et que nous lui devons bien des actions de grâces.

» Le 19, on apprit ici le soulèvement de Saragosse, de Barcelone et de Valladolid, les ministres donnèrent leur démission; à cette nouvelle, le peuple poussa des cris de joie, parmi lesquels se mêlèrent ces deux terribles imprécations : Mort à Christine! mort au Comte Saint-Louis! En passant devant la maison de ce dernier, ils répétèrent les mêmes cris; un garde eut l'imprudence de tirer un coup de fusil, ce fut comme le signal de l'attaque. On cria : au feu! on enfonça les portes, et l'on établit de suite un bûcher au milieu de la rue, où l'on jeta pêle-mêle les meubles, les tapis, le linge, les livres, l'argenterie, les bijoux, et même des billets de Banque. Le peuple vociférait : Que tout ce qui a été volé soit consumé. La maison du Comte est près de la nôtre, et toute la nuit nous entendîmes ces clameurs effrayantes. La même scène se passait chez les autres ministres ; chez Salamanca, ami et banquier de Marie-Christine ; chez le général de Vista-Hermosa, qui avait combattu ; chez le général O'Donnel ; chez le gouverneur de la ville. Ce dernier a failli périr ; ma nièce, Mme Delance, l'a fait échapper en habits de femme avec un enfant sur les bras. Le peuple se porta ensuite au palais de Marie-Christine, et, comme la troupe voulut le défendre, le combat des rues commença et dura tout le mardi et le mercredi. Le général Cordova dissémina les troupes dans la ville, et elles perdirent leur force en se divisant, de sorte qu'il y eut beaucoup de mal sans aucun bon résultat. Écrasés par le peuple, les soldats s'emparèrent des maisons pour tirer ; nous fûmes, nous aussi, dans le même cas ; malgré mes supplications, huit soldats montèrent dans notre grenier, et de là firent feu toute la journée du mercredi ; heureusement que Dieu entendit nos prières et qu'il n'y eut, dans notre rue, aucune mort. La Reine avait présenté deux ministères que le peuple avait refusés ; elle se détermina alors à appeler Espartero. A ce nom magique pour les espagnols, on mit bas les armes. La nuit fut silencieuse, et ce matin Madrid apparut couvert de barricades. Le peuple, maître et irrité, s'empara de toutes les maisons ; on vint chez nous, on voulut visiter pour s'assurer si nous n'avions plus de soldats ; on nous avait menacées de brûler la maison, mais à notre air humble et bénin, on se calma. Notre porte fut prise par le peuple, qui promit de nous garder et de nous défendre, au besoin. Depuis lors, notre entrée sert de salle de repos à ces messieurs, ils y dorment, ils y causent; on y voit une table avec des papiers et deux pistolets. On nous force d'illuminer, et chaque nuit nous avons six lampes qui brûlent pour le salut de la patrie. Ce qu'on ne peut trop admirer, c'est que pendant le règne du peuple on n'a commis aucun vol, aucun assassinat. On ne déplore que la mort d'un agent de police et de son frère, que le peuple a judiciairement fusillés au milieu des vociférations générales. Nous devons beaucoup au général San-Miguel, qui a pu se faire entendre des masses, les a dominées et a maintenu leur fureur. Il a servi d'intermédiaire entre le peuple et la Reine, et a enfin obtenu le calme après la tempête.

» On dit qu'il s'est passé de grandes scènes au palais. La Reine a voulu fuir, ses gardes s'y sont opposés. Le frère du Roi est mort de frayeur. Il y a eu de fortes altercations entre les deux Reines : Christine a montré ses passions, Isabelle sa belle âme. Au moment de signer le programme d'Espartero, elle s'est adressée aux conseillers et au corps diplomatique, en leur disant : Qui me répond de ma mère? car pour moi, je ne crains rien. Un long silence a suivi ces paroles; enfin, l'ambassadeur de France s'est chargé de sauver la Reine Mère, et l'autre a signé tout ce qu'on a voulu. On attend aujourd'hui Espartero et les autres généraux; on espère et on commence à se visiter, pour savoir si personne ne manque entre les amis. Il y a beaucoup de morts à déplorer, mais bien moins qu'on aurait cru. Notre position est exactement celle de Paris en 1792. Dieu veuille que de nouveaux malheurs ne fondent pas sur nous, et que l'exemple de la France serve de leçon à ceux qui seront au pouvoir... »

« 1er août 1854.

» ..... Espartero nous est enfin arrivé samedi matin au milieu des vivats de tout un peuple transporté de joie. La garde nationale est organisée, le nouveau ministère est nommé et les esprits sont plus mécontents que jamais. Où allons-nous? C'est ce qu'on peut se demander chaque jour et à chaque instant. Pour nous, religieuses, sans attache sur cette terre, nous sommes dans le petit nombre des heureux, nous aurons toujours des enfants à instruire, des pauvres à consoler et un Dieu à servir. Avec cela et la paix de l'âme, que nous reste-t-il à désirer? La masse des habitants de Madrid a bien d'autres intérêts à soigner, c'est ce qui fait que chacun s'inquiète, se tourmente pour soi-même ou pour ses amis. Je ne sais s'il y a illusion de ma part, mais il me semble que nous n'avons personnellement rien à craindre. Nous avons parmi nos élèves un bon nombre d'enfants appartenant à des familles progressistes et nous serons jugées assez utiles, je l'espère, pour qu'on nous laisse en paix. Nous prions et nous mettons notre confiance en Dieu, il sait mieux que nous ce qu'il nous faut. Je suis allée au Palais, dimanche, pour voir mes princesses, je les ai trouvées parfaitement calmes et résignées. Dieu accorde des grâces dans toutes les positions! »

« 14 août 1854.

» ..... Depuis nos prix nous avons toujours eu une cinquantaine de pensionnaires, quelques-unes sont sorties pour les bains puis sont rentrées, d'autres doivent revenir la semaine prochaine. Les classes n'ont jamais été interrompues, même pendant les deux journées de bataille. Quand les soldats étaient dans la maison j'avais défendu aux enfants de sortir du pensionnat et j'allais leur porter les nouvelles que je voulais qu'elles sussent. Nous avons toujours observé notre règle de la même manière, sauf le son des cloches et la récréation du soir qui avaient été supprimés durant quelques jours. Quand les églises se sont ouvertes et que les cloches ont commencé à se faire entendre nous avons repris nos récréations et tout s'est remis sur le pied ordinaire. Dans ces jours de trouble notre plus grande confiance a été en Dieu puis en nos enfants; leur séjour chez nous était la preuve qu'on ne nous en voulait pas et que les parents n'avaient peur ni pour nous, ni pour leurs filles. Plusieurs Sœurs ont été bien effrayées, surtout les espagnoles. Elles me désolaient toutes en s'attachant à mes pas; j'avais beau leur dire que j'avais besoin de mon calme pour savoir ce que je devais faire, qu'il leur fallait prier et me laisser tranquille, les pauvrettes ne se rendaient pas. Alors je me suis fâchée et leur ai dit que je les enverrais à droite et à gauche; ce dernier moyen a réussi. Elles sont aujourd'hui fort sages et attendent le choléra. Nous passons nos récréations à discuter sur ce qui est préférable de la guerre ou du choléra, les avis sont très partagés, et l'on conclut toujours en disant : Ce que Dieu voudra. »

A ces différentes lettres, le bon Père répondait :

« 18 août 1854.

» Chère Enfant,

» Ne pouvant vous écrire moi-même, j'avais recommandé à la Mère Despect et à la Mère Eugène de le faire bien souvent en vous disant de nous donner souvent aussi de vos nouvelles ; en attendant, j'ai prié et fait prier pour vous tous les jours. Vous avez passé par une rude épreuve, et vous aviez grand besoin de grâces pour vous et pour toutes nos chères enfants de Madrid. Elles ne vous ont pas fait défaut et j'en bénis le Seigneur. Mettez toujours votre confiance en lui, il ne vous abandonnera pas. Du reste, ma chère fille, les plus mauvais jours, je l'espère, sont passés, l'explosion s'est faite et nous avons tout lieu de croire que, les esprits sentant le besoin d'entrer dans l'ordre et la paix indispensables à tout état de choses, les lois et l'autorité reprendront peu à peu leur salutaire influence. Il est heureux, puisque la Reine Mère ne s'était pas éloignée avant la crise, qu'elle ne puisse s'exposer actuellement à toutes les chances d'une évasion. D'ici à la convocation des Cortès, bien des passions auront le temps de se calmer, et les faiseurs d'émeute que l'étranger a fournis à l'Espagne auront fait place à des hommes d'une nation qui, malgré tout, ne compte encore qu'en petit nombre les impies et les assassins. Priez pour que les honnêtes gens se montrent avec énergie, et l'Espagne, sous une monarchie constitutionnelle, sera encore l'Espagne catholique. J'ai la confiance que l'esprit qui anime les Œuvres de la Sainte-Famille les fera adopter par ce pays, quel que soit le régime qu'on lui prépare, si ce régime est régulier, et ce qui le prouve c'est que depuis votre arrivée vous avez élevé des enfants appartenant à toutes les opinions. Seulement, ma chère fille, je suis étonné que, dans les premiers mouvements du peuple, vous n'ayez pas senti, comme vos Sœurs de Barcelone, le besoin de vous mettre sous la protection de l'ambassadeur français. Il est bon que vous vous rapprochiez de lui, qu'il vous connaisse et qu'en cas de crises nouvelles il sache que vous attendez de lui la protection qu'il doit à tous ses nationaux.

» Les nouvelles que les journaux nous donnent depuis quelques jours sont plus rassurantes; les lettres qui nous viennent de Valence et de Barcelone nous tranquillisent également..... Mais la position de Valence nous préoccupe davantage, il faut prier pour cette Maison.

» Remontez le moral de vos Sœurs; si quelques-unes avaient besoin de revenir en France, écrivez-en à la Mère Despect. Je ne sais si vos élèves se proposent de rentrer à l'époque ordinaire ou si les événements s'y opposeront, vous nous ferez plaisir en nous fixant à cet égard. Durant cette épreuve, chère enfant, il faut resserrer les liens de famille qui doivent unir nos Œuvres en Espagne, et quoique nous leur écrivions, il est à souhaiter que vous nous aidiez à les consoler, à les fortifier et à ranimer chez les Supérieures les sentiments dont vous nous donnez vous-même, en ces circonstances, de si touchants témoignages.

» Je ne vous dirai rien de ma santé; sans être tout à fait bien, je suis cependant beaucoup mieux. Tout me fait espérer que le Bon Dieu me laissera encore quelque temps travailler avec vous aux Œuvres de la Sainte-Famille.

» Dites à toutes mes chères enfants que je compte toujours sur leurs bonnes prières, que je prie pour elles de tout mon cœur et que je les bénis en vous bénissant. Adieu, chère fille, que Jésus, Marie et Joseph soient avec vous. »

Comme on le voit par cette longue missive, le bon Père avait repris ses travaux et l'administration de ses Œuvres. Heureuse de comprendre que Dieu avait exaucé les prières de toutes les filles du vénéré Fondateur de la Sainte-Famille, la Mère Bonnat, dans son amour pour la Société, voulait profiter des jours que le Seigneur accordait au bon Père pour le porter à achever certains travaux esquissés, mais non terminés, à mettre la dernière main à des règlements d'administration qui devaient, par leur mise en pratique, assurer le bon fonctionnement des Œuvres dans une Société dont l'extension pouvait, d'après son organisation, atteindre les plus larges limites. Elle pressait donc le bon Père, avec une filiale hardiesse, de ne pas laisser son œuvre inachevée, de songer à l'avenir, de prévoir l'époque où il ne serait plus là pour être à la fois et la tête qui dirige et la main qui agit.

« 23 novembre 1854.

» Mon bien bon Père,

» Nous avons appris avec bien de la peine que vous avez eu une petite atteinte de la maladie générale (la coqueluche), il est donc dit que vous devez partager tous les genres de souffrance que Dieu ménage à notre pauvre humanité. Vos mérites doivent s'augmenter de toutes les misères possibles, mais, je l'espère, nos prières vous retiendront encore près de nous, votre famille ne peut se passer de son Père.

» Je pense que vos intentions pour les secrétaires n'ont pu encore s'effectuer, nous nous en apercevons au loin peut-être plus que ceux qui sont au centre. La suite d'une foule de décisions manque ; on ne répond pas exactement aux demandes. Les règles sont parfaites, mais à quoi servent-elles si on ne les applique pas ? On s'habitue à vivre ainsi et plus tard il sera bien difficile de revenir sur un pli qui sera donné. Je suis loin d'accuser personne, je suis même convaincue qu'on ne peut faire autrement, mais je crois aussi de mon devoir de vous prévenir d'un mal auquel vous seul pouvez remédier. Jusqu'à présent la confiance et l'affection ont soutenu la Société, mais à mesure qu'elle s'étend on sent le besoin d'un gouvernement central et bien organisé ; ne le trouvant pas, on gémit, on se plaint. Vous liez encore toutes les parties, on compte sur vous, sur vous seul ; si vous veniez à manquer, que deviendrait-on ?

» Je vous afflige peut-être par mes réflexions, mais, je le répète, c'est pour le bien général que je vous les adresse et afin que votre Œuvre puisse se consolider et se soutenir. C'est pour vous et afin que nous puissions continuer ce que vous avez commencé. Notre part, au loin, c'est la prière et je n'y manque pas. Tous les jours je demande à Dieu qu'il vous conserve longtemps encore et vous procure les moyens de tout régler. Ce que vous aurez ordonné et commencé sera toujours vénéré et conservé comme la volonté sainte de notre Fondateur. »

A côté de ces graves questions, on aime à voir la Mère Bonnat, conservant toute la fraîcheur de ces affections premières si vives en communauté, et qui se perpétuaient plus encore entre les premières Mères sous le regard de leur Fondateur, on aime à voir la Mère Bonnat, disons-nous, oublier ses préoccupations toujours si nombreuses pour se reposer quelques instants dans les doux souvenirs du passé. La Mère O. Daudigeos avait été la fille de la Mère Emmanuel ; en devenant sa Sœur, elle était restée son amie, et les plus tendres liens unissaient ces deux grandes âmes. La Mère Daudigeos avait une piété qu'à son extérieur un peu triste on aurait jugée austère ; très fervente, on savait que les mortifications ne l'effrayaient pas, et que sur cette pente, il fallait plutôt l'arrêter que la stimuler. Ceci explique la manière maternelle, aimable et affectueuse avec laquelle la Mère Bonnat s'adressait à elle :

« Bien chère petite Mère, depuis longtemps je vous dois une réponse, et qui sait ce que vous pensez de moi et de mon silence ? Vous croyez, j'en suis sûre, qu'au-delà des monts pyrénéens on devient granit ou jaspe comme les rochers qui nous entourent. Hélas ! on n'a point le bonheur d'endurcir ainsi l'humaine nature ; elle reste ici impressionnable et soucieuse comme sur le bord de la Garonne. On gémit, on soupire, on s'ennuie souvent et on aime toujours ses premières amies ; cela dit, soyez sans inquiétude au sujet de mes sentiments, qui ne sauraient changer et qui seront toujours tournés de votre côté, surtout tant que vous habiterez la Solitude dans la compagnie de nos bons Supérieurs. Je vais souvent vous visiter sur l'aile des hirondelles; je gazouille à votre fenêtre, mais vous ne m'entendez pas. On m'a dit que vous étiez en oraison ou occupée à quelque mortification. Alors je n'irai plus chanter sur votre contrevent; il faudra que je me métamorphose en quelque nouvel instrument de pénitence, alors j'attirerai vos regards de sainte, alors vous penserez à moi et vous m'aimerez tous les jours un peu plus. Ne vous fâchez pas, je vous en conjure, vous auriez tort. Ne prenez pas votre air sévère, je vous aime de toutes façons, ma mère, ma sœur ou ma fille. Nous naviguons dans la même barque, et j'espère que bientôt nous nous reposerons dans le même séjour de paix et de bonheur.

» En attendant, laissez-moi vous envoyer quelques stances pieuses qui m'ont été inspirées par votre saint Patron. A ce titre, vous leur ferez bon accueil :

IMITATION DU CANTIQUE DE SAINT BERNARD

Jesu dulcis memoria.

Jésus, votre mémoire est bien douce à mon cœur,
C'est un parfum d'amour, un souffle de bonheur;
Moins suave est le miel à ma langue ulcérée,
Moins fraîche est l'onde pure à ma bouche altérée.
    Je vous aime, Jésus, et la nuit et le jour
      Je redirai : Jésus, à vous tout mon amour.

Quand Jésus apparaît les moments sont bien doux,
La terre disparaît, le ciel est près de nous ;
Mais pour rendre de Dieu l'amoureuse présence,
Il faut en avoir fait l'heureuse expérience.
  Je vous aime, Jésus, et la nuit et le jour
  Je redirai : Jésus, à vous tout mon amour.

Jésus, céleste ami des cœurs compatissants,
Vous êtes le soutien des pécheurs repentants,
Vous savez de la croix adoucir la souffrance,
Du bonheur éternel vous donnez l'espérance.
  Je vous aime Jésus, et la nuit et le jour
  Je redirai : Jésus, à vous tout mon amour.

Demeurez avec nous, noble triomphateur,
Comme un roi bienfaisant, comme un libérateur,
Délivrez les captifs, que l'âme prisonnière
Trouve toujours en vous sa force et sa lumière.
  Je vous aime, Jésus, et la nuit et le jour
  Je redirai : Jésus, à vous tout mon amour.

Dans l'exil où je vis, vous êtes mon soutien,
Mon repos, mon espoir et mon unique bien ;
Vous êtes mon soleil, le charme qui m'attire,
La fontaine où je bois et l'air que je respire.
  Je vous aime, Jésus, et la nuit et le jour
  Je redirai : Jésus, à vous tout mon amour.

Aliment immortel et fruit délicieux,
Pour un pauvre affamé vous descendez des cieux ;
Sans apaiser ma faim, vous soutenez ma vie,
Vivre toujours de vous, ah ! voilà mon envie.

Je vous aime, Jésus, et la nuit et le jour
Je redirai : Jésus, à vous tout mon amour.

N'êtes-vous pas aussi ma paix et ma douceur,
Mon seul et vrai trésor, ma vie et mon bonheur ?
Je vous trouve le jour en tout ce qui respire,
La nuit je vous entends, et pour vous je soupire.
    Je vous aime, Jésus, et la nuit et le jour
    Je redirai : Jésus, à vous tout mon amour

Vous le savez, Jésus, je voudrais vous aimer,
De votre feu divin me laisser enflammer ;
Je voudrais que mon cœur, par un effort suprême,
Pût se briser d'amour en disant : Je vous aime.
    Je vous aime Jésus, et la nuit et le jour
    Je redirai : Jésus, à vous tout mon amour.

La présence d'un Dieu, source de charité,
Remplit le cœur d'amour et de suavité ;
Mais le cœur est avide, il voudrait plus encore,
Plus il connaît son Dieu, plus il l'aime et l'adore.
    Je vous aime, Jésus, et la nuit et le jour
    Je redirai : Jésus, à vous tout mon amour.

Rien ne peut de l'amour apaiser les désirs,
Où pourrait-il trouver sa joie et ses plaisirs ?
Il se nourrit de Dieu, vers Dieu seul il s'élance,
C'est un feu qui dévore et s'accroît par l'absence.
    Je vous aime, Jésus, et la nuit et le jour
    Je redirai : Jésus, à vous tout mon amour.

Ce feu qui brûle, embrase et vient tout consumer,
Veut un cœur pour autel, un cœur qui sache aimer ;

Jésus, voici le mien, que votre amour m'anime,
Que je sois, avec vous, sacrifice et victime.
  Je vous aime, Jésus, et la nuit et le jour
  Je redirai : Jésus, à vous tout mon amour.

Jésus à mes désirs répond par des bienfaits,
Il donne, avec l'amour, l'innocence et la paix,
Et, m'offrant de son cœur l'ineffable tendresse,
Me fait goûter du ciel l'inépuisable ivresse.
  Je vous aime, Jésus, et la nuit et le jour
  Je redirai : Jésus, à vous tout mon amour.

O vous, qui de Jésus connaissez la bonté,
Les attraits ravissants de sa divinité,
Accourez près de lui pour reposer votre âme,
Et sentir de l'amour la dévorante flamme.
  Je vous aime, Jésus, et la nuit et le jour
  Je redirai : Jésus, à vous tout mon amour

Gloire, amour éternel à mon divin Sauveur,
Je veux le suivre au ciel, n'a-t-il pas pris mon cœur ?
Je dois vivre avec lui, chanter avec les anges :
A Jésus, doux Jésus ! amour, honneur, louanges!
  Je vous aime, Jésus, et la nuit et le jour
  Je redirai : Jésus, à vous tout mon amour (1)

 Cependant les Œuvres d'Espagne réclamaient et attendaient une visite. En raison de sa santé, on ne trouvait pas prudent que le bon Père s'exposât à de telles fatigues, et il fut décidé que la Mère V. Machet ferait

(1) Rec. de poésies.

le voyage désiré et devenu nécessaire pour la solution de diverses questions pendantes. Celle-ci quitta Bordeaux le 16 juillet 1855, sous l'impression de tristes pressentiments auxquels elle ne voulut pas s'arrêter; elle passa par Marseille, où commençaient déjà les pourparlers au sujet de la fondation d'une Maison de Notre-Dame de Lorette, et, ses affaires terminées, elle s'embarqua pour Barcelone. La traversée fut pénible; la Mère Eugène souffrit beaucoup du mal de mer et arriva très fatiguée à cette seconde étape de son voyage. Elle crut et on crut autour d'elle à une simple indisposition, mais des symptômes alarmants se manifestèrent tout à coup, et la chère Mère succomba presque subitement aux atteintes d'un mal dont les médecins eux-mêmes ne purent définir la nature.

La Mère Bonnat, heureuse de la prochaine arrivée de la Mère Eugène, n'avait pu se décider à l'attendre tranquillement; elle était partie pour Valence, afin de l'y recevoir, et de revenir avec elle à Madrid. Elle se trouvait donc dans cette ville quand la lettre de la Mère Saint-Augustin de Lesseps lui apprit la foudroyante nouvelle. Il est plus facile de supposer sa douleur que de l'exprimer. Vingt-cinq années d'intimité avaient uni ces deux grands cœurs, ces deux belles intelligences, si différentes l'une de l'autre, mais si sympathiques l'une à l'autre. La mort de la Mère Eugène arrivant ainsi sans que rien pût la faire prévoir, et entourée de circonstances particulièrement douloureuses, était pour le cœur de la Mère Bonnat un coup de foudre, qui au premier moment la renversait. Le choléra régnait à Valence. Se sentant fatiguée, elle se crut atteinte par le fléau, et voulut à tout prix rentrer à Madrid. Le voyage fut pénible, la Mère Bonnat avait hâte d'arriver pour mourir, croyait-elle. Les soins de ses filles, leur affection, et par-dessus tout le calme que la prière et l'abandon à la volonté divine remirent en son âme, aidèrent à son rétablissement. Son cœur soumis n'alla plus chercher qu'au ciel la sœur et l'amie qui venait de la quitter.

De Valence même, elle s'était empressée d'écrire à la Mère Despect :

« 6 août 1855.

» MA BONNE MÈRE,

» Lorsque je vous annonçais dans ma dernière lettre mon brusque départ pour Valence où j'espérais voir la Mère Eugène et lui conter tous mes embarras, toutes mes peines, j'étais bien loin de penser à l'affreux malheur qui nous menaçait. Malgré l'annonce d'une indisposition qu'elle semblait elle-même trouver légère, nous espérions encore sa visite, lorsque la lettre de la Mère Saint-Augustin est venue nous atterrer. Notre première pensée a été pour le bon Père, la seconde pour vous. Quelle perte ! et quel vide immense cette mort va laisser dans le centre ! Comme vous allez voir s'augmenter vos peines et les difficultés de votre position ! Je n'ose penser à l'avenir, et cependant il faut bien le faire..... En priant pour notre bonne et excellente Mère Eugène, nous allons aussi prier d'une manière toute spéciale et pour vous et pour le bon Père afin que Dieu vous accorde ses grâces, ses secours et ses consolations. »

De retour à Madrid, c'est au bon Père et à la Mère Pauline Machet qu'elle avait adressé ses condoléances et ses sympathies :

« Madrid, le 11 août 1855.

» MON BIEN BON PÈRE,

» Je ne vous ai point encore écrit depuis la perte si douloureuse que Dieu vient de vous imposer, et cependant il me tardait de venir, non pour vous consoler, mais pour m'unir à votre peine. Je désirerais être près de vous en ce moment pour vous parler de la Communauté que vous avez envoyée au ciel et qui sans nul doute y prépare votre couronne. Ces saintes âmes prient et pour vous et pour nous, ayons donc confiance en l'avenir. Si la croix paraît lourde, si parfois elle semble écraser sous son poids, il est au-dessus de nous un Sauveur, tendre Père, qui nous regarde avec compassion, compte nos soupirs et ne nous frappe que pour notre plus grand bien. La consolation suit la souffrance, espérons donc au Seigneur. Le temps me paraît long sans avoir de vos nouvelles et de celles de toute la famille qui doit être si affligée. Dans notre Espagne le chagrin est extrême, nous perdons celle qui nous aimait et les espagnoles la regrettent infiniment. Les journaux, en publiant sa mort, ont répété ses éloges, faible tribut rendu à sa mémoire et à l'affection qu'elle avait toujours témoignée pour l'Espagne et ses habitants. »

A la Mère P. Machet.

« 13 août 1855.

» Je n'ai pas besoin de vous dire toute la peine que je

ressens et que je partage avec vous, mieux que personne vous la comprendrez. Il y a vingt-neuf ans, vous me disiez de prier pour que Dieu appelât à Lui votre chère Virginie; il écouta nos prières, elle nous a édifiées, consolées, et sans doute mûre pour la récompense, elle est partie avant nous pour la terre de repos. Travaillons maintenant à nous préparer le même sort et, comme elle, soyons généreuses au service d'un Dieu qui récompense au centuple les plus légers sacrifices. Bientôt nous irons la rejoindre. »

MARIE, EMMÈNE-MOI !

« Laisse-moi quitter cette terre,
» Je veux m'en aller avec toi ;
» Je voudrais te suivre, ô ma Mère!
 » Marie emmène-moi ! »

Loin de ma céleste Patrie,
Loin du mon Père et de mon Roi,
Je ne puis supporter la vie,
 Marie, emmène-moi !

Seule, sur la rive étrangère,
Je me meurs de trouble et d'effroi ;
Je t'invoque, ô ma tendre Mère !
 Marie, emmène-moi !

Dans mon exil et ma détresse
S'éteint le flambeau de ma foi ;
Mon cœur succombe à la tristesse,
 Marie, emmène-moi !

L'infernal dragon m'environne
Et veut m'entraîner sous sa loi ;
A ton amour je m'abandonne,
    Marie, emmène-moi !

Depuis si longtemps je soupire
Vers le ciel. Ah ! dis-moi pourquoi
Tu veux prolonger mon martyre ?
    Marie, emmène-moi !

J'entends les célestes cantiques
Qui résonnent autour de toi ;
Je vois des fêtes magnifiques,
    Marie, emmène-moi !

Tout me déplaît sur cette terre,
Ton amour est ma seule loi.
Je t'en prie, ô ma tendre Mère !
    Marie, emmène-moi ! (1).

La Mère Bonnat avait dit vrai ; la mort de la Mère V. Machet était une épreuve pour toute la Sainte-Famille. Présidente Permanente du Conseil Général de Marie depuis la mort de la Mère Nativité Trimoulet, Supérieure Générale des Dames de Lorette, la Mère Eugène occupait une grande place dans la Société, autant par ses titres et ses charges que par ses qualités éminentes et ses rares vertus. Les postes laissés vacants par sa mort ne pouvaient longtemps rester vides. Le bon Père réunit le Conseil Général de Marie. La Mère Bonnat

(1) Rec. de poésies.

vint donc en France au mois de septembre pour prendre part aux travaux et aux décisions que nécessitaient les circonstances. Les suffrages des Conseillères Générales ratifiés par le choix du bon Père, l'appelèrent à remplacer la Mère V. Machet comme Présidente Permanente du Conseil Général de Marie, et comme son séjour en Espagne pouvait parfois être un obstacle à ce qu'elle remplît toutes les fonctions de sa charge, la Mère P. Machet fut désignée comme Vice-Présidente.

Par une ordonnance du même jour, la vénérable Mère Chantal Machet était nommée Supérieure Générale des Dames de Lorette à la place de la Mère V. Machet, sa fille, et la Mère M. Gellie était désignée pour être Supérieure locale de la Maison de Lorette de Bordeaux, fonction que la Mère Eugène remplissait tout en étant Supérieure Générale.

Ces grandes mesures exécutées, les affaires ordinaires reprirent leur cours; la Sainte-Famille comptait, dès lors, un nombre de sujets qui ne permettait guère d'arrêt. La bonne Mère Despect partit pour la Belgique, où, l'année précédente, elle avait installé, à Liége, une colonie de Sœurs de l'Espérance. Prise en route d'un violent crachement de sang, elle dut s'arrêter à Paris pour y recevoir les soins nécessaires dans la situation présente. Cette maladie qui avait un si effrayant début devenait une nouvelle épreuve et une nouvelle menace, on ne pouvait se le dissimuler. La Mère Bonnat, inquiète, désirait aller s'assurer elle-même de l'état de la chère malade, mais elle ne voulait pas l'effrayer, et avec sa délicatesse habituelle elle lui demandait la permission d'aller la retrouver.

« Bordeaux, 29 septembre 1855.

» MA BONNE MÈRE,

» Après les peines que nous avons éprouvées cet été, nous étions loin de prévoir que Dieu voudrait encore nous affliger en vous retenant loin de nous par la maladie. Pour ma part, j'en ai été vivement affectée; heureusement que notre divin Maître a eu pitié de nous, et qu'il nous accordera bientôt, je l'espère, le plaisir de vous revoir. Mon premier désir a été d'aller vous trouver; je voudrais encore beaucoup qu'il me fût permis d'aller vous chercher. Si vous n'y trouvez pas d'inconvénient, faites-le moi dire, et je partirai bien vite. Vous savez que lors de mon dernier voyage en France, je désirais aller à Paris pour différentes petites affaires relatives à la Maison de Madrid; ce désir ou ce besoin est toujours le même, et de plus je vous verrais un peu plus tôt, ce qui me serait une grande consolation. Voyez et dites-moi ce que vous voulez que je fasse. Ma Maison de Madrid va bien pour le moment, celle de Bordeaux s'arrange et s'arrangera, je l'espère, avec les nominations qui viennent de se faire; soyez donc sans inquiétude à cet égard. Remettez-vous bien, voilà l'essentiel, et avec vous nous ne craindrons ni le travail, ni les peines. Je vais rejoindre le bon Père à Martillac, et là encore je prierai spécialement pour vous et pour votre prompt retour. »

La permission demandée fut facilement accordée. La Mère Bonnat fit ses affaires, mais surtout elle s'occupa de la chère malade tout le temps qu'elle resta près d'elle. Un voyage à Paris n'était pas, pour elle, un agrément : « L'aspect de cette grande ville m'attriste le cœur, disait-elle ; ce luxe, ce mouvement, cette agitation générale, tout présente tellement l'aspect du monde, que l'âme chrétienne et religieuse s'y trouve déplacée. »

De retour à Bordeaux, la Mère Emmanuel s'occupa de mille choses. La maladie de la Mère Despect allait en progressant, on ne pouvait plus songer à elle pour le travail, et néanmoins le bon Père, le Fondateur, sentait que le mouvement général ne devait pas être entravé. Il voulait que la Mère Bonnat lui servît de bras droit, mais la position était délicate ; cependant, en Fille de Dieu Seul, elle se prêta à tout. La maladie du bon Père, dans le principe, puis en second lieu celle de la Mère Despect, rendaient bien difficile le fonctionnement du secrétariat à la Solitude, tandis que le séjour à Bordeaux semblait s'imposer.

Il avait été décidé que le centre serait installé en ville, et à cet effet une maison avait été achetée rue Saint-Eulalie, 33. Mais pour être habitée par une communauté comme celle de la Maison Générale, il fallait des appropriations et de nombreuses réparations : la Mère Bonnat se chargea de tout arranger, de tout préparer selon les vues du bon Père, et cela avec un entrain, une vie, un bon vouloir qui devaient être pour ce vénéré Père une douce consolation au milieu de ses peines : « Ce dont je puis vous donner l'assurance, lui écrivait-elle au sortir d'un conseil, pendant un de ses séjours à la Solitude, c'est que vos filles sont toutes disposées à entrer dans vos vues et à se dévouer plus que jamais au bien des Œuvres. Le Bon Dieu, qui dirige tout pour le mieux, a voulu que mon long exil me redonnât les forces de ma jeunesse; je n'ai peur de rien; ainsi, mon bon Père, je m'offre à vous comme au premier jour pour faire ce que vous voudrez et comme vous le voudrez. Ne vous affligez pas des difficultés du moment, vous avez d'immenses ressources qui surgiront au besoin, et les miracles de la Providence ne manqueront jamais aux enfants de la Sainte-Famille. »

Cette générosité, cet élan, cette ferveur de ses premiers jours, la Mère Bonnat les puisait au pied du tabernacle. Son âme, au milieu des agitations et des travaux, restait fixée au Cœur adorable de Jésus, et rien ne pouvait ni ne savait l'en détourner.

Laissons une de ses filles nous raconter un fait dont elle a été témoin, et nous aurons le secret de cet amour qui se donne, se donne sans cesse, pour Celui qui est le principe même de l'amour :

« La vénérée Mère Bonnat m'emmena un jour avec elle pour faire une course ; nous passions devant l'église Sainte-Croix à Bordeaux ; entrons, me dit-elle, nous ferons une adoration. L'église était en réparations, le chœur et le nef se trouvaient encombrés de matériaux, rien n'indiquait l'endroit où résidait le Très-Saint-Sacrement. Dans le but d'éviter une recherche à la Mère Bonnat, j'allai demander à une femme, occupée dans un coin, de me dire où était la Sainte Réserve : Dans la chapelle au fond à gauche, me répondit-elle. En me retournant, je ne vis plus la bonne Mère, et je me dirigeai vers la chapelle indiquée. Déjà la Mère Bonnat était à genoux et priait. La lampe du sanctuaire était dans une anfractuosité du mur, et il fallait être tout près pour la voir.

» En sortant de l'église, je lui dis : Vous étiez donc venue dernièrement à Sainte-Croix, ma bonne Mère? — Non ; pourquoi? — Qui donc vous a désigné la chapelle du Très-Saint-Sacrement ? — La vénérée Mère me regarda avec surprise : Eh quoi ! me dit-elle, est-ce que vous ne savez pas toujours où est le Bon Dieu, quand vous entrez dans une église? — Non, ma bonne Mère, je cherche la lampe. — Moi, je le sais toujours, répondit-elle à voix basse, et comme se parlant à elle-même. Puis, craignant sans doute d'avoir révélé un de ses intimes secrets connus de Dieu seul, elle causa de choses indifférentes. L'impression que j'avais reçue ne s'est jamais effacée de ma mémoire et de mon cœur. Il fallait que notre vénérée Mère fût bien agréable à Dieu pour être favorisée d'une grâce qui n'a été le partage que de quelques saints privilégiés. »

Reprenant volontiers sa mission de fondatrice, la Mère Bonnat, au mois de décembre 1855, alla accompagner les Sœurs de l'Espérance appelées à La Rochelle. La Mère Hardy Moisan, alors Supérieure Générale de l'Espérance, devait aller installer ses filles, mais au dernier moment, un empêchement survint, et la Mère Bonnat s'offrit à la remplacer. Elle fit les visites, les démarches nécessaires, elle régla toutes les questions spirituelles et temporelles, elle procura aux Sœurs avec une touchante sollicitude tout ce qui leur était nécessaire pour un début, et après les avoir encouragées, soutenues, fortifiées, persuadées de l'importance et de la beauté de leur mission, elle rentra à Bordeaux en visitant d'autres Œuvres. Quelques semaines après, en janvier 1856, elle allait à Bayonne, où elle préparait encore une fondation de Sœurs de l'Espérance, vivement et depuis longtemps désirée dans cette ville. Durant le séjour qu'elle y fit, la Mère Bonnat se rendit en excursion à Saint-Jean de Luz.

L'Océan, si beau à cet endroit du littoral, lui fit une impression qu'elle n'avait jamais ressentie au bord de la mer; elle ne pouvait se lasser de contempler ce spectacle grandiose qui élevait ses pensées vers Dieu, lui parlait de sa puissance, de son immensité, et posait en quelque sorte devant elle le problème de l'Infini. Hélas! qui peut répondre à ces questions, sinon l'Infini lui-même?...

LA MER A SAINT-JEAN DE LUZ.

Seule, assise sur le rivage
Que la mer baigne de ses flots,
Je contemple l'immense plage
Sans navire et sans matelots.

La vague jaune et bondissante
Recouvre un rocher abattu.
O mer! à la voix mugissante,
O mer! dis-moi, que chantes-tu?...

Est-ce une prière, une plainte;
Est-ce un chant d'amour ou de mort;
Est-ce la terreur et la crainte
Que tu viens jeter sur ce bord?...

O mer ! tu gémis et tu pleures
Au souvenir de nos malheurs ;
Tout passe..... et, seule, tu demeures
Pour compatir à nos douleurs.

Près de toi, je gémis, je rêve
A tous les maux de l'univers ;
N'écris-tu pas, sur cette grève,
Tous les jours de nouveaux revers.

Quand je sens ta vague expirante
Me caresser en soupirant,
Ta voix me semble déchirante :
C'est l'adieu d'un ami mourant.

Au bruit des vents, de la tempête,
Tu joins de sublimes accords ;
Le malheur partage ta fête,
Et tu chantes l'hymne des morts.

Que de trésors et que de larmes
Recèlent tes antres profonds !
A nos regrets, à nos alarmes,
A notre passé tu réponds.

Parle-moi de cette existence
Qui fut si belle à son berceau ;
Qu'as-tu fait de notre innocence,
Lui servirais-tu de tombeau ?...

Tu fus, aux premiers jours du monde,
Le témoin d'un jour de bonheur ;
Quand la terre sortit de l'onde,
Tu connaissais son Créateur.

Tu vis les astres se suspendre
A la sombre voûte des cieux ;
La première, tu pus comprendre
Les lois de ces corps glorieux.

Docile à la voix de ton Maître,
Comme un sujet obéissant,
Tu vis l'homme oser méconnaître
La volonté du Tout-Puissant.

Comme instrument de sa vengeance,
Dieu se servit de ta fureur.
De ce jour, dis-moi la souffrance,
Les tourments, les cris et l'horreur !...

Quand le Seigneur, dans sa clémence,
Traça son arc mystérieux,
Tu vis l'éternelle alliance
De ton sein s'élever aux cieux.

O mer ! si puissante et si belle
Qu'enserre ton immensité,
Dois-tu, créature immortelle,
Connaître aussi l'éternité ?

Comme l'être incompréhensible,
Tu m'apprends à craindre, à prier ;
Comme le temps irrésistible,
Dieu seul peut te qualifier.

O mer ! de ton Souverain Maître
Grave en mon cœur le souvenir.
Sur tes bords, j'aurais voulu naître,
Sur tes bords, je voudrais mourir (1).

(1) Rec. de poésies.

CHAPITRE VII.

Retour de la Mère Bonnat en Espagne et visites de Maisons. — Le bon Père décoré de l'Ordre de Charles III. — Révolution à Madrid. — Transfert de l'Orphelinat à Pinto. — Le choléra. — Fondation d'une Œuvre de la Conception à Getafe. — Mort de la Mère Despect.

> « *Je vais où l'on m'envoie, essayant de faire aimer Dieu.* »
> R. B.

Le moment était arrivé où la Mère Bonnat devait s'éloigner de Bordeaux. S'étant remise comme elle l'avait fait entre les mains du bon Père, elle avait dépensé tout son dévouement à s'occuper avec cœur des Œuvres ou des missions qui lui avaient été confiées ; avec lui, elle avait travaillé à préparer la fondation des congrégations des Sœurs Solitaires, des Sœurs Agricoles et des Sœurs de Sainte-Marthe que le bon Père voulait voir fonctionner. La santé de la Mère Despect ne permettant plus qu'on lui donnât de telles sollicitudes, on avait voulu lui épargner les préoccupations qui n'auraient pas manqué de se produire si on l'avait associée à ces nouveaux plans. Ce n'était donc pas sans regret que le bon Père voyait partir la Mère Bonnat : « Songez, chère enfant, lui avait-il dit en la bénissant, que toutes nos entreprises sont encore sur le chantier, que j'ai hâte de leur imprimer le mouvement et la vie qu'elles attendent, que nous avons besoin de vous revoir à Bordeaux, et qu'en rentrant à Madrid vous devez travailler à préparer les voies du retour ».

La Mère Bonnat se rendit d'abord à Paris, où il était question d'acheter une maison pour y loger les Sœurs de l'Espérance; le bon Père l'avait chargée des démarches à faire et des renseignements à prendre, il désirait aussi qu'elle lui donnât ses appréciations personnelles sur le local dont on avait parlé. La Mère Emmanuel s'acquitta de sa mission; son opinion n'était pas qu'on dût acquérir la maison en question, elle la trouvait trop petite et d'un prix trop élevé. Son avis fut suivi. L'heure de la Providence n'était pas encore arrivée où la communauté de l'Espérance de Paris rencontrerait un local tel qu'elle le pouvait désirer pour les besoins de son Œuvre.

De la capitale, la Mère Emmanuel effectua son retour par Lyon, Saint-Etienne, Montpellier, et de cette ville elle racontait à la bonne Mère Despect, toujours malade, son voyage, ses consolations, ses souvenirs, les visites qu'elle avait faites et les impressions qu'elle en avait conservées.

« Montpellier, 26 janvier 1856.

» MA BONNE MÈRE

» Depuis mon départ, je n'ai eu que pluie et brouillard, j'ai trouvé partout une effroyable boue, pire que celle de Bordeaux, c'est beaucoup dire, et ce n'est qu'en arrivant ici que j'ai pu revoir le soleil et ce ciel bleu qui fait tant de bien à l'âme.

» Je profite donc à la lettre du premier moment de repos pour vous parler de mon voyage et pour vous faire cette petite visite d'affection que j'aimais tant et dont je suis privée depuis douze jours . . . .

» Léon Bonnat a du s'entendre avec M. Julien pour choisir le meilleur dessinateur pour les lithographies du bon Père, vous aurez à indiquer combien vous voulez d'exemplaires. Les artistes ont dit, en voyant le portrait de notre Père, qu'il avait le nez cassé comme Michel-Ange : voilà deux célébrités bien différentes qui se réunissent en un singulier point.

» Que vous dirai-je, chère Mère, de Lyon et de mes émotions en revoyant ces lieux si longtemps oubliés? D'abord j'ai commencé par perdre mes malles que j'ai retrouvées heureusement le lendemain, ensuite j'ai prié avec bonheur à N. D. de Fourvières. J'ai revu mon oncle sur le bord de sa tombe, j'ai retrouvé sa bonté, sa vertu, son aimable causerie, j'ai revu mon amie Victoire toute triste et malheureuse, et cependant toujours bonne et affectueuse comme autrefois.......... et puis plus rien. Tout a changé, les personnes et les choses. Les vallons si riants lors de mes dix-huit ans sont sillonnés par des chemins de fer, partout des usines, des forges, des mines et des mineurs, tout est noir et enfumé, on s'occupe de spéculations commerciales, tout est négoce, calcul, intérêt; quelle triste vie et comme j'ai béni Dieu de m'avoir appelée ailleurs ! Mon cousin l'abbé André est le seul qui ait éveillé mes sympathies, je lui ai trouvé des qualités bien attachantes; nous nous serions parfaitement compris, mais il a fallu se séparer avant même d'avoir fait connaissance l'un avec l'autre.

. . . .

» A Saint-Etienne, j'ai parlé à toutes les Sœurs en particulier, visité le Préfet, les curés de Saint-Etienne et de Sainte-Marie, les dames Balaï, Courbon et Soleillac. La Maison va bien pour le moment, mais pour la consolider et donner suite à l'Œuvre des pauvres que ces Dames ont commencée, il faudrait qu'une Sœur y fût spécialement affectée.

. . . .

» A peine arrivée à Montpellier, j'ai demandé des nouvelles de Monseigneur et l'on m'a fait dire que je pouvais y aller tout de suite. Je n'avais jamais vu Mgr Thibaud plus aimable qu'aujourd'hui, il était père et affectueux au possible, il s'est informé de vous et du bon Père avec le plus vif intérêt, puis m'a parlé de toutes ses affaires avec une confiance qui m'a touché l'âme. Comme je lui demandais ce qu'il pensait de nos Sœurs de la Conception, il m'a répondu : Elles font beaucoup de bien et j'entends continuellement faire leur éloge, que puis-je désirer de plus ? Nous non plus, nous ne devons pas en désirer davantage. J'ai répété ces paroles à la Mère Donjeu pour lui donner du courage et de la consolation. Vous allez peut-être trouver ma visite trop longue, je m'arrête en vous disant mille choses aimables de la part de toutes vos filles qui continuent de prier pour vous sans s'inquiéter s'il y a quarante ou cinquante jours, on désire vous savoir rétablie et jusque-là on priera. »

En quittant Montpellier, la Mère Bonnat alla à Perpignan, puis de là à Barcelone, à Valence, et enfin elle rentra à Madrid après cinq mois d'absence. Son bon ange avait certainement pour elle une protection spéciale. Comme elle l'a dit elle-même : « C'est toujours la veille ou le lendemain des événements tragiques que j'ai traversé les endroits où les ponts avaient été enlevés, où les voyageurs avaient été détroussés, quant à moi, je n'ai jamais eu aucun accident durant mes longs voyages. » La joie du retour fut bien grande pour la Famille de Madrid qui aimait tant sa bonne Mère ! Quelques jours après l'arrivée de la Mère Bonnat, il survint une singulière aventure : des ouvriers se présentèrent, de la part de l'Intendant du Duc de Médina Cœli, soi disant pour réparer les toitures. Avec grand plaisir on les laissa aller à ce travail qui était nécessaire et qu'il n'était pas facile de surveiller. Sous prétexte d'emporter des plombs qui ne pouvaient plus servir, ces ouvriers, ou plutôt ces voleurs, en enlevèrent pour 300 fr., puis ne reparurent plus ; il fallut bien que la caisse de la maison payât ce dommage.

Durant l'absence de la Mère Bonnat, la Mère Saint-Ephrem Cardot l'avait remplacée dans les leçons à donner aux princesses et les meilleures relations avaient continué avec le Palais ; la Mère Emmanuel voulut en profiter pour obtenir une double faveur royale et elle sollicita la croix de Charles III pour le bon Père et pour Mgr Thibaud, Évêque de Montpellier.

Avec cette délicatesse d'intuition que la Mère Bonnat savait si bien avoir, elle voulut que la nouvelle de sa nomination arrivât au bon Père par la Mère Despect afin de procurer une petite consolation à la pauvre malade; elle n'ignorait pas que tout ce qui se rapportait au bon Père était d'un prix infini pour la Mère Despect et elle lui disait le 11 avril :

« J'aurais désiré vous écrire dans le courant de la quinzaine pascale, ma bonne Mère, cela ne m'a pas été possible. Je voulais, en vous souhaitant l'alleluia, vous procurer un tout petit plaisir : celui de dire au bon Père que la Reine d'Espagne vient de lui donner la croix de Commandeur de l'ordre royal et militaire de Charles III. Notre bon Père est trop saint pour être sensible à cette décoration, mais comme prêtre et supérieur il appréciera toujours les indulgences et les privilèges accordés aux Chevaliers de l'ordre par les Souverains Pontifes.

» Comment cette croix a-t-elle été accordée ? En voici l'histoire. Quand je fus au Palais et que je demandai une croix pour l'Évêque de Montpellier, on me répondit : Très volontiers, rien n'est plus juste et vous méritez bien qu'on vous concède ce que vous sollicitez. — Mais, repris-je aussitôt, si cette croix doit être la récompense du bien que j'ai pu faire en Espagne et des soins que j'ai pu donner aux princesses, cette croix est due et appartient à mon Supérieur. — Vous avez raison, me répliqua-t-on, alors au lieu d'une croix vous en aurez deux.

» Veuillez, je vous prie, dire au bon Père combien ses filles d'Espagne sont heureuses de lui offrir aujourd'hui une croix d'or et de brillants en dédommagement de tous les sacrifices que son cœur paternel a si souvent éprouvés. Puisse cette petite consolation lui procurer un moment l'oubli de ses souffrances et lui rappeler la sincère et reconnaissante affection de ses filles en Jésus, Marie et Joseph. »

Le bon Père fut tout surpris d'une telle nomination. Il était loin de s'y attendre. Jamais il n'avait recherché les honneurs ; ses pensées et ses désirs étaient ailleurs et dans un autre ordre d'idées. Il fut touché, cependant, de la délicate attention de sa Fille Emmanuel et il lui répondit :

« 22 avril 1856.

» Chère Enfant,

» C'est de la Solitude que je vous écris ces lignes parce qu'il m'a été impossible, à Bordeaux, de trouver un moment pour vous remercier de la charmante lettre que la Mère Despect a reçue de vous.

» Depuis que vous approchez des têtes couronnées, des grands dont on sollicite de toutes parts les faveurs, il ne vous est arrivé qu'une fois de concevoir une *pensée d'ambition* et ce sentiment n'a pu entrer dans votre cœur qu'en se transformant en amour filial... C'est aussi sous cette forme qu'il a été compris par le mien. Oui, quel que soit le prix que je doive mettre à un don précieux, décerné par des mains royales et enrichi des indulgences et privilèges que Sa Sainteté, dites-vous, y a attachés, ce qui m'a surtout profondément touché, c'est votre affection se reportant sans cesse et en toutes occasions sur votre vieux Père... Je vous remercie donc, ma fille, de ce bon souvenir, de cette marque nouvelle et si délicate de votre tendresse filiale...»

La pauvre Espagne n'en avait pas fini avec les révolutions et les mouvements politiques. A chaque instant on pouvait redouter une crise nouvelle, et se demander ce qu'il en résulterait. La Communauté de Madrid s'unissait à sa Mère pour prier, puis on s'abandonnait à la bonne Providence pour des événements qu'on ne pouvait ni prévoir ni enrayer.

En juillet, le feu qui couvait sous la cendre éclata soudain, et dans des proportions vraiment effrayantes. Encore une fois, la proximité des Cortès et du palais de Medina-Cœli devint un danger pour le couvent de Lorette. La Mère Bonnat conserva tout son sang-froid, toute sa présence d'esprit, et par son attitude énergique, soutint le courage de celles qui, autour d'elle, sentaient la peur les gagner. Elle comprenait qu'à Bordeaux, on s'inquiéterait en apprenant la gravité des événements, et qu'on se demanderait si les Sœurs n'auraient pas eu à en subir le contre-coup, surtout quand on apprendrait ce qui s'était passé sur la place des Cortès. En toute hâte, elle traçait ces lignes :

« Madrid, 16 juillet 1856.

» Mon bon Père,

» Les dépêches télégraphiques auront porté jusqu'à vous la nouvelle de nos bouleversements politiques ; je viens seulement vous tranquilliser à notre sujet et vous dire que, sauf l'émotion inévitable en semblables moments, il ne nous est rien survenu de fâcheux. Dimanche, la chute du ministère fit présager la crise ; lundi, les Cortès se déclarèrent en session permanente ; mardi, le ministère et la force armée demandèrent le désarmement de la milice, et à neuf heures le feu commença. L'attaque du palais des Cortès nous a valu une heure de terribles angoisses; l'extrémité du palais de Medina-Cœli est tombée sous les coups de canon, quelques éclats de grenades sont venus jusqu'à notre porte et dans le jardin; enfin, la cornette se fit entendre, on parlementa, et le feu cessa. Pendant ce temps, la garde nationale, effrayée et poursuivie, se précipita chez nous par les tribunes de l'église. Ces pauvres militaires criaient : Ursulines, ouvrez les portes. Les clés ne se trouvant pas assez vite, ils enfoncèrent la porte et entrèrent en désordre. Peu à peu l'ordre se rétablit, et les Cortès ayant cédé, la milice se retira en rendant les armes. Sur plusieurs points de Madrid, le combat a duré plus longtemps, et l'on se bat encore à la porte de Tolède, mais les troupes sont si supérieures en force que la lutte ne peut se prolonger. Voici, succinctement, ce qui s'est passé chez nous pendant cette crise, dont le bruit doit, nécessairement, avoir retenti au loin. »

D'après ce rapide récit, écrit au moment même de l'action, il est aisé de comprendre quelle avait dû être l'angoisse de la Mère Emmanuel. Des projectiles arrivèrent, en effet, jusque dans le jardin, et ils étaient d'un calibre à faire juger des ravages qu'ils auraient pu causer, si Dieu n'avait préservé la petite famille religieuse. L'entrée inopinée des soldats qui, par les tribunes, se trouvèrent tout à coup dans l'intérieur de la maison, causa aussi un moment de panique. Enfin, le calme se rétablit, et comme ex-voto de reconnaissance, la Mère Bonnat fit déposer, dans la chapelle de Notre-Dame de Toutes-Grâces, un cadre renfermant les balles, grenades ou projectiles de guerre qu'on avait ramassés soit dans la maison, soit dans le jardin. Ce cadre demeure aux pieds de Marie comme un souvenir de gratitude et comme une prière perpétuelle pour la Communauté de Madrid.

Cependant, la Mère Emmanuel poursuivait sans relâche son projet de loger ses chères Orphelines, qu'elle avait confiées provisoirement aux Sœurs de l'Espérance. Elle sentait que les Œuvres de Saint-Joseph et de l'Espérance étaient dans une position anormale, que le bien s'y trouvait paralysé des deux côtés, et qu'une séparation s'imposait pour que chaque maison pût vivre de sa vie propre. Elle avait beaucoup cherché, beaucoup prié, fait en vain de nombreuses démarches lorsque, enfin, le bon Dieu sembla répondre à ses désirs.

« Comme votre fille, écrivit-elle, au bon Père, je dois partager vos sentiments et chercher en tout à vous suivre et à vous imiter; c'est pourquoi j'ai désiré établir à Madrid une Œuvre de pauvres Orphelines. Il me paraît que cette Œuvre est celle qui peut contribuer le plus au soutien et à l'extension de la Sainte-Famille. A Madrid, elle a déjà fait beaucoup de bien, et j'ai la certitude qu'elle en fera plus encore une fois qu'elle sera bien établie. C'est donc dans cette conviction que je viens vous demander l'autorisation d'acheter une maison pour l'Orphelinat. On nous en propose une dans un petit village à trois lieues d'ici, sur la route de Valence ; par le chemin de fer, on y est en trois quarts d'heure. Le pays est sain, aéré, on y trouvera des ressources, et les vivres coûtent moins cher qu'à Madrid. La maison est grande, elle a déjà servi de collège pour plus de soixante petits garçons : il y a deux cours, un grand jardin, un préau, une petite terre attenante ; on en demande 30,000 fr., j'espère l'avoir pour 25,000, et je vous ai dit comment nous ferons face à cet achat ; il est évident que la Providence nous vient en aide. »

La Providence, en effet, secondait les pieux desseins de la Mère des Orphelines. La Mère Bonnat avait eu occasion de rendre un très grand service à un riche banquier dont elle avait eu la fille en pension, et celui-ci avait été profondément reconnaissant de la manière large, complète, délicate, dont la Supérieure de Lorette avait agi à son égard.

Quand il fallut songer à se procurer des fonds en perspective d'un achat, la Mère Emmanuel, qui n'avait pas de réserves, songea à un emprunt et s'adressa au banquier dont nous venons de parler. Il l'accueillit très bien, lui promit son concours, puis, au moment de régler les conditions du prêt, il demanda la permission de loger lui-même les Orphelines, et il acheta la propriété de Pinto pour la petite famille de Saint-Joseph. Le transfert de l'Orphelinat se fit au mois d'août ; la Mère Bonnat, heureuse de tout ce que le Bon Dieu avait fait, installa de son mieux les chères enfants et leurs mères adoptives dans le nouveau local ; pour cela, elle ne trouva rien de mieux que de puiser dans le mobilier toujours si pauvre de sa propre Communauté, mais toutes ses filles étaient heureuses de participer, au prix de quelques sacrifices, à la bonne œuvre de leur charitable Mère et de pratiquer une pauvreté un peu plus étroite. Quand elle vit l'Orphelinat bien établi, en plein air, en pleine campagne, la Mère Bonnat eut un moment de vraie satisfaction. Son plaisir était d'aller de temps en temps visiter la petite famille à laquelle il manquait bien des choses, mais qui avait l'essentiel. Pour égayer les récréations des enfants, elle se plut à leur préparer de petits chants joyeux qu'elle aimait à leur entendre répéter en chœur ; le souvenir a conservé celui-ci, il a passé peu à peu d'une maison à l'autre, partout où se trouvait une réunion d'enfants :

RONDE

A l'âge heureux de quinze ans,
Mes enfants, venez aux champs,
Pour cueillir la fleur nouvelle,
Accourez, je vous appelle.

REFRAIN :

Le rossignol applaudit
 Et l'écho redit :
  Ah ! ah ! ah !

Mes enfants ne cueillez pas
Cette fleur qu'on voit là-bas ;
Sous le nom de jalousie
Elle trouble notre vie.

N'allez pas de ce côté,
C'est la fleur de la beauté,
Et l'on dit qu'à peine éclose,
Un souffle ternit la rose.

Voyez auprès du lilas,
Le lis et le réséda,
Et plus loin, la violette
Qui se cache, humble et discrète.

Pour être heureux, mes enfants,
Il faut vertus et talents ;
Cherchez ces fleurs solitaires,
Cueillez-les près de vos Mères (1).

De son ancienne splendeur, Pinto a conservé une belle église et un donjon, restes des siècles passés. Ces souvenirs parlaient à l'imagination de la Mère Bonnat ; elle ne pouvait visiter la maison de Dieu sans la saluer d'une prière, contempler la haute tour sans songer à sa gloire féodale, tombée dans le domaine de l'oubli. Le cœur pieux trouve partout à louer, à bénir Dieu, il se sert de tout pour célébrer sa grandeur et chanter son amour.

PINTO

Des monuments détruits par le temps et l'orage,
Que reste-t-il encor ?... Que trouver en ce lieu ?...
Le donjon féodal, souvenir d'un autre âge,
  Et la maison de Dieu.

(1) Rec. de poésies.

Pour parler de grandeurs, de royales disgrâces,
Le donjon lézardé semble élever la voix,
Laissons-lui ses clameurs, pour nous, suivons les traces
    D'un Dieu mort sur la Croix.

Voilà l'humble réduit où le Sauveur des hommes
Veut bien manifester son amour immortel;
Infirmes et souffrants, malheureux que nous sommes,
    Entourons son autel.

C'est ici que l'enfant vient demander la vie,
Le chrétien, son salut; le pécheur, son pardon;
Que l'épouse du Christ veut rester asservie
    Dans un saint abandon.

C'est aux pieds de ce Dieu qui souffre et qui pardonne,
Que nous devons pleurer et nous anéantir,
Mais Dieu prie et bénit... que notre cœur lui donne
    Amour et repentir.

Auprès de cet autel où le pécheur espère,
Que j'aime à ranimer mon amour et ma foi !
Que j'aime à répéter : O Jésus, ô mon Père,
    Je veux vivre pour toi !

Au lieu des ex-voto, des dons, de la guirlande,
Hommage et souvenir des cœurs reconnaissants,
Je présente au Seigneur une nouvelle offrande,
    C'est un bouquet d'enfants.

Puissent ces simples fleurs orner ce sanctuaire,
Faire aimer du Seigneur les bienfaisantes lois;
Puissent-elles toujours embellir ce Calvaire,
    Fleurir près de la Croix (1) !

(1) Rec. de poésies

Les joies de l'installation ne furent pas de longue durée ; le choléra sévissait alors à Madrid. Il y en eut quelques légères atteintes à la Communauté, mais pas de victimes ; il n'en fut pas de même à Pinto, une Sœur et plusieurs enfants succombèrent, et ce fut une tristesse pour la Mère Bonnat, qui avait cru que l'air de la campagne préserverait de la maladie sa petite famille d'orphelines.

Quant aux Sœurs de l'Espérance, une fois qu'elles n'eurent plus d'enfants autour d'elles, elles prirent leur existence régulière de garde-malades, qu'elles n'avaient pu mener qu'imparfaitement ; on leur envoya du renfort, et l'Œuvre commença une marche ascendante, qui ne s'est jamais ralentie depuis.

Dans la vie pratique la Mère Bonnat était d'une très grande activité ; on ne la trouvait jamais un instant inoccupée. Si une de ses filles venait lui parler, et qu'elle comprît que la conversation allait être de quelque durée, elle posait sa plume et prenait un petit ouvrage manuel qu'elle avait toujours à portée de sa main. C'est grâce à cette activité, à ce bon emploi du temps dont jamais une minute n'était perdue, qu'elle est parvenue à réaliser tous les travaux littéraires ou scientifiques qui sont sortis de sa plume. A Madrid, au milieu de sa vie, si occupée, de ses soucis de Supérieure locale, de ses sollicitudes de Fondatrice, elle avait trouvé le moyen de préparer et de prendre son brevet espagnol, de composer un cours d'histoire français-espagnol, de rédiger des leçons de grammaire, de littérature, de botanique pour les princesses ; en se jouant, elle composait de gracieuses et pieuses poésies que ses filles recueillaient et chantaient.

En 1856, fidèle à la mémoire du cœur, elle se mit à écrire la vie de la Mère Trinité, telle qu'elle a été publiée depuis dans les Annales de la Sainte-Famille, et elle l'envoya au bon Père, à qui cet hommage filial fit grand plaisir. Elle ne s'arrêta plus dans cette rédaction si précieuse et si utile à la famille, et peu à peu toutes les premières Mères de la Société que Dieu avait rappelées ou rappelait à Lui avant elle, vinrent reprendre vie sous sa plume autorisée et sa fraternelle et affectueuse inspiration.

Cependant la maladie de la Mère Despect suivait son cours, et il fallait bien se résigner à en prévoir la douloureuse issue. La Mère Bonnat comprenait ce que souffrait le bon Père, et oubliant sa propre tristesse pour ne songer qu'à celle de son Père vénéré et des Mères qui entouraient la chère malade, elle laissait parler son cœur d'une manière aussi pieuse qu'affectueuse qui ne pouvait manquer de trouver écho dans les cœurs auxquels elle s'adressait :

« Madrid, 27 décembre 1856.

» MON BON PÈRE,

» En vous offrant mes vœux de bonne année, je voudrais bien vous souhaiter des consolations et du repos; mais, hélas ! peut-on en trouver sur la terre et ne nous avez-vous pas dit vous-même : *Le bonheur n'est pas là.* Puisse le Seigneur vous donner avec son saint amour la force de travailler encore longtemps pour sa gloire, c'est l'unique prière que j'adresse à Dieu. S'il est en mon pouvoir de vous aider, de diminuer vos peines ou de vous servir en quoi que ce soit, vous savez que je suis votre fille, toujours la même et plus dévouée encore si cela est possible. Ne pensez pas à mes cinquante ans, ils ne me pèseront pas lorsqu'il s'agira de vous consoler, de vous soigner et de vous exprimer les sentiments intimes de ce cœur qui vous est bien connu. Si Dieu veut vous affliger ici-bas, c'est qu'il vous prépare une riche récompense; heureux donc les jours tristes puisqu'ils conduisent à la gloire. Vous saurez, je pense, par mes filles notre bonheur d'avoir communié la nuit de Noël, nous avons de plus, tous ces jours-ci, de petites instructions très religieuses qui nous font du bien.

. . . .

» Je vais maintenant vous faire sourire en vous disant qu'avant de mourir je veux que vous voyiez et bénissiez deux nouvelles Œuvres : celle de Paris pour Lorette et celle de Rome pour..... Je vous le dirai quand je serai près de vous. Il y a bien encore une troisième fondation qui me trotte dans la tête, mais comme elle se rattache à plusieurs questions qui devront se discuter à Bordeaux, je n'en dis rien aujourd'hui. Il vous suffira de savoir que votre fille rajeunit quand il est question de travailler pour le bien et la stabilité de la Société qui a daigné la recevoir dans son sein. Je serai aussi doublement heureuse si je puis vous aider à trouver dans votre pénible mais glorieuse tâche de Fondateur les véritables consolations que vous méritez. Quand je regarde mon anneau avec son numéro 1, je me sens pleine de courage pour la belle mission que Dieu m'a départie, je vous remercie de votre choix et j'ose vous promettre que je serai toujours la première à vous comprendre, à vous consoler et à vous prouver mon tendre et bien respectueux attachement. »

A la Mère Daudigeos.

« Madrid, 2 janvier 1857.

» ...Je voudrais bien partager vos espérances au sujet de la bonne Mère, je vous souhaiterais alors l'éloignement d'un pénible sacrifice, mais, hélas ! je ne puis le perdre de vue, et je le vois s'avancer lentement comme ces ombres du soir qui tout en attristant l'âme l'élèvent néanmoins vers l'éternité. Que sommes-nous sur cette terre ? des oiseaux de passage. Notre printemps est court, nos jours sont souvent mauvais, nous sommes entourées de dangers ; soyons donc heureuses de quitter la terre, et ne nous affligeons pas non plus du bonheur des autres. Comme je sais toute votre sensibilité je pense beaucoup à vous, les plus faibles deviennent les plus fortes lorsqu'elles sont soutenues par la grâce et que Dieu agit en elles. Que ce soit votre sort, supportez, soutenez, consolez, dirigez ; celui que vous aimez et qui vous aime aussi tendrement, sera toujours près de vous, et avec lui n'avez-vous pas tout ce qu'il est possible de désirer ?

» Quand vous en trouverez l'occasion, faites agréer à la bonne Mère l'expression de mon attachement, ne m'oubliez pas non plus auprès de mes Mères et Sœurs, auxquelles j'adresse tous les meilleurs souhaits possibles, plus encore dans la Croix qu'en toute autre chose. Il me semble qu'avant tout et par-dessus tout, nous devons, avec Madeleine et Saint-Jean, nous placer sur le Calvaire, et là, entre Jésus et Marie, apprendre à aimer, souffrir et mourir. Vous trouverez peut-être mes idées un peu sombres, mais j'arrive de Pinto où j'ai laissé deux enfants à l'agonie : l'une, Josefa, se meurt de la poitrine, pieuse et résignée, elle semble un ange à moitié endormi ; l'autre, Dolorès, étouffe par suite de son hydropisie, et, dans son espèce de délire, elle appelle Jésus, Marie, Joseph à son aide et répète : « Sors mon âme, vole vers Dieu, qu'attends-tu ? » Elles ont demandé toutes les deux à prononcer leurs vœux de religion pour mourir consacrées à Dieu. Oh ! qu'il est doux, qu'il est consolant de voir ces chères enfants dans de si pieuses dispositions. Je ne sais quels sont les desseins de Dieu sur cette Œuvre de Pinto, il y a bien des épreuves, mais d'un autre côté il y a tant de consolations religieuses que je ne cesse de bénir Dieu et de le remercier. Si l'esprit de la Maison continue tel qu'il est, je verrai se réaliser tous mes désirs, tous mes plans, tous mes rêves : *une école de piété, de paix et de charité.*

»... Je veux maintenant vous parler d'une affaire dont vous avez peut-être déjà eu connaissance : il s'agit de la fondation de Getafe. Il y a quelques jours, un prêtre du lieu et le secrétaire de la Mairie vinrent me trouver pour me faire positivement la demande de trois Sœurs pour l'Hôpital, exprimant en même temps le désir que nous eussions un Pensionnat de jeunes filles dans une maison attenante à cet Hôpital. On offre 1,500 francs pour les trois Sœurs. J'ai répondu que j'allais vous en écrire, mais que je croyais pouvoir assurer qu'on accepterait d'abord l'Hôpital et qu'on verrait ensuite, dans le courant de l'année, ce qui pourrait se faire pour le Pensionnat. Ce dernier, soutenu et recommandé par les Pères Escolapios, ne peut manquer de réussir. Vous m'avez dit qu'on désirait que ce fussent les Sœurs de la Conception qui se chargeassent de cette fondation ; alors, je viens vous en demander une pour Supérieure, et je fournirai les sujets subalternes, soit pour les classes, soit pour l'Hôpital. Vous saurez que Getafe est entre Madrid et Pinto, c'est un chef-lieu de canton ; il y a une église paroissiale qui ressemble à une petite cathédrale, une succursale, puis l'église du Collège et celle de l'Hôpital ; en comptant les Pères du Collège, il y a presque toujours huit ou dix prêtres. Le chemin de fer passe tout près et il y a de plus deux chars-à-bancs qui vont et viennent tous les jours. Au demeurant, c'est une jolie position pour nous, et je crois que les Sœurs de la Conception pourront s'y établir solidement, y faire du bien, et, de là, aller dans beaucoup de lieux où elles seraient nécessaires. »

La Mère O. Daudigeos était alors Vice-Directrice Générale ; c'était elle qui suivait le mouvement des affaires durant la maladie de la bonne Mère Despect. La question d'une fondation de la Conception à Getafe paraissant avantageuse, elle fut acceptée ; la Sœur demandée fut envoyée, et l'Œuvre, qui devait devenir si florissante en peu d'années, commença tout humblement et tout pauvrement comme une véritable Œuvre de la Sainte-Famille. La Mère Bonnat, dès l'installation faite, s'empressait d'en rendre compte.

« 26 avril 1857.

» Bien des occupations de détail et un peu de fatigue m'ont empêchée de vous parler de la fondation de Getafe, qui s'est faite mercredi 22. Les autorités nous ont reçues avec toute la bienveillance possible; les Sœurs ont pris possession de leur local et se sont occupées de suite de leurs pieuses fonctions. L'Hôpital est mal monté : il y manque les choses les plus essentielles; j'espère que, peu à peu, les Sœurs l'arrangeront. Dans cette petite ville, on désire le Pensionnat par-dessus tout; on nous promet, avant deux ans, plus d'élèves que nous n'en avons à Madrid. Je ne peux encore rien vous dire des propositions de la commune et de ce que nous pourrions faire pour le local du Pensionnat; ces messieurs doivent s'en occuper cette semaine : dès qu'ils me les auront fait connaître, je vous les communiquerai.

» . . . . . Toutes les personnes qui s'intéressent à nous voient avec plaisir ce nouvel établissement, le croient susceptible de faire beaucoup de bien et de prendre de grands développements. Puisse notre divin Maître en être glorifié, c'est ce que nous devons désirer et demander dans nos prières. Nos Sœurs de l'Espérance sont installées dans leur nouveau domicile, calle de las Tres Cruces, 6; et s'y trouvent bien, quoiqu'elles y manquent de maintes et maintes choses nécessaires, mais la ferveur de la fondation rend tout facile. Encore une œuvre qui, avec le temps et le secours de Dieu, ira bien. La Maison de Pinto également; sous peu, la Supérieure parlera assez bien l'espagnol, pour faire ses affaires toute seule et l'Œuvre se soutiendra avec le travail, les petites pensions et les aumônes qui ne manqueront jamais. »

A cette lettre d'affaires, la Mère Bonnat en joignait une autre toute d'affection pour la bonne Mère Despect. On ne saurait la parcourir sans émotion, surtout en pensant que cette missive ne put être lue par celle à qui elle était destinée, et que ces lignes si filiales s'adressaient à une âme déjà partie pour le ciel !

» MA BONNE MÈRE,

» Entraînée par les affaires qui s'augmentent chaque jour pour nous, je ne sais plus trouver le moment d'écouter mon cœur pour vous écrire à vous toute seule, et si vos souffrances ne vous permettent pas de lire ma correspondance officielle, vous devez croire que je vous oublie. Aussi, est-ce pour vous prouver le contraire que je vous adresse ces lignes, priant une de mes Sœurs de vous les lire à la façon de ces petites visites que j'étais si heureuse de vous faire lorsque j'étais à Bordeaux, et que j'espère encore vous faire bientôt. Le temps passe vite, et dans deux mois, je serai libre de toutes mes grandes occupations et prête à m'élancer sur la route de France. Si vous le voulez, je vous amènerai aussi deux ou trois de mes jeunes filles, véritables oiseaux du printemps, riant, gazouillant, chantant, elles vous étourdiraient si elles entraient dans votre chambre, mais au bas de votre balcon elles pourront vous faire entendre le chant si doux : *Con dulces acentos, feliz lengua mia, ensalza á María, etc.* Nous sommes à la veille de ce beau mois qui réjouit tous les cœurs, de ce mois consacré à notre divine Mère, et nous nous proposons de le célébrer à votre intention. Puissiez-vous le passer aussi agréablement que nous le désirons, sans doute ce ne sera pas sans souffrir, mais la pensée que vous êtes notre Mère, que vous devez être notre modèle, que toutes vos souffrances seront payées par une gloire infinie, que Dieu vous regarde et vous aime chaque jour davantage, toutes ces pensées, dis-je, doivent vous soutenir et vous faire envisager votre lit de douleurs comme votre char de triomphe. Encore quelques jours de combats et vous recevrez la couronne, encore quelques actes d'amour et de résignation avant d'entendre la voix du céleste Époux, encore un peu de fiel à avaler et puis le ciel, le trône, la paix, le bonheur sans fin. Oh ! chère Mère, que vous êtes heureuse de ressembler à notre divin Sauveur, d'être comme Lui couchée sur la Croix sans pouvoir vous en séparer et toujours prête à lui dire : J'aime, je crois, j'espère. N'allez pas au moins vous faire des idées noires sur le présent ou l'avenir. Celle qui a toujours aimé Dieu a droit à une des premières places dans son Cœur et elle doit être toujours prête à s'endormir sur ce divin Cœur, source du véritable amour. Que Mère Saint-Bernard vous entoure de fleurs, que l'image de Marie soit toujours là comme la vraie cause de votre joie, enfin soyez heureuse tout en souffrant, c'est ce que je demande tous les jours à Dieu, et ce que nous lui demanderons d'une manière encore plus spéciale pendant le mois de mai. Je ne veux pas vous fatiguer de ma visite, j'aime mieux la renouveler une autre fois, alors je vous baise la main en vous assurant du respect et du bien sincère attachement de votre toute dévouée Sœur en Dieu Seul. »

La bonne Mère Despect mourut le 27 avril 1857. Le jour même, le bon Père donnait l'ordre qu'on avertît la Mère Bonnat, par télégramme, de cette perte si grande et si vivement sentie, et qu'on l'appelât immédiatement à Bordeaux.

LIVRE IV

1857-1882

SITIO !

J'ai soif de votre amour, ô mon Souverain Père,
D'une céleste ardeur, je voudrais m'enflammer,
Dire en me consumant : Seigneur, je crois, j'espère,
    J'aime et je veux aimer !

J'ai soif, Divin Jésus, de cette eau salutaire
Offerte, par vous-même, aux filles d'Israël.
Cette eau vive d'amour, qui soutient, désaltère,
    Dans le chemin du ciel.

J'ai soif de vérité, d'éternelle justice,
J'ai soif de vrai bonheur et j'aspire à mourir.
Pour vivre, j'ai besoin de boire à ce calice
    Que l'amour sait offrir.

J'ai soif de cette triste et sublime agonie
Qui précéda du Christ les tourments et la mort.
Je voudrais alléger sa douleur infinie
    Et m'unir à son sort.

J'ai soif de prendre part au sanglant sacrifice
Qui s'offrit au jardin, s'acheva sur la Croix.
Je voudrais, de mon Dieu, partager le supplice
  Et répondre à sa voix.

J'ai soif, avec Jésus, de travaux, de souffrances,
Pour apaiser le ciel, pour sauver les pécheurs.
L'amour a ses désirs, la foi, ses espérances ;
  La Croix a ses douceurs.

R. B.

CHAPITRE I.

La Mère Bonnat nommée Directrice Générale. — Affiliation de l'Association de la Sainte-Famille avec la Congrégation des Oblats de Marie Immaculée. — Le R. P. Bellon. — Voyage en Espagne. — Installation des Sœurs Solitaires à Martillac. — Fondation d'une Œuvre de Dames de Lorette à Saint-Mandé. — Séjour de la Mère Bonnat à Lorette de Bordeaux. — La Mère Bonnat donne sa démission de Directrice Générale.

> *Que l'amour, la souffrance*
> *Brisent mon existence*
> *Et que tout meure en moi.*
> *Heureux qui peut se dire :*
> *J'ai souffert le martyre,*
> *Mon Dieu, ce fut pour toi !*
>
> R. B.

Il est dans la vie des Sociétés, comme dans celle des individus, des heures solennelles où l'action de Dieu, sous la forme de l'épreuve, se manifeste d'une manière sensible. En 1857, la Sainte-Famille se trouvait à un de ces moments où Jésus passait au milieu d'elle chargé de sa croix, et lui donnait ainsi une nouvelle preuve de l'amour qu'il lui témoignait depuis son berceau. En l'espace de trois années, le bon Père avait vu tomber autour de lui les Mères V. Machet et M. Despect, ces coopératrices si dévouées, si distinguées par leurs vertus et leurs talents, qui, riches d'œuvres grandes et méritoires, s'étaient arrêtées subitement dans leur laborieuse carrière, et couchées, avant l'heure présumée du repos, pour dormir leur grand sommeil. Lui-même avait senti sa santé très ébranlée par une de ces secousses qui font trêve, parfois, mais laissent toujours des traces plus ou moins marquées. La première génération de la Sainte-Famille, déjà entamée par la mort de quelques-unes des Fondatrices, se trouvait atteinte plus profondément encore, et le bon Père, en voyant ses filles aînées le quitter ainsi une à une, puisait dans sa foi, dans l'énergie de sa volonté, dans la conscience de sa mission de Fondateur, la force de faire face aux événements. Il montrait à ses filles, par son exemple, qu'on ne doit jamais se laisser abattre ou décourager par l'épreuve, et que la Sainte-Famille, fondée sur le roc solide de Dieu Seul, doit tendre à sa fin avec confiance, amour et abandon.

Aussitôt après l'arrivée en France de la Mère Bonnat, le bon Père lui donna la mission, à titre de Présidente Permanente, de convoquer le Conseil Général de Marie, à l'effet de procéder à l'élection d'une Directrice Générale et à la nomination de Conseillères Générales, destinées à combler les vides faits si prématurément par la mort. La réunion du Conseil Général eut lieu le 9 mai, et après le vote des Conseillères, le bon Père, sur les trois noms qui lui furent soumis, choisit la Mère R. Bonnat pour Directrice Générale, et la Mère O. Daudigeos pour Présidente Permanente. Ces postes, les plus élevés de la Société, étaient alors à vie tous les deux, et la Mère

Emmanuel, en échangeant sa charge de Présidente Permanente pour celle de Directrice Générale, conservait les mêmes privilèges sous un autre titre et avec d'autres fonctions.

La Mère Bonnat, dans tout le cours de sa vie religieuse déjà longue et bien remplie, n'avait jamais eu sur les lèvres et dans le cœur qu'une seule réponse à tous les désirs que lui avait manifestés le bon Père : Voici la Servante du Seigneur ! Quel que fût son regret de quitter sa belle mission d'Espagne, à laquelle tant de liens intimes l'attachaient depuis quatorze ans, elle ne sut et ne voulut que s'incliner devant la volonté de celui qui lui représentait Dieu, et elle accepta une position dont elle prévoyait les difficultés et les peines. L'obéissance n'a qu'un mot ; après avoir dit ce mot, la vénérée Mère ne regarda plus en arrière et elle ne songea, dès lors, avec l'aide de Dieu, qu'à alléger au bon Père le poids d'une sollicitude qui augmentait chaque jour.

Son premier soin fut de régler la situation de Madrid. Par son départ, cette importante Maison se trouvait sans Supérieure. La Mère Saint-Ephrem Cardot, qui était là depuis quelque temps, fut nommée et installée sans retard. La Mère Bonnat, la sachant aimée et estimée, l'avait désignée pour ce poste, et comme son souvenir, les premiers temps surtout, se reportait souvent vers Madrid, ses lettres suivaient la direction de sa pensée :

« Chère Fille, écrivait-elle à la Mère Cardot le 20 mai, je ne suis point encore habituée à ma nouvelle position, parfois elle m'étouffe et je sens mon cœur bien triste, mais je me suis donnée à Dieu et je ne m'appartiens plus. Je ne dois me plaindre de rien et me confier entièrement en Celui qui est le meilleur des Pères; néanmoins, priez et faites prier pour moi, j'en ai besoin. Toutes nos Mères Conseillères Générales sont parties chacune de son côté, et nous voilà à notre vie ordinaire avec bien des affaires arriérées et un courant qui effrayerait si on ne comptait sur Dieu. Vous ne serez pas étonnée si je vous dis que je pense beaucoup à vous, que je suis souvent à Madrid, que je regrette ma cellule, mon jardin, ma tribune, etc. Que font mes filles, se sont-elles consolées de mon départ? Qu'elles se rappellent ce que je leur disais de ma mort; je ne veux pas qu'on s'afflige pour moi, cela n'en vaut pas la peine. Je les aime de loin comme de près, je leur serai aussi utile, elles me trouveront dans leurs véritables besoins, enfin ce qui est bien certain c'est que nous nous reverrons sur cette terre, s'il plaît à Dieu, et que nous nous rejoindrons ensuite dans le ciel pour ne plus nous séparer. »

A sa nomination de Directrice Générale, la Mère Bonnat, pieuse et fervente, pesa tout d'abord, au poids du sanctuaire, tous les devoirs qui lui incombaient, et c'est à la prière qu'elle demanda les lumières dont elle avait besoin pour elle-même, les grâces qu'elle voulait obtenir pour ses filles, pour leurs Œuvres, pour la Société, pour le bon Père, et par cette admirable extension de son amour envers Dieu qui ne connaissait point de bornes, pour l'Église, pour tout l'univers. Afin de ne rien oublier, la pieuse Mère s'était dressé une liste d'intentions pour chaque jour de la semaine ; elle se faisait une loi d'y être fidèle, elle les remplissait toutes avec une scrupuleuse exactitude, dans ses longues et fréquentes stations auprès du tabernacle ; et jusqu'à la fin de sa vie elle porta ainsi aux pieds du Seigneur les noms, les souvenirs, les besoins de la Sainte-Famille, de l'Église et du monde entier.

INTENTIONS

Dimanche. — Honorer la Sainte Trinité et Jésus mon Roi. Prier pour les *Sœurs Solitaires*, le Pape, le bon Père, tous les Supérieurs, tous les ordres religieux.

Lundi. — Honorer le Saint-Esprit et Jésus mon Maître. Prier pour les *Sœurs de Lorette*, les noviciats, les vocations à décider, l'Œuvre de la Propagation de la Foi.

Mardi. — Honorer les Saints Anges et Jésus mon Guide. Prier pour les *Sœurs Agricoles*, les enfants pauvres ou riches, l'Œuvre de la Sainte-Enfance.

Mercredi. — Honorer Saint Joseph et Jésus mon Père. Prier pour les *Sœurs de Saint-Joseph*, les Ouvrières Chrétiennes, les pauvres, l'Œuvre de Saint-Vincent de Paul.

Jeudi. — Honorer le Saint-Sacrement et Jésus mon Époux. Prier pour les *Sœurs de Sainte-Marthe*, les évêques, le clergé, les missionnaires, l'œuvre de l'Adoration perpétuelle, les missions étrangères.

Vendredi. — Honorer Notre-Seigneur mourant sur la croix et Jésus mon Sauveur. Prier pour les *Sœurs de l'Espérance*, les malades, les agonisants, les âmes du purgatoire.

Samedi. — Honorer la Sainte-Vierge et Jésus mon

médecin. Prier pour les *Sœurs de la Conception*, les religieuses, toutes les personnes consacrées à Marie, saluer tous les lieux de pèlerinage (1).

A peine la Mère Bonnat était-elle installée, que, poussée par sa piété filiale, par son cœur, par ses souvenirs, elle sentit le besoin d'aller s'agenouiller aux pieds de Notre-Dame de Toutes-Grâces pour lui recommander sa nouvelle mission et la supplier de la bénir. Sa dévotion satisfaite, elle alla longuement prier au cimetière. Hélas ! déjà bien des tombes étaient là rangées ; celles qui se reposaient dans la paix du Seigneur avaient été ses sœurs, ses filles, ses Mères. La tombe de la Mère Despect était à peine fermée. Que de souvenirs le nom de la Mère Despect ne réveillait-il pas en elle ? Ensemble elles avaient vécu à la Solitude, ensemble elles avaient contribué à embellir ces lieux bénis ; ne plus la revoir, ne plus la retrouver, ajoutait une tristesse à bien d'autres tristesses, et au milieu du gazon qui couvrait cette chère dépouille, la Mère Bonnat déposait la fleur du souvenir, du regret, de l'affection.

LE RETOUR

O plaines chéries,
Enfin je revois
Vos vertes prairies,
Vos champs et vos bois.

(1) Écrin.

La fleur parfumée,
Le val enchanteur,
L'Ile bien-aimée,
Si chère à mon cœur.

Mais sur la montagne,
Quand je vais le soir,
Ma sœur, ma compagne,
Ne vient plus s'asseoir.

Près de la fontaine,
Dans l'étroit chemin,
Et, sous le vieux chêne,
Je la cherche en vain.

Sur le banc de mousse,
Je la vois rêver,
Et sa voix si douce
Semble soupirer.

Je la vois encore
Comme un frêle ormeau,
Qui se décolore
Auprès du hameau.

Et près de ce lierre
Qui couvre la croix,
J'entends sa prière,
Sa plaintive voix.

Mais, comme la rose
Qui vit peu de jours,
Notre Sœur repose,
Hélas ! pour toujours.

Sous l'arbre qui penche
Et forme berceau,
La simple pervenche
Couvre son tombeau (1).

Au mois de juin, le bon Père et la Mère Bonnat se mettaient en route ; le bon Père était envoyé à Niderbroon pour y prendre les eaux, comme il avait fait l'année précédente ; la Mère Bonnat devait passer à Paris le temps de cette saison, pour aviser aux moyens d'y fonder une Maison de Dames de Lorette, pensée qu'on n'abandonnait point, et tous les deux devaient ensuite se réunir pour faire la visite d'un certain nombre d'Œuvres. Mais le bon Père, se trouvant fatigué, quitta brusquement Niderbroon et se rendit à Nancy ; la Mère Emmanuel se hâta d'aller l'y rejoindre, et ils suivirent alors le plan qui avait été formé. Il n'y a point à dire ici la joie de ces visites ; si toujours la présence des Supérieurs est une grâce pour les Œuvres, on peut se figurer le bonheur des Sœurs de la Sainte-Famille, à quelque branche qu'elles appartinssent, quand le visiteur était le bon Père, surtout à une époque où sa santé donnait tant de craintes et où ses filles avaient toujours à redouter de le voir pour la dernière fois. Cependant, cette visite fut consolante sous tous les rapports, et de Reims, la Mère Bonnat pouvait écrire à la Mère O. Daudigeos :

« 19 juillet 1857.

» BIEN CHÈRE FILLE,

» Il est six heures du matin et je veux profiter du premier courrier pour vous donner de nos nouvelles, qui

(1). Rec. de poésies.

sont très bonnes. Le voyage se continue sans accident, toutes les Maisons sont heureuses de voir notre bon Père. Les Sœurs de la Conception accourent toutes de leurs petites missions pour recevoir sa bénédiction et jouir un moment de sa présence ; il n'y a qu'un regret : c'est trop court. Le changement continuel de demeure enlève bien un peu de sommeil à notre bon Père, mais il n'en est pas plus souffrant et j'espère qu'avec l'aide de Dieu, nous pourrons achever la tournée. Il y a longtemps déjà que je n'ai rien reçu de vous, on nous dit que vous n'êtes pas plus souffrante, et cela me tranquillise, qui sait même si vous n'allez pas vous habituer à notre absence, heureuse de faire votre sainte volonté? Quoi qu'il en soit je pense beaucoup à vous et prie à votre intention. Nous avons fait hier une station de deux heures à la cathédrale de Châlons pendant que le bon Père faisait des visites ; j'en ai profité pour adresser au Bon Dieu toutes mes demandes pour vous et pour toutes mes filles. Vous avez dû en ressentir quelque effet et sans une distraction qui me poursuivait je vous aurais obtenu une multitude de grâces. La cause de cette distraction c'est que mon cabas et mon argent se promenaient dans les rues de Châlons sans gardien. La Mère Marthe et moi nous avons eu recours au bon Saint Antoine, et enfin nous avons vu revenir, vers six heures, le bon Père, la voiture, nos sacs et toute notre fortune. Les autres épisodes de voyage se raconteront au retour. »

Les visites annoncées se continuèrent en effet sans incident ni accident. C'est en revenant vers Bordeaux que le bon Père s'arrêta à Tours et alla voir Mgr Guibert, alors archevêque de cette ville. Le vénérable Prélat reçut le Fondateur de la Sainte-Famille avec sa bonté accoutumée, il l'entretint longuement de ses Œuvres, et, sans doute inspiré par Dieu, il s'informa des mesures qu'avait prises ou que comptait prendre le bon Père pour assurer l'avenir de sa Société. Le vénéré Fondateur, touché d'un si haut et si bienveillant intérêt, y répondit en disant à Mgr Guibert son désir intime de confier la Sainte-Famille, avant de mourir, à une Congrégation de religieux qui en prendrait la direction, et il raconta alors les démarches qu'il avait déjà faites en ce sens, mais sans succès, parce que les corps religieux auxquels il s'était adressé n'avaient pas compris sa pensée ou n'avaient pu partager sa manière de voir. Mgr Guibert nomma la Congrégation des Oblats de Marie Immaculée, que le bon Père connaissait de nom seulement, et s'offrit à communiquer sa pensée à Mgr de Mazenod, le vénérable Fondateur des Oblats de Marie. Le bon Père vit en cette proposition et en cette haute intervention comme une réponse du Bon Dieu auquel sa prière avait si souvent recommandé l'avenir de ses Œuvres, il accepta avec reconnaissance la proposition de Mgr l'archevêque de Tours, puis il se renferma dans la prière et fit beaucoup prier autour de lui pour que la volonté de Dieu se manifestât clairement. Des pourparlers s'entamèrent; Mgr de Mazenod était alors à Paris; au lieu de se rendre à Marseille par la ligne droite, il alla à Tours, causa avec Mgr Guibert, et vint à Bordeaux pour voir le bon Père et visiter les diverses Œuvres de la Sainte-Famille. A la suite de cette entrevue, où les deux Fondateurs s'étaient trouvés d'accord dans leurs désirs du bien, les bases du traité d'affiliation furent jetées, et au mois de décembre les négociations étant terminées, le traité était signé, non seulement par Mgr de Mazenod, le bon Père et les membres des Conseils des deux familles, mais encore par Son Éminence le Cardinal Donnet, archevêque de Bordeaux, qui voulait bien ratifier une mesure dont sa haute intelligence et son grand cœur comprenaient toute la portée pour la Sainte-Famille.

Il est facile de supposer à quel point la Mère Bonnat s'était associée aux prières et aux sentiments du bon Père durant les négociations préparatoires à la solution de cette importante question. On se rappelle que, dans une de ses lettres écrite d'Espagne, elle avait la première jeté ce mot : « Il faudrait que vous puissiez confier à une Société de religieux l'avenir de notre Sainte-Famille, ce serait le moyen de la perpétuer à jamais. » Son vœu se trouvait exaucé, et elle en remerciait le Bon Dieu dans toute l'effusion de son cœur.

Un des articles du traité d'affiliation portait que la Présidente Permanente du Conseil Général de Marie, continuerait à être nommée à vie, mais que la Directrice Générale, par des motifs qui se comprennent, devrait perdre ce privilège. La Mère Bonnat souscrivit à cette proposition avec sa générosité habituelle. Pourvu qu'elle pût servir sa Société, se dévouer pour elle, peu lui importaient les privilèges et les charges. Ce qu'elle voulait c'était aimer Dieu, procurer sa gloire, faire du bien aux âmes, être utile aux Œuvres ; l'affiliation de la Sainte-Famille avec la Congrégation des Oblats de

Marie Immaculée était pour elle une garantie que la Société, en conservant son esprit, continuerait et développerait le bien pour lequel elle avait été créée; sa personnalité était peu de chose en présence de ces considérations d'un ordre supérieur; humble comme les grandes âmes, elle s'estimait bien peu, et comptant pour rien tous ses travaux elle aimait à répéter : « Quand nous avons fait tout ce que nous avons pu, disons : Nous sommes des serviteurs inutiles. »

QUE SUIS-JE ?

Toi, que la terre adore
Du couchant à l'aurore,
   Dieu plein d'amour,
Que suis-je en ta présence ?
L'être que ta puissance
   Soutient un jour.

Pauvre fleur éphémère
Ou vapeur passagère,
   Tel est mon sort.
Je traverse l'espace
Et ton souffle me chasse
   Sur l'autre bord.

Je suis l'herbe fanée,
Dans la main basanée
   Du moissonneur.
Ou la branche inutile,
Sous la serpe docile
   Du vendangeur

Vermisseau méprisable,
Ta justice adorable
  Peut m'écraser ;
Mais ta bonté suprême
M'a dit souvent : « Je t'aime. »
  J'ose espérer.

Ma profonde misère
Doit attendrir un Père,
  Il voit mon cœur ;
Et le Dieu qui pardonne
Avec amour nous donne,
  Le vrai bonheur.

D'une vile poussière
Écoute la prière,
  O divin Roi !
Qu'une céleste flamme
Vienne rendre mon âme
  Digne de toi (1).

Un des premiers soins de la Mère Bonnat avait été de reprendre le projet formé l'année précédente par la Mère Despect : celui de faire apporter de Barcelone les restes de la Mère V. Machet pour les inhumer dans le cimetière de la Solitude et conserver ainsi, au centre de la famille, celle dont le départ pour le ciel avait laissé parmi ses Sœurs un si large vide. Le bon Père souscrivit à ce plan, et la Mère Joséphine Guy, Supérieure de Lorette à Barcelone, fut chargée de faire toutes les démarches

---

(1) Rec. de poésies.

pour l'exhumation et le transport de la dépouille de la regrettée défunte. C'est le 17 octobre 1857 que la Mère Guy, qui accompagnait le cercueil depuis Barcelone, arriva à la gare de Saint-Médard d'Eyrans. Des voitures attendaient le convoi, et la chère Mère Eugène, reçue au seuil de la Solitude par les Sœurs, par les Mères qui s'y étaient rendues pour l'inhumation, alla prendre sa place à côté de la Mère Pérille, dans ce cimetière auprès duquel elle avait si souvent prié. La Mère Bonnat, pour qui ce retour était une consolation, saluait sa tombe par une fleur, par un sourire :

> De la pervenche,
> La fleur se penche
> Sur un tombeau ;
> Sa fleur bénie,
> A mon amie,
> Sert de manteau.
>
> D'une fleur blanche,
> J'aime la branche
> Près d'un cyprès ;
> Quand je soupire,
> Elle m'inspire
> De doux regrets.
>
> Fleur que l'aurore
> A fait éclore,
> Orne ces lieux ;
> Parle-moi d'elle....
> Pieuse et belle,
> Elle est aux cieux.

Dans un nuage,
Sa douce image
Nous apparaît;
Mais l'auréole
Brille, s'envole
Et disparaît.

Ombre légère,
Image chère,
Pourquoi fuis-tu ?
N'es-tu pas celle
Qui nous rappelle,
Beauté, vertu.

Lorsque la vie
Nous est ravie,
C'est une fleur
Qui se défeuille,
Et que recueille
Un moissonneur.

L'ange qui veille,
Dans sa corbeille,
L'enlève un jour;
Et l'offre, belle,
Pure, immortelle,
Au Dieu d'amour.

La fleur qui tombe,
Sur une tombe,
Nous dit : Adieu...

L'on perd sa trace,
Ainsi tout passe,
Allons à Dieu (1).

Le 31 janvier 1858, le bon Père avait communiqué à ses filles le traité d'affiliation entre l'Association de la Sainte-Famille et la Congrégation des Oblats de Marie Immaculée; cette promulgation avait remué bien des cœurs. C'était comme une sorte de testament; et qui donc pouvait penser de sang-froid à la mort du bon Père? Pour lui, il se sentait heureux. Ses graves préoccupations avaient cessé, il était tranquille sur le sort de ses enfants, il savait qu'un autre lui-même le remplacerait et continuerait son œuvre. Ces pensées lui donnèrent un calme qui produisit même sur sa santé, si souvent chancelante alors, une réaction salutaire, et dès les premiers jours de février, il voulut aller visiter ses filles de Bayonne et de Mont-de-Marsan. La Mère Bonnat devait être du voyage, mais, fatiguée au moment du départ, elle fut remplacée par la Mère O. Daudigeos. Aimable comme il savait si bien l'être et n'ayant aucune affaire à traiter, le bon Père n'ignorait pas que quelques bonnes paroles de sa part seraient pour la malade le meilleur curatif, et on lira les lignes qui suivent avec autant de plaisir qu'en eut à les recevoir la Mère Bonnat :

« Bayonne, 6 février 1858.
» MA CHÈRE FILLE,

» Plaignez-vous maintenant d'être Directrice Générale et vous aurez vraiment bonne grâce ! Vous êtes douce-

(1) Rec. de poésies.

ment étendue dans votre lit avec une prétendue grippe qui n'est pas grippe, on vous drogue comme une pauvre malade. Mais vous riez du sérieux de votre médecin et n'acceptez de ses ordonnances que ce qui vous va; vous disposez toutes choses pour un départ solennel et puis, le jour venu, vous faites la morte, vos compagnons de voyage partent seuls et la larme à l'œil, et on les reçoit à Bayonne de la manière que pourraient faire des enfants gourmands qui, attendant une boîte pleine de bonbons, voient arriver cette pauvre caisse qu'on a vidée en route. Vous ne donnez pas signe de vie aux voyageurs, tandis que la pauvre Mère Marthe, la pauvre Mère Séraphine, la pauvre Mère Marie de la Croix reviennent de l'autre monde pour nous dire ce que vous faites ici-bas; et puis, quand il s'agit pour moi d'écrire à l'une ou à l'autre de ces bonnes créatures, puisqu'on ne peut écrire à toutes, la Mère Saint-Bernard me dit : Vous allez faire une injustice et plusieurs jalouses en écrivant à la Mère Marthe, ou bien à la Mère Marie de la Croix, ou à la Mère Séraphine..... — A qui donc faut-il que j'écrive? — Mais à la Directrice Générale. — Quoi! à celle qui m'aime mille fois moins que les autres et contre laquelle j'ai tant de griefs? — Qu'importe! c'est la Directrice Générale. — Eh bien! si c'est la loi, il faut s'y soumettre; mais du moins que ce soient les sujets qui se plaignent et non les rois, à moins qu'on ne veuille les assassiner.....

» Je me soumets donc, Madame la Directrice Générale, et viens vous demander bien humblement : 1º le bulletin de votre santé : Êtes-vous couchée dans votre lit, comme le désire votre médecin, ou bien continuez-

vous à vous moquer de ses ordonnances selon que vous y autorise votre omnipotence de reine? Et si vous ne voulez obéir à personne pour commander à tout le monde, commandez donc à la grippe et à son cortège de déguerpir sans tarder; 2º de faire savoir aux Mères Marthe, Marie de la Croix et Séraphine, ainsi qu'à toutes vos autres filles, que je regrette infiniment qu'elles ne soient pas servies comme leur Directrice Générale, mais qu'elles soient bien persuadées qu'on les aime secrètement beaucoup, quoiqu'on ne le dise pas tout haut devant la maîtresse du logis. . . . .
. . . .

» Adieu, ma fille, déchiffrerez-vous mon griffonnage? Je veux du moins que vous puissiez lire ces mots : *Je vous aime et vous bénis comme un bon Père.* »

Le lendemain, la Mère Bonnat répondait :

« Bordeaux, 7 février 1858.
» MON BON PÈRE,

» Merci de m'avoir nommée Directrice Générale, puisque cela m'a valu votre aimable lettre. Elle contient bien des malices, mais mon cœur n'a pris que les derniers mots et c'est à ceux-là surtout que je voudrais répondre en répétant avec votre défunte amie : que la plus pauvre femme en sait plus et en sent plus que le meilleur des Pères. Merci encore de ces mots qui sont arrivés bien à propos pour me guérir de toutes mes infortunes; elles vont, je l'espère, changer de couleur et ne me laisseront que le souvenir de votre bonne et paternelle attention. Nous sommes heureuses de penser que vous jouissez de votre voyage et du plaisir que vous procurez à vos amis et à vos filles, et malgré la privation que nous éprouvons, nous n'osons pas nous plaindre. Nous demandons à Dieu qu'il vous accorde satisfactions, distractions, consolations, autant que nous pouvons vous en souhaiter dans notre vengeance filiale. Mes respectables compagnes me chargent de vous exprimer leurs affectueux et reconnaissants sentiments. Toutes vous aiment beaucoup, mais aucune ne le fait plus que votre toute dévouée et soumise fille en Dieu Seul. »

La Mère Emmanue, à peine guérie, partait pour la Provence ; voilà ce qui l'y amenait : Mgr de Mazenod avait témoigné le désir de voir une Œuvre de Dames de Lorette s'établir à Marseille, et il avait proposé l'acquisition d'un pensionnat séculier situé sur le Prado. Il y avait déjà plusieurs années qu'on avait songé à avoir une Maison de haute éducation dans cette ville ; c'était à ce sujet qu'en 1855, la Mère Eugène s'était rendue à Barcelone par Marseille. Le bon Père chargea la Mère Bonnat d'aller voir l'Œuvre en question, afin de s'enquérir sur place des conditions proposées. Elle visita, en effet, l'établissement, qu'elle trouva très à son gré, elle prit tous les renseignements nécessaires, mais, en raison de l'importance des engagements à contracter, ne pouvant rien décider seule, elle continua le cours de ses visites en Provence. Au retour, elle s'arrêta à Montpellier, dont la maison alors en construction la charmait ; elle en parlait ainsi au bon Père :

« Montpellier, 28 avril 1858.

» Mon bon Père,

» Je trouve sur ma route bien des filles qui arrêtent

ma marche, de sorte que je ne vous arriverai au plus tôt que lundi 3, comme une parcelle de la vraie Croix, dont on fera ce jour-là la fête. Croix ou rose, je vous reviens toujours avec le même cœur, la même affection, et de plus en plus heureuse d'être votre fille par tous les sentiments que vous avez su graver en mon âme. Avec un type particulier, nos Sœurs de la Conception sont aussi bonnes et aussi aimables que nos Sœurs de l'Espérance, elles ont, dans ce moment, une maison dans un complet désordre, on ne sait guère où y poser le pied sans se salir. Les ouvriers courent partout, on n'entend que les coups de marteau des tailleurs de pierres, qui préparent des colonnes et des corniches du treizième siècle. Les portes ne sont ni rondes, ni carrées, ni de formes gothiques ; au résumé, c'est bien et ce sera très bien le tout une fois achevé. C'est la première maison de la Sainte-Famille qui sera construite selon mon goût et mes idées de couvent, et je suis convaincue qu'elle vous plaira quand vous pourrez la visiter. »

Si les visites de Maisons sont bonnes et consolantes pour celles qui les reçoivent, elles sont souvent une occasion de nouvelles sollicitudes pour celles qui les font, et qui, sur leur route, deviennent les confidentes de bien des peines, de bien des misères. La Mère Bonnat, comme toujours, s'était occupée des âmes avec sa charité ordinaire, et au retour, une de ses filles lui écrivait : « Ne regrettez pas ce long et fatigant voyage, quand vous ne l'auriez entrepris que pour faire du bien à une seule âme, vous n'auriez pas perdu votre temps. Or, vous m'avez fait du bien. » Ces quelques paroles étaient certainement faites pour consoler un cœur comme celui de la Mère Emmanuel ; cependant, en se rappelant les plaintes, les tristesses, qui lui avaient été confiées, elle s'affligeait, se désolait, elle aurait voulu que tout le monde fût heureux au service de Dieu, qu'on comprît la valeur de la Croix, le mérite du sacrifice, le prix du renoncement, et que, par comparaison avec les grandes, les vraies peines de la vie du monde, on bénît en tout le Seigneur des grâces de la vie religieuse :

O vous qui dormez et reposez sous la garde maternelle de la religion, comblée des dons de la Providence, et vous plaignez néanmoins de souffrances et de maux imaginaires, avez-vous jamais pensé :

A l'enfant qui meurt d'inanition sur le sein desséché de sa malheureuse mère ?

A l'orpheline qui n'a ni asile, ni pain ?

A l'enfant livré à la cupide brutalité du bohémien et du saltimbanque ?

A la jeune fille trompée et abandonnée ?

A la femme vertueuse délaissée ou méprisée ?

A la mère chrétienne qui perd ses enfants par la mort ou le péché ?

A l'homme juste qui se trouve ruiné ou déshonoré ?

A l'infirme qui meurt sans secours ?

A l'aveugle que l'on trompe ?

A l'insensé dont on s'amuse ?

Au vieillard abandonné ?

A l'exilé qui ne peut revoir ce qu'il aime ?

Au prisonnier chargé de chaînes dans un humide et sombre cachot ?

Au naufragé qui considère l'abîme comme le linceul qui l'attend ?

Au voyageur perdu ou attardé qui meurt sur la route ?

Au soldat qui donne sa vie pour un prince qu'il ne connaît pas ?

Au missionnaire perdu dans les steppes glacées de l'Amérique ?

A l'ambitieux dans le mépris ?

A l'homme violent livré aux tourments de la haine et du désespoir ?

A l'impie qui souffre sans foi et sans espérance ?

A tous ceux qui souffrent sans consolation ?

Si vous y avez pensé, comment osez-vous vous plaindre, et si vous y pensez pour la première fois, priez, aimez et bénissez Dieu (1).

A la fin de mai, la Mère Bonnat partait pour Bayonne, conduisant jusque-là une colonie de Sœurs qui se rendaient en Espagne ; c'est durant son séjour en cette ville que se décidait le pèlerinage des Enfants de la Sainte-Famille, de Bayonne, à Notre-Dame de Toutes-Grâces ; il eut lieu, en effet, le 12 juin. La fête fut complète, rien n'y manqua du côté de la piété ; les pèlerines, au nombre de cinquante, toutes charmantes jeunes filles de quinze à vingt ans, furent reçues à la Solitude et assistèrent à la Messe à la chapelle de l'Ile, où elles firent la sainte Communion ; le reste du

(1) Écrin.

temps se passa en dévotions, en joyeux ébats, en promenades autour de l'Ile et dans les bois. Le bon Père était heureux de ce pèlerinage, on le voyait. La dévotion à Notre-Dame de Toutes-Grâces était si chère à son cœur !

Quant à la Mère Bonnat, quelques jours après cette fête si douce, qu'elle avait elle-même préparée, elle apprenait la mort de son oncle, M. Dézermeaux ; c'était encore un lien bien fort qui se brisait, encore un souvenir du passé qui disparaissait, encore une âme partie pour le Ciel qui l'appelait à l'éternel rendez-vous !...

C'est à cette époque que le Noviciat de Sainte-Marthe, qui était resté, depuis sa fondation, dans un local très exigu de la rue Saintonge, fut transféré dans une maison plus vaste, rue de Berry, 21. La direction de cette petite famille de Sainte-Marthe fut confiée au R. P. Bellon, qui venait d'arriver à Bordeaux, envoyé par Mgr de Mazenod, sur la demande du bon Père, pour s'initier près du Fondateur de la Sainte-Famille à l'esprit, aux règles et à l'administration de la Société. Nommer le R. P. Bellon, le premier religieux Oblat que les Sœurs de la Sainte-Famille aient connu, c'est évoquer un souvenir tout parfumé de piété, de cœur, de dévouement. La Mère Bonnat l'eut promptement en singulière estime, et, de son côté, le R. P. Bellon, comprenant cette nature d'élite, si élevée, si délicate, si pétrie, si l'on peut se servir de cette expression, d'amour de Dieu, eut toujours pour la Mère Emmanuel des sentiments de profonde vénération et de religieuse sympathie.

Cependant, la Mère Bonnat trouvait le moment arrivé

d'aller visiter les Œuvres d'Espagne, et le bon Père, agréant son juste désir, autorisa son départ.

Au lieu de raconter en détail les faits qui se reproduisent habituellement pendant les visites des premiers Supérieurs, nous nous contenterons de marquer les étapes de ce long voyage, en copiant quelques-unes des lettres qui furent échangées durant l'absence :

« Bordeaux, 2 septembre 1858.

» .... Il paraît, ma chère fille, disait le bon Père, que vous avez été encore souffrante à Perpignan; nous espérons que cette fatigue n'aura été que passagère, et qu'elle se dissipera totalement dès que vous aurez respiré l'air de l'Espagne. Cependant, défiez-vous des caresses de ce pays : son ciel n'est ni plus beau, ni plus salutaire que celui de la France; s'il a eu vos premiers regards, ce n'a été que par surprise; ils appartenaient à votre patrie, à celle de votre famille, qui voyageait alors sur la terre étrangère. L'Espagne vous tromperait encore, si elle vous persuadait que vous ne pouvez vous trouver bien que sous son climat : vous êtes une fleur de France, et c'est là que vous serez le plus aimée, parce que la fleur ne revêt toute sa beauté que sur le sol pour lequel elle est faite. Pour peu que vous restiez loin de nous, vous ne pourrez que vous flétrir, et je ne veux pas que vous nous reveniez vieille et laide, entendez-vous. Faites donc en sorte de nous revenir le plus tôt possible, et, en attendant, tournez-vous souvent d'esprit et de cœur vers la famille, afin de ne vivre que de sa vie.

» Communiquez cette vie à tout ce qui vous entoure,

et, ramenant dans la voie commune ce qui se serait éloigné des règles, des usages et de l'esprit français, suivez la marche que trace le règlement de la Provinciale pour ses visites. Si les notes que vous avez prises ou que vous attendez ne vous suffisent pas, demandez les instructions que vous croirez nécessaires, afin que votre passage dans les Œuvres d'Espagne produise tous les fruits qu'on en attend. »

« Barcelone, 7 septembre 1858.

» Bien bon Père,

» Non, non, l'Ibérie n'a pas tous mes amours; ils sont restés au-delà des montagnes, et de cœur et d'esprit je regarde sans cesse en arrière, et cherche ainsi à tromper l'ennui de l'éloignement. Merci, très bon Père, de votre affectueux souvenir, j'en avais besoin, et il m'est arrivé comme un baume consolateur pour calmer certaines souffrances intimes que l'on ne saurait expliquer, et qui, chez moi, s'augmentent avec l'âge. Je sens qu'il me faut combattre vigoureusement une disposition naturelle à la tristesse et à la mélancolie, qui me suit partout, et finira bientôt par faire de moi une momie des plus déplaisantes. Aidez-moi un peu de vos prières, mon bon Père, j'ai le désir de vous être utile, de vous aider, de vous consoler, et pour cela je dois savoir marcher joyeusement dans les voies pénibles ou éprouvantes de la volonté de Dieu.

» J'ai eu l'occasion de voir ici un médecin, il m'a commandé, comme celui de Bordeaux, de manger pour dominer mes nerfs, et je tâche d'accomplir de mon mieux son ordonnance; et ce, en pensant à vous et à mes Sœurs, dont je veux partager les peines et les travaux.

J'écris à Mère Chantal au sujet des maisons qu'on pourrait acquérir. Comme toutes les grandes villes, Barcelone se renouvelle et se rebâtit presque entièrement ; il y a des quartiers qui figureraient très bien près de la belle rue de Rivoli. On a démoli les murailles, fait de nouvelles fortifications, et de toutes parts règne une incroyable activité ; tout peut donc présager à nos Œuvres succès et accroissement. »

La Mère Bonnat était accompagnée, dans son voyage, par la Supérieure qu'elle allait installer à Valence, à la place de la Mère de Lesseps qui avait été détachée de Barcelone pour faire l'intérim, après la mort de la Mère de Meulenéer. Il s'agissait, à cette époque, de l'acquisition d'un local pour la maison de Valence ; la Mère Emmanuel fit d'actives recherches pour trouver à ses filles une demeure où elles pussent se fixer sans retour et éviter les nombreux ennuis qu'elles avaient eus jusque-là pour se loger d'une façon convenable. Ses efforts furent vains et elle dut partir pour Madrid en confiant à la bonne Providence le soin de veiller sur sa petite famille. Elle avait bien placé sa confiance ; quelque temps après, la Supérieure était autorisée à acquérir un vaste local qui, approprié aux besoins de l'Œuvre, répondait à toutes les exigences d'un établissement de ce genre.

Arrivée à Madrid dans les premiers jours d'octobre, la Mère Bonnat en donnait avis à la Mère S. Machet :

« Madrid, 10 octobre 1858.

» MA CHÈRE MÈRE,

» ..... Me voilà revenue dans mon ancienne maison et

après avoir reçu les premiers bonjours de la nombreuse famille que nous avons ici, je viens vous donner de mes nouvelles et vous dire que l'air frais de Madrid m'a déjà fait du bien. J'ai plus d'appétit, je dors mieux et par conséquent je me trouve plus forte, mieux disposée à travailler. Je ne saurais aujourd'hui vous parler affaires, j'ai la tête trop pleine de compliments affectueux, d'expressions de plaisir, etc...; dans quelques jours cette agitation se calmera et nous pourrons mieux nous reconnaître.

» .... Déjà nos Maisons de Barcelone et de Valence se sont offertes pour travailler pour l'Œuvre de Pinto ; on a commencé des loteries et cette année on consacrera une partie des produits à nos orphelines. En s'aidant mutuellement il me semble que toutes ces Œuvres pourront se soutenir et faire du bien. Demandons à Dieu qu'il donne à toutes nos Sœurs le véritable esprit de la Sainte-Famille, l'esprit de charité et de persévérance pour surmonter les difficultés inséparables de toutes les pieuses entreprises, et, je l'espère, Dieu bénira nos Œuvres d'Espagne...

» Les Sœurs de la Conception, à Getafe, ont déjà bien des élèves, et si elles avaient une maison elles auraient de suite un nombreux pensionnat. On les demande à Vinarez, petite ville près de Valence.

» Les Sœurs de l'Espérance font à Madrid, comme partout, des conversions et beaucoup de bien, aussi sont-elles très aimées.

» Vous ne vous étonnerez pas, ma chère Mère, si je vous dis que la vue de mon vieux couvent a réveillé ma muse et à titre de Supérieure Générale de Lorette, je vous envoie mes inspirations du moment.

LE VIEUX COUVENT DES CAPUCINS A MADRID

Que j'aime à te revoir, demeure séculaire,
Où la vertu se plaît à fixer son séjour ;
Sous les arceaux bénis de ce toit tutélaire
La vie est un bienfait, sa fin est un beau jour.

Qui l'a mieux su que vous, fils de François d'Assise ?
Apôtres bien-aimés des pécheurs repentants ;
Vous qui fûtes nommés les soutiens de l'Église,
Ses constants défenseurs et ses plus chers enfants !

De vos pieux travaux, de votre simple histoire,
Ces murs gardent encor le touchant souvenir,
Et de nombreux débris disent à la mémoire
Qu'en ces lieux on a su prier, aimer, bénir.

Vos cloîtres sont détruits et l'étroite cellule
A servi de refuge à des cœurs malheureux.
Le temps, qui change tout, précipite, accumule
Du pauvre et du puissant les revers douloureux.

Dans le champ consacré par la mort, la prière,
Le paisible olivier a d'étranges destins,
Il ne voit plus des saints onduler la bannière
Et tristement préside aux danses, aux festins.

. . . .

La Maison du Seigneur, un moment profanée,
Voit apparaître enfin l'Ange consolateur ;
Et, d'un nouvel éclat, elle est environnée
Par le puissant secours de son saint Protecteur.

Dans ce jardin fermé, sous ces voûtes austères,
Je retrouve aujourd'hui des vierges, des enfants :
Troupeau chéri du ciel, fleurs douces, solitaires,
Qui croissent à l'abri des souffles malfaisants.

Les autels dépouillés ont repris leur parure,
Les cantiques de paix succèdent aux clameurs ;
Et, des joyeux enfants, on entend le murmure
Annoncer qu'en ces lieux il n'est plus de douleurs.

De la Reine des cieux on chante les louanges,
Nuit et jour, son autel, de fleurs est entouré ;
Et des cœurs innocents, se mêlant aux archanges,
Ornent, par leur amour, son trône vénéré.

En cet heureux séjour, régnez, Vierge immortelle,
Et, de votre manteau, couvrez-nous tendrement.
Protégez, conservez la famille si belle,
Qui veut vivre pour vous, mourir en vous aimant (1).

De loin, le bon Père suivait avec intérêt les pérégrinations de la Mère Emmanuel et il aimait à lui donner les conseils qui devaient l'aider à faire produire les fruits qu'il attendait de cette longue visite de la Directrice Générale dans les Œuvres d'Espagne.

« 17 octobre 1858.

» ..... Je vois avec plaisir, chère enfant, que vous rétablissez partout où vous passez l'observance des règles et des usages français, afin de conserver la couleur et l'esprit primitifs. Je ne cesserai de répéter aux Sœurs

(1) Rec. de poésies.

de nos Maisons d'Espagne : Vous aurez votre raison d'être et vous conserverez votre prestige tant qu'on vous appellera les Dames françaises. Hors de là, vous vous perdrez dans la foule des établissements espagnols..... C'est la pensée qui doit présider à toutes les mesures à prendre pour les maisons d'éducation dirigées par les Dames de Lorette, c'est-à-dire pour les hautes classes. Les Sœurs doivent toujours parler français entre elles, ce sont elles qui doivent donner leur langue et leurs usages aux postulantes, aux Sœurs et aux élèves espagnoles, au lieu de subir les leurs..... »

Quand le bon Père jugea, par la correspondance, que la mission de la Mère Bonnat touchait à son terme, il la rappela près de lui pour lui confier d'autres travaux :

« 2 décembre 1858.

» ..... Maintenant, ma fille, je ne vois pas ce qui pourrait vous retenir à Madrid. Vous y avez fait l'œuvre pour laquelle Dieu vous y avait appelée et son service vous demande à Bordeaux ; il nous tarde de vous y revoir entourée de cœurs qui vous aiment et vous occupant, avec nous, de toute la famille. Je vous attends pour m'aider à fonder les Solitaires et mettre ainsi la dernière main à l'œuvre qui me retient encore ici-bas. Une fois cela fait, il ne me restera qu'à dire : *Nunc dimittis servum tuum in pace Domine.* »

La Mère Bonnat rentra à Bordeaux pour les fêtes de Noël, mais son cœur devait sans tarder porter le poids d'une nouvelle peine. Le 19 février 1859, la Mère Xavier

Gautier était enlevée subitement à l'affection de ses filles de Nantes et à toute la Société, dont elle avait été une des premières colonnes. La Mère Emmanuel et la Mère Xavier étaient unies par les liens d'une tendre affection. Outre sa douleur, la Mère Bonnat avait à porter celle du bon Père auquel on adoucissait cette pénible nouvelle afin de lui éviter un ébranlement subit. La plaie ne se referma que lentement. Que faire en présence de cette faux de la mort qui moissonnait si rapidement dans les rangs des aînées, des modèles, de ces âmes d'élite qui, sous la bannière de Dieu Seul et sous l'impulsion du Fondateur, avaient accompli de si grandes et si belles œuvres ? S'incliner sous la main de Dieu et se réfugier dans la prière.

LA PRIÈRE

Qu'il est doux de prier, Seigneur, quand on vous aime.
La prière est un chant qui pénètre les cieux ;
C'est l'élan de l'amour et de l'amour suprême,
C'est l'extase de l'âme unie aux bienheureux.

Qu'il est doux de prier, dans l'ombre et le silence.
Alors que tout se tait et dort autour de nous,
Entre l'âme et le ciel, il n'est plus de distance,
Avec les séraphins, elle adore à genoux.

Qu'il est doux de prier, pendant le sacrifice,
De pleurer et gémir, à l'ombre de la Croix,
D'apaiser la douleur, en baisant le calice,
Et d'entendre le ciel répondre à notre voix.

Qu'il est doux de prier, lorsque le cœur soupire,
Qu'il cherche le bonheur et demande la paix;
Si la soif du bonheur est pour nous un martyre,
La prière est pour nous le plus grand des bienfaits.

Qu'il est doux de prier pour adoucir l'absence,
De présenter deux cœurs aux pieds de l'Éternel.
L'amour est le lien qui double l'existence,
La prière est le nœud qui nous unit au ciel.

Qu'il est doux de prier, dans l'humble sanctuaire,
Où l'on promit à Dieu de l'aimer pour toujours.
Qu'il est doux de prier, quand l'âme solitaire
Entrevoit le repos et d'éternels beaux jours.

Qu'il est doux de prier, quand notre âme ravie,
Semble habiter déjà le séjour des élus.
Qu'il est doux de prier en terminant sa vie,
Qu'il est doux de mourir en invoquant Jésus ! (1)

Cependant, ces deuils réitérés n'arrêtaient point le bon Père dans l'exécution de ses projets, et nous l'avons vu dans une de ses lettres précédentes rappeler la Mère Bonnat d'Espagne pour qu'elle s'occupât de la fondation régulière des Sœurs Solitaires. En 1856, il avait réuni à la Solitude quelques Sœurs qu'il destinait à être les premières pierres de l'édifice ; il leur avait donné un règlement de vie approprié à leur position provisoire, et il préparait, dans l'étude et dans la prière, les règles que le temps et l'expérience lui inspireraient de donner à celles qui devaient être un jour les Sœurs

(1) Rec. de poésies.

Solitaires de la Sainte-Famille. La Mère Bonnat alla donc s'installer à la Solitude pour faire faire au local les appropriations nécessaires, puis plus tard, elle y retourna quand tout fut prêt pour former à leur nouvelle vie les Sœurs désignées. Elle resta quelque temps au milieu d'elles pour mettre le règlement en pleine vigueur et pour disposer toutes choses selon les vues et les désirs du Fondateur, et quand elle les quitta, l'Œuvre était établie ; sans doute, il restait encore bien des modifications à faire, bien des perfectionnements à apporter, mais ce devait être l'affaire de l'expérience. Le bon Père le savait, et son cœur se réjouit d'avoir mis au front de la Sainte-Famille cette couronne de la prière perpétuelle destinée à attirer sur elle tant de grâces et de bénédictions. La Mère Bonnat, elle, avait eu encore sa large part dans l'épanouissement de cette dernière fleur qui venait embaumer de son parfum de piété le soir de la vie du bon Père et lui donner une consolation désirée.

Un autre champ allait s'offrir à son zèle : le Bon Dieu voulait enfin exaucer le vœu formé depuis tant d'années ; celui de l'établissement à Paris d'une Maison de Dames de Lorette. C'est la Mère Bonnat qui va faire elle-même le récit de cette Fondation :

« Dans un voyage que je fis à Paris, je vis une personne qui me parla d'un pensionnat situé à Saint-Mandé et qu'on était disposé à céder à des conditions raisonnables. Je ne connaissais Saint-Mandé que pour y avoir passé en allant visiter le donjon de Vincennes ; cette position m'avait plu, je trouvais agréable et riant ce séjour près de Paris, mais sans y attacher alors aucune idée de fondation. Je présentai au Conseil la lettre dans laquelle on disait qu'on céderait un pensionnat composé d'une centaine d'élèves, avec le mobilier et la clientèle, pour la somme de 50,000 francs, en ajoutant qu'il y avait un bail de douze ans et un loyer de 4,000 francs. Cette proposition fut trouvée convenable, on l'accepta et, comme on en pressait beaucoup la conclusion, parce que la propriétaire étant très malade il fallait que l'affaire fût décidée avant sa mort, on la termina par télégramme. Quelques jours après, je partais pour Paris avec la Mère Thérèse de Caupenne qui devait prendre la suite du pensionnat de Mademoiselle Melon de Pradou. A notre arrivée dans la maison, nous nous installâmes dans un des parloirs, puis dans deux petites chambres du premier. Vainement je demandai à voir la malade, elle s'y refusa en disant qu'il lui serait trop pénible de recevoir celles qui venaient prendre possession de l'établissement qu'elle avait tant aimé.

» Le 22 mai 1859, trois Sœurs nous arrivaient de Bordeaux ; nous fîmes une petite fête et nous considérâmes ce jour-là comme celui de la fondation. Pendant quelque temps, nous dûmes nous servir des domestiques qui étaient encore dans la maison. Ce ne fut pas pour notre avantage, mais dans une semblable position il était difficile de faire autrement.

» Au lendemain de la fondation, nous recevions la visite de Mgr Morlot, archevêque de Paris, qui était venu donner la confirmation à la paroisse. Les enfants lui adressaient un petit compliment et nous, nous lui demandions de nous bénir à notre arrivée dans son diocèse. Il avait été, du reste, averti à l'avance de nos projets, et il nous en témoigna toute sa satisfaction. J'avais préalablement fait ma visite aux autorités et vu entre autres M. Darboy, alors grand-vicaire, pour lui faire part de notre installation à Saint-Mandé ; il m'avait répondu qu'il nous voyait avec plaisir prendre cette position, parce qu'il y avait peu de communautés religieuses aux environs de Paris et qu'il était bon d'en augmenter le nombre. Je lui avais demandé en même temps l'autorisation d'avoir pour confesseur un des Révérends Pères Oblats de Marie-Immaculée, ce qu'il nous accorda très volontiers.

» J'avais déjà quitté Saint-Mandé, quand, au mois de juin, Mlle Melon de Pradou mourut d'une maladie de foie ; les Sœurs et les enfants assistèrent à ses obsèques. La Supérieure, plus libre de ses mouvements, renvoya les domestiques, chargea les Sœurs de Sainte-Marthe de tous les soins du ménage et ne conserva que le concierge. Enfin, comme il n'y avait dans la maison qu'un oratoire extrêmement exigu, où l'on ne conservait pas la Sainte Réserve, la construction d'une chapelle fut autorisée ; on la plaça dans le jardin, à la suite de la salle de récréation. Elle était terminée pour Noël. Je me trouvais à la cérémonie de la bénédiction et je pouvais me dire avec consolation que nous avions enfin une Maison de Notre-Dame de Lorette aux portes de Paris. J'avais désiré et commencé cette Œuvre uniquement pour le bon Père, qui l'avait tant désirée lui-même ; il n'en jouit pas beaucoup, car il ne la vit qu'une fois, quelques semaines après l'arrivée des Sœurs (1). »

(1) Histoire des fondations de Lorette.

La visite du bon Père à Saint-Mandé était une des étapes d'un voyage qu'il avait fait pour voir les Maisons de l'Ouest, avec retour par Paris. La Mère Bonnat l'accompagnait. Cette apparition du Fondateur dans les Œuvres était une consolation plus grande que jamais ; elle causait une émotion profonde. On ne pouvait se dissimuler que le bon Père vieillissait, qu'il fléchissait plus sous le poids des travaux que sous celui des années, et que n'aurait-on pas fait pour lui redonner des forces et de la santé ! La Mère Emmanuel, n'ignorant pas les inquiétudes de la Mère O. Daudigeos durant les absences, se faisait un devoir de la tenir au courant.

« Laval, 3 juillet 1859.

» Ma chère Fille,

» Notre bon Père paraît moins fatigué qu'en quittant Bordeaux ; il est content et joyeux de voir ses filles si aimables et si aimées. On vous aura dit peut-être que Monseigneur d'Angers lui a souhaité sa fête par un toast des plus gracieux. Hier, les Dames de la Sainte-Famille, de Château-Gontier, lui ont adressé des couplets et un compliment qui l'a fort touché ; il y a répondu bien paternellement, le petit auditoire s'est sensibilisé, et tout le monde a pleuré d'émotion, de tendresse, de je ne sais quoi. Au résumé, notre bon Père était content de ses Maisons d'Angers et de Château-Gontier ; je crois que celle de Laval lui plaît aussi. Ce matin, il a fait ou plutôt arrêté le plan de la chapelle provisoire de nos Sœurs, et l'on va s'en occuper de suite. »

Si le temps, dans sa course rapide, entraine les

événements comme les hommes, il amène aussi de nouvelles situations, de nouveaux besoins, et une Congrégation religieuse, semblable à un individu qui ne mourrait point, poursuit sans cesse son œuvre en l'améliorant, en la perfectionnant, en la mettant à même de répondre aux exigences que provoque son développement.

En construisant à Lorette de Bordeaux, en 1833, une chapelle qu'on trouvait bien belle alors, on croyait avoir fait une œuvre qui avait dit son dernier mot; mais voilà qu'en 1860, moins de trente ans après, cette chapelle était devenue tout à fait insuffisante pour le nombre des Religieuses et des élèves. La maison ne répondait plus, par ses proportions, à l'accroissement que prenait le pensionnat, et une augmentation de local devenant nécessaire, on se décidait à utiliser pour les classes la partie de bâtiment affectée à la chapelle, et à construire un autre sanctuaire devant répondre, pour le présent et pour l'avenir, à toutes les exigences de l'Œuvre. C'était une grande entreprise, mais on la crut nécessaire et on s'y décida. La Mère Bonnat avait le culte des souvenirs : l'emplacement désigné pour la nouvelle chapelle était bien le seul qui convînt, mais en le choisissant, on emportait la vieille maison qu'avait habitée le bon Père, celle où il avait travaillé, souffert, durant de longues années, et la vénérée Mère s'attristait de voir disparaître ces murs témoins de tant de vertus, de tant de labeurs. Avant de leur dire adieu, elle leur adressait un souvenir du cœur :

LE 19 MARS 1860.

Adieu ! doux sanctuaire,
Demeure d'un bon Père,
Comme un beau jour tu vas finir,
Mais dans mon cœur qui te vénère,
Toujours, toujours, je veux bénir
Ton souvenir.

Humble et sainte demeure,
Que de douces vertus
Ont voilé d'heure en heure
Tes lambris vermoulus !
Que d'amères souffrances
Dans cet étroit réduit,
Que de projets immenses
Tracés pendant la nuit !

Sous ce toit tutélaire,
A l'ombre de la Croix,
Le plus excellent Père
A rédigé ses lois.
C'est en ce lieu qu'un ange
Lui montra l'avenir,
Et la belle phalange
Que Dieu voulait bénir.

Sous ces pauvres portiques,
Que de conseils pieux,
Comme de saints cantiques,
Sont montés vers les cieux ;

Alors que la prière
Suspendait les douleurs
Et conservait un Père
Pour diriger nos cœurs !

Quelle pieuse école
Pour les cœurs innocents,
Que la douce parole
D'un Père à ses enfants.
On l'aimait sans le craindre,
A tous il sut donner,
Car son cœur savait plaindre,
Aimer et pardonner.

Noble et paisible enceinte,
Témoin de ses bienfaits,
Sois, pour nous, l'arche sainte.
Ne t'oublions jamais !...
Vous que le temps altère,
Délicieux abris,
Murs sacrés, je vénère
Et baise vos débris.

Mais la foi qui m'éclaire
M'indique l'avenir.
Un nouveau sanctuaire
S'élève pour bénir
La mémoire du Père
Qui vécut en ce lieu,
Et la plus humble pierre
Redira : Gloire à Dieu (1) !

(1) Rec. de poésies.

SOUVENIR

Cette obscure chapelle
Où j'aimais à prier,
Quand tout se renouvelle,
Pourrais-je l'oublier?
Son humble sanctuaire,
Béni par le Seigneur,
Fut l'abri tutélaire
Où reposa mon cœur.

Près de ce saint asile,
J'aime encore à revoir
Une vigne fertile,
Des figuiers, doux espoir!
Le tertre funéraire
Où reposaient mes Sœurs;
Le berceau, le parterre
Et ses modestes fleurs.

J'aime à revoir encore
Le pauvre salon vert,
Le réduit que l'aurore
Trouvait toujours ouvert;
Ce bouge où la froidure
Me faisait tressaillir,
Et la vieille masure
Où je voulais mourir.

Puis, mon âme attendrie
Veut encore un adieu

A la fidèle amie (1)
Qui vécut en ce lieu.
J'admirai sa constance,
Son tendre dévoûment,
Et garde souvenance
Du cœur le plus aimant.

Adieu, pauvre chaumine,
Objet de mes amours !
Du temps la faux s'incline,
Il a compté vos jours ;
Vous allez disparaître
Sans doute pour jamais ?
Non, vous allez renaître
En un temple de paix.

Sur la dernière pierre
Je reviendrai m'asseoir,
Et dire la prière
Qu'on récite le soir :
Seigneur, votre Servante
Est prête à s'endormir ;
Dressez ici sa tente,
Et laissez-la mourir ! (2)

Au mois de mai, la Mère Bonnat allait s'installer à la Maison de Lorette de Bordeaux au moment où des mesures d'administration réclamaient un changement dans la direction de cette Œuvre importante. Sa santé était un peu ébranlée ; le bon Père espérait que le

(1) Mme Cambon.
(2) Rec. de poésies.

grand air de la rue Saintonge ferait du bien à la chère malade, et il avait autorisé cette mesure provisoire. Bientôt, en effet, la Mère Emmanuel se trouva mieux, et ce lui fut une sorte de distraction de mêler à ses graves travaux, la direction d'une maison de Lorette avec son mouvement et sa vie. Elle suivait tous les conseils, s'occupait activement de sa correspondance et se tenait au courant de tout ce qui concernait le gouvernement de la Société. La Saint-Pierre approchait; si partout c'était une des plus grandes fêtes de famille, elle avait toujours à Lorette un cachet spécial de solennité; la Mère Bonnat, comme si elle avait eu le pressentiment que le bon Père ne reverrait plus sa fête sur la terre, voulut que celle-ci fût célébrée dans des proportions inaccoutumées; elle convoqua pour le 29 juin, les Orphelines de Saint-Joseph, toutes les élèves des Sœurs de la Conception, pensionnaires ou externes, puis les enfants des Salles d'Asile dirigées à Bordeaux par les Sœurs de la Conception. Préalablement on avait fait apprendre à cette masse d'enfants un couplet unique, sur un air plein d'entrain, et terminé par ces mots : Vive le bon Père! Lorsque le bon Père arriva, on lui fit prendre place sur une estrade de verdure et de fleurs placée au fond des grandes allées du jardin de Lorette; des flots pressés de jeunes têtes blondes ou brunes se déroulaient à droite et à gauche, il y avait là plus de deux mille enfants, chaque groupe vint à son tour chanter un couplet de fête, tandis que le refrain était repris en chœur par toutes ces voix enfantines. Le bon Père parcourut ensuite les rangs, distribuant gravures et douceurs à ce petit peuple gai et joyeux qui lui représentait, en partie, la famille nombreuse dont s'occupaient ses filles répandues dans tous les pays. C'était vraiment un ravissant coup d'œil et qui devait réjouir le cœur paternel du chef de la famille. Les élèves de Lorette s'étaient réservé la fête du soir : après une petite représentation pleine de goût et de délicatesse, deux jeunes filles s'avancèrent : « Mon bon Père, dirent-elles, il y a quarante ans qu'à pareil jour Lorette vous fêtait pour la première fois », puis elles chantèrent :

De quarante ans
Fêtons l'anniversaire,
Il est si doux pour vos heureux enfants.
Oui, qu'il est doux en célébrant Saint-Pierre
De rappeler à notre excellent Père
Ces quarante ans,

Ces quarante ans
De travaux et de zèle,
Seront bénis par vos nombreux enfants.
Mais c'est Lorette, à vos leçons fidèle,
Qui, dans ce jour, à votre cœur rappelle
Ces quarante ans.

Ces quarante ans
Ont été pour Lorette
Un temps béni par vos enseignements ;
De votre cœur, cette œuvre est l'interprète,
Nous vous l'offrons comme un bouquet de fête
De quarante ans.

Ces quarante ans
Ont vu quelques orages
Et des fruits mûrs, cueillis avant le temps ;
Mais les beaux jours n'ont-ils pas leurs nuages ?
Toujours l'épreuve embellit les voyages
De quarante ans.

Ces quarante ans,
Passés près d'un bon Père,
Seront chéris des cœurs reconnaissants.
Dans l'avenir, et la fille et la Mère
Se rediront : Gloire à ce temps prospère
De quarante ans.

Ces quarante ans
Ont passé comme un rêve
Qui laisse au cœur des souvenirs touchants ;
Avec le temps, demandons une trêve,
Oui, demandons que jamais ne s'achève
Cet heureux temps. (1)

C'était la Mère Bonnat qui avait tout inspiré, tout préparé. Alors, comme aux premiers temps de sa vie religieuse, être utile au bon Père, lui être agréable quand elle en trouvait l'occasion, c'était un besoin de son affectueuse vénération, de son cœur filial et reconnaissant. Toujours elle s'était faite instrument docile entre ses mains ; elle avait vécu de sa vie, accompli sa volonté, multiplié au loin et au prix de bien des peines les Œuvres de la Sainte-Famille. Après

(1) Rec. de poésies.

trente ans de durs labeurs, elle était venue, renonçant à ses goûts, à ses attraits, à ses habitudes, et sur un seul signe de sa volonté, s'adonner aux travaux d'une vaste administration qu'elle avait perdue de vue depuis longues années et qui s'était étendue dans de larges proportions.

Tous ces changements ne s'étaient pas produits, il est facile de le comprendre, sans laisser de profondes traces chez la Mère Emmanuel ; elle avait souffert sous le regard de Dieu de ses propres souffrances d'abord, puis de toutes les souffrances qui se produisent nécessairement dans une famille nombreuse. Inclinée par nature à la mélancolie, portée à se replier sur elle-même, elle s'était demandé souvent si elle était bien à sa place dans la position de Directrice Générale ; si elle avait les qualités réclamées par un poste si important; si elle n'était pas cause de tels ou tels événements fâcheux qui survenaient dans la Société et qu'elle n'avait pas su prévoir ; si elle n'en serait pas responsable devant Dieu?

Elle avait en bien des circonstances soumis ces peines au bon Père qui avait toujours essayé de la rassurer, en espérant que ces troubles disparaîtraient quand elle aurait une plus grande habitude de sa nouvelle position.

Durant son séjour à Lorette les préoccupations reparurent; une circonstance, sans doute prévue et certainement permise par Dieu, amena la Mère Emmanuel à les exprimer plus ouvertement au bon Père qui était alors à la Solitude et elle lui adressa la lettre suivante :

« Bordeaux, 23 juillet 1860.

» Mon bon Père,

» En entrant en religion, je n'ai eu d'autre but que le salut de mon âme, et d'autre désir que de vivre simple religieuse dans une maison de pauvres. Par obéissance et par le désir de me rendre utile, j'ai accepté les différentes charges de Supérieure que vous avez bien voulu me confier et voilà déjà plus de trente ans que je m'occupe des autres, peut-être au préjudice de ma perfection. Le moment ne serait-il pas venu de m'accorder ce que j'ai toujours désiré? Ce n'est pas pour fuir le travail que je vous fais cette demande, mais uniquement pour correspondre aux desseins de Dieu sur moi. Je me sens vieillir, mes forces physiques et morales diminuent chaque jour, je ne puis plus que prier et pour vous et pour la prospérité de vos Œuvres. Permettez-moi donc de n'avoir plus d'autres charges que celles-là, je vous promets d'y être fidèle jusqu'au dernier jour de ma vie. Dès que vous m'aurez donné votre consentement, je me démettrai de mon titre de Directrice Générale et vous me placerez où bon vous semblera.

» Je m'étais offerte à la Mère Menou pour lui aider dans la direction de la maison de Lorette, mais c'est peut-être une erreur de ma part de penser que je peux y faire du bien. Je ne veux rien vous suggérer, ni vous demander pour mon avenir, je veux mourir dans l'obéissance comme j'y ai vécu et je ne vous réitère que le désir de vivre pauvre et simple religieuse afin de me préparer à paraître devant Dieu et de réparer, autant qu'il me sera possible, les fautes que j'ai commises et celles que j'ai fait commettre. Tels sont les sentiments que j'ai cru devoir vous exprimer, mon bon Père, votre décision sera pour moi celle de Dieu, comme je serai toujours heureuse de me dire avec une respectueuse vénération,

» Votre toute dévouée fille en Dieu Seul.

Le bon Père répondit :

« MA CHÈRE ENFANT,

» Vous m'aviez déjà témoigné plusieurs fois le désir de vous décharger de la direction générale des Sœurs de la Sainte-Famille, et si j'avais cru devoir le combattre c'est que j'espérais que, vous habituant à cette position, elle vous deviendrait moins pénible pour l'esprit et le corps, mais vos fatigues physiques et morales augmentant de jour en jour au lieu de diminuer, je ne me sens plus le courage de résister à vos instances et celles-ci sont accompagnées de dispositions si pieuses et si touchantes que je dois les regarder comme l'expression de la volonté divine.

» Quand je fléchis moi-même sous le poids du travail, quand je serais si heureux de pouvoir sans compromettre nos Œuvres en confier la direction à des mains sûres et moins fatiguées, pour me préparer dans la retraite à rendre compte de ma gestion si longue, si laborieuse....., je dois comprendre, ma fille bien-aimée et ma vieille coopératrice, je dois comprendre le motif qui vous porte à vouloir qu'on vous décharge et à désirer la retraite pour vos derniers jours. Ces conditions sont une obligation de justice et tout le monde, même après moi, sera d'autant plus enclin à les remplir, que vous n'avez jamais refusé ni le travail, ni le sacrifice dont votre vie religieuse a été semée, et que même aujourd'hui, vous accepteriez une mission de dévouement que nous n'aurions pas le courage de vous offrir, si nous ne voyions en vous tout ce qu'il faut pour en aplanir les difficultés, pour la rendre plus facile à d'autres et pour procurer ainsi le salut d'un grand nombre d'âmes.

» Puisse cette mesure, que vous sollicitez et qui renversera bien des espérances douces à mon cœur paternel, vous conserver longtemps à notre affection, et rappeler à toutes celles qui vous succéderont qu'on ne doit tenir aux emplois les plus élevés qu'en vue du bien que l'on peut y faire. C'est du reste la leçon de votre vie tout entière. Supérieure Générale de Lorette, vous demandâtes à n'être plus que Supérieure locale lorsque l'intérêt des Œuvres exigea votre résidence à Madrid. Directrice Générale à vie, vous renonçâtes à votre inamovibilité dès que notre affiliation aux Oblats vint changer ce premier ordre de choses, et maintenant que votre santé ne vous permet pas de suffire à tout ce que le bien de la famille paraît demander d'une Directrice Générale, vous dites encore : Remettez à des mains plus jeunes et moins fatiguées les fonctions que je voudrais remplir mais qui sont au-dessus de mes forces...... Laissez-moi préparer une Supérieure à Lorette, et ensuite accordez-moi, dans la retraite, une place bien humble, bien cachée, afin que je ne vive plus que par l'obéissance et pour le ciel !...

» Ces vœux si dignes d'une sainte religieuse seront exaucés, ils s'accordent si bien avec ceux que je forme souvent pour moi-même que nous nous rapprocherons de plus en plus d'esprit et de cœur, jusqu'à ce que nous

nous trouvions pour toujours réunis en notre Divin Maître. Oui, ma fille, priez pour nos Œuvres, afin qu'elles aient toujours des Sœurs qui vous ressemblent, priez aussi pour votre bon Père qui désire si vivement marcher sur vos traces. Je vous bénis avec toute la tendresse paternelle que je vous porte ; que Jésus, Marie et Joseph soient avec vous ! »

Les Conseillères Générales de Marie, convoquées en Assemblée Générale à la Solitude, se réunirent le 8 août, pour procéder à l'élection d'une nouvelle Directrice Générale. Parmi les trois candidats qui lui furent présentés, le bon Père fixa son choix sur la Mère H. Hardy-Moisan, qui était alors Supérieure Générale des Sœurs de l'Espérance. L'Ordonnance fut rendue le 15 août, et l'installation de la nouvelle Directrice Générale eut lieu le 17 du même mois.

Après ces grandes mesures qui lui enlevaient le lourd fardeau qu'elle portait depuis trois ans, la Mère Bonnat se renferma avec paix et humilité dans ses modestes fonctions de Supérieure locale de la Maison de Lorette à Bordeaux. Dans la Sainte-Famille, sa démission fut un événement ; elle était très aimée généralement, et tout en acceptant de grand cœur la nouvelle Directrice Générale choisie par le Fondateur, les cœurs étaient émus, et les sympathies les plus filiales arrivaient de tous côtés à la Mère Emmanuel. La Mère A. Grangé, Conseillère Générale de Marie, qui n'était pas venue à Bordeaux pour l'élection et avait envoyé son vote, se préoccupait en se demandant si la Mère Bonnat n'avait pas quelque peine. En transcrivant la réponse de la vénérée Mère, nous ferons connaître quels étaient ses sentiments intimes au jour même où le Bon Dieu la faisait entrer dans une nouvelle voie, et avec quel esprit religieux et quelle humilité elle abdiquait des fonctions qu'elle n'avait voulu remplir qu'au point de vue de son salut et du salut des autres.

A la Mère Grangé.

« Bordeaux, 16 août 1860.

» Chère Fille,

» Je viens d'apprendre que vous vous préoccupez de moi et des peines que je peux avoir. Je reconnais là votre bon cœur, je retrouve là votre affection sur laquelle j'aime à compter, et je vous en exprime ici ma reconnaissance. Mais je dois aussi vous tranquilliser à mon sujet. Je ne suis point triste de ma nouvelle position, au contraire ; je remercie Dieu qui m'a délivrée d'une charge qui pesait énormément sur mon cœur et sur mon âme. Avec mon caractère, ma manière de voir et de sentir, la dignité de Directrice Générale était une pénible croix ; je trouvais des épines où d'autres trouveront peut-être des consolations. J'étais peu utile au bien général, d'autres feront mieux que moi, j'en ai la conviction, et pour ma part la paix et le bonheur se trouveront dans les humbles fonctions de simple religieuse. Au lieu de vous affliger, unissez-vous à moi pour bénir Celui qui dirige tout avec des vues miséricordieuses et qui aime à combler de grâces les âmes qui n'espèrent qu'en Lui. Je suis heureuse : que cela vous console ; comme Sœur je vous affectionnerai autant que par le passé et jugeant votre cœur d'après le mien, j'aime à croire que vos sentiments à mon égard ne changeront pas. Sur la même ligne nous travaillerons chaque jour à mourir à nous-mêmes pour ne plus vivre que de Dieu seul, et pour Dieu seul ; nous nous aiderons mutuellement par nos prières, nous atteindrons ainsi le jour et l'heure du départ, de l'éternelle réunion. Quand on aura annoncé la décision de notre bon Père, je compte sur vous pour faire connaître à vos filles mes véritables dispositions et combien je regrette de ne pas leur avoir fait tout le bien que je désirais. Je les prie de me pardonner et de prier pour moi comme je le ferai toujours pour elles. »

AMOUR A JÉSUS.

Je veux vous aimer, ô Jésus ! avec votre Père céleste quand il disait : « Voilà mon Fils bien-aimé en qui j'ai mis mes complaisances. »

Je veux vous aimer, ô Jésus ! avec votre divine Mère qui conservait ses sentiments en son cœur, mais disait aussi : « Faites tout ce qu'il vous dira. »

Je veux vous aimer, ô Jésus ! avec les Anges, les Archanges, les Trônes, les Chérubins, les Séraphins, etc.

Je veux vous aimer, ô Jésus ! avec la multitude de petits Anges qui peuplent le ciel et qui chantent perpétuellement l'*Hosanna* éternel.

Je veux vous aimer, ô Jésus ! avec les prophètes qui ont désiré vous voir et ont parlé de vous sans vous avoir vu.

Je veux vous aimer, ô Jésus! avec les Saints qui ont le plus souffert, aimé, travaillé pour votre gloire.

Je veux vous aimer, ô Jésus! avec tous les élus qui, par la diversité de leur âge, de leurs vertus, de leurs mérites, contribuent à votre gloire.

Je veux vous aimer, ô Jésus! avec les Apôtres, les Martyrs, les Vierges, toute la Cour céleste.

Je veux vous aimer, ô Jésus! avec ces pauvres âmes qui vous ont aimé, qui vous ont servi et qui sont encore victimes loin de vous dans le Purgatoire.

Je veux vous aimer, ô Jésus! avec tous les Saints qui sont sur la terre.

Je veux vous aimer, ô Jésus! avec les Missionnaires qui vont au devant de la croix et du martyre.

Je veux vous aimer, ô Jésus! avec toutes les âmes justes de tous les pays, de toutes les conditions, de tous les âges.

Je veux vous aimer, ô Jésus! pour les Anges rebelles.

Je veux vous aimer, ô Jésus! pour toutes ces malheureuses âmes éternellement séparées de vous.

Je veux vous aimer, ô Jésus! pour tous les pécheurs.

Je veux vous aimer, ô Jésus! pour tous ceux qui ne vous aiment pas.

Je veux vous aimer, ô Jésus! pour ceux qui vous oublient, qui vous méprisent, qui vous offensent.

Je veux vous aimer, ô Jésus! pour les mauvais prêtres, pour les religieux égarés, pour les religieuses dévoyées.

Je veux vous aimer, ô Jésus! pour toutes les âmes qui ne sont pas à vous comme elles devraient l'être et qui oublient ce que vous avez fait pour elles.

Je vous aime, ô Jésus! pour vous-même, sans retour

sur moi, tellement que, si je vais au Ciel, je veux vous aimer, vous bénir, vous louer; si je vais en Purgatoire, je veux vous aimer, vous bénir, vous louer; si vous voulez que j'aille en enfer, je veux, par privilège, vous aimer, vous bénir, vous louer.

Je vous aime, ô Jésus! par attrait, par sympathie, par affection, par attachement, par tendresse, par reconnaissance, par raison, par réflexion.

Je vous aime, ô Jésus! comme mon père, mon époux, mon frère, mon ami, mon bienfaiteur, mon appui, mon guide, mon soutien et mon tout.

Je vous aime, ô Jésus! parce que vous êtes bon, charitable, complaisant, patient, condescendant, indulgent, toujours prêt à pardonner.

Je vous aime, ô Jésus! parce que vous m'enseignez l'humilité, la douceur, la charité, la longanimité, la suavité.

Je vous aime, ô Jésus! parce que vous êtes toute puissance, toute sainteté, toute beauté, toute amabilité.

Je vous aime, ô Jésus! parce que vous m'avez aimée, que vous m'aimez et que vous m'aimerez.

Je vous aime, ô Jésus! parce que depuis le commencement des siècles vous avez pensé à moi, que vous avez prévu, voulu et ordonné tout ce qui m'est arrivé, tout ce qui m'arrive, tout ce qui m'arrivera.

Je vous aime, ô Jésus! parce que pour moi et pour tous les hommes vous avez voulu naître, travailler, souffrir et mourir.

Je vous aime, ô Jésus! de tout mon cœur, de toutes mes forces, de toutes les puissances de mon âme, de toutes les facultés de mon être.

Je vous aime, ô Jésus! par mes désirs, mes soupirs, mes regards, mes mouvements, mes respirations et mes aspirations.

Je vous aime, ô Jésus! plus qu'on ne peut dire, plus qu'on ne peut penser, mais toujours moins qu'on ne peut désirer.

Je vous aime, ô Jésus! si uniquement, si ardemment que je voudrais me perdre et me fondre en vous.

Je vous aime, ô Jésus! Hostie... Je vous aime, ô Jésus! Eucharistie... Je vous aime, ô Jésus! Amour... (1).

(1) Écrin.

CHAPITRE II

La Mère Bonnat supérieure des Dames de Lorette à Bordeaux. — Mort du bon Père. — Mort de Mgr. de Mazenod. — Mort du R. P. Bellon. — Visite à Bordeaux du R. P. Fabre. — Le R. P. Soullier nommé Pro-Directeur Général. — Visite en Espagne. — Le T. R. P. Fabre nommé Supérieur Général des Oblats de Marie Immaculée et Directeur Général de l'Association de la Sainte-Famille. — La Mère Bonnat nommée Supérieure Générale des Dames de Lorette.

Heureuse de souffrir, oui, voilà ma devise,
Je la choisis, Seigneur, et j'accepte la Croix
A vos ordres, toujours vous me verrez soumise,
Docile à votre voix.

R. B.

L'heure allait sonner où la Mère Bonnat aurait, en effet, à accepter la Croix et à se soumettre aux ordres du Seigneur. L'épreuve se levait à l'horizon de la Sainte-Famille, elle devait aller toujours en montant, étendre sur elle un long voile de deuil, faire couler d'abondantes larmes, et ne s'arrêter qu'après avoir ouvert bien des tombes.

Il y avait à peine trois semaines que la Mère Emmanuel, installée à Lorette, s'occupait de sa Maison à la grande joie des Sœurs si heureuses de l'avoir pour Supérieure quand, le 4 septembre, le bon Père fut frappé d'une nouvelle attaque dont il ne devait plus se relever entièrement. Les soins, les précautions, les mille sollicitudes de la piété filiale, les prières surtout de la Sainte-Famille tout entière implorant Dieu pour la conservation de son Fondateur vénéré, purent bien le retenir encore quelques mois sur la terre, mais sa vie de travail était finie ; il ne devait plus que souffrir et mériter pour ses filles qu'il avait tant aimées. La Mère Bonnat ne partageait pas l'illusion que se faisaient quelques-unes des Mères ; chaque jour elle venait passer de longs moments près du bon Père afin de le distraire, de l'intéresser par les souvenir du passé ou le charme d'une conversation toujours agréable, pieuse et variée, mais elle comprenait que les jours du vénéré malade touchaient à leur terme, et elle se disposait par une prière plus fervente, une union à la volonté de Dieu plus intime, au grand sacrifice qui se préparait pour son propre cœur et pour la Famille tout entière. Pendant cinq mois, le bon Père alla en déclinant peu à peu ; le bon Dieu ne le ménagea pas. A certaines heures la souffrance était d'une terrible intensité. On aurait été tenté de se demander : pourquoi de si longues angoisses ? Le bon Dieu faisait son œuvre. Le Fondateur mourant, aidé, assisté, soutenu par le R. P. Bellon qui semblait être pour lui un ange gardien visible, acceptait la Croix pour la Sainte-Famille, pour la Congrégation des Oblats, et ne détournait ses lèvres d'aucun calice, quelque amer qu'il fût.

Le 8 février 1861 à 7 heures du matin, pendant qu'on célébrait pour lui le Saint Sacrifice, le bon Père rendit à Dieu sa belle âme, et alla au Ciel recevoir la couronne que de nombreuses Sœurs de la Sainte-Famille lui avaient déjà préparée dans la patrie.

On a vu dans le cours de ce récit ce que le Fondateur de la Sainte-Famille avait été pour la Mère Bonnat, et ce que la Mère Bonnat avait été pour le bon Père, on peut supposer, deviner, comprendre ses sentiments à cette heure suprême où elle recevait le dernier soupir de celui qui avait été son appui, son guide, son conseil, son Supérieur, son Père. Sa douleur fut profonde, et comme les grandes douleurs ne peuvent ni s'exprimer, ni recevoir de consolation, la Mère Emmanuel s'enveloppa dans le silence et dans la prière. Rien dans sa correspondance, dans ses papiers, dans ses souvenirs, ne marque cette douloureuse étape de sa vie, cette date néfaste du 8 février 1861, rien qu'une lettre du lendemain adressée à la Mère Aloysia Noailles. Ce devoir fraternel accompli, elle ne parla plus qu'à Dieu de sa tristesse et de ses regrets; à l'extérieur, elle conserva ce calme d'une âme qui voit tout en Dieu, et qui a placé dans un monde meilleur ses affections et ses espérances.

A la Mère F. Noailles.

« 9 février 1861.

» CHÈRE MÈRE,

» C'est avec un cœur bien brisé que je vous adresse ces lignes, j'ai beaucoup de chagrin et cependant je sens que vous en avez davantage. Pauvre amie, collons-nous à la Croix de notre divin Maître et tout en pleurant et en gémissant, disons-lui avec foi et résignation : Que votre volonté soit faite, ô mon Dieu ! Quand on a vu les longues et douloureuses souffrances de notre bon Père, on éprouve près de lui un sentiment de vénération, et on aime à le considérer déjà comme jouissant du bonheur des élus. Que cette pensée vous serve aussi de consolation ; il n'est plus avec nous pour notre jouissance, mais il est au ciel pour nous bénir et nous protéger encore. Que n'êtes-vous ici, chère Mère, nous mêlerions nos larmes !... Si vous ne vous sentez pas la force de venir ces jours-ci, ne tardez pas trop, vous savez toute mon affection pour vous et combien je serai heureuse de vous recevoir à Lorette et de vous soigner. Je tâcherai de vous remplacer votre sœur et tous ceux que vous regrettez. A bientôt, chère Mère, adieu, je tremble tant que je ne sais si vous pourrez me lire, mais tachez du moins de comprendre le bien tendre et sincère attachement de votre toute dévouée Sœur. »

N'est-ce pas ici le lieu de placer une sorte d'élégie composée plus tard, mais qui se rapportait entièrement au bon Père ? La mémoire du cœur est fidèle, le souvenir du bon Père devait suivre sa fille et la consoler jusqu'à la tombe.

IL VIT TOUJOURS !

Il vit toujours, l'ami de mon enfance,
Il suit mes pas, souvent me tend la main,
Aux jours mauvais, il est mon espérance,
Et du bonheur m'indique le chemin.

Il vit toujours ce guide tutélaire
Qui m'animait en me montrant le ciel,
Comme autrefois, sur une coupe amère,
Il jette encore quelques gouttes de miel.

Il vit toujours pour mon âme rêveuse,
Celui qui fut mon aide et mon secours,
J'entends encore ces mots : Soyez heureuse,
Pour vous, le ciel réserve de beaux jours.

Il vit toujours pour aimer et comprendre
La faible enfant qui cherchait un appui,
Et quand la nuit, un chant se fait entendre,
Il vient du ciel, je regarde. Est-ce lui ?... (1)

Après la mort du Fondateur de la Sainte-Famille, Mgr de Mazenod, acceptant la succession du bon Père, faisait acte de Supérieur et dans une admirable lettre adressée à ses nouvelles filles, s'attachait à leur faire retrouver comme intérêt et dévouement le Père qu'elles avaient perdu. Cette paternelle adoption était une consolation profondément sentie et appréciée dans un pareil moment, mais, hélas ! elle ne devait pas être de longue durée, le 21 mai, trois mois après la mort du bon Père, Mgr de Mazenod s'endormait à son tour dans le baiser du Seigneur, laissant orphelines les deux familles qui l'appelaient leur Père. Etait-ce tout ? La mort avait-elle dit son dernier mot ? Non. Le R. P. Bellon, que Mgr de Mazenod avait nommé Pro-Directeur Général de la Sainte-Famille, avait promptement conquis

(1) Rec. de poésies.

la confiance, l'estime par ses mérites personnels, son long séjour près du bon Père, son dévouement et ses soins durant la maladie. Un courant de religieuse et respectueuse sympathie s'était formé vers ce Père si dévoué qui avait une bonne parole pour toutes les peines, une consolation pour toutes les douleurs, un conseil éclairé dans toutes les difficultés. Hélas ! ce bon Père devait lui aussi succomber bientôt. Peu de jours après la mort de Mgr de Mazenod, il tombait malade, on reconnaissait les symptômes d'une maladie de cœur très avancée, et le danger s'annonçait comme imminent. La Mère Bonnat, nous l'avons dit, avait bien vite compris et apprécié le R. P. Bellon ; le voyant malade, elle n'eut aucun espoir de guérison : « Lui aussi mourra, disait-elle tristement, il faut que la Sainte-Famille aille jusque-là ! » La Sainte-Famille alla jusque-là, le R. P. Bellon mourut le 28 juin, veille de Saint-Pierre ; il y avait un an, jour pour jour, qu'avait eu lieu cette joyeuse fête à Lorette, à laquelle le bon Père et lui assistaient.

Que veut donc le Bon Dieu ? disait la Mère Emmanuel en présence de ces trois tombes ouvertes à de si courts intervalles. Ce que voulait le Bon Dieu, c'était la résignation dans l'épreuve, c'était l'amour de la Croix, c'était la confiance en sa miséricordieuse bonté qui afflige pour consoler ; il voulait montrer aux Sœurs de la Sainte-Famille qui jusque-là avaient vécu sous la houlette de leur Fondateur, qu'en leur retirant des appuis humains il restait leur Père, et que la bénédiction des premiers jours ne cesserait point d'être féconde.

La première et très prompte consolation qu'il leur

accorda, fut l'arrivée à Bordeaux du R. P. Fabre, Assistant Général de la Congrégation des Oblats, nommé pour s'occuper de la Sainte-Famille au Conseil de la Congrégation. On comprit bien vite l'intérêt de ce bon Père pour les âmes et pour les Œuvres, son dévouement ouvrit les cœurs à la confiance et à l'abandon, on se sentit heureux de retrouver un Père. Avant de quitter la Maison Générale de la Sainte-Famille, le R. P. Fabre installait, comme Pro-Directeur Général, le R. P. Soullier, déjà initié aux Œuvres de la Société par les retraites qu'il avait prêchées dans différentes Maisons. La Mère Bonnat s'intéressait de cœur à tout ce que le Bon Dieu faisait pour la Sainte-Famille, et par ses prières, elle ne cessait de demander des grâces pour cette Société qu'elle aimait tant, pour des âmes qui lui étaient si chères. Supérieure locale de la Maison de Lorette, elle s'occupait des détails de son Œuvre, et heureuse de pratiquer l'obéissance, elle soumettait tous ses plans, tous ses projets à la Mère C. Menou, Supérieure Générale de Lorette depuis que la Mère S. Machet faisait partie des Sœurs Solitaires. Elle profitait de ses visites fréquentes à la Maison Générale pour demander ses permissions, et si elle ne pouvait se rendre près de sa Supérieure Générale, elle les sollicitait par écrit avec une simplicité et une soumission admirables :

« Comme petite-dépense de dévotion, lui écrivait-elle peu de temps après la mort du bon Père, dépense qui avait été approuvée par notre vénéré Fondateur, je vous soumets le désir de faire construire, au fond du jardin, un petit chalet. Je demanderais pour cela Lafargue de Martillac et les planches qui restent de la clôture des

Solitaires. A l'intérieur, ce chalet serait arrangé et orné en chapelle pour y déposer et y vénérer la Vierge qui a reçu la première Consécration de nos Fondatrices. Je voudrais y placer les photographies du bon Père et de la Mère Trinité. Si cela ne rencontre pas de difficultés, je désirerais que cette petite chapelle pût être terminée promptement. »

Toujours Mère affectueuse, attentionnée et pleine de délicatesse, la Mère Bonnat se plaisait à visiter souvent sur son lit de douleur la Mère Thérèse Faugeron, qui était alors très malade et dont on croyait la mort prochaine. Comme son état traînait en longueur et que parfois la pauvre souffrante s'attristait de ne pouvoir ni vivre ni mourir, la Mère Bonnat l'aidait, l'encourageait, lui parlait du Ciel, du mérite de la Croix, puis un jour, dans une de ses maternelles visites, elle lui apporta un petit mot de son cœur et de son affection qui lui était spécialement dédié et qui devait lui faire accepter, lui faire aimer la volonté de Dieu.

AUPRÈS DE LA CROIX

Seule auprès de la Croix,
Souffre, repose, espère ;
De la plus tendre Mère
Entends toujours la voix.
Elle te dit : Ma fille,
Attends que le jour brille,
Seule auprès de la Croix.

Seule auprès de la Croix,
Tu dois rester encore,

En attendant l'aurore
Soupirer quelquefois.
La paix est une amie
Que l'on trouve endormie
Seule auprès de la Croix.

Seule auprès de la Croix,
Aime toujours et prie,
Rêve de la patrie
Dont ton cœur a fait choix ;
Que l'ange du message
Te trouve, à son passage,
Seule auprès de la Croix.

Seule auprès de la Croix,
Recouvre l'innocence,
Cueille, dans la souffrance,
La fleur du Roi des rois ;
Pour Lui, veille, soupire,
Achève ton martyre,
Seule auprès de la Croix.

Seule auprès de la Croix,
Tu trouveras Marie,
Cette Mère chérie,
Près du céleste bois ;
Qu'elle soit ton modèle,
Reste calme et fidèle,
Seule auprès de la Croix.

Seule auprès de la Croix,
Tu trouveras des charmes

A répandre des larmes,
Et diras quelquefois :
Le ciel est sur la terre
Quand on trouve sa Mère
Seule auprès de la Croix ! (1)

Au mois d'octobre, le R. P. Soullier, la bonne Mère Hardy-Moisan et la Mère Bonnat partaient pour aller faire la visite des Maisons d'Espagne. La Mère Emmanuel, par sa correspondance, nous permet de suivre les voyageurs dans leurs différentes stations. Libre des préoccupations qui l'accompagnaient ordinairement dans ses visites d'Œuvres, on sent qu'elle laisse courir sa plume avec un abandon plus habituel encore que de coutume ; écoutons-la :

A la Mère P. Machet.

« Madrid, 22 octobre 1861.

. . . .

» A part les visites obligées, le temps se passe ici fort saintement, nos Supérieurs faisant force direction. On m'a laissé les espagnoles qui ne savent pas s'exprimer en français et nous parlons de Dieu et de son amour tant que nous pouvons. Je ne sais si on vous a conté que dimanche nous avons été voir le duc de Medina Cœli qui a été fort aimable, nous assurant que nous pourrions rester dans le vieux couvent des Capucins tant que nous le voudrions. Puis le Nonce est venu..... On devait aller aujourd'hui à l'ambassade française, mais la

---

(1) Rec. de poésies.

migraine s'y oppose. Je ne sais si on pourra voir la Reine, la petite princesse vient de mourir et la cour est en deuil. Samedi, la Reine et le Roi vinrent dans notre église assister au Salut. Ceux qui voient ont pu avoir la jouissance de les regarder, moi, je n'ai aperçu que deux personnes que l'on entourait et que l'on saluait.....

» Mes anciennes élèves viennent me visiter et je suis contente de leurs bonnes dispositions ; malgré le monde et ses plaisirs, elles restent chrétiennes et j'espère qu'elles n'oublieront pas les pieuses instructions reçues pendant leur vie au pensionnat. . . . . »

A la même.

« Madrid, 1ᵉʳ novembre 1861.

» Il y a bien longtemps, ce me semble, que je ne vous ai rien dit et le temps me durait de vous écrire, ma chère fille, mais à Pinto et à Getafe, on n'a pu que penser à vous. Nous sommes arrivés, hier soir, à huit heures, passablement fatigués et crottés, parce que nous avions dû faire une assez longue promenade de nuit et sans chandelle, enfin nous avons fait en tout un petit voyage assez heureux. Nos Supérieurs vous parleront affaires ou appréciation des lieux et des personnes ; moi, je vous entretiendrai d'un jeune Dragon du genre de Turc qui entre partout où on ne le veut pas, qui a voulu faire oraison avec la bonne Mère et dire la messe avec le Père. Ceci se passait à Pinto, mais à Getafe, lorsque les Pères Escolapios et les autres amis de la Maison étaient au salon pour saluer les Supérieurs, trois chèvres sont entrées pour offrir aussi leurs hommages. Dans les deux

Maisons, on a chanté des couplets et récité des compliments ; comme je ne suis plus l'objet principal de ces réceptions officielles, elles m'amusent beaucoup. Partout le Père fait semblant de comprendre l'espagnol et répond en français. C'est alors le tour des habitants du pays de paraître entendre, on se salue réciproquement et ainsi se terminent les premiers compliments....... »

Au Petit Père.

« Valence, 11 novembre 1861.

» MON BIEN CHER PÈRE,

» Pendant que nos bons Supérieurs sont à faire des visites, je viens vous en rendre une et vous dire que malgré les voyages et toutes les distractions qu'ils occasionnent nous ne laissons pas de penser beaucoup à vous. On nous a dit que vous avez été souffrant, je m'en suis inquiétée, puis on nous a dit que vous étiez un peu mieux, ce que j'aime à croire davantage. Je demande tous les jours à Dieu qu'il vous comble de ses grâces et vous conserve encore longtemps à notre affection et à notre vénération.

» Nos Supérieurs se font aimer et apprécier, on trouve seulement que leurs visites sont trop courtes et on désire qu'ils reviennent souvent voir leurs enfants d'Espagne. Le R. P. Soullier commence à dire quelques mots en espagnol, à un prochain voyage j'espère qu'il pourra s'énoncer facilement, ce qui fera beaucoup de plaisir à nos Sœurs. Dans toutes nos Maisons on a demandé de vos nouvelles et les Sœurs qui vous connaissent vous offrent leurs plus filials sentiments. Je me joins à elles, vous prie de me bénir et de recevoir l'assurance du respectueux attachement de votre fille en Jésus, Marie et Joseph. »

A la Mère P. Machet.

« Barcelone, 24 novembre 1861.

. . . .

« Je veux vous parler de notre excursion d'hier. Vous saurez donc qu'après une heure de chemin de fer et une demi-heure de diligence, nous sommes arrivés vendredi soir au pied du Montserrat. On dit qu'il a près de 4,000 pieds d'élévation; c'est un bloc de rochers entremêlés de quelques verdures qui pendent gracieusement sur les précipices et qui semblent placées là pour décorer la montagne de Marie. La pervenche, le lierre, le buis, le laurier-thym, le chèvrefeuille, se mêlent, se croisent avec une grâce charmante. Tout cela est ravissant à voir, un peu moins à gravir, car il faut le faire sur une route ménagée dans le roc même de la montagne et les bonnes vieilles comme moi qui sentent leurs membres peu agiles, ne se soucient guère de la perspective d'une culbute au fond du ravin. Grâce à de bonnes mules, nous sommes enfin arrivés presque au sommet de la montagne, à la porte du monastère des Pères Bénédictins. Les ruines de cette demeure attestent les dévastations de la guerre et malheureusement le nom des français se mêle à ces pénibles souvenirs. En entrant dans le sanctuaire nous avons entendu chanter les louanges de Marie, par des enfants que des parents chrétiens vouent pour un temps, plus ou moins long, au service de la Reine du Ciel. Cette pieuse coutume rappelle Joas, Marie, etc ; il faut venir en Espagne pour retrouver les traces de la piété biblique. Nous avons prié pour *nous*, pour *vous*, pour *elles*, pour *eux*, pour *tous ;* enfin nous avons pris notre modeste souper et nous sommes installés dans les cellules dites de *San-Benito*, quartier des Hôtes. A une heure, j'ai éprouvé une grande tentation : celle de réveiller la bonne Mère pour lui faire admirer les beautés du paysage, mais rassurez-vous, notre bonne Mère ne s'est levée que lorsque la cloche du monastère a éveillé les moines.

» Un coup d'œil sur les nuages, car nous étions au-dessus, puis à cinq heures et demie grand'messe en musique chantée par les enfants, messes basses, communion, prières de toutes sortes, et enfin visite au *Camarin*. Au retour, on vous donnera l'explication de ce mot en vous racontant les richesses que nous avons admirées à Valence. Après avoir baisé les mains de la Vierge miraculeuse, nous lui avons offert les clefs de la future maison de Barcelone afin qu'elle soit véritablement la maison de la Sainte-Vierge, que Marie la bénisse, prenne dès aujourd'hui la direction de sa construction et s'en reconnaisse maîtresse absolue.

» Léger déjeuner et excursion dans la montagne, c'est-à-dire une heure et demie de suspension sur les abîmes, j'y serais tombée sans le secours de la bonne Mère qui a bien voulu me donner le bras pour m'éviter le vertige. Pendant que je me recommandais aux Saints Anges, le Père jouissait du magnifique spectacle qu'il avait sous les yeux, il s'exposait sur le bord du sentier, disait son office sans s'inquiéter des dangers du chemin et la bonne Mère répétait qu'elle n'avait jamais fait une si ravissante promenade. Je ne vous parle pas du retour qui n'a offert d'autre intérêt qu'une charmante conversation entre le Père et un jeune touriste américain. En moins d'une heure nous descendions la montagne et avec un petit détour nous nous arrêtâmes à Manrèze pour vénérer la grotte ou saint Ignace composa ses pieux Exercices. On retrouve encore la roche sous laquelle il se cacha, on voit la croix qu'il grava lui-même sur la pierre, et dans les sculptures qui embellissent ce réduit, on rencontre le souvenir des principaux faits de la vie du Saint. Tout en ce lieu inspire la piété, on voudrait y rester, mais les voyageurs ne font que passer sur la terre et après avoir demandé à Dieu la ferveur de saint Ignace nous fûmes obligés de nous retirer... »

SUR LA MONTAGNE

Sur la montagne qu'il fait bon respirer ; l'air est pur, le soleil radieux, la nature calme, l'âme s'élève à Dieu.

Sur la montagne qu'il fait bon s'isoler, déposer son fardeau et regarder autour de soi..... La solitude, le silence, l'horizon sans fin et puis le ciel...

Sur la montagne on rêve, on admire, on jouit par la pensée, par le souvenir, par l'espérance ; on se sent près de Dieu.

Sur la montagne, Jésus fut tenté, Jésus fut transfiguré, Jésus fut immolé...

Sur la montagne est une croix; c'est l'instrument du supplice le plus mystérieux, comme le plus majestueux. Le martyr est debout, les bras étendus; son regard contemple le ciel et la terre et c'est par un cri qu'il rend son dernier soupir.

Sur la montagne, ô mon Jésus, que vous êtes beau! Nu, dépouillé de tout... Que vous êtes beau avec votre couronne d'épines, quand vous regardez Marie, que vous dites : J'ai soif.

Sur la montagne, ô Jésus, que vous êtes beau ! Mort pour la terre, y laissant votre dépouille mortelle et allant consoler d'autres légions d'âmes.

Sur la montagne, oh! que Jésus est beau ! quand la nature entière s'émeut, que les rochers se fendent, que la terre tremble, que les morts ressuscitent, que l'on s'écrie: Celui-ci est vraiment fils de Dieu !

Sur la montagne, Jésus me charme, m'attire, m'enivre d'amour... Je le comprends, je l'adore, je l'aime!

Sur la montagne où Jésus meurt, près de la croix ou sur la croix, je veux rester, je veux vivre, je veux mourir.

Amen (1).

De Barcelone, les voyageurs allèrent à Marseille où ils ne firent que passer en se rendant à Paris. C'était l'époque où le Chapitre Général des Révérends Pères Oblats, réuni dans cette ville, devait procéder à l'élec-

(1) Écrin.

tion du Supérieur Général de la Congrégation, en remplacement de Mgr de Mazenod. Le 5 décembre, le T. R. P. Fabre était nommé à l'unanimité des suffrages, et devenait en même temps Directeur Général de l'Association de la Sainte-Famille. La Mère Bonnat salua en lui son Supérieur et son Père, et remercia Dieu de cette nouvelle marque d'amour pour sa chère Société, puis quand le T. R. P. Directeur Général vint à Bordeaux, elle lui fit les honneurs de la maison qu'elle dirigeait, dans des sentiments qui marquaient le respect filial et la profonde vénération dont elle était animée pour celui qui, successeur du bon Père, lui représentait Dieu sur la terre.

Rentrée à Bordeaux, la Mère Emmanuel avait repris sa vie et ses travaux de Supérieure locale, mais tout en se donnant à ses filles, à ses enfants, à tout ce que réclamait sa mission, elle n'oubliait point ses filles absentes ; elle connaissait le secret de bien des cœurs, et c'était pour elle un besoin de venir en aide, de consoler, de soutenir ; elle savait le mot qu'il fallait à chacune, et avait une manière à elle de le dire. Qui donc ne se serait senti plus fort en recevant des lignes comme celles-ci ?

« Janvier 1862.

» ..... Un de ces jours que je disais à Dieu : Vous savez que je vous aime, j'ai voulu que mon cœur restât toujours près de vous, dans votre saint tabernacle, il me répondit : *Et moi, j'ai pris ton cœur pour mon tabernacle.* Oh ! comme ces paroles m'ont fait du bien ; je voudrais que le divin Jésus vous en dise autant, je voudrais que ce trop plein de votre cœur, que ce besoin immense de jouir et d'aimer pût se perdre dans le sein de Dieu. Voilà pour vous ma prière de chaque jour. Qu'importe à l'âme unie à Dieu les lieux et les personnes? souffrir et aimer, voilà tout ce qu'elle sait, tout ce qu'elle veut savoir. Arrivons là, chère fille, et le plus tôt possible, après nous nous reposerons sur les bords du torrent, en regardant les autres lutter et se débattre au milieu des vagues des passions qui veulent nous submerger. »

A une âme découragée qui se sentait hésitante et malheureuse, elle envoyait avec quelques mots d'affection cet encouragement délicat :

LA FEUILLE

Feuille détachée,
Presque desséchée,
Tu fus arrachée
D'un rameau fleuri.
Tu vas disparaître,
Ne plus reparaître,
Ne plus reconnaître
Ton berceau chéri.

Feuille verdoyante,
Tu parus brillante,
La brise odorante
T'entourait d'égards.
Aujourd'hui flétrie,
Je te vois meurtrie,
Loin de ta patrie
Fuir tous les regards.

Feuille si légère,
Vas-tu, passagère,
Toujours étrangère,
Quitter le vallon ?
Loin de tes compagnes,
Courir les campagnes,
Et sur les montagnes
Suivre l'aquilon ?...

Feuille solitaire
Que le temps altère,
Tu vas sur la terre
Attrister ces lieux.
Celle qui se range
Dans l'impure fange
Devait, comme l'ange,
Regarder les cieux.

Feuille abandonnée,
Lorsque la journée
N'est pas terminée
Que me diras-tu ?
Si je te demande
Ce qu'il faut que rende,
Au Dieu qui commande,
Le cœur abattu ?

Feuille qui t'envole,
Dis-moi la parole
Qui charme et console
Le cœur gémissant.

Dis-lui que tout passe,
Et que dans l'espace
Il est une place
Pour le cœur aimant.

Feuille infortunée,
Tu fus condamnée,
Par la destinée,
A faire pitié.
Mais je te recueille,
La main qui t'accueille
Grave sur la feuille
Le mot : Amitié.

Feuille délaissée,
Je t'ai ramassée,
Garde ma pensée
Et mon souvenir.
Comme un doux emblème,
A celle que j'aime
Dis ce mot suprême :
« Foi dans l'avenir. »

A d'autres heures sa pensée allait trouver ses filles d'Espagne, et elle disait à la Supérieure de Plasencia :

« Bordeaux, 26 février 1862.

. . . .

« Je me retire quelquefois de toute supériorité pour vivre en simple religieuse, alors je vais habiter Madrid,

(1) Rec. de poésies.

puis, avec la permission de la Supérieure, je reprends la route de Plasencia et pour revoir mes enfants de Saint-Joseph, j'explore les alentours, je salue la *Virgen del Puerto*, je m'en vais dans les bois, sur le bord de l'eau, je visite les *Monjas*, Dⁿ Francisco, et je me repose tout doucement dans cette heureuse oasis de la terre où l'on devrait aimer Dieu plus que partout ailleurs. Avec un si beau ciel, avec une si belle nature, tant de calme, d'éloignement du monde, qu'il est facile de s'élever vers le ciel, d'oublier la terre et de s'unir de plus en plus à Dieu ! Dans vos ferventes prières, souvenez-vous quelquefois de moi et demandez à Dieu qu'il m'apprenne à n'aimer que sa toute sainte et adorable volonté. »

Puis, elle revenait à ses chères enfants de Pinto, à ses orphelines tant aimées et elle écrivait à leur Mère :

» 28 février 1862.

. . . .

« Vous savez que je m'intéresse à votre maison, vous comprenez alors combien je suis heureuse de savoir qu'elle marche bien, que les enfants sont pieuses et bien disposées. Voilà ce que j'ai toujours désiré et ce que je demande à Dieu tous les jours. Toutes les peines disparaissent devant une âme sauvée et rien n'est plus agréable à Dieu que de préserver du mal ces pauvres enfants qu'il aime tant. Acceptez donc avec reconnaissance la mission qui vous est confiée et travaillez avec ferveur et générosité au salut de ces chères enfants. Pour vos Sœurs, soyez bonne, aimez-les, consolez-les de leur éloignement des Supérieurs, ne faites s'il se peut qu'un cœur et qu'un âme, c'est le moyen de trouver le bonheur ici-bas. Sollicitez souvent de Dieu toutes les vertus dont vous avez besoin, et rappelez-vous que la prière doit être votre première, je dirai plus, votre seule consolation. L'âme qui sait prier est toujours prête à tout, toujours capable de tout, que ce soit donc près de Jésus que vous trouviez force, paix et bonheur. »

Et maintenant, ouvrant son écrin, voyons comment la Mère Bonnat entretenait en elle ce feu de la charité dont elle aurait voulu embraser tous les cœurs. Tout dans son âme devenait une occasion, un moyen de se tourner vers Dieu, d'aspirer à Dieu, de vivre de Dieu :

LA GUIRLANDE DE FLEURS SPIRITUELLES, OU FÊTES ET PLAISIRS D'UNE AME FIDÈLE

L'Avent : prière, attente, préparation. — *Rorate cœli de super*.

L'Immaculée-Conception : mystère d'innocence et de prédilection. — *Tota pulchra es Maria*.

Notre-Dame de Lorette : Souvenir de Nazareth. — « Il leur était soumis. »

Notre-Dame des roses ou de la Guadeloupe : Rose mystique, priez pour nous.

Notre-Dame de l'Espérance : attente, désir, espérance.

Noël : Un Dieu enfant. — *Gloria in excelsis Deo*.

La Circoncision : Il faut souffrir.

L'Épiphanie : L'appel de la grâce.

Le 8 Janvier : fondation de la Sainte Famille. — Le grain de sénevé qui produit un grand arbre.

Le Saint nom de Jésus : nom puissant, terrible et consolant.

La Purification : offrande de Jésus par Marie. — *Nunc dimittis*.

Notre-Dame de la Paix : arche d'alliance, priez pour nous.

La Septuagésime : Bénédiction miraculeuse et permanente.

Les Quarante heures : Qu'il est doux de prier et de veiller près de Celui qu'on aime.

Le mois de Mars ou de Saint Joseph : « Allez à Joseph et faites tout ce qu'il vous dira ».

L'Annonciation : « Voici la servante du Seigneur. »

L'Incarnation : « Le Verbe s'est fait chair. »

La Compassion : « Regardez et voyez s'il est une douleur semblable à la mienne. »

Les Rameaux : *O Crux ave, spes unica*.

Le Jeudi Saint : Amour et sacrifice.

Pâques : *Alleluia*. — *Regina cœli lætare*.

Lundi de Pâques : « Restez avec nous, Seigneur, car il se fait tard. »

Quasimodo ou Sainte Famille : *Pax vobis*.

Le Bon Pasteur : « Il donne sa vie pour ses brebis. »

L'Ascension : « Allons au ciel. »

Le mois de Marie : Aimons, chantons Marie, voilà le mois des fleurs.

Le 18 Mai : Nous avons été bénies par le Saint-Père.

Le 24 Mai : N. D. Auxiliatrice, priez pour nous.

La Pentecôte : *Veni Sancte Spiritus*.

La Trinité : « Gloire à Dieu le Père, Gloire à Dieu le Fils, Gloire à Dieu le Saint-Esprit. »

La Fête-Dieu : Ecce panis angelorum.

Le mois de juin ou du Sacré-Cœur de Jésus : Amour.

Le 12 juin : Notre-Dame de Toutes-Grâces, priez pour nous.

Saint-Jean : Il fut le précurseur.

Saint-Pierre : « Vous êtes Pierre et sur cette pierre je bâtirai..... Pierre, m'aimez-vous ? »

La Visitation : Magnificat anima mea Dominum.

Notre-Dame du Carmel : Mère aimable, priez pour nous.

Le Saint-Cœur de Marie : Ce cœur que Dieu choisit, que la terre vénère et que le ciel bénit, c'est le cœur de ma Mère.

Notre-Dame des Anges : Priez pour nous.

Notre-Dame des Neiges : Priez pour nous.

L'Assomption : Récompense de l'amour et de la fidélité.

Le Saint nom de Marie : Ave Maris stella.

La Nativité : Ecce Mater tua.

Notre-Dame de la Merci : Priez pous nous.

Notre-Dame des Sept-Douleurs : Priez pour nous.

Notre-Dame du Rosaire : Priez pour nous.

Sainte-Thérèse : « Ou souffrir ou mourir. »

La Toussaint : Jour de gloire aujourd'hui pour les saints et pour nous plus tard.

Les Morts : De profundis clamavi ad te Domine.

La Présentation : Tout à Jésus, tout par Marie.

Puis l'Avent revient et l'on recommence l'heureuse année, partagée entre l'attente d'une fête et le souvenir d'une autre fête. Entre l'espérance et la reconnaissance, attendons l'heure du départ et l'appel si désiré : *Veni Sponsa Christi !*

ON PRIE :

Les Anges pour obtenir l'humilité.
Les Archanges pour attirer des grâces sur les Supérieurs.
Les Principautés dans les afflictions publiques.
Les Puissances pour vaincre les tentations.
Les Vertus dans les afflictions particulières.
Les Dominations pour connaître la volonté de Dieu.
Les Trônes pour obtenir la paix.
Les Chérubins pour avancer dans la science des Saints.
Les Séraphins pour obtenir l'amour de Dieu.

MES PLUS CHERS AMIS

Marie, c'est ma Mère.
Les Saints Anges, veillent sur moi.
Saint Joseph, c'est mon protecteur.
Saint Jean l'évangéliste, c'est mon frère.
Saints Innocents, priez pour moi.
Saint François de Sales, obtenez-moi la douceur.
Saint Philippe de Néri, obtenez-moi la persévérance.
Sainte Thérèse, apprenez-moi à aimer.
Sainte Rita, apprenez-moi à souffrir.
Saint Pierre, ouvrez-moi le ciel.
Sainte Madeleine, que j'aime comme vous,
Saint Augustin, donnez-moi votre foi.
Saint Alphonse, apprenez-moi à prier.
Saint Pierre d'Alcantara, obtenez-moi l'esprit de mortification.
Saint Jérôme, protégez-moi.

Saint Antoine de Padoue, aimez-moi.
Saint Bernard, aidez-moi (1).

Au mois de mars 1862, la réunion des membres du Conseil Général de Marie appelait à Bordeaux le T. R. Père Directeur Général. Il s'y trouvait encore le 19, jour de Saint-Joseph. La Mère Bonnat, avec sa délicatesse ordinaire, voulut, en cette occasion, offrir sa fleur de fête, et elle fit chanter des couplets qui, tout en réveillant un passé encore bien présent à tous les cœurs, faisait couler des larmes où la reconnaissance se mêlait au souvenir :

AU T. R. P FABRE

19 mars 1862

C'est un bouquet cueilli sur une tombe
Que nous venons vous offrir en ce jour ;
Parmi nos fleurs, lorsqu'une larme tombe,
Elle vous dit nos regrets, notre amour.

En nous quittant, pour son dernier voyage,
Un Père aimé nous légua ses vertus,
Et s'élevant vers la céleste plage,
Il nous laissa dans le Cœur de Jésus.

Reposez-vous, dit cet excellent Père,
Et ranimez ici votre ferveur,
Je vais du ciel, de l'éternelle sphère,
Vous envoyer l'ange consolateur.

(1) Écrin.

L'ange a paru sous les traits d'un bon Père,
Et sous nos pas il a semé des fleurs ;
Par ses leçons, la croix paraît légère,
Par ses vertus, il gagne tous les cœurs.

De vos enfants, Père, agréez l'hommage,
Nos vœux, nos cœurs, nos amours sont à vous ;
D'un Père absent, recevez l'héritage,
Pour vous l'offrir, le ciel se joint à nous.

Père et Pasteur de ce troupeau fidèle,
Enseignez-lui la route des élus,
Soyez toujours son aimable modèle,
Et le troupeau croira suivre Jésus (1).

La Mère Bonnat qui avait de suite vu un Père dans le nouveau Directeur Général lui ouvrit son âme, avec autant de cœur que d'esprit de foi, et se mit sans retard sous sa direction. Nous en pouvons juger par cette lettre, que lui adressait celui-ci le 31 mars 1862 :

« ... Répondre d'une âme n'est pas chose légère, je le sais et je le sens ; cependant, je n'hésite pas à vous dire que je réponds volontiers de la vôtre, et que cette responsabilité ne m'effraie pas du tout, mais soyez généreuse et dévouée. J'ai pour moi trop de preuves et des preuves trop évidentes pour ne pas répondre en toute assurance à votre question. Oh ! oui, allez à Dieu avec confiance, avec abandon, non en raison de vos mérites, mais en raison de vos luttes et surtout de son amour, qui m'apparaît bien grand pour vous. Au

---

(1) Rec. de poésies.

reste, il vous le fera sentir lui-même ; soyez sans inquiétude sur le moment suprême, il sera doux et calme, j'en ai la conviction la plus intime, la plus profonde, et je sais pourquoi je l'ai. »

La Mère Emmanuel était une âme privilégiée. Le Bon Dieu l'aimait beaucoup, parce qu'elle aimait beaucoup le Bon Dieu ; à ce titre elle ne pouvait dresser sa tente nulle part, et se dire : Je vais me reposer ici. Les charges, les titres qu'elle avait déclinés tant de fois allaient de nouveau venir la trouver, et, nous pouvons le dire, ce ne fut pas sans un sentiment de peine et de regret, qu'elle se vit encore une fois appelée à prendre, comme Supérieure Générale, la direction de la Congrégation de Lorette. Le Directeur Général, en lui confiant ce poste, ne lui parla que du bien qu'elle pourrait faire aux âmes ; la vénérée Mère, qui n'avait jamais su refuser quoi que ce soit aux prescriptions de l'obéissance, acquiesça à la volonté de Dieu manifestée par celui qui en était l'organe, fit taire la voix de la nature, qui aurait été tentée de réclamer, et soumise et humble comme aux jours de son noviciat, répondit en s'inclinant : Voici la servante du Seigneur.

La Mère Emmanuel quitta donc Lorette pour venir habiter la Maison Générale. La joie fut grande dans toute la Congrégation. Ce n'était pas sans raison que le Directeur Général lui avait dit qu'elle ferait du bien aux âmes ; elle devait en faire encore et beaucoup durant vingt années ! A la Mère Aloysia Noailles, qui s'empressait de lui témoigner son bonheur, la Mère Bonnat répondait :

« Bordeaux, 24 juin 1862.

. . . .

» Je vous remercie de votre lettre et de votre bonne affection, dont j'avais besoin en changeant encore de position. J'ai le cœur fait d'une certaine façon et souffre de beaucoup de choses qui sont inaperçues. Je tenais à Lorette, à cette maison de la rue Saintonge, à ses murs, à son jardin, à la Vierge de la fondation, au souvenir de tout ce que j'ai vu et aimé dans ma vie religieuse, et il a fallu en faire, de nouveau, le sacrifice. Que la sainte volonté de Dieu soit mon soutien et ma consolation ! Voilà ce que je dois dire et penser. »

Amour de Jésus
Sois ma souvenance.
Amour de Jésus
Sois mon existence.
Amour de Jésus
Sois ma jouissance.
Amour de Jésus -
Sois mon bien immense
Amour de Jésus
Sois mon espérance.
Amour de Jésus
Sois ma récompense (1).

(1) Ecrin.

CHAPITRE III

Mort du Père A. Noailles. — Premier départ pour les Missions étrangères (Ceylan). — Le Directeur Général nommé Commandeur de l'Ordre de Charles III. — Visites des Œuvres de Lorette. — Correspondance. — Travaux littéraires. — Le R. P. Roullet. — Maladie de la Mère Bonnat.

> « *Plus je vieillis et plus j'expérimente que c'est en nous méprisant, en nous détruisant, que nous trouvons le calme et le bonheur.* »
> R. B.

A peine la Mère Bonnat était-elle installée à la Maison Générale, qu'une nouvelle douleur venait l'atteindre en rouvrant une cruelle blessure. Le 22 juillet 1862, le Petit Père, après avoir dit sa messe et fini son action de grâces, s'était rendu au confessionnal. Il fut frappé d'une attaque; des soins énergiques et immédiats furent appliqués sans résultat; il mourut bientôt avant d'avoir repris connaissance. Le Petit Père, coopérateur toujours fidèle du bon Père, avait passé dans la Sainte-Famille en faisant le bien; il avait consolé, soutenu bien des âmes, affermi de nombreuses vocations; son départ de ce monde était un deuil général; tant qu'il était là, on aimait à le considérer comme un souvenir vivant du Fondateur. La Mère Bonnat le pleura; hélas! depuis quelques années, elle ne voyait que s'ouvrir les tombes de ceux qui avaient entouré son berceau religieux. Sur celle du Petit Père, elle voulait encore déposer un souvenir filial, un dernier adieu :

AU PETIT PÈRE AMAND NOAILLES
22 juillet 1862

Pourquoi quitter sitôt ta paisible demeure,
Père, toi dont le cœur sut aimer et souffrir ;
Toi qui savais si bien, chaque jour, à toute heure,
Comprendre nos douleurs, toujours les adoucir ?

Dans cet étroit sentier qui nous paraît si rude,
Comme un fidèle ami, tu montrais le chemin,
Des leçons du Sauveur, tu faisais ton étude,
Tu soutenais le faible et lui tendais la main.

Au milieu des cités, tu vivais solitaire,
Travailler et prier suffisaient à ton cœur ;
Dédaignant les plaisirs, les amours de la terre,
Dieu seul était ton bien ; ses autels, ton bonheur.

Comme un humble ruisseau dont l'onde toujours pure,
Fertilise en passant la plaine et le ravin,
Tel on te vit toujours, sans trouble, sans murmure,
Ranimer, consoler, le pauvre et l'orphelin.

Ami de tous les jours, compagnon de voyage,
Un frère bien-aimé nous légua ton appui,
Mais après les labeurs, le bonheur se partage,
Il t'appelle et tu vas reposer près de lui.

En nous abandonnant dans le deuil et les larmes,
Grave le souvenir de ce dernier adieu :
La prière et la foi sont de puissantes armes,
On est toujours heureux quand on sait aimer Dieu (1).

Avant de quitter la terre, le bon Père avait dit à ses filles qui, par leurs prières, voulaient le retenir au milieu d'elles : « Mes enfants, laissez-moi aller au ciel; là, je vous serai plus utile qu'ici-bas. » Toute sa vie il avait désiré les voir appelées dans les Missions étrangères, et voilà que, moins d'une année après sa mort, des Sœurs de la Sainte-Famille étaient demandées par Mgr Séméria, Vicaire apostolique de Jaffna, de la Congrégation des Oblats de Marie-Immaculée, pour aller évangéliser à Ceylan, dans son Vicariat. L'Association, heureuse d'entrer dans une voie qui ouvrait un nouveau et si vaste champ à son zèle, accéda aux vœux du vénéré Prélat, et lui accorda les six Sœurs qu'il réclamait; trois de ces premières élues avaient été choisies dans la Congrégation de Lorette, et les trois autres dans celle de la Conception, mais c'est le costume de Lorette qui se trouvait être adopté pour les Missionnaires du Vicariat de Jaffna. La Mère Bonnat vit avec une immense consolation les Sœurs de la Sainte-Famille appelées à la belle vocation des Apôtres. Son cœur, si chrétien, se réjouit du bien qui se manifesterait par leurs travaux, des grâces que cette mission de dévouement attirerait sur la Société tout entière. Elle était satisfaite aussi de voir la petite colonie de Mission-

(1) Rec. de poésies.

naires partir sous les livrées de Lorette : « C'est le tronc, disait-elle ; c'est de Lorette que sont sorties toutes les branches de la Sainte-Famille ; je suis heureuse de voir ce nouveau rejeton puiser à la même racine que ses aînées. Que ne suis-je jeune et plus fervente, je m'associerais à elles avec bonheur, pour aller faire connaître Dieu et la vraie religion à ces pauvres infidèles ! »

La Mère Emmanuel accompagna les Missionnaires jusqu'à Toulon, et resta près d'elles alors que la Directrice Générale avait dû les quitter à Marseille. Mais en s'éloignant, lorsqu'il le fallut, son cœur ne les oublia point, et jusqu'à la fin de sa vie, par sa correspondance et la part qu'elle prit à leurs bonnes œuvres, les Missionnaires d'Asie, et plus tard celles d'Afrique, eurent mille preuves du souvenir et de la maternelle sollicitude que leur conservait la vénérée Mère Bonnat.

C'est en 1862 que la Mère Emmanuel commença à se livrer plus sérieusement à ses travaux d'annaliste de la Sainte-Famille, qu'elle devait poursuivre avec tant de persévérance et de dévouement. Elle constatait les vides qui se faisaient dans les rangs des premières Mères ; elle sentait combien il serait utile aux générations futures de connaître un passé qui avait été si fécond en œuvres grandes et belles, en actes de vertu, en merveilles de la Providence, et elle se mit à l'œuvre. Elle débuta par les *Souvenirs de Martillac*, qui, par l'entrain qu'ils respirent, la fraîcheur des pensées, la délicatesse du style, l'élévation des sentiments, ne révèlent guère une plume sexagénaire. Ces *Souvenirs* ne furent pas seulement lus avec plaisir : ils firent un bien immense au point de vue de l'esprit religieux, de l'esprit de famille, et de la connaissance, ignorée par un grand nombre, de faits qui portaient en eux-mêmes de belles et édifiantes leçons. A jamais ils resteront une sorte d'initiation aux premiers temps de la Sainte-Famille, et le portrait, pris sur le vif, de cette existence héroïque où la pauvreté, la mortification, si généreusement pratiquées, n'enlevaient rien au charme de la vie de famille, des relations filiales, et semblaient, au contraire, développer, par la pratique des plus austères vertus, les qualités du cœur et de l'esprit. La Mère Bonnat ne s'arrêta plus dans cette voie; peu à peu elle rédigea les *Chroniques de la Société*, l'*Histoire des Fondations de la Sainte-Famille*, in extenso, l'*Histoire des Fondations de Lorette*, une *Notice sur le bon Père*, des *Notices sur les premières Mères*, de nombreuses *Notices sur les Sœurs*, et enfin, au soir de sa vie, en 1879, nous la verrons composer une *Flore de la Solitude*, où plus de sept cents plantes ont leur histoire. Quand, à cet immense travail, qui n'était en quelque sorte pour elle qu'une distraction, on ajoute sa volumineuse correspondance, la grande part qu'elle prenait à l'administration générale, ses fréquents voyages, et les nombreux travaux à l'aiguille dont elle gratifiait les églises, les chapelles, les missions, les pauvres, les orphelines, on se demande comment, dans l'espace de vingt années, c'est-à-dire de *soixante à quatre-vingts ans*, elle a pu mener à bonne fin tant de travaux qui, pour d'autres, auraient été l'œuvre d'une vie tout entière.

Et la large part faite à Dieu dans sa vie, qu'en dirons-nous? Levée vers quatre heures du matin, la

Mère Bonnat était toujours avant cinq heures à la chapelle ; elle y revenait souvent dans la journée ; les jours où le Très-Saint-Sacrement était exposé, elle ne quittait presque pas Notre-Seigneur. En plus des exercices de piété prescrits par la règle, elle récitait chaque jour son rosaire tout entier, lisait une vie de saint, puis avait toujours à portée de sa main quelque livre pieux où, de temps en temps, elle retrempait son âme. Et il n'en était pas ainsi pendant une semaine ou un mois, il en fut ainsi depuis le jour où, n'ayant plus les détails de la supériorité locale, elle put être plus libre de régler sa vie. Dans cette activité incessante, la Mère Emmanuel était toujours calme, toujours souriante, on sentait l'action de Dieu permanente sur cette âme d'élite, et on ne l'approchait jamais sans éprouver au cœur le désir de devenir meilleur.

Au mois de septembre 1863, la Mère Bonnat, en se rendant en Espagne, passa par Marseille, où elle séjourna quelque temps. La situation de la maison lui plaisait ; le ciel de la Provence lui rappelait celui de sa patrie : d'un côté, mais à distance, elle avait la ville avec son bruit, son mouvement, son activité commerciale ; de l'autre, les montagnes bordaient l'horizon et la mer était là tout près, avec ses flots bleus et sa brise rafraîchissante. Tout ce qui lui plaisait dans la nature, la faisait voler comme d'un jet vers le Créateur, et sa pensée pieuse revêtait alors cette forme poétique qui répondait si bien à ses religieuses aspirations. C'est ainsi qu'elle interrogeait la brise de la Méditerranée.

LA BRISE

D'où viens-tu, brise parfumée ?
As-tu traversé l'équateur,
Viens-tu d'une terre embaumée,
Consoler un navigateur ?

As-tu de ma belle patrie
Caressé les lilas en fleurs ?
M'apportes-tu de l'Ibérie
Des espérances ou des pleurs ?

Viens-tu de ce riant rivage
Où la rose fleurit toujours ?
Apportes-tu sur cette plage,
De l'Orient, les heureux jours ?

Qui me dira, brise éthérée,
Ton origine et ton destin ?
As-tu, sous la voûte azurée,
Reçu l'être d'un séraphin ?

On dit que l'âme qui soupire
Vers le ciel, son unique espoir,
Voit l'ange au ravissant sourire,
Préparer la brise du soir.

On dit encor que cette brise,
Émanant de l'immensité,
Porte à l'âme, d'amour éprise,
Un parfum de divinité.

> Du ciel apporte-moi le rêve,
> Brise si suave à mon cœur,
> Que sur ton souffle je m'élève
> Vers Dieu, mon amour, mon bonheur (1).

Barcelone, Valence, Madrid, revirent tour à tour, et avec une joie toujours nouvelle, la vénérée Visiteuse qui passait parmi ses filles en les portant à Dieu. A Madrid, elle retrouvait son crédit et ses bonnes relations à la Cour, et heureuse d'en profiter pour un projet cher à son cœur, elle demandait et obtenait la croix de l'Ordre de Charles III pour le Directeur Général de la Sainte-Famille. A la réception de la lettre qui lui annonçait sa nomination, le T. R. P. Fabre s'empressait de répondre à la Mère Bonnat :

« 26 novembre 1863.

» Ma bien chère Fille,

» J'ai reçu hier l'annonce de la croix que votre affection a sollicitée pour moi auprès de S. M. la Reine d'Espagne. Comme vous le dites si bien, celle-ci n'est ni lourde, ni douloureuse. Je vous ai bien reconnue là dans votre attachement si vrai et si délicat ; vous n'êtes jamais en arrière en pareille matière, et votre affection ingénieuse sait admirablement se multiplier tout en se cachant avec la plus parfaite modestie.

» Vous avez voulu que j'eusse tout l'héritage de votre excellent Père, mais, ma pauvre fille, je suis bien loin d'être ce qu'il était et je désespère de l'être jamais.

(1) Rec. de poésies.

» Grande a été ma surprise en lisant cette pièce que vous avez bien voulu me transmettre avec un empressement si filial et une joie si vraie. Heureusement c'est le Directeur Général qui reçoit cet honneur, non pour lui, mais pour l'Œuvre à la tête de laquelle il se trouve. Elle seule peut réaliser la devise : *mérite* et *vertu*. Quant à moi, je l'accepte pour elle, car il lui appartient tout entier.

» Je suis heureux d'un lien qui m'unit à ce pays si catholique. Je suis heureux de le savoir formé par vous. Oui, ma bien chère fille, j'avais l'intention de visiter nos Œuvres d'Espagne, vous avez voulu m'y engager doublement, je ne puis que vous en remercier, mais j'y mets une condition, c'est que ce ne sera pas sans vous. Vous avez désiré me faire trouver droit de cité dans cette belle Espagne, vous devrez me présenter et m'initier.

» Merci donc de votre attention si filiale et si délicate. Oh! ma chère fille, quels trésors de délicatesse Dieu a déposés dans votre cœur!... »

Durant son voyage la Mère Bonnat rendait compte aux Supérieures Générales de ce qui concernait les Œuvres de leurs Congrégations respectives, mais quand il s'agissait de ses chères Orphelines, la question affaires ne s'épuisait pas sans qu'elle laissât parler son cœur.

« Je viens de passer trois jours à Pinto, écrivait-elle à la Mère Marthe Alary, le 23 octobre 1863; et ces journées ont été bonnes pour moi parce que j'aime beaucoup mes orphelines, elles le comprennent et je sens qu'elles répondent à mon affection. D'autres s'attristent de se trouver au milieu de ces natures incultes, sauvages d'apparence, parfois stupides, moi je les aime, je les trouve susceptibles de piété, de reconnaissance, d'attachement, de toutes sortes de bons sentiments. Auprès d'elles je me sens Mère et je suis heureuse... »

La Mère Bonnat avait goûté des consolations dans son voyage d'Espagne. Toutes les Œuvres qu'elle avait fondées au milieu de tant de soucis allaient en progressant, en s'affermissant, et elle pouvait avoir le bonheur de constater que la semence, si péniblement déposée dans le sillon, avait germé et produisait des fleurs et des fruits. Elle ne devait pas tarder à voir l'épreuve s'asseoir de nouveau dans sa chère maison de Madrid sous une forme que son cœur maternel allait cruellement ressentir. La fièvre typhoïde éclata à l'état d'épidémie dans le pensionnat et causa une panique générale, plusieurs religieuses furent atteintes par le fléau, et parmi elles la Mère Saint-Paul Gourmeron, la première maîtresse du pensionnat dont l'état inspira bientôt les plus sérieuses inquiétudes. La Mère Bonnat s'affligea profondément; elle aimait beaucoup la Mère Gourmeron, qui était, en effet, une excellente religieuse, joignant à une vertu à l'épreuve, à des talents, à de grandes capacités, les qualités du cœur et de l'esprit.

A la réception des tristes nouvelles qui lui arrivaient de Madrid, la Mère Emmanuel s'empressait d'écrire à la Mère C. de Lesseps, alors Supérieure de la maison :

« Saint-Mandé, 4 juin 1864.

» Chère Fille,

» Si vous souffrez, j'ose dire que je souffre encore plus que vous, d'être si loin de mes filles malades et de ne pouvoir partager ni vos soucis, ni vos sollicitudes. Je prie constamment et me tourmente aussi de ne pas savoir à chaque instant ce qui se passe et ce qui se présente dans cette maison que j'aime de préférence à toute autre. Après avoir prié et espéré que l'épreuve se calmerait, je n'ose cependant m'arrêter à une pensée consolante et je ne fais plus que me résigner et dire à Dieu : j'accepte ce qu'il vous plaira d'ordonner soit pour le temps, soit pour l'éternité. Ma pauvre Saint-Paul est peut-être mûre pour le ciel, elle a souffert, elle a travaillé, elle a gagné des mérites, faut-il s'affliger de son bonheur? Mon Dieu, aidez-nous, soutenez-nous et hâtez pour moi aussi le moment du repos et de la paix. Je suis à Saint-Mandé depuis quatre jours et là, comme ailleurs, mon esprit est près de vous, je ne puis me séparer de mes filles de Madrid. Que Dieu les aide, les fortifie, si je pouvais écrire facilement je voudrais consoler les malades, animer celles qui travaillent et soutiennent l'établissement, les encourager toutes en leur parlant du ciel, du bonheur de servir Dieu au milieu des épreuves, en leur montrant la gloire et la récompense qui se préparent pour elles. Chargez-vous de me remplacer, parlez-leur de mon affection, de mon dévouement, dites-leur que c'est par la foi qu'elles doivent se maintenir, que Dieu les regarde et, sans nul doute, leur ménage pour l'avenir de vraies et solides jouissances. Courage donc, encore quelques jours de peine et puis le calme reviendra.....

» Chère fille, vous avez la consolation de soigner ces pauvres malades, de les aider à souffrir, ma part à moi est de prier pour elles et de demander à Dieu qu'il leur accorde foi, patience, résignation, confiance et amour. Dieu aime les âmes éprouvées, celles qui souffrent avec calme, il les regarde avec complaisance, compte leurs mérites et les anges tressent leur couronne. Dites-leur qu'elles sont heureuses d'être malades, qu'elles sont comme des moissonneuses qui ramassent des gerbes et se préparent une belle récolte. Qu'elles soient assez généreuses pour ne rien perdre par leur faute, qu'elles prient, qu'elles espèrent et Dieu écoutera ce que nous lui demandons.

» En tout et pour tout que sa sainte volonté s'accomplisse et nous trouve toujours soumises.

» .....Je suis contente de savoir Mère Saint-Paul dans *notre* chambre, je la vois au pied de ma croix et de ma couronne d'épines. Du calvaire au Ciel, il n'y a qu'un pas..... »

Ce pas, la Mère Saint-Paul le franchit; elle succomba aux atteintes de cette épidémie désolante, mais elle s'éteignit presque dans un chant d'amour. Elle avait eu toute sa vie une dévotion spéciale pour le Sacré Cœur de Jésus, et elle avait demandé à la Mère Bonnat de lui composer un cantique en l'honneur de ce divin Cœur. La pieuse Mère avait répondu à ce désir filial, et la Mère Saint-Paul disait toujours : « Quand je serai sur le point de mourir, je veux qu'on me chante ce cantique. »

Entendant l'appel de Dieu, elle renouvela sa demande, on y accéda, elle comprit toutes les paroles, s'y unit, et bientôt après s'endormit comme la colombe sur le Cœur de Jésus.

AU DIVIN CŒUR DE JÉSUS

En tout temps, à toute heure,
Cœur de mon doux Sauveur,
Vous serez ma demeure,
Mon amour, mon bonheur.

Il est si doux d'entendre :
Mon enfant, viens à moi,
C'est moi qui veux t'apprendre
Ce que j'ai fait pour toi.

Viens, colombe fidèle,
Reposer dans mon cœur,
C'est l'Époux qui t'appelle,
C'est Jésus, ton Sauveur.

Victime volontaire
Et d'amour consumé,
Je veux, sur cette terre,
Être ton bien aimé.

Tu fus, sur la montagne,
L'objet de mes amours,
Seras-tu ma compagne,
M'aimeras-tu toujours ?...

Pendant que tu sommeilles
Je veille auprès de toi,
Alors que tu t'éveilles,
Demeure près de moi.

Dans mon cœur solitaire,
Viens fixer ton séjour ;
En ce doux sanctuaire,
On ne vit que d'amour.

Pour toi, j'ai voulu naître,
Travailler et souffrir.
Près de ton divin Maître,
Viens aimer, viens mourir (1).

La Mère O. Daudigeos, apprenant la mort de la Mère Saint-Paul, s'empressait de dire sa sympathie à la Mère Bonnat, qui lui répondait :

« Saint-Mandé, 20 juin 1864.

» Bien chère Mère,

» Vous avez eu la bonté de penser à moi et de m'écrire la première ; je vous en remercie et votre bonne lettre est venue m'aider à supporter la tristesse que me causent les nouvelles de Madrid. Je voudrais espérer et je n'ose, j'attends tous les jours l'annonce de nouveaux malheurs et je ne sais plus rien demander que la conformité à la volonté de Dieu. Je veux ce que Dieu veut, je le bénis de tout, mais je souffre des sacrifices qu'il demande et je serais presque tentée de dire : Que voulez-

---

(1) Rec. de poésies.

vous de nous, Seigneur? Le bonheur de ma chère fille Saint-Paul est ma consolation, je l'aimais beaucoup et je comptais sur elle pour bien des choses; je la vois aller au ciel et recevoir la récompense de ses travaux, de ses sacrifices, de ses vertus et pour elle je dois être heureuse. Maintenant elle jouit et ne pense plus à ses souffrances, si ce n'est pour en remercier Dieu; elle a fait une sainte mort, puissions-nous obtenir la même grâce en marchant avec constance au milieu des épreuves de la vie. Les Mères ne doivent pas vivre pour elles-mêmes, mais pour leurs enfants et pour leur assurer la félicité. Que pourrions-nous désirer de plus, pour notre chère Mère Saint-Paul, que la possession de Dieu? »

La Mère Bonnat se rendit bientôt à Péronne. Il y avait dans cette ville une Œuvre qui, séculière à son début, avait ensuite passé dans les rangs de la Conception, et il s'agissait alors de la transformer en Œuvre de Lorette, en conservant, avec le pensionnat, un orphelinat qui y était annexé. Cette fondation avait paru avantageuse au bon Père dans les conditions où elle s'était présentée à lui dès le principe, mais elle était devenue une source d'inextricables difficultés entre la fondatrice et les Sœurs directrices : celles-ci voulaient exercer leur mission, celle-là tenait à conserver autorité et direction sur l'Œuvre qu'elle avait semblé abandonner si généreusement. Avec son esprit de conciliation et sa grande indulgence, la Mère Bonnat fit tous ses efforts pour mettre les choses sur un bon pied et pour les organiser de façon à éviter les froissements et les susceptibilités réciproques. Tout sembla marcher sous sa suave et pieuse influence, mais à peine était-elle partie que les soucis recommencèrent, et jusqu'au moment de sa destruction en 1870, l'Œuvre de Péronne fut, pour elle, un sujet d'épreuves de tous genres.

Nous ne pouvons suivre la Mère Bonnat pas à pas dans ses voyages et ses visites de Maisons, pas plus que nous ne saurions entrer dans le détail d'une vie dont la régulière uniformité est tout entière employée au bien des âmes, mais ce qu'on trouvera volontiers ici, c'est la copie de quelques-unes de ces nombreuses lettres de direction que la Mère Emmanuel adressait à ses filles ; elles ont un parfum de piété qu'il est bon de respirer, et elles renferment des conseils dont bien des natures peut-être pourront profiter ; ce n'est jamais en vain qu'on se met en contact avec ces grandes âmes qui ont su si bien aimer Dieu, le glorifier, et dont l'unique but a été de le faire aimer et glorifier par les autres :

« 17 avril 1866.

» Chère Fille,

« Pourquoi êtes-vous toujours souffrante, agitée, et pourquoi votre âme se trouble-t-elle ? Quand on est au service de Dieu, quand on est entrée dans sa maison, on a touché le port et les tempêtes doivent se regarder de loin ou de haut. Si parfois les passions sont émues, si elles grondent, il faut que ce soit dans les parties basses du cœur, mais la partie supérieure doit s'élever vers Dieu, aimer sa volonté, accepter ce qu'il ordonne et se soumettre à tout ce qui lui plaît. Vous avez gardé toute votre vivacité naturelle, vous jugez, vous sentez encore tout humainement et alors vous ne goûtez pas le bonheur de votre état. Demandez donc à Dieu la foi, l'esprit de foi ; lisez les épîtres de saint Paul et défaites-vous de ce qu'il appelle l'enfance spirituelle. Il y a déjà si longtemps que la grâce vous poursuit et vous êtes toujours loin du but où elle vous appelle. Que vous importe de plaire plus ou moins aux créatures, est-ce ce qui vous rendra plus sainte ? Vous perdez beaucoup de temps, vous gaspillez beaucoup de grâces et vous avancez fort peu votre perfection ; je m'en effraie parfois et je voudrais que vous vous en préoccupassiez davantage. En premier et toujours, pensez à votre salut, priez beaucoup et puis, dans la pratique, soignez les petites vertus de chaque jour et de chaque instant. Voilà mon sermon d'aujourd'hui que je vous envoie avec un bouquet de mai afin que vous puissiez chanter les louanges de Marie avec piété et ferveur. »

A MARIE, MON ÉTOILE

> Vierge Marie,
> En toi, j'ai foi ;
> Mère chérie,
> Protège-moi.

La vie est un voyage
Et son terme incertain,
Près de nous est l'orage
Que nous croyons lointain.

Une frêle nacelle
Doit me conduire au port ;
Parfois elle chancelle,
Dieu ! quel sera mon sort ?

Vainement sur la plage
S'offrent mille plaisirs...
Vers un autre rivage
Se portent mes désirs.

Pour mâture et cordage,
J'ai la Croix du Sauveur ;
Quand je crains le naufrage,
J'y repose mon cœur.

Sans aviron, sans voile,
Par un temps orageux,
Je suis la blanche étoile
Qui m'apparaît aux cieux.

En toi seule j'espère,
Vierge de Bon-Secours ;
Tu fus ma tendre Mère,
Sois toujours mes amours.

Sois mon unique égide
Contre les coups du sort,
Ma lumière et mon guide
Pour me conduire au port (1).

« 10 mai 1866.

»... Je désire, chère fille, que vous soyez toujours du nombre de celles qui donnent l'exemple des vertus religieuses mises en pratique, et que vous puissiez sans cesse édifier non seulement les Sœurs, mais surtout les enfants, qui reçoivent au couvent des impressions qui

(1) Rec. de poésies.

dureront toute leur vie. Si elles sont bonnes, elles feront du bien à beaucoup de personnes; si elles sont mauvaises, elles feront du mal et peut-être des malheureuses. Que cette responsabilité religieuse vous serve de levier pour travailler courageusement à votre perfection, et s'il en coûte, s'il y a des moments difficiles à traverser, regardez le terme, pensez que le divin Maître a les yeux sur vous, qu'il compte vos efforts, vos sacrifices, et ne laissera rien sans récompense. Ces grandes enfants, dont vous êtes chargée, ont besoin de puiser près de vous et sous votre influence l'esprit religieux et véritablement pieux que Dieu demande aux institutrices; donnez-leur donc, de toutes les manières possibles, ces sentiments de foi qui peuvent, dans le monde, arrêter un peu les progrès croissants de l'impiété. »

A la Supérieure de N...

« 21 juillet 1866.

» CHÈRE FILLE,

» Votre cœur est triste, et vous le faites connaître dans votre lettre en écrivant d'une manière qu'on jugerait mal, si on vous connaissait moins. Appréciez-nous avec votre cœur bon et affectueux, et croyez bien que nous ne voulons, ne désirons que le plus grand bien de tout et de tous. Vous pouvez donc toujours nous dire votre pensée et vos réflexions en toute confiance. Il me semble que je n'ai jamais aimé les changements, surtout au milieu d'une année, et il faut des raisons bien majeures pour que je me décide à les faire. Quant à Sœur X..., je vous l'ai recommandée beaucoup, parce que, vu son cœur, son organisation, *je* comprenais que c'était une épreuve pour elle de quitter son poste... Ce n'est pas parce qu'elle l'a demandé qu'elle a été changée, cela devait se faire pour d'autres motifs. Il paraît qu'au lieu de l'aider, de l'encourager, on lui a dit qu'elle n'était pas appelée, qu'elle n'était pas religieuse, etc.; la pauvre enfant s'est monté la tête et témoigne avec calme la pensée de s'en aller tout de bon. Ses premières lettres n'ont pas inquiété, mais les dernières sont de nature à le faire.

» C'est d'après l'avis de notre bon Père Général et de la bonne Mère que j'ai écrit à Sœur X...; remettez-lui ma lettre en lui disant de réfléchir encore et de bien examiner ce qu'elle veut. Si elle consent à rester, si vous pouvez la consoler, la convaincre qu'elle se trompe en se décourageant, je ne demande pas mieux que de vous la laisser. Qu'elle m'écrive sa véritable pensée, et nous serons heureux de la soutenir là où elle est. Mais de grâce, qu'on ne dise jamais à un sujet tenté *qu'il n'est pas appelé*, cela en a perdu beaucoup. Je vous renouvelle mes recommandations pour Sœur X..., soignez-la en Mère plus encore pour son âme et son avenir; je vous confie son salut, sa perfection. »

« 26 octobre 1866.

» Ma chère Fille,

» Je vous souhaite la paix, cette paix qui vient du cœur vertueux, qui se manifeste par les paroles, les actions, qui inspire à tous ceux que nous voyons ou que nous fréquentons le calme et l'égalité d'âme, enfin cette paix qui doit régner dans votre maison et en faire un petit paradis. Je vous désire le bonheur qui se trouve en religion lorsque la règle est bien suivie, que l'obéissance est bien comprise, bien pratiquée, lorsque toutes les vertus sont aimées. Je vous désire enfin la sainteté qui se trouve pour vous tout naturellement en vivant en la présence de Dieu et en l'aimant chaque jour davantage. Chère fille, si éloignée de nous, mais en même temps si chère à nos cœurs, que je serais heu-heureuse de vous savoir vous même heureuse du bonheur de Dieu, et toute dévouée pour Lui. La vie est courte, elle passe vite, nous en avons tous les jours la preuve par les Sœurs qui meurent près de nous, et la plupart jeunes encore, il faut donc se préparer au départ, et se trouver prête à répondre à l'appel du Seigneur. Il faut que nos lampes soient fournies de l'huile de la charité et de la piété, afin de pouvoir suivre l'Époux qui doit passer bientôt. »

Les travaux de l'administration, de la correspondance, de la direction, étaient de temps en temps interrompus chez la Mère Bonnat par un chant d'amour, par une prière. Sachant faire plaisir, elle envoyait, ou donnait habituellement à telle ou telle de ses filles qui pouvait en avoir besoin, cet écho de sa piété ; c'était souvent un bouquet de fête, d'autres fois une sympathie dans l'épreuve ou un encouragement dans un instant de défaillance ; comment ne se serait-on pas ranimé quand, dans une lettre, on trouvait tracées de l'écriture bien connue de la vénérée Mère des consolations comme celles-ci ?

RESTEZ, DOUX JÉSUS

Au pied d'un autel solitaire,
Je voudrais fixer mon séjour;
Sur la marche du sanctuaire,
Je voudrais rester nuit et jour.
C'est là que mon âme ravie
Aspire au bonheur des élus;
O vous, mon espoir et ma vie,
Près de moi, restez, doux Jésus!

Du plus auguste sacrifice
Que j'aime l'instant solennel,
Lorsque j'adore le calice
Avec son breuvage éternel;
Autour de moi, je vois les anges,
De tant d'amour ils sont émus!
Ah! pour m'unir à leurs louanges,
Près de moi, restez, doux Jésus!

Lorsque, sous des voiles mystiques,
Ce Dieu caché se montre à nous,
Que j'aime, dans nos saints cantiques,
A le nommer mon tendre Époux!
Ma voix tremblante se mélange
Aux chœurs des Trônes, des Vertus;
Pour me donner la voix de l'Ange,
Près de moi, restez, doux Jésus!

Que j'aime à vivre d'espérance
En attendant l'heureux moment,

Où, par sa divine présence,
Jésus devient mon aliment.
Son amour embrase mon âme,
Il vit... Moi, je n'existe plus.
Ah! pour augmenter cette flamme,
Près de moi, restez, doux Jésus!

Le plus heureux jour de ma vie
Fut le jour où le Roi des rois,
A mon âme émue, attendrie,
S'unit pour la première fois.
Comment exprimer sa tendresse
Et tous les biens que je reçus?..
Ah! pour soutenir ma faiblesse,
Près de moi, restez, doux Jésus!

Il est un jour, douce espérance!
Qui doit enfin combler mes vœux...
Vers cet heureux jour je m'élance;
C'est lui qui doit m'ouvrir les cieux.
Alors en mon âme ravie,
Venez encor, Pain des élus;
O vous, mon bonheur et ma vie,
Près de moi, restez, doux Jésus!

Que tout passe sur cette terre :
Peine et plaisir, joie et douleur,
A tout, je demeure étrangère,
Dieu seul est maître de mon cœur.
En lui, j'ai mis ma confiance,
Mes vœux ne seront point déçus.
Le jour baisse et la nuit s'avance,
Près de moi, restez, doux Jésus!

Si le bonheur et l'innocence
Ont orné de fleurs mon berceau,
Puissent l'amour et l'espérance
Embellir aussi mon tombeau !
Comme l'étoile scintillante,
Qui brille et ne reparaît plus,
Pour m'emporter pure et brillante,
Près de moi, restez, doux Jésus ! (1)

La fin de 1866 et le commencement de 1867 trouvent la Mère Bonnat en Espagne ; accompagnons-la par sa correspondance :

A la Mère P. Machet.

« Madrid, 29 novembre 1866.

» Je vous félicite, ma bien chère Mère, de la résurrection de votre noviciat agricole, et je bénis Dieu avec vous de ce qu'il donne à votre zèle un vaste champ à parcourir. Que cette Œuvre progresse et fasse le bien qu'on attend d'elle, c'est ce que je demanderai avec vous dans mes prières de chaque jour. Comme une des dernières pensées de notre bon Père, elle doit nous être chère, et nous lui devons consacrer tout notre bon vouloir. Je vous souhaite de bonnes et ferventes novices et toutes les consolations spirituelles que vous méritez, en attendant les autres récompenses qui ne finiront pas.

» Ici, nous labourons notre petit enclos, on arrache et on replante les rosiers et les lilas, c'était une réparation devenue urgente, et en relevant les allées, en abaissant les hauteurs, on a fait la découverte d'un puits dont la

(1) Rec. de poésies

source est aussi bonne qu'abondante. Après les parterres, les bosquets, les lieux de récréation pour les enfants, on a encore ménagé un champ pour *dame Brunette*, qui va tous les jours respirer l'air, elle est si bonne, si bienveillante qu'on la dirait élevée à la Solitude ! elle est de plus bonne laitière, ce qui est un avantage pour la maison. Nous avons aussi des pigeons qui viennent manger familièrement dans la main et accourent quand ils aperçoivent une religieuse ; ce sont nos récréations agricoles qui, tout naturellement, nous ramènent près de vous et font rêver de Martillac.

» Dimanche dernier, j'étais en esprit près de vous, à l'Espérance, pour partager vos saintes et pieuses jouissances. Nous avions fonction dans notre église : Messe à grande musique avec orchestre et grand bruit, pendant lequel je pensais à vos douces et silencieuses adorations. La prière est toujours la vraie consolation de l'âme, elle réunit les cœurs, enlève les distances, et il est bien doux de se dire : Je prie avec toutes les personnes qui me sont chères.

» Merci de vos bonnes lettres et des détails que vous me donnez ; nous prions pour celles qui partent et pour celles qui souffrent, nous prions de tout cœur pour la Société tout entière, afin que Dieu daigne la protéger et la soutenir, maintenant comme dans les jours mauvais qu'on nous annonce. »

A la Mère Daudigeos.

« Barcelone, 15 janvier 1867.

. . . .

» On dit de vous du bien et du mal ; j'aime à croire le

premier, tout en vous reconnaissant capable de faire les plus énormes péchés : comme de vous laisser tomber malade faute de manger, faute de dormir. Vraiment vous êtes incorrigible, et mes sermons sont inutiles. Il vous faudra le Purgatoire, pour comprendre que vous devez vivre pour le bonheur des autres, pour l'édification générale, pour le soutien des Œuvres; que pour vivre il faut savoir jouir de la vie, de l'air, de l'affection, de tous les bienfaits de Dieu, et qu'enfin vous péchez énormément quand vous gémissez et languissez. Les Saints du ciel et de la terre vous veulent voir fraîche, gracieuse, souriante, belle enfin, et pour mon humble part, voilà ce que je demande à Dieu. A vous de nous aider, à vous de devenir de plus en plus agréable aux yeux de Jésus.

» Jouissez donc de la présence de notre bon Père Général, et ne troublez pas votre bonheur par de continuelles inquiétudes. Prenez tranquillement votre part aux douceurs de la vie et louez le Seigneur par la paix de votre âme. De loin je partage vos heureux moments et me réjouis avec vous de tout ce que cette visite paternelle peut vous apporter de bon et de consolant. J'entends même d'ici quelques-unes de ces instructions qui savent si bien réveiller les consciences assoupies, et tout près de Mère Régis j'entends l'appel fait aux anciennes pour donner l'exemple aux plus jeunes. Hélas! se donne-t-il toujours? Je crains bien, pour mon compte, d'y manquer souvent. Il y a tant de misères et de faiblesses en nous! Prions l'une pour l'autre et puis pour tous les pécheurs, peut-être qu'au travers de cette foule, nous serons admises avec miséricorde.

. . . .

» Je connaissais déjà cette propriété de Barcelone, je l'avais vue dans son plus beau moment ; aujourd'hui, la mort plane sur tous les beaux orangers, et peu à peu on les verra disparaître ; ainsi voyons-nous s'anéantir nos projets, nos espérances, tout passe rapidement sur cette terre, et nous courons vers l'éternité. Que Dieu soit notre espoir, notre amour ; lui seul est immuable, lui seul peut faire notre bonheur ! »

A la Mère Hardy-Moisan.

« Barcelone, 19 janvier 1867.

» Ma bonne Mère,

» Voilà j'espère la dernière lettre que je vous adresserai d'Espagne si, comme je le présume, je puis vous arriver dans le courant de la semaine prochaine. J'achève aujourd'hui mes visites obligées, demain je prie et fais ma malle et lundi, de grand matin, je me propose de partir. Pourrai-je arriver directement à Perpignan, je n'en sais rien, les montagnes sont couvertes de neige, les rivières et les torrents sont d'un difficile passage, mais sous la protection des saints Anges et me confiant à ma bonne étoile, je n'ai rien à craindre... Ne vous inquiétez pas s'il y avait un retard dans mon voyage, je ne m'exposerai pas inutilement et attendrai ici ou là que les chemins soient frayés. Si je ne m'arrête que peu à Perpignan je n'aurai pas le loisir de vous écrire de nouveau pour fixer mon arrivée. Je prie donc Mère Saint-Bernard de ne se faire aucun souci à mon sujet et lui adresse le dernier vers de la chanson : J'arriverai quand je pourrai. Ce sera toujours avec bonheur puisque je reviendrai au centre de la famille, près de tout ce que je dois aimer le plus sur cette terre. »

Au mois d'août 1867, la Mère Bonnat partageait le regret qu'éprouvait la Sainte-Famille en voyant le R. P. Soullier s'éloigner pour occuper le poste d'Assistant du Supérieur Général des Oblats, que le chapitre général de la Congrégation venait de lui confier. Le R. P. Soullier, Pro-Directeur Général depuis 1861, s'était dépensé avec autant de dévouement que de zèle pour les âmes et les Œuvres ; il avait fait beaucoup de bien et s'était acquis de la part de toutes des sentiments de profonde reconnaissance. Ces sentiments le suivirent dans l'importante mission qu'il était appelé à remplir. Tout en s'inclinant devant la volonté de Dieu, la Mère Bonnat fit le plus religieux accueil au R. P. Roullet, nommé Pro-Directeur Général, et bien vite, elle comprit que le Bon Dieu bénit toujours l'obéissance et dédommage du sacrifice : « Notre nouveau Père, écrivait-elle quelque temps après à une de ses filles, établit de plus en plus parmi nous ses impressions de sainteté. Si nous avons des peines, nous avons aussi pour guides et Supérieurs des hommes de Dieu. C'est une grande faveur, surtout en ce moment où l'esprit du mal s'agite avec tant de violence. »

Le voyage du Directeur Général en Espagne, si souvent projeté par lui, si vivement désiré par les Sœurs de la péninsule, allait enfin s'effectuer. La Mère Bonnat, on s'en souvient, avait été invitée à en faire partie ; le

R. P. Roullet et la bonne Mère Hardy-Moisan étaient aussi du voyage, seule la Mère Emmanuel savait l'espagnol, et devait servir d'interprète. Nous n'entreprendrons point le récit détaillé de cette longue visite, disons seulement qu'elle fut pour la Mère Bonnat une consolation bien sentie, et un dédommagement à toutes les souffrances qu'elle avait éprouvées pour établir la Sainte-Famille en Espagne. Les premiers Supérieurs trouvaient les Œuvres prospères, installées dans de bonnes conditions de stabilité, pleines d'avenir et ayant déjà jeté à Getafe les premiers fondements d'un noviciat espagnol ; cette visite était comme une consécration du passé, comme une bénédiction pour l'avenir. La Mère Bonnat s'effaçait et se contentait de remercier Dieu qui avait exaucé ses ferventes prières, volontiers, alors elle aurait dit son *nunc dimittis*, mais comme ex-voto de reconnaissance, elle saluait, à Getafe, Notre-Dame des Anges dans le sanctuaire qui lui est consacré, et elle traduisait ainsi son souvenir et ses vœux.

GETAFE OU NOTRE-DAME DES ANGES

Sur un mont isolé, dans une vaste plaine,
Est un temple choisi par la Mère de Dieu.
De ces parvis sacrés, elle est la Souveraine,
Et la Reine du ciel daigne habiter ce lieu.

La vigne et l'olivier croissent sur la montagne,
C'est l'amour et la paix qui descendent des cieux.
Mais au milieu des fleurs qui parent la campagne,
La Reine aime à soigner deux bouquets précieux.

L'un ressemble au dattier, il en a la durée,
Ses fruits sont abondants, connus par leur saveur ;
L'autre est ce frais gazon, d'où la fleur azurée
S'élève en dévoilant sa grâce et sa fraîcheur.

Lévites généreux, vrais enfants de Marie (1),
Qui saura comme vous imiter ses vertus ?..
Rappeler les bienfaits d'une Mère chérie,
Et suivre, comme vous, la trace de Jésus ?..

Vierges de l'Aquitaine, à Dieu Seul consacrées (2),
O vous, dont le blason est la feuille aux trois cœurs,
Soyez anges bénis de ces belles contrées,
Du céleste jardin, soyez toujours les fleurs.

Vous, disciples du Christ, invincibles apôtres,
Enseignez-nous toujours à servir le Seigneur
Que nos faibles vertus, en s'unissant aux vôtres,
Fassent aimer, bénir, la Mère du Sauveur.

Et vous, qui vénérez la Vierge Immaculée,
Croissez, multipliez auprès de son autel ;
Joignez-vous, humbles fleurs, au lys de la vallée
Et des anges chantez le cantique immortel.

Ah ! puissent les bouquets de la Reine des anges,
Près d'elle, conserver leur éclat, leur beauté,
Et de la terre au ciel, les chants et les louanges
Rediront : Gloire à Dieu pour une éternité !.. (3)

(1) Les Pères des Ecoles Pics.
(2) Les Sœurs de l'Immaculée-Conception.
(3) Rec. de poésies.

Le retour d'Espagne s'était effectué au mois de mai. La Mère Bonnat était en bonne santé, elle portait aisément le poids de ses soixante-cinq années, et en juin et juillet, elle reprit le cours de ses pérégrinations. Elle alla d'abord à Saint-Mandé pour y installer une nouvelle Supérieure, puis à Péronne qui avait supporté bien des épreuves et en ressentait le contre-coup. Rentrée à Bordeaux, la vénérée Mère se remit à son labeur ordinaire sans que rien en elle pût inspirer la moindre inquiétude. Le 5 septembre, après son souper, elle alla, comme elle le faisait presque chaque soir, se promener dans le jardin de Saint-Joseph, elle était seule ; que se passa-t-il ? Nul ne l'a su. La Mère Aloysia Noailles, qui était alors à Bordeaux, traversant le jardin, aperçoit une sorte de masse noire au pied de la statue de Saint Pierre; elle s'approche, reconnaît la Mère Bonnat étendue le visage contre terre, essaie de la soulever et appelle à l'aide ; on arrive, on relève la vénérée Mère, qui, sans avoir perdu connaissance, n'avait pourtant pas la conscience de ce qui s'était passé. On la conduit dans sa chambre, le médecin arrive, fait les prescriptions, et on prodigue à la chère malade les soins les plus filials, les plus affectueux. Hélas! quelle qu'eût été la cause de cette chute, un pareil accident ne pouvait que causer de graves inquiétudes. Le mieux se produisit lentement, mais en laissant des traces dont la chère Mère Bonnat ne devait plus jamais être affranchie, et qui dans le plan de Dieu étaient destinées à mettre de nombreuses et nouvelles gouttes de fiel dans le calice où elle aurait à tremper ses lèvres jusqu'à la fin de sa vie.

CHAPITRE IV.

Premières atteintes de la vieillesse. — Royaumont. — Guerre de 1870. — Séjours à la Solitude. — Voyages.

Pour aimer et souffrir bénissons l'existence,
La croix est un autel.
R. B.

Ces quelques mots résument, à la lettre, la vie qui sera, désormais, le partage de la Mère Bonnat. Elle allait être appelée à souffrir et à accepter une croix sur laquelle il lui faudrait chaque jour et à chaque instant s'immoler. Lorsqu'elle était tombée dans le jardin de Saint-Joseph, son bras avait rudement heurté une grille de fer et avait dû supporter le poids du corps; quelque chose s'était déplacé dans l'articulation de l'épaule. Au premier moment, on ne s'occupa que de l'accident en lui-même et de ses suites possibles, et les remèdes employés tendirent tous à dégager le cerveau. Ce ne fut que bien des jours après, quand la vénérée Mère put se rendre un compte exact de ce qu'elle éprouvait et le dire, qu'elle se plaignit d'une douleur à ce bras. On trouva l'épaule douloureuse, très enflée; on crut aux conséquences de la chute, on mit des palliatifs, et pendant ce temps, ce qui avait été froissé dans les nerfs et dans les muscles, n'étant pas remis en place, constitua une souffrance et une infirmité qui ne devaient plus trouver de remède.

Dans les premiers temps, la Mère Bonnat espérait, et on espérait avec elle, que peu à peu elle se remettrait complètement. C'était le bras droit qui était endommagé ; on peut comprendre la gêne qui en résultait pour la vénérée Mère. Elle, si vive, si alerte, si active, se voyait réduite à avoir constamment besoin d'aide et se trouvait dans une dépendance qui entravait, pour elle, toute initiative ou même toute action spontanée. La Mère Bonnat avait, peu à peu, repris sa vie accoutumée, seulement si le moral était parfait, on sentait que cet accident avait imprimé chez elle les premières traces de la vieillesse, et elle-même ne se le dissimulait point. Grâce à Dieu, malgré ces traces, la Mère Emmanuel était appelée à fournir encore une longue carrière de travaux, de vertus, de bonnes œuvres et de mérites.

« Je ne peux plus sortir le jour, écrivait-elle de Martillac à la bonne Mère Hardy-Moisan, le 8 juin 1869, et dans la soirée, c'est tout au plus si je puis essayer de faire quelques promenades. Je suis très faible, il y a encore un peu d'apparence, mais c'est tout. J'emploie mon temps à écrire, de mémoire, quelques notices de Sœurs qu'on n'a pas encore rédigées et qu'on retrouvera plus tard. »

On le voit, dès qu'elle l'avait pu, la Mère Bonnat s'était remise au travail ; tenir la plume, pourtant, lui était devenu une difficulté et une fatigue ; son écriture avait subi aussi une notable altération ; mais qu'importe, elle aimait mieux, au prix d'un effort, d'une souffrance, faire encore du bien à ses filles, par sa correspondance, et continuer à fixer ses souvenirs.

On se demanda si une saison d'eaux à Enghien, près Paris, ne fortifierait pas le membre malade et n'améliorerait pas une situation qui était une croix permanente pour la Mère Emmanuel. Elle alla à Paris, vit des médecins, prit les eaux et n'obtint aucun résultat satisfaisant. Sa saison terminée, elle allait à Royaumont passer quelque temps, et rendant compte de son état à la Mère de Lesseps, elle disait :

« Royaumont, 16 août 1869.

» Chère Fille,

» Je vous écris de cette antique abbaye qu'on est entrain de réparer, et qui néanmoins est bien belle au milieu de ses ruines. Je suis venue passer quelques jours ici pour me remettre, car vous savez que les bains d'Enghien ne m'ont rien fait, parce que mon épaule a été luxée et que maintenant il est trop tard pour y remédier. Il faut donc me résigner à souffrir et à ne pouvoir que bien difficilement faire agir mon bras. J'ai eu un moment de vrai chagrin quand les médecins de Paris m'ont dit qu'il n'y avait plus de remède. Il a fallu prier et se soumettre. Je ne peux porter ma cuillère à la bouche, ni m'habiller ; jugez de mon ennui ! J'écris un peu, assez mal, mais enfin je le fais tout en souffrant, c'est encore pour moi une grande consolation.

» .... Je suis ici dans une profonde solitude pour penser à Dieu et méditer à mon aise. Je me promène et l'aspect du noviciat me rappelle celui de Somme-Suippes, lorsqu'il était si religieux et si édifiant. Le bon Père Général est ici pour quelques jours, sa présence fait du bien, car lui aussi prêche d'exemple la régularité, le silence et toutes les vertus religieuses. »

L'aspect de l'abbaye de Royaumont, dont on commençait à relever les ruines, ne pouvait manquer de parler au cœur de la Mère Bonnat, le souvenir de Saint-Louis, si vivant à chaque pas, alimentait sa piété ; ce n'était pas sans raison qu'elle disait : « Ici je prie et je médite. » On lui demanda un souvenir de sa visite, et la vénérée Mère répondit ainsi au désir qui lui était exprimé :

ROYAUMONT

Salut ! lieux consacrés par la douce présence
  Du plus saint de nos Rois,
Alors que dédaignant l'éclat et la puissance
  Il préférait la croix.

Fils bien-aimé de Blanche, il partageait sa gloire,
  Recevait ses leçons ;
Sur ses pas, il quittait son beau mantel de moire,
  Se mêlait aux maçons.

On vit l'enfant royal, sous les yeux de sa mère,
  Devenir travailleur ;
Diriger la civière et gourmander son frère,
  Prince aimable et railleur.

Par les soins de Louis, la largesse royale,
Bientôt un monument
Éleva, vers le ciel, ses dômes où s'étale
La croix, simple ornement.

Qu'ils furent beaux les chants de triomphe et de fête
Lorsqu'on vint le bénir !
Moines, princes, prélats, et les rois à leur tête
Avaient voulu s'unir.

Mais aux fêtes d'hymen, succédant une tombe,
Ces murs consolateurs
Redirent les accents que chante la colombe :
Chants d'amour, de douleurs !

Sous ces arceaux bénis, Louis aimait à vivre :
Au réfectoire, au chœur,
On l'admira souvent, on eût voulu le suivre,
Partager sa ferveur.

De son trône oubliant les dangers et les charmes,
Il venait, plein d'espoir,
Confier à ces murs ses chagrins, ses alarmes,
Près des moines s'asseoir.

Enviant leurs travaux, leur foi, leur vie austère,
Il vénérait en eux
L'homme mort au péché, l'homme qui, sur la terre,
N'appartient plus qu'aux cieux.

Du plus grand de nos rois, ici tout parle encore
Révélant ses vertus...
La pierre du chemin, qu'on foule et qu'on ignore,
Nous dira qu'il n'est plus !

Que sont-ils devenus ces moines vénérables
    Qui peuplèrent ces lieux?...
Après avoir été pieux et secourables,
    Ils habitent les cieux.

Au lieu de ce séjour de calme, de prière,
    Nous ne trouvons que deuil !
Tout fut détruit, brisé, tout devenait poussière :
    C'était un vrai cercueil !

Grand Saint qui protégez ces murs, ce monastère,
    Daignez veiller sur nous ;
Obtenez-nous de vivre, en ce lieu solitaire,
    Toujours guidés par vous ! (1)

Une fois que la Mère Emmanuel eut acquis la certitude qu'elle devait rester infirme, elle offrit à Dieu son sacrifice, dans l'intime de son cœur, elle accepta toutes les conséquences de l'épreuve permise par le bon Maître, et n'en parla plus guère qu'à Lui. Ce n'était pas pour rien qu'elle avait dit :

HEUREUSE DE SOUFFRIR

Heureuse de souffrir, oui, voilà ma devise,
Je la choisis, Seigneur, et j'accepte la croix.
A vos ordres, toujours vous me verrez soumise,
    Docile à votre voix.

Heureuse de souffrir sans le faire paraître,
Et sans ouvrir un cœur qui doit rester fermé.
L'amour a ses secrets, pourquoi laisser connaître
    Le bonheur d'être aimé ?

(1) Rec. de poésies.

Heureuse de souffrir : voilà mon doux partage,
C'est la coupe de fiel qui doit me ranimer.
Quand on aime on voudrait tous les jours davantage
    Aimer et puis aimer.

Heureuse de souffrir près de celui qu'on aime,
Entendre de sa voix les sons harmonieux,
Reposer sur son cœur et jouir de Dieu même,
    C'est le bonheur des cieux. (1)

C'était l'époque du Concile ; la Mère Bonnat, si fervente dans ses prières pour la Sainte Église, ne pouvait manquer de s'intéresser aux grandes questions qui se traitaient alors :

« Ici, écrivait-elle à la Supérieure d'une Maison d'Espagne, nous parlons beaucoup du Concile ; on dit que les Évêques, malgré leur sainteté, se fâchent quelquefois ; c'est qu'il y a là de l'humanité comme partout. On donne aussi, et j'en suis glorieuse pour mon pays, la plus belle part aux Prélats espagnols ; ils sont, dit-on, des *in-folio* ; les italiens, des *in-quarto ;* les français, des *in-octavo ;* et les allemands, des *in-douze*. Prions beaucoup pour notre Saint-Père le Pape, pour tout le Concile, et quoi qu'il arrive, restons toujours attachées de cœur et d'esprit à la barque de Pierre, dans laquelle on ne peut périr. »

Le mois de mai 1870 revoyait la Mère Emmanuel à Royaumont. Une retraite pour les Supérieures et une réunion du Conseil Général de Marie l'y appe-

---

(1) Rec. de poésies.

laient à double titre. La retraite devait se terminer le 28 mai, cinquantième anniversaire de la Fondation de la Société. Cette fête de famille fut solennellement célébrée à l'Abbaye : des députations non seulement de toutes les Congrégations, mais de toutes les Maisons pour ainsi dire, étaient la preuve vivante de l'adoption par Dieu d'une famille religieuse qui avait pris, en cinquante ans, de si prodigieux accroissements. Cette réunion était aussi la preuve de la fidélité du Fondateur de tant d'Œuvres diverses à suivre la voie qui lui avait été tracée pour procurer le salut d'un grand nombre d'âmes. La Mère Bonnat, évoquant le passé dans son cœur et le comparant au présent, pouvait spécialement admirer les merveilles de la bonté de Dieu ; c'était à elle aussi qu'il appartenait de réveiller les souvenirs rappelés par un semblable anniversaire, et on peut supposer l'émotion de chacune des personnes présentes lorsque, dans une réunion générale, on entendit chanter les strophes suivantes :

CINQUANTE ANS !...

Cinquante ans sont passés laissant à la mémoire
D'éternels souvenirs de piété, de ferveur,
De bienfaits, de vertus, de succès et de gloire,
    Et surtout de bonheur.

REFRAIN

Et nous, enfants du ciel, aimons à reconnaître
Les grâces dont Dieu même a béni nos instants ;
Et toujours attentifs aux bienfaits de ce Maître,
    Chantons nos cinquante ans.

Cinquante ans sont passés, et combien de miracles
Nous avons dû compter dans nos premiers beaux jours !
L'obéissance alors nous dictait ses oracles
    Et nous guidait toujours.

Cinquante ans de labeur passés dans la souffrance,
Alors que le travail nous paraissait si beau,
Qu'on voulait pratiquer l'héroïque constance,
    Même jusqu'au tombeau.

Ces cinquante ans passés ont vu bien des disgrâces,
Bien des pleurs et des morts, de nombreuses douleurs ;
Mais le Dieu qu'on aimait savait donner ses grâces,
    Couvrir la croix de fleurs.

Ces cinquante ans passés sont pour nous comme une ombre
Laissant à des enfants un touchant souvenir.
Tous les jours étaient beaux et la nuit la plus sombre
    Avait son avenir.

Ces cinquante ans, pour nous, furent comme une fête ;
Et près d'un Père aimé, les cœurs étaient heureux ;
En le voyant bénir, chacun courbait la tête
    Se croyait bienheureux.

Cinquante ans sous ses lois pouvaient paraître un rêve ;
Le voir et l'écouter, recevoir ses avis,
L'entendre répéter : « Mes enfants, tout s'achève ;
    Allons au Paradis ! »

Pendant ces cinquante ans nous avons vu l'aurore
Qui devait le ravir à nos vœux les plus doux ;
Et nous l'avons suivi, comme le météore,
    Disant : « Veillez sur nous. »

Pendant ces cinquante ans nous avons eu des Pères
Qui nous ont tout donné : bonheur, soutien, secours.
Ah ! demandons à Dieu, dans nos humbles prières,
      Qu'il les garde toujours (1).

Le Bon Dieu avait permis cette douce réunion de famille à Royaumont pour que les cœurs puissent se retremper dans la ferveur et se fortifier pour la lutte et l'épreuve. La Mère Bonnat, en quittant l'abbaye, se rendit à Nantes, puis à Angers et à Tours, et déjà un vrai désordre se manifestait sur toutes les lignes ferrées ; les wagons étaient remplis de militaires, les bruits les plus contradictoires circulaient, l'inquiétude croissait de minute en minute, la vénérée Mère avait hâte de rentrer, il était temps, en effet, qu'elle arrivât à Bordeaux. Nous ne redirons point ici les détails de cette époque néfaste : la Sainte-Famille y fut l'objet d'une spéciale protection. « Cette guerre est terrible, écrivait, le 12 août 1870, la Mère Bonnat ; elle a eu déjà de lugubres résultats, et comment finira-t-elle ? Dieu seul le sait. Pendant ce temps, chacun parle, s'agite, discute ; on dit une foule de choses sinistres, dont peut-être nous serons préservées. Je ne voulais rien entendre, rien savoir, rien apprendre, et cependant, malgré moi, il m'arrive des nouvelles qui font mal au cœur. Prions, c'est notre lot, pauvres femmes. *L'homme combat, la femme prie.* Prions beaucoup pour obtenir la paix, non seulement pour l'armée, mais pour la France, pour éviter une république qui serait la ruine de la religion, des prêtres, des communautés... »

(1) Rec. de poésies.

La Mère Emmanuel priait en effet, et souffrait considérablement de toutes les nouvelles désolantes qui se succédaient jour par jour, heure par heure. Quelles ne furent pas ses angoisses durant le bombardement de Péronne, et dans l'incertitude où elle était sur le sort de ses filles! La présence du Directeur Général à Bordeaux lui était un appui, une consolation; et d'ailleurs, quelles que fussent ses inquiétudes, son âme était trop unie à la volonté de Dieu, pour ne pas accepter tout de la main divine, et pour ne pas adorer les desseins du bon Maître jusque dans ses châtiments.

« Vous savez, écrivait-elle à la Mère F. Noailles, que le gouvernement est à Bordeaux, et que nous pouvons, d'un jour à l'autre, nous attendre à des arrêtés et à des décisions de l'autorité. Dans cet état de choses, on ne sait trop que dire et que faire. Peut-être aurons-nous les Prussiens. Nous ne vivons que d'émotions de toutes sortes. Le Noviciat de Royaumont est partagé entre Rennes, Laval et Château-Gonthier. Le personnel de Saint-Mandé est en grande partie à Blois; la maison est restée confiée aux soins de trois Sœurs et d'un domestique. Nous avons eu de grandes inquiétudes pour nos Sœurs du Nord, qui sont sur le théâtre de la guerre; heureusement que jusqu'à présent le Bon Dieu les a préservées, on peut le dire, miraculeusement. Elles ont vu les Prussiens, les ont reçus, leur ont donné à manger, et n'ont eu qu'un peu de frayeur. Dieu a été bon pour elles et pour nous. Il faut espérer qu'il continuera de veiller sur la Sainte-Famille. De toutes parts on fait des neuvaines, des prières, on demande à Dieu la paix sans la honte de la France; l'obtiendra-t-on? Notre bon Père Général est toujours ici. Le R. P. Soullier y est également. Ils sont heureux d'être réunis, de parler de leurs affaires, et il y en a tant! »

Après la guerre et la commune, il y eut un instant de calme relatif, et la vie sembla reprendre son cours ordinaire; la Mère Emmanuel en profita pour aller passer quelque temps à la Solitude, où elle prolongeait ses séjours le plus qu'elle pouvait; mais par le cœur, elle suivait les événements du dehors, et recommandait à Notre-Dame de Toutes-Grâces les grands intérêts alors en question. D'une délicatesse que l'âge n'émoussait point, et sachant la Mère Hardy-Moisan souffrante, elle s'efforçait de lui envoyer de sa retraite des distractions et des sympathies.

« Martillac, 4 juin 1871.

» MA BONNE MÈRE,

» On dit que vous êtes encore souffrante et ne pouvez vous occuper d'affaires; alors je viens vous trouver pour vous parler blés et bois, oiseaux et champs; c'est ce que je vois en ce moment. Le temps est beau quoique entremêlé d'orage, et la pluie fait trouver plus frais, plus riant l'aspect de la nature, qui est dans toute sa beauté. Demain on doit commencer la fenaison, vous savez que c'est l'instant précieux pour la campagne; on cueille les fraises, les cerises, les groseilles. M. Devèze et la Sœur Philomène courent après les champignons qu'ils trouvent parfois, et sont ensuite tout confus lorsque le Père Gandard en lisant son bréviaire en découvre de plus beaux. Voilà les petits divertissements de la Solitude. Deux jolis chiens, nés à Villenave, sont arrivés ici, ils ont été nommés l'un *Turc*, l'autre *Pacha*, et annoncent par leurs pattes et leurs museaux l'intention de remplacer leurs devanciers. A peine s'ils peuvent marcher, et l'autre jour Turc a avalé pour son compte cinq assiettées de soupe, ce dont la Mère Saint-Ignace s'étonne et s'effraie pour plus tard. On trace une allée, du chêne du bon Père à Sainte-Germaine, et on enlève ce qui faisait vallon; cela m'a bien un peu attristée, car c'était le bon Père qui l'avait voulu ainsi, mais en pensant que s'il vivait il en ferait peut-être autant, je me suis résignée. Depuis dix ans, il s'est déjà fait bien des changements obligés par le temps, les Œuvres, les affaires, et s'il revenait parmi nous il se demanderait qu'est-ce que cela? et puis, il ajouterait: vous faites les choses pour le mieux, il est inutile que je m'en mêle et je me retire au ciel, où l'on se trouve plus heureux que sur la terre. En effet, comme la pensée que nous allons au ciel, que nous en suivons le chemin, est consolante pour nous, pauvres créatures si exposées, si souffrantes, si souvent ébranlées, si misérables enfin!

» Qu'avez-vous éprouvé, bonne Mère, en lisant les détails de toutes ces atrocités de Paris? La mort de l'archevêque, celle du Père Captier, et nos Sœurs qui ont été bien près, elles aussi, d'avoir le même sort? Mon Dieu, que l'homme est malheureux lorsqu'il est abandonné de Dieu et livré à ses passions! Il faudra donc toujours que la France l'emporte sur les autres nations pour le mal comme pour le bien. Pauvre France!

» Nous sommes toujours paisibles de nos côtés sans valoir mieux pour cela. Le curé de Saint-Médard est venu remercier Notre-Dame de Toutes-Grâces à laquelle il s'était adressé pour obtenir que deux ou trois personnes quittassent sa paroisse. C'étaient des communards, comme on les appelle. D'autres moins prononcés sont venus lui offrir de la salade, ce qu'il a regardé comme un commencement de conversion.

» Voici quelques-unes de nos histoires de la Solitude, qui ne pourront vous inquiéter, je l'espère ; je désire beaucoup que vous soyez tout à fait bien, que vous puissiez reprendre vos fatigantes occupations et vos voyages, afin de revenir de nos côtés, et en attendant, etc. »

Maintenant, étudions la vie de la Mère Bonnat à la Solitude, où nous la trouverons si souvent désormais : la prière faisait comme le fond, le canevas de cette existence toute pour Dieu ; ses stations au pied du saint Tabernacle étaient encore plus longues et plus fréquentes qu'à Bordeaux, ses visites au sanctuaire béni de Notre-Dame de Toutes-Grâces étaient pour ainsi dire quotidiennes. C'est là qu'elle aimait spécialement à recommander les intérêts de la Sainte-Famille ; une de ses dévotions, était d'y prier pour les âmes souffrantes ou tentées, afin de leur obtenir la force, la persévérance, l'amour, par l'intercession de Marie ; elle se plaisait à y réciter son rosaire à toutes les intentions qui lui étaient recommandées, et à nommer à la Sainte-Vierge celles de ses filles pour lesquelles elle voulait obtenir une grâce particulière. Elle savait la confiance qu'avait toujours eue le bon Père en Notre-Dame de Toutes-

Grâces; elle se souvenait que c'était à ses pieds qu'il avait médité ses règles et sous sa dictée qu'il les avait écrites ; c'était donc pour son cœur religieux et filial une dévotion qui s'imposait, et c'était à la Vierge protectrice et Mère de la Sainte-Famille que sa prière allait demander grâce et secours. Le cimetière était le but de ses promenades solitaires ; là, elle aimait à faire revivre par le souvenir ces Mères, ces Sœurs qu'elle avait tant aimées ; chacune d'elles lui rappelait une vertu particulière, lui parlait du ciel, et semblait l'appeler ; là, elle avait marqué sa place; et si, comme le trappiste, elle ne creusait pas sa tombe, elle la considérait à loisir, et aspirait au moment où son tour viendrait de répondre au rendez-vous et d'aller se reposer dans la patrie.

Ses stations près de la tombe du bon Père étaient pour elle une sorte de repos. Que disait-elle dans ses entretiens avec celui qui avait été le Père de son âme? C'était le secret de son cœur, mais elle en sortait toujours rassérénée, calme, heureuse presque. Le bon Père devait l'encourager, l'aider, la consoler, lui dire : A bientôt, nous nous retrouverons !

Puis, entre ces visites chères à sa piété, elle écrivait. Que de lettres de direction, de conseil, d'encouragement ont été tracées à la Solitude! Elle continuait les rédactions commencées, les notices ébauchées, les travaux destinés à être utiles à la famille, ou bien, et c'est ce qui arrivait de plus en plus fréquemment à mesure que les années s'accumulaient, elle laissait courir sa plume, confiant au papier les sentiments qui découlaient, comme d'une source, de son cœur embrasé d'amour pour Dieu. Ces pages ne sauraient avoir de commentaires; il suffit de les lire pour comprendre les ascensions de cette âme d'élite vers une union avec Dieu qui devenait chaque jour plus intime. Recueillons-nous pour mêler nos prières à des prières qui devaient monter bien droit jusqu'au Cœur de Jésus :

Doux Jésus, vous que j'aime, daignez écouter mes chants.

Ce que j'aime dans les bois, les vallons, les ruisseaux, les rochers, les champs, les prairies,

C'est vous, Seigneur.

Ce que j'aime dans les fleuves, les montagnes, les forêts, les déserts,

C'est vous, Seigneur.

Ce que j'aime dans l'immensité des mers, dans l'horizon sans bornes, dans la multitude des étoiles, dans les grains de sable du rivage,

C'est vous, Seigneur.

Ce que j'aime dans le chant du rossignol, dans la variété et le parfum des fleurs, dans la brise du soir, dans le murmure du vent,

C'est vous, Seigneur.

Ce que j'aime dans les sciences, dans les merveilles de la nature, les prodiges de l'art, les efforts du génie, l'éclat du soleil, la beauté des astres, le calme de la nuit, le bruit du tonnerre,

C'est vous, Seigneur.

Ce que j'aime dans la mousse, le vermisseau, la goutte de rosée, le fil de la Vierge, l'herbe des champs,

C'est vous, Seigneur.

Ce que j'aime dans la vertu, le recueillement, la prière, le dévouement, la croix, le sacrifice,

C'est vous, Seigneur.

Ce que j'aime dans l'affliction, les larmes, la douleur, l'humble résignation, la douce et mélancolique abnégation,

C'est vous, Seigneur,

Ce que j'aime dans l'exil, le martyre, la mort, la tombe, l'éternité,

C'est encore vous, Seigneur, et toujours vous, Seigneur. Amen (1).

SI J'ÉTAIS...

Si j'étais *petit oiseau*, je voudrais chanter la nuit d'une voix plaintive les souffrances de mon Dieu, sa Passion, les offenses des pécheurs, l'oubli des chrétiens, l'indifférence des justes. Avec le jour ma voix deviendrait plus harmonieuse, je chanterais toujours l'amour de mon Jésus, sa bonté pour nous, sa tendresse, ses soins pour l'âme fidèle. Je voudrais, comme la philomèle de Saint Bonaventure, que mon gosier ne cessât pas. de chanter, toujours l'amour de Jésus, jusqu'à ce que, épuisée, je tombasse aux pieds du divin Crucifié, et cela vers les trois heures, au moment de sa mort.

Si j'étais *une fleur*, je voudrais m'épanouir vers les premiers jours du mois de mai, fleurir pour Marie, embaumer son parterre, son autel; je voudrais que ma dernière fleur, plus belle que toutes les autres, s'ouvrît dans les premiers jours de juin; que cueillie pour Jésus elle vînt orner son autel, embellir son triomphe et fût mourir

(1) Écrin.

sous ses pas, lorsqu'il se montre aux hommes et sort en procession.

Si j'étais *un navire*, je voudrais qu'il fût chargé de missionnaires et d'apôtres, pleins de foi, d'ardeur et de zèle. J'irais voguant à tout vent, dans toutes les îles, sur toutes les plages, dans toutes les contrées, déposer mes passagers qui évangéliseraient, convertiraient, sanctifieraient les âmes, les gagnant à Dieu, leur faisant connaître son nom, son amour; ils augmenteraient ainsi les vrais croyants, les vrais chrétiens. Je voudrais contribuer à l'extension de la Religion, et cela dans tous les lieux, dans tous les pays les plus sauvages, les plus reculés, les moins connus.

Si j'étais *un agneau*, je voudrais ne jamais quitter la retraite de ma Solitude. Dans les bois, dans les champs, en regardant le ciel, je penserais à Celui que j'aime, dont je suis aimée; je compatirais au malheur de ceux qui ne le connaissent pas, qui ne l'aiment pas. Je m'attacherais au Pasteur, je le suivrais partout, et quand il faudrait mourir, regardant le martyre avec calme, avec douceur, je dirais : Me voici, faites de moi ce que vous voudrez, en mourant je vous aime et vous bénis.

Si j'étais *une fontaine*, je voudrais avec mes eaux toujours pures former un ruisseau qui coulerait au milieu des prairies, dans les bois, loin des regards des humains. Je répandrais partout la fraîcheur, la fécondité. De jolies plantes croîtraient sur mes bords; là, se trouveraient le saule, emblème de la douleur et pleurant son exil, le peuplier qui cherche le ciel, qui s'élève vers lui; plus bas, la violette qui se cache en répandant son parfum, le souvenez-vous de moi ou aimez-moi, que je voudrais toujours dire à Jésus, et ainsi je me rendrais dans le fleuve, et de là dans la mer de l'éternité.

Si j'étais *un bouquet,* je voudrais qu'il fût composé des fleurs les plus simples et les plus suaves. J'y voudrais des roses de tous les mois, de diverses couleurs, du réséda, du lilas, du violier, de la marguerite, de l'aubépine et beaucoup de ces petites fleurs sans nom telles qu'elles se voient dans les champs. Je voudrais par chacune de mes fleurs dire à Jésus mon amour, célébrer ses grandeurs, sa bonté, contribuer à sa gloire, et puis me faner et mourir sous ses yeux, près de lui, sur son autel, et par mon parfum lui dire encore : Je vous aime.

Si j'étais *un livre,* je m'intitulerais *le désir d'aimer* et puis je raconterais tout ce que Dieu a fait pour nous, tout ce qu'il a souffert, tout ce qu'il nous a donné, tout ce qu'il nous accorde journellement. Je parlerais de sa puissance, de sa justice, de sa bonté, de sa miséricorde. Je le ferais connaître comme Dieu, comme Sauveur, comme Père, comme époux, frère et ami de l'âme fidèle. Je voudrais qu'on ne pût me lire sans aimer celui qui est seul aimable et qu'en achevant ma lecture on s'écriât : O Jésus ! mon amour, je veux vous aimer, je vous aime et je vous aimerai toujours.

Si j'étais *un temple,* je voudrais qu'il ne fût ni trop grand, ni trop petit. Que les colonnades en grand nombre s'élevassent bien haut, rejoignant la voûte comme pour dire à Dieu : Seigneur, nous vous adorons. Je voudrais les ouvertures petites et étroites avec des vitraux gothiques.

Je voudrais que sur chaque pierre fût incrusté le monogramme de Jésus avec une devise telle que : *Miserere nobis, Laudate Dominum, Cantate Domino,* etc., afin que chaque pierre fût chargée de chanter les louanges de Dieu. Je voudrais que tous les autels fussent consacrés à Jésus : Jésus, Dieu de paix ; Jésus, bon Pasteur ; Jésus, notre Père ; Jésus, sagesse éternelle ; Jésus, bonté infinie, etc. Je voudrais enfin que tout dans mon temple retentît de louanges, qu'un chant continuel, des hymnes incessantes redisent : Gloire, amour à Jésus !

Si j'étais *un tableau*, je voudrais représenter l'âme en état de grâce s'offrant à Dieu pour lui rendre hommage, l'adorer, l'aimer, le prier, devenir victime pour les pécheurs, attirer sur eux le pardon, l'amour, la miséricorde. Je voudrais être belle de cette beauté céleste qui mérite les regards de Dieu, qui obtient de Lui ce qu'elle désire, qui semble même lui commander comme faisait Moïse et qui n'en reste pas moins son humble servante, sa faible et pauvre créature.

Si j'étais *une étoile*, je voudrais briller au ciel d'un éclat tout spécial, je voudrais être l'étoile de ma Société, de ma Congrégation, pour l'éclairer, la guider, la diriger, lui indiquer la voie qu'elle doit suivre, celle qu'elle doit éviter. Je voudrais la ramener, la retenir au point du départ lorsqu'elle était toute petite, toute humble, toute pauvre, que les vertus religieuses étaient si bien pratiquées, qu'elle était si aimée de Dieu, qu'il la bénissait avec tant d'amour et semblait par là lui prédire le bien qu'elle était appelée à faire. Je voudrais enfin être, pour elle, l'étoile de la paix, du bonheur, de l'espérance.

Si j'étais *une lampe*, je voudrais être suspendue dans une pauvre église ou dans une obscure chapelle et en brûlant devant le Seigneur je lui dirais : Jésus, je brûle et me consume pour attester que vous êtes ici présent. Je veux que mon existence soit un acte continuel de foi, d'amour, d'adoration. Je brûle ici pour vous offrir les vœux, les prières, l'hommage de toutes les âmes justes qui voudraient toujours être à vos pieds et qui me chargent de les représenter. Je brûle ici pour les âmes tièdes afin que vous ranimiez leur ferveur, qu'elles comprennent combien elles perdent en n'aimant pas leur doux Sauveur. Je brûle ici pour les âmes ignorantes qui ne vous connaissent pas et qui ne font rien pour vous connaître. Je brûle ici pour cette foule de chrétiens occupés de leurs intérêts matériels et qui vous négligent. Je brûle ici pour les pécheurs, afin d'implorer pour eux pardon et miséricorde. Je brûle ici pour les âmes souffrantes, affligées, qui ne peuvent pas venir se consoler près de vous. Je brûle ici pour les âmes du Purgatoire qui vous ont aimé, adoré, et aussi offensé. Je brûle ici avec vous, priant avec vous pour l'humanité tout entière. Je veux enfin brûler de vous, pour vous, toujours à vous. Amen.

Si j'étais *une statue*, je voudrais représenter l'ange adorateur; être sur un autel, en faire partie, de manière qu'on ne pût m'en séparer qu'en me brisant. Je voudrais avoir les mains croisées sur la poitrine, la tête penchée sur l'autel, les yeux toujours fixés sur le tabernacle, comme pour contempler Celui qui y réside jour et nuit. Je voudrais que toutes les personnes qui me verraient se sentissent portées à aimer et adorer Notre-Seigneur Jésus avec plus de ferveur, de pureté, d'amour ; qu'elles enviassent mon sort, qu'elles me confiassent le soin de les remplacer, et en leur absence, de continuer pour elles, comme pour moi, l'office d'adorateur.

Si j'étais *une feuille de papier,* je voudrais qu'il fût de vélin, dans un cadre d'or, toujours près de l'autel ou sur l'autel, je voudrais être un *Te igitur.* Que toutes les lettres que je contiendrais fussent écrites par un filet d'or. Que les majuscules fussent ornées avec des arabesques, des images, des emblèmes, qui tous exprimeraient à peu près la même pensée, c'est-à-dire : Amour à Notre-Seigneur Jésus dans le Saint-Sacrement de l'autel. Je voudrais que les paroles sacramentelles, celles qui constituent le saint Sacrifice, fussent écrites en diamants, comme étant ce qu'il y a de plus riche, de plus brillant, de plus beau dans la nature et devant contribuer à glorifier, louer et exalter à jamais Notre-Seigneur dans le sacrifice adorable qui nous rappelle sa Passion et sa mort.

Si j'étais *une cloche,* je voudrais être d'une grande dimension, d'un timbre bien argentin, placée dans une position très élevée, de manière à me faire entendre de fort loin. Une de mes plus chères occupations serait de sonner l'*Angelus.* Heureuse de réveiller les humains dès le grand matin, je leur dirais : Accourez, fidèles, venez saluer la Reine des anges ; chantez et révérez la naissance de ce Dieu qui, pour vous, a voulu naître, travailler, souffrir et mourir ; offrez-lui ce jour et donnez-vous à Lui. A midi, je reprendrais : Suspendez vos travaux, saluez encore Marie. Et le soir, à l'entrée de la nuit,

Voici la fin du jour et des travaux ; il est temps de se reposer ; après avoir salué Marie, priez aussi Jésus ; offrez-lui votre travail et dormez en paix. Je voudrais toute la matinée annoncer avec plus ou moins de solennité l'heure du sacrifice, celle de la Consécration, afin que les fidèles pussent de leurs maisons, de leurs travaux, s'unir au prêtre qui offre et adore. Le soir, je sonnerais la prière toujours si agréable aux yeux du Seigneur, comme rappelant le sacrifice du soir, qui fut le premier et le plus solennel. Enfin, je voudrais bénir et sanctifier toutes les grandes actions de la vie. Par des sons joyeux, j'annoncerais le baptême ; par des sons plus graves, le mariage ; par des sons plus tristes, le Viatique et le sacrement des mourants ; par des sons plus lugubres, je dirais la mort qui nous laisse toujours dans l'incertitude sur le sort des âmes. Mes chants les plus gais, les plus sonores, les plus majestueux, seraient pour annoncer, au monde entier, Noël, Pâques, la Pentecôte, l'Assomption, la Toussaint.

Si j'étais *un aigle,* j'établirais mon nid sur une des montagnes les plus élevées ; de là, je contemplerais l'immensité des cieux, j'adorerais la grandeur, la puissance, la suprême majesté de Dieu, et après l'avoir loué, baissant les yeux pour considérer, à travers les nuages qui l'entourent, la petitesse de la terre, elle me paraîtrait si basse, si vile, que je plaindrais tous ceux qui l'habitent. En contemplant les astres, je demanderais à chaque étoile quel est son nom, sa destinée, son avenir. Serait-elle le séjour des âmes en général ou de quelques grands saints en particulier ? En admirant la lune qui sert de marchepied à la Reine des anges, je lui demanderais aussi si elle est habitée par les âmes qui souffrent et qui espèrent, ou bien si elle est le séjour de ceux pour qui Marie a obtenu grâce et miséricorde ? Enfin, en fixant le soleil, je lui demanderais d'où vient sa chaleur, d'où vient sa lumière, d'où viennent ses rayons? Quel est-il ? Est-il une créature immortelle ? le foyer de l'amour ? le trône de l'Éternel ? la porte de ce ciel que nous désirons ? Puis, me perdant dans la contemplation des sphères célestes, je finirais par dire : Seigneur, qui suis-je pour vous demander compte de vos œuvres et pour sonder vos secrets? Pardon pour ma faiblesse, ayez pitié d'un pauvre *rien*.

Si j'étais *un nuage*, je voudrais qu'il fût transparent, léger, de couleur blanche, coloré par les rayons du soleil couchant. Je voudrais qu'il fût lancé par le vent jusqu'aux plus hautes régions de l'air, de manière à ce que la vapeur et la fumée de la terre ne puissent arriver jusqu'à lui. Je voudrais ainsi planer au-dessus de tout ce qui existe à nos regards mortels ; dans les espaces, je verrais passer les âmes purifiées par les douleurs de la vie, les flammes de l'amour ou les feux du Purgatoire ; je m'offrirais à elles pour les soutenir et les porter au pied du trône de l'Éternel; cette simple mission satisferait mon être en me faisant partager le triomphe des amis de mon Dieu, en me montrant leur bonheur, en me faisant entrevoir leur gloire.

Si j'étais *un insecte*, je voudrais être une abeille ouvrière. Dès le point du jour à l'ouvrage, courant de fleur en fleur, je voudrais ramasser, butiner, recueillir tout ce qui pourrait former la cire ou le miel. De retour à la ruche, je déposerais mon fardeau et recommencerais avec la même ardeur, heureuse de contribuer par mon travail au bien-être des humains et à la gloire du temple du Seigneur, je dirais souvent à mes compagnes : « Travaillons, mes sœurs, travaillons encore, travaillons toujours ; un peu de baume pour les malades, un peu de douceur pour les pauvres, un peu de cire pour l'église, nous dédommageront bien de nos peines. Après le labeur viendra le repos, la récompense. Dieu nous regarde, nous bénit, courage et toujours amour. »

Si j'étais *une forêt,* je voudrais que tous mes arbres fussent chargés de prêcher une vertu. Ainsi, je voudrais que le chêne dont les racines pivotent profondément enseignât l'humilité. Je chargerais les peupliers, dont les racines sont presque à fleur de terre, d'enseigner l'amour de Dieu, le détachement de tout ce qui est terrestre ; les saules, de prêcher la tristesse, la douleur, le travail ; les sumacs, qui se multiplient si étrangement, seraient chargés d'enseigner la ferveur ; la nombreuse famille des érables recommanderait la charité, la douceur, la bonté. Je dirais aux pins et aux sapins d'enseigner, par leur verdure perpétuelle, la présence de Dieu ; aux frênes, aux hêtres, d'enseigner la fermeté, la constance ; à la yeuse, la patience, et même aux ajoncs et aux ronces, je dirais de rappeler les misères de la vie, et tous se réuniraient pour apprendre à l'homme que la vertu seule conduit au ciel.

Si j'étais *une lyre,* je voudrais être d'or, être dans les mains d'un séraphin pour faire entendre les accents divins d'une harmonie toute céleste. Je voudrais que chacune de mes cordes exprimât un son différent, se rapportant à chacun des attributs de Dieu. Ainsi, que la première témoignât mon adoration pour sa grandeur et sa puissance; la seconde, mon admiration pour sa sagesse et sa magnificence ; la troisième célébrerait son amour et sa bonté; la quatrième dirait mon respect pour sa justice; la cinquième, mon étonnement pour son éternelle immutabilité ; et la sixième serait toute consacrée à la reconnaissance pour le bonheur de connaître Dieu, de pouvoir l'aimer, l'adorer, le bénir pendant la vie et pendant l'éternité.

Si j'étais *un lustre*, je voudrais être placé dans une chapelle ou église, en face du Saint-Sacrement. Je voudrais avoir la forme d'un bouquet, être fait de cristal de roche, soutenu par des colonnes d'argent avec quelques ornements en or. Je voudrais que chacun de mes cristaux fût taillé à la façon des diamants, avec des facettes sur chacune desquelles seraient inscrits ou incrustés ces mots : Amour à Jésus! de manière que lorsque les lumières ou le soleil viendraient me frapper, on vit au milieu de prismes resplendissants, le nom de Celui que j'aime, et qu'on apprît ainsi à l'aimer.

Si j'étais *un fleuve*, je voudrais, en sortant des montagnes, m'élancer avec force et dire au monde étonné : Il y a un Dieu qui est éternel. A mesure que le cours de mes eaux s'augmenterait, je crierais : Ce Dieu est tout-puissant, il est terrible dans sa colère, il est juste dans ses jugements, il est bon par lui-même. Quand je serais parvenu au point de ma grandeur, je redirais en termes plus doux : Dieu gouverne tout, il a créé les fontaines et les fleurs pour faire connaître et aimer sa divinité. Tout entre ses mains sert au besoin de l'homme, surtout s'il est fidèle à l'honorer. Mes eaux coulent pour annoncer sa gloire, pour demander vos hommages, pour étendre ses bienfaits; jouissez-en, mais n'oubliez pas le nom de Celui à qui vous me devez et qui mérite seul d'être adoré en esprit et en vérité.

Si j'étais *une Croix*, je voudrais être d'un bois très dur, exposée sur un chemin très passager. Je voudrais que ma vue seule fût un continuel sermon et dise à tous les passants : Regardez, contemplez, adorez. Je suis l'autel sur lequel votre Dieu s'est immolé par amour pour vous, je reste ici pour servir de témoignage. Oserez-vous passer sans vous arrêter? sans réciter une prière? sans dire si vous n'avez pas contribué à cette mort? A ma vue, les péchés, les vices, les vols, les blasphèmes, les vengeances, tous les crimes doivent s'anéantir devant le sacrifice d'un Dieu, tout doit prêcher la foi, la charité, le repentir, l'innocence; tout doit dire : Aimez celui qui a tant aimé le monde !

Si j'étais *un drapeau, un oriflamme*, je voudrais être le *Labarum* général, porter sur moi l'image de la Croix avec ces mots : *Par ce signe tu vaincras*. Je voudrais que tous les hommes eussent cette devise, que, fidèles à me suivre, tous les chrétiens comprissent que c'est par la Croix, et uniquement par la Croix, que l'on peut vaincre les ennemis visibles et invisibles, que l'on peut se montrer toujours digne du titre de chrétien, que l'on peut se présenter devant les puissances du monde sans craindre et sans rougir; que c'est par la Croix, que l'on peut braver l'exil, la prison, la perte des biens, les supplices, la mort et le martyre; que c'est par la Croix, que l'on devient semblable à notre divin Modèle et qu'on mérite son amour.

Si j'étais *la poussière du chemin ou de la rue*, je serais très contente et je bénirais Dieu de mon sort. Foulée aux pieds des passants, méprisée de tout le monde, je me trouverais bien heureuse, car que suis-je devant vous, ô mon Dieu? balayure indigne d'être en votre présence ! Quand je sentirais le pas des pécheurs, je prierais pour eux; quand ce serait le juste, je me réjouirais; mais, quand le juste porterait mon Dieu, alors je tressaillirais de bonheur. Dans l'été, quand la sécheresse me ferait voler, je m'élèverais vers le ciel et j'adorerais mon Jésus. Mais dans les mauvais jours, lorsque la pluie m'aurait bien battue, je m'humilierais et, m'enfonçant dans la terre, je dirais: Merci, mon Dieu! Quand les immondices des maisons, des passants, des animaux, tomberaient sur moi, je bénirais le Seigneur, disant : Cela ne pouvait tomber mieux. Quand je serais ramassée pour aller grossir la masse du fumier, je dirais : Voilà ma place et je tâcherais de faire épanouir une fleur qui attirerait les regards de Dieu et pourrait lui dire : Je vous aime, je vous bénis, je vous adore.

Amen (1).

La vénérée Mère Bonnat ne restait pas toujours dans ce domaine élevé où son amour pour Dieu la portait à certaines heures; elle était heureuse également de se prêter aux joies de famille, d'y prendre sa part de délicatesse et de piété; c'est ainsi que, pour célébrer la

(1) Écrin.

fête de la Mère Hardy-Moisan, dont le nom de religion est Marie de la Croix, elle composa la légende du *Trèfle de Judée*, suave mémorial de l'agonie du Sauveur :

LE TRÈFLE DE JUDÉE

(LÉGENDE.)

On raconte qu'un soir, sur un mont solitaire,
On vit paraître un ange, un calice à la main ;
Il venait recueillir un baume salutaire,
Le seul qui pût guérir les maux du genre humain.

Une vague lueur éclairait son passage,
Et l'on dit qu'il pleurait en descendant du ciel ;
Il avait entrevu le déicide outrage,
Son vase parfumé se remplissait de fiel.

La lune avait perdu son éclat ordinaire,
Et semblait se cacher sous un voile de deuil ;
Auprès de l'olivier, le cyprès funéraire
Abaissait ses rameaux pour couvrir un cercueil.

Que se passait-il donc ?... Une affreuse agonie,
La lutte de l'amour en proie à la douleur :
L'humanité, sentant sa faiblesse infinie,
Est prête à succomber sous les coups du malheur.

Anéanti, courbé, sous le poids de nos crimes,
Le doux Christ, haletant, se livrait à la mort,
Et, de l'ancienne loi, remplaçant les victimes,
Il apaisait le ciel et changeait notre sort.

O moment solennel ! heure à jamais bénie !
Où le Dieu rédempteur fit entendre sa voix ;
Accepta du pécheur le nom, l'ignominie,
Et s'offrit à la mort, à la mort de la Croix.

Jardin de la douleur, que j'aime ton enceinte,
Et qu'il me serait doux d'y fixer mon séjour !
N'est-ce pas en ces lieux, sur la montagne sainte,
Que Dieu nous a montré l'excès de son amour ?

Aujourd'hui, j'y viendrai pour une simple histoire,
Légende d'une fleur que Dieu daigna bénir.
Souvent d'humbles objets offrent à la mémoire
Les plus purs sentiments, le plus doux souvenir.

Dans le creux d'un rocher, près de la grotte sombre,
Où Jésus éprouva son martyre sanglant,
Une petite fleur, qui végétait à l'ombre,
Reçut dans sa corolle une goutte de sang.

O prodige ! la fleur sut s'exprimer et dire :
« Mon doux et bon Sauveur, laissez-moi ce trésor,
» Que je puisse toujours, quand par vous je respire,
» Garder pour moi ce don, plus apprécié que l'or. »

Le Christ, ému, tremblant, inclina sa paupière,
Il regarda la fleur et répondit tout bas :
« J'accueille ton désir, j'exauce ta prière,
» Garde le souvenir de mes cruels combats.

» O toi qui m'as parlé lorsque tout m'abandonne,
» Je te lègue en mourant un parfum précieux,
» Sur ton feuillage vert je grave ma couronne,
» D'épines ici-bas, de gloire dans les cieux.

» En allant à la mort, je te laisse en partage
» L'incarnat de mon sang, trace de mon amour,
» Tu pourras annoncer les ténèbres, l'orage,
» Mais garde dans ton cœur les secrets de ce jour. »

. . . .

Sous les traits d'un ami, le Christ voit Asmodée :
C'était l'ange du mal triomphant et railleur.
Judas donne un baiser !... Le trèfle de Judée
Resta toujours depuis la fleur de la douleur (1).

La sainte Communion était le pain quotidien de la Mère Bonnat. C'était la vraie rencontre de l'Époux avec l'âme fidèle, et si elle sentait la présence de Jésus au saint tabernacle, quels devaient être ses transports à l'égard de la sainte Eucharistie ? Les anges seuls, témoins de ce qui se passait dans son âme, pourraient nous le révéler, cependant la Mère Emmanuel nous a dit elle-même sa préparation et son action de grâces pour la sainte Communion, comme elle nous a dit aussi sa préparation et son action de grâces pour la confession :

AVANT LA CONFESSION

J'ai péché, Seigneur, j'ai transgressé votre loi, oublié vos commandements. Vous m'aviez tracé la voie que je devais suivre, et j'ai dédaigné les enseignements que j'avais reçus. Je vous ai offensé, j'ai blessé votre justice, que puis-je maintenant attendre de votre bonté ?

(1) Rec. de poésies.

Je vous supplie, Seigneur, ne me rejetez pas de votre présence, laissez-moi le temps de reconnaître mes fautes et de les détester. Les terreurs de la mort m'ont environnée dès que j'ai eu le malheur de vous déplaire et de vous offenser.

O Dieu ! mon Sauveur, ayez pitié de mon âme, elle est repentante, elle déplore ses fautes et veut les réparer.

Pardonnez-moi mes péchés, pardonnez-moi mes innombrables infidélités ; mes offenses sont grandes, mais votre miséricorde est inépuisable.

Comme le passereau pris dans les filets du chasseur attend son sort, de même, Seigneur, j'attends l'arrêt de votre justice. Faites grâce, mon Dieu, à une coupable qui vous implore et vous aime malgré ses égarements. Vous avez institué un sacrement pour laver les pécheurs, qu'il me rende la paix, l'innocence, l'amour, alors je pourrai vous bénir et vous louer. Que le sang rédempteur se répande une fois encore sur mon âme, que je sois purifiée et que je puisse vous aimer à jamais.

Ainsi soit-il.

APRÈS LA CONFESSION

Que vos jugements sont terribles, Seigneur, mais combien votre bonté les surpasse ! Vous menacez le pécheur de votre colère, et quand il revient à vous, vous oubliez aussitôt ses iniquités. Il suffit de vous dire : J'ai péché, Seigneur, je le confesse, je l'avoue, je suis coupable, et vous vous déclarez satisfait. Qui doutera désormais de votre amour pour le pécheur, qui osera nier votre miséricorde ?

Vous m'avez lavée de mes péchés, vous m'avez rendue pure devant vos yeux, soyez-en béni à jamais.

Je n'oublierai point mes fautes ; quoique pardonnées, elles seront toujours présentes à mon souvenir pour me rappeler votre miséricorde. Sans cesse je redirai : Le Seigneur m'a tirée d'un profond abîme, il m'a donné sa grâce et son secours.

Désormais je marcherai avec crainte dans le sentier de la justice et de l'équité. J'appellerai sur moi votre bonté, et vous continuerez, Seigneur, de me garder et de me protéger.

Par mes regrets et mes larmes j'attirerai vos regards, ô mon Dieu ! et vous ne vous souviendrez plus de mes iniquités. Soyez à jamais béni de ce que vous avez fait en ma faveur, et laissez-moi le redire à toutes les créatures. Qu'elles sachent que vous avez fait disparaître toutes les taches de mon âme, et que vous m'avez revêtue de grâce et de beauté.

Seigneur, comblez les désirs de mon cœur, donnez-moi votre amour, qu'il règne à jamais en mon âme, que je puisse m'approcher de vous, vous adorer et vous bénir pendant l'éternité.

Ainsi-soit-il.

AVANT LA COMMUNION

J'ai désiré ardemment, Seigneur, d'être admise dans votre temple, d'approcher de votre autel, de m'asseoir à la table où se donne à manger un pain qui fait envie aux anges.

Excusez mon désir, je me reconnais indigne d'une telle

faveur, et cependant je vous la demande avec instance.

Comment pourrai-je m'y préparer et de quels vêtements devrai-je être ornée ?

Ce que vous demandez, ô mon Dieu, ce sont les vertus, les vertus qui doivent enrichir le cœur. Hélas ! j'en suis dépourvue.

Mais ne pourriez-vous pas, Seigneur, vous charger d'embellir mon âme en lui enseignant vos préceptes, votre amour ?

Votre amour, ô mon Dieu, votre amour, voilà ce que je souhaite, ce qui doit me parer de tous les charmes désirables.

C'est par la foi, c'est par l'amour qu'on peut arriver jusqu'à vous. Que ces sentiments règnent en mon âme, alors je pourrai vous recevoir, ô mon Dieu !

Vous avez effacé du livre de vie toutes mes iniquités, je suis devenue blanche comme le lis des montagnes. Que votre amour me donne l'incarnat de la beauté, alors je m'approcherai de vous sans crainte.

Grâce à votre bonté, mon âme est pure comme le cristal : que votre image s'y grave désormais.

Venez, Seigneur, rassasiez la faim qui me consume, que je trouve enfin la manne du désert, qu'elle me serve de nourriture, qu'elle tombe chaque jour en mon âme pour la soutenir et la fortifier.

Seigneur, soyez pour moi le pain du ciel que je désire, le vin qui donne la virginité, l'huile sainte qui fortifie, l'agneau sans tache qui donne la vie, l'hostie divine qui doit m'unir à vous.

O mon Dieu, quel bonheur est le mien ! je suis admise à la table des anges. Je mange et bois l'Éternel, Celui qui par amour a daigné cacher sa divinité, Celui que le ciel ne peut contenir.

Soyez béni, Seigneur ! que ma langue consacrée par votre présence ne puisse plus servir qu'à votre gloire, que mon cœur qui va toucher le vôtre se brise s'il doit cesser de vous aimer, que tout mon être vous loue, vous bénisse, vous adore pendant le temps et l'éternité.

Que le Seigneur garde mon âme pour la vie éternelle ! Ainsi soit-il.

ACTION DE GRACES

Bénis le Seigneur, ô mon âme, et exalte à jamais sa miséricorde.

Bénis-le à toute heure et rends-lui grâces pour tous ses bienfaits.

Il a regardé en pitié ma misère, il m'a tirée de l'opprobre où mes péchés m'avaient jetée.

Que vous rendrai-je, ô mon Dieu, pour vos bontés infinies et que pourrai-je faire pour vous louer dignement ?

Je chanterai un cantique d'action de grâces, je publierai en tous lieux votre grandeur et votre gloire.

Vous m'avez élevée jusqu'à vous et vous vous êtes abaissé jusqu'à devenir mon aliment.

Qui comprendra jamais l'amour de Dieu envers ses créatures, qui pourra jamais l'en louer assez ?

Autour de nous tout passe, meurt et s'évanouit ; mais l'amour de Dieu demeure éternellement.

C'est un feu qui semble quelquefois s'éteindre pour se réveiller avec plus d'activité et d'impétuosité.

Seigneur, faites-m'en ressentir les ardeurs et les flammes, que je vous aime comme vous désirez d'être aimé !

Si mon cœur est impuissant, s'il ne peut assez vous remercier, j'appellerai à mon aide les créatures inanimées et elles publieront vos louanges.

Je dirai au soleil, à la lune, aux étoiles, à la terre, à la mer, à tout ce qui existe : Bénissez avec moi le Seigneur !

Louez-le sans cesse, suppléez à ce que je ne puis faire moi-même, car je suis pauvre et dénuée de tout.

Ma misère est grande, je le reconnais chaque jour davantage, et cependant, Seigneur, je veux vous aimer, vous le dire et vous le répéter.

Que ma vie vous soit consacrée, que mes journées s'écoulent dans votre amour, que la mort me surprenne au pied de vos autels.

Heureux celui qui habite votre sanctuaire, heureux celui qui ne connaît que vous, ô mon Dieu.

Quelle sera sa récompense ? Ce sera de demeurer à jamais près de vous et de vous contempler éternellement dans la gloire.

Bénissez-moi, Seigneur, rendez-moi digne de vous ; que je puisse vous louer, vous aimer, vous bénir, avec les saints pendant l'éternité.

Ainsi soit-il (1).

Avec une vie partagée ainsi entre la prière, le travail et le bien fait aux âmes, la Mère Emmanuel disait souvent que sa mission était achevée, qu'elle était vieille, qu'elle n'était plus utile à rien. Elle seule était de cet avis ;

(1) Écrin.

à tous les talents que le Bon Dieu lui avait donnés jusque-là et qu'elle avait si bien fait fructifier, il avait ajouté un je ne sais quoi qui attirait, inspirait autour d'elle un respect plein de vénération, n'enlevait rien à la confiance et à l'affection, mais développait ces sentiments. Sans doute, elle avait fait part au Directeur Général de son désir d'être tout à fait enlevée aux travaux de l'administration, se fondant sur son inutilité, car celui-ci lui écrivait :

» Quand vous voudrez persuader ou laisser croire que vous n'êtes plus bonne à rien, comme vous le dites, ne faites pas des lettres comme celle que je viens de recevoir de vous et dont je ne saurais assez vous remercier. Vous faites du bien et vous en faites beaucoup. Je vous l'ai dit, vous avez une mission et un don spécial pour la remplir. Acceptez cette mission pour utiliser saintement le don qui vous a été accordé. Aider à souffrir, n'est-ce rien que cela? Ah! ma chère fille, quand on sent comme vous sentez, que l'on écrit et que l'on parle comme vous le faites, on peut encore quelque chose, on peut beaucoup. Quelle belle et maternelle mission ! Les longues années de la vie donnent pour cela une vertu spéciale ; à cette longue expérience, vous joignez un cœur qui est devenu plus pieux, plus saintement compatissant, en se heurtant, en se déchirant aux rudes épreuves de la vie religieuse, des affaires, et du contact avec les misères de l'exil. Ce sont là de rares et précieuses qualités pour aider à souffrir. Or, aider à souffrir, c'est un acte immense de charité bien agréable à Dieu, bien utile ici-bas. Aimez donc votre mission, et par amour pour Jésus, le grand consolateur, le soutien si bon dans la peine, dévouez-vous à la remplir. »

En dehors de ses travaux à Bordeaux et de ses stations à la Solitude, la Mère Bonnat ne passait jamais une année sans faire quelques voyages plus ou moins longs dans les Maisons de Lorette, où sa présence était toujours considérée comme une bénédiction par toutes celles qui pouvaient lui ouvrir leurs cœurs et bénéficier des conseils de son indulgente bonté. Les retraites de Supérieures la revirent à Royaumont en 1872, en 1874 et en 1876. Elle ne revenait jamais directement de l'Abbaye: heureuse de faire plaisir aux Mères qui l'engageaient à aller visiter leurs Œuvres, elle se prêtait à ces désirs et prenait tantôt une route, tantôt une autre pour rentrer à Bordeaux, satisfaite d'avoir procuré quelques consolations sur son chemin. Lorsqu'elle ne pouvait pas les porter, ces consolations, son bon cœur essayait de les donner de loin : écoutons-la s'adresser à une de ses filles mourantes, l'encourager, lui faire ses recommandations suprêmes, lui parler du ciel où elle sera bientôt :

« Martillac, 17 juin 1876.

» C'est de la Solitude et près de la tombe du bon Père, ma chère fille, que je vous trace ces lignes; elles vous diront toute ma tendresse et le regret que j'éprouve de n'être pas près de vous en ce pénible moment. Du moins, croyez que mon cœur vous quitte peu, que je suis toujours avec vous par la pensée et qu'à défaut de mes paroles, vous avez le Bon Dieu et les saints

Anges qui doivent vous dire mieux que moi ce que je pense pour vous. Le bonheur de quitter la vie, de mourir quand on a tant souffert, d'aller au ciel recevoir la récompense de tant de vertus cachées, de laisser la terre avec toutes ses croix, ses épines, pour aller se reposer au sein de Dieu que l'on a toujours aimé ; oh ! oui, c'est un grand bonheur ! j'envie votre sort, je voudrais être à votre place. Je vous prie de ne pas m'oublier, de penser à votre vieille Mère, de venir la chercher, car elle s'ennuie bien de vivre. Il faut de la force pour accepter la vie. »

L'expression de ce désir de la mort revient à chaque instant sous la plume de la Mère Bonnat, mais cette force qu'il lui fallait pour accepter la vie, le Bon Dieu la lui donnait, car sa sérénité était toujours la même, son caractère toujours égal, son abandon à la volonté divine sans restriction et sans limite ; à la voir bonne partout, en tout, avec tous, s'oubliant pour les autres, prêchant sans cesse la miséricorde et le pardon, s'inclinant vers tout ce qui souffrait pour alléger une douleur et compatir à une peine, on ne pouvait s'imaginer que la vénérée Mère trouvait lourd le poids de l'exil et soupirait sans cesse vers la patrie : Mon Dieu, mon Sauveur ! lui entendait-on souvent répéter à voix basse ; c'était là une de ses oraisons jaculatoires la plus fréquente ; cependant, durant ses dernières années, elle la remplaçait par celle-ci : Mon Dieu, je vous aime !

Oui, elle aimait Dieu, celle qu'on se plaisait à appeler la Mère Bonne ! Il y avait bientôt cinquante ans qu'elle avait embrassé le service du divin Maître, cinquante ans qu'elle travaillait, selon l'expression du bon Père, à limer la chaîne qui la retenait captive, cinquante ans qu'elle amassait une gerbe pleine, mûre, abondante, de mérites et de vertus, cinquante ans qu'elle s'appliquait à reproduire en sa vie pratique, les traits esquissés par elle-même, de la religieuse selon le cœur de Dieu, de la Sœur de la Sainte-Famille, de la vraie Fille de Dieu Seul.

POUR ÊTRE HEUREUSE RELIGIEUSE :

Il faut se taire souvent, parler peu, prier beaucoup.

Il faut éviter de censurer, de contester, de contrarier.

Il faut se méfier des sympathies, des antipathies, de l'égoïsme.

Il faut oublier ce qu'on a souffert, ce qu'on a laissé, ce qu'on croit mériter.

Il faut savoir excuser, consoler, s'effacer.

Il faut supporter avec calme les épreuves qui viennent de Dieu, des créatures ou de nous-mêmes.

Il faut aimer l'humilité, la docilité, la simplicité.

Il faut avoir la paix de l'âme, garder la paix du cœur, aspirer à la paix du ciel.

Il faut étouffer les jalousies, les susceptibilités, la vanité, la curiosité.

Il faut pratiquer les vertus avec constance, générosité, abnégation.

Il faut se mortifier dans les petites choses, se crucifier habituellement, se sanctifier sans le savoir.

Il faut s'ennuyer sans le laisser paraître, souffrir sans se plaindre, se sacrifier pour le bonheur d'autrui.

Il faut ignorer les fautes des autres, ne pas regarder leurs défauts, mais se corriger des siens.

Il faut regarder la croix, aimer la croix, s'attacher à la croix.

Il faut vivre de Dieu, pour Dieu et en Dieu (1).

(1) Écrin.

CHAPITRE V.

Noces d'or de la Mère Emmanuel. — Mort de la Mère O. Daudigeos. — La Mère Bonnat s'installe à la Solitude. — « La Flore de la Solitude, ou Fleurs de N.-D. de Toutes-Grâces. » — Mort de la Mère P. Machet.

Aimez-moi, doux Jésus, au déclin de la vie.
R. B.

Le 15 octobre 1876 était célébré dans toute la Sainte-Famille avec une pieuse allégresse. Il s'agissait de fêter les Noces d'or de la Mère Bonnat, de remercier le Bon Dieu de lui avoir donné une vie si longue, si belle, si remplie de vertus et de mérites, si féconde pour le bien et pour l'extension de la Société. Des circulaires avaient invité toutes les Sœurs à se réunir dans un sentiment commun de reconnaissance envers Dieu qui daignait laisser à la Sainte-Famille une des premières et des plus utiles coopératrices du bon Père, et dans une prière bien fervente pour obtenir la conservation de cette précieuse existence. L'humilité de la Mère Emmanuel s'effrayait de tout ce que le respect, la vénération et l'affection inspiraient autour d'elle; elle aurait voulu protester, se dérober aux fêtes, aux compliments, aux présents, aux fleurs, aux milliers de lettres qui venaient la féliciter, mais émue, attendrie, touchée d'un si unanime empressement, elle se laissa faire et se prêta à tout ce qu'on demandait d'elle. Nous nous abstiendrons des détails qui tiraient, du reste, une grande partie de leur valeur du mouvement spontané qui les produisait; la Mère Bonnat était reconnaissante, mais son cœur pouvait-il, malgré la nombreuse assistance qui l'entourait, ne pas compter bien des vides dans les rangs et chercher en vain, autour d'elle, avec le Père de la Famille, les Mères, les Sœurs, les Filles, premières compagnes de ce voyage de cinquante années. On devinait chez elle ces souvenirs, ces émotions, ces regrets : comment ne pas les partager ?...

La vénérée Mère avait eu des chants pour toutes les fêtes, et cependant elle fut toute surprise quand un chœur bien fourni vint lui chanter sa cinquantaine. C'était le R. P. Anger, alors secrétaire du Directeur Général, qui avait voulu prendre part à la belle fête de la famille, réveiller en ce jour mémorable les échos du passé et exprimer, au nom de tous, des vœux pour l'avenir.

> Le Seigneur a béni sa fidèle servante,
> Cinquante ans sont passés depuis que, triomphante,
> Au pied de vos autels on la vit accourir,
> Vous choisir à jamais, ô Jésus, pour partage,
>   Et commencer ce long voyage,
> Que tous nos cœurs voudraient ne voir jamais finir.

Cinquante ans sont passés depuis qu'au divin Maître,
Elle donna son cœur, sa vie et tout son être ;
Heureuse des serments que l'amour lui dicta,
A la voix de l'Époux saintement attentive,
     Et fière d'être sa captive,
Jamais à ses appels son cœur ne résista.

Cinquante ans sont passés, mais au séjour des larmes,
Qui peut vivre un moment sans peines, sans alarmes ?
Son amour filial a connu la douleur,
Et son cœur maternel a rencontré l'épine
     Promise par la loi divine,
Qui veut que par la Croix on arrive au bonheur.

Cinquante ans sont passés, proclamant sa tendresse,
Et le céleste feu qui pour Dieu seul la presse,
Dévoilant tout l'amour de son cœur maternel,
Et le charme exercé sur toute âme souffrante,
     Par la bonté compatissante,
Qu'elle puise, Seigneur, auprès de votre autel.

Cinquante ans sont passés, et sur sont front rayonne
D'œuvres et de vertus la plus belle couronne ;
Bien des voix, s'unissant aux nôtres en ce jour,
Célébreront ses soins prodigués à l'enfance,
     Et ce retour à l'espérance,
Que tant de cœurs blessés doivent à son amour.

Cinquante ans sont passés, la fille, du bon Père
Rappelle parmi nous sa mémoire si chère ;
Son cœur nous a gardé comme un riche trésor,
D'aimables souvenirs que sa plume retrace,

Pour que le temps jamais n'efface,
Un passé qu'auprès d'elle on croit revoir encor.

Cinquante ans sont passés, mais sa verte vieillesse.
Nous promet de longs jours de bonheur, de tendresse.
Écoutez, ô Seigneur, nos cœurs reconnaissants :
Qu'elle vive longtemps, cette Mère si bonne,
    Et que votre bonté lui donne,
Encore cinquante ans, encore cinquante ans.

Au jour et à l'heure même où à la Maison Générale la Mère Bonnat était ainsi fêtée et entourée, le Directeur Général prêchait à Paris, dans une des Maisons de la Sainte-Famille ; il ne voulait pas terminer son instruction sans s'associer par le cœur aux Noces d'or de la Mère Emmanuel. C'était un premier Supérieur qui parlait, en ces termes, d'une de ses filles. Quel plus bel éloge peut-on faire de celle qui était assez grande et assez fondée en humilité pour qu'on pût, de son vivant et avec autorité, louer ses vertus et la proposer comme modèle ?

« ..... Vous fêtez aujourd'hui, mes chères filles, un anniversaire bien cher à votre cœur. Toutes vous connaissez plus ou moins la vénérable Mère dont on célèbre la cinquantaine. Eh bien, quel a été et quel est le caractère de cette fille du bon Père, de cette fille qu'il a aimée, qu'il a associée à ses œuvres, et qui a été sa coopératrice si généreuse et si empressée ? C'est son amour pour le Bon Dieu et son amour pour les âmes ; son bonheur sur la terre pendant cinquante ans a été d'aimer le Bon Dieu et de le faire aimer autour d'elle. Répandre cet amour de Dieu, le communiquer, a toujours été pour elle un besoin, et en cela elle trouve encore le plus grand des bonheurs, la plus douce des récompenses.....

» C'est une si grande consolation que de pouvoir se dire : J'aime le Bon Dieu et je n'aime que lui ; mon bonheur est de le faire aimer et je ne vis que pour le faire aimer ! Ce bonheur, mes chères filles, c'est celui de votre bonne Mère Bonnat. Eh bien ! que ce jour d'allégresse pour la Sainte-Famille ne se termine pas sans une conclusion utile à vos âmes. La conclusion des cinquante ans de votre bonne Mère Bonnat peut se résumer dans un seul mot : Elle a beaucoup aimé le Bon Dieu. Et après cinquante ans, son bonheur, sa consolation, les délices de sa vie, c'est d'aimer le Bon Dieu. Le Bon Dieu n'est-il pas assez bon pour que vous l'aimiez aussi de tout votre cœur ? Demandez-lui donc la grâce de l'aimer et de savoir tout sacrifier à son amour ; vous en recevrez le centuple au ciel en jouissant d'un bonheur éternel que je vous souhaite de tout mon cœur. »

D'une fête à un deuil, la distance est souvent bien courte : il n'y avait pas un an que la cinquantaine était passée, que la Mère Bonnat devait encore pleurer sur une tombe. La Mère O. Daudigeos succombait le 6 octobre 1877 à une longue et douloureuse maladie. La Mère Emmanuel versa d'abondantes larmes sur la perte de celle qui avait été sa fille, sa novice, qu'elle avait initiée à la vie religieuse et qui, plus jeune qu'elle de bien des années, semblait devoir lui survivre. Les deux Mères se firent leurs adieux en regardant le ciel. Celle qu ipartait allait rejoindre dans le sein de Dieu une famille déjà bien nombreuse, celle qui restait se trouvait plus seule encore sur la terre. N'était-elle pas la plus à plaindre? et avait-elle tort de dire :

JE VEUX MOURIR, JÉSUS !

Je veux mourir, Jésus, pour ne plus voir la terre,
On n'y trouve que deuil, infortunes et pleurs,
C'est un désert aride où rien ne désaltère,
Et je veux près de vous, aller cueillir des fleurs.

Je veux mourir, Jésus, pour revoir ma patrie,
Retrouver une Mère, objet de mon amour;
Dans le ciel, je serai comme la fleur flétrie
Qui renaît et s'entr'ouvre aux rayons d'un beau jour.

Je veux mourir, Jésus, me réunir aux anges,
Entendre leurs concerts et bénir l'Éternel,
Je veux chanter comme eux, célébrer les louanges,
De ce Sauveur, pour moi, si bon, si paternel.

Je veux mourir, Jésus, pour être avec Marie,
Elle-même a guidé mes pas dans la vertu,
Mon cœur reconnaissant lui dit : Mère chérie,
Voilà ta pauvre enfant, dis-moi, la connais-tu?

Je veux mourir, Jésus, Dieu de l'Eucharistie,
Mourir en votre temple et près de votre autel,
Alors que sur ma lèvre on dépose l'hostie,
Que mon âme a senti le baiser immortel.

Je veux mourir, Jésus, pour recouvrer la vie,
Adorer à jamais votre divinité,
Jouir auprès de vous du seul bien que j'envie,
Vous voir et vous aimer pendant l'éternité (1).

La Mère P. Machet remplaça la Mère O. Daudigeos comme Présidente Permanente du Conseil Général de Marie, et la Mère Bonnat sourit à ce choix qui répondait à son affection pour l'élue et à son amour pour les Œuvres de la Sainte-Famille, dont la Mère P. Machet était un si religieux soutien.

C'est vers cette époque que la Mère Emmanuel s'installa à la Solitude d'une manière à peu près habituelle. Accompagnée d'une secrétaire qui écrivait sous ses ordres et sous sa dictée, lorsqu'elle ne pouvait écrire elle-même, elle suivait avec exactitude et intérêt tout ce qui se passait dans la Congrégation de Lorette; seulement, ayant moins de forces physiques, elle s'affligeait, se rendait malheureuse quand elle rencontrait des difficultés d'administration qu'elle ne pouvait aplanir, des souffrances pour les âmes ou pour les Œuvres qu'elle se sentait impuissante à guérir ou à soulager. Son cœur était alors comme sous un pressoir, et il lui fallait passer bien du temps à prier pour les affligés, auprès du tabernacle, avant de pouvoir recouvrer sa sérénité.

Une des grandes distractions et en même temps une des plus agréables occupations de la Mère Bonnat à la Solitude, ce fut de reprendre sur place l'étude de la botanique : chaque plante devenait pour elle l'objet d'un examen spécial; rechercher son nom, son origine,

(1) Rec. de poésies.

ses propriétés, était un travail qui l'attachait, la charmait, et l'élevait au Dieu créateur de tant de merveilles. C'est alors qu'elle écrivit ce gracieux ouvrage intitulé : *Flore de la Solitude* ou *Fleurs de Notre-Dame de Toutes-Grâces*. Les fleurs qui croissent dans les prairies ou dans les bois de la Solitude ont, dans ce recueil, leur historique, et pour enlever ce que la science ou l'étude pourrait avoir d'aride, la Mère Emmanuel a joint à l'exposé de chaque plante ou une légende qui s'y rapporte ou une poésie sur la signification ou l'emblème de la fleur. Ce travail formerait un volume et quand on se dit que la vénérée Mère Bonnat entreprenait une œuvre semblable à soixante-seize ans et la menait à bien; quand on se rappelle avec quel soin elle allait herboriser elle-même, choisir les sujets qu'elle voulait analyser, parcourir les livres qui pouvaient aider ses recherches; quand on se souvient de l'avoir vue recueillir ainsi ces mille notes, les classer de sa propre main et les mettre en ordre pour les faire copier, on ne peut assez bénir le Bon Dieu qui ne laissait de la vieillesse, à la vénérée Mère, que les années, mais qui semblait dans la piété renouveler sa jeunesse.

Citons ici la préface de la *Flore de la Solitude* : elle exhale tout le parfum d'un bouquet offert à Notre-Dame de Toutes-Grâces et à son divin Fils :

FLORE DE LA SOLITUDE OU FLEURS DE NOTRE-DAME DE TOUTES-GRACES

Aujourd'hui, je viens, mes chères filles, vous présenter comme souvenir de Martillac une flore à laquelle j'ai donné le nom de *Fleurs de Notre-Dame de Toutes-Grâces,* parce que Marie, la Reine, la Mère, la Protectrice de ces lieux bénis en est réellement la Maîtresse ; que c'est pour elle que croissent les plantes qui entourent son séjour, que c'est elle qui les protège de son ombre tutélaire et qu'enfin toutes sont à elle et n'existent que pour l'honorer.

Je n'ai pas la prétention de vouloir vous offrir une flore complète de Martillac, ce qui demanderait beaucoup de soins, de travail, d'études, de recherches ; je veux seulement réunir dans ces pages les plantes les plus connues, celles que j'ai vu croître et fleurir en ces lieux ; quelques-unes peut-être n'existent plus, elles ont été remplacées par d'autres qui auront elles-mêmes au pareil sort ; aussi je citerai les plus ordinaires, celles que tout le monde peut voir, admirer et peut-être même mépriser, mais qui n'en sont pas moins toutes utiles et nécessaires dans les desseins de Celui qui se plut à créer les cèdres du Liban aussi bien que les mousses de nos guérets.

De tous les objets de la nature, de toutes les choses créées par Dieu pour le bonheur et la jouissance de l'homme, rien ne me semble plus propre que les fleurs à élever l'âme vers son Maître et souverain bienfaiteur. Quand on considère leur variété, la diversité de leurs formes, l'éclat de leurs couleurs, les parfums qu'elles exhalent, la délicatesse, le fini de leurs traits, de leurs nuances, cette perfection qui se trouve en chacune d'elles, il est impossible de ne pas s'écrier : Seigneur, que vous êtes bon et admirable dans vos œuvres ! Vous avez voulu par cet ensemble merveilleux de fleurs si différentes, si multiples, si belles chacune dans son genre, forcer notre admiration à vous rendre nos hommages. Vous-même avez pris le soin de dessiner les moindres linéaments de cette simple fleur des champs devant laquelle je tombe en extase : ne me prêche-t-elle pas votre inépuisable amour pour moi ? Chaque fleur ne m'est-elle pas comme une invitation à vous louer, à vous bénir ?... Chaque fleur ne m'enseigne-t-elle pas une leçon, une prière ?... C'est ce qui m'a fait composer cette louange qui doit toujours être sur nos lèvres comme dans notre cœur :

SEIGNEUR, SOYEZ LOUÉ ET BÉNI DANS VOS ŒUVRES

Ciste, Bluet, Églantine, louez le Seigneur.
Marguerite, Pensée, Spirée, louez le Seigneur.
Violier, Chèvrefeuille, Lilas, louez le Seigneur.
Polygala et Aubépine, louez le Seigneur.
Réséda, Trèfle et Nénuphar, louez le Seigneur.
Datura, Arum, Ancolie, louez le Seigneur.
Iris, Liseron, Orchis, louez le Seigneur.
Violette, Coquelicot, Genêt, louez le Seigneur.
Capucine, Campanule, Scabieuse, louez le Seigneur.
Stellaire, Troëne, Muguet, louez le Seigneur.
Bruyère, Basilic, Amaranthe, louez le Seigneur.
Romarin, Pervenche, Soucis, louez le Seigneur.
Œillet, Camomille, Houblon, louez le Seigneur.
Dalhia, Glaïeul, Acanthe, louez le Seigneur.
Flouve, Asphodèle, Diclitra, louez le Seigneur.
Véronique, Héliotrope, Nigelle, louez le Seigneur.
Myosotis, Laurier, Saxifrage, louez le Seigneur.
Lierre, Houx, Fraisier, louez le Seigneur.
Ronce, Blé, Vigne, louez le Seigneur.
Cynoglosse, Choux, Rhubarbe, louez le Seigneur.

Tilleul, Érable, Marronnier, louez le Seigneur.
Arbres des forêts, plantes inconnues, louez le Seigneur.
Arbres des îles, plantes exotiques, louez le Seigneur.
Plantes des eaux, des roches, des serres, louez le Seigneur.

Que tout ce qui croît dans la nature, que toute plante loue et bénisse le Seigneur!...

Puisque nous parlons des fleurs de la Solitude, arrêtons-nous un instant devant deux d'entre elles : le myosotis et le violier. Un jour la Mère Bonnat avait donné ces fleurs, dont la signification est *souvenir* pour la première, et *fidélité* pour la seconde, à deux de ses filles dont elle se savait tendrement aimée. Par une délicatesse bien digne de son cœur maternel elle ajouta bientôt aux fleurs symboliques la dédicace suivante :

LES DEUX FLEURS.

Qu'il est doux de mêler aux deux couleurs que j'aime,
Purs rayons du soleil et doux reflet des cieux,
Le souvenir des fleurs que je prends pour emblème
  Et que j'aime le mieux.

Toi que l'on voit fleurir près du lis des vallées,
Qu'on nomme en souriant : souvenez-vous de moi,
Reste toujours la fleur des âmes exilées,
  J'aime à penser à toi.

Fleuris dans le vallon, sois la fleur solitaire
Qui charme nos regards, attire notre cœur,
Sois la fille du ciel, l'ornement de la terre,
  Et des anges la sœur.

La fleur du souvenir a pour moi bien des charmes,
Quel doux parfum répand son calice embaumé !
Fleur d'amour, elle dit, à qui verse des larmes :
    Il est doux d'être aimé.

Reste des malheureux la compagne chérie,
Fleuris dans le désert, à l'ombre de la Croix,
Dans les pleurs et l'exil, parle de la patrie,
    Sois la fleur de mon choix.

J'aime à vous réunir dans mon amour de mère,
Petites fleurs, objet de mes soins les plus doux.
Non, l'amour maternel n'est pas une chimère,
    Qui le sait mieux que vous ?...

Avec orgueil, j'ai vu mes fleurs briller et plaire,
J'ai béni le soleil et la brise du soir,
Le ciel a réservé pour la sexagénaire,
    Un bonheur, un espoir.

Je vous offre, Seigneur, mes trésors, ma richesse,
Les fleurs que votre amour déposa près de moi.
Merci, Père adoré, merci, votre tendresse
    A ranimé ma foi.

Faible comme un roseau courbé pendant l'orage,
J'avais besoin de fleurs, d'amitié, de beaux jours.
Vous m'avez tout donné ; voudrais-je davantage
    Pour vous aimer toujours ?...

Non, Seigneur : vous servir, vous aimer et vous plaire,
Voilà le seul bonheur dont mon cœur est jaloux...

Je veux, comme une fleur de votre sanctuaire,
Vivre et mourir pour vous (1).

Les plantes, malgré leurs charmes, n'absorbaient pas tous les loisirs de la Mère Bonnat, elle avait fait établir des ruches, et un de ses grands plaisirs était de s'occuper des abeilles, d'étudier les mœurs de ce peuple actif, vigilant, et aux principes si essentiellement monarchiques. Autour des ruches, elle faisait multiplier les plantes aromatiques, celles que préfèrent les abeilles, celles qui renferment le plus de suc ou de pollen ; elle s'était procuré tous les instruments nécessaires pour l'extraction du miel, afin d'abolir le cruel système d'étouffer les intelligentes ouvrières pour prendre leur butin ; elle aimait ses abeilles, elle veillait sur leur conservation, elle les appelait ses amies. La Mère Bonnat avait aussi d'autres amies à la Solitude, c'étaient les hirondelles, leur retour à chaque printemps lui causait une véritable joie ; il ne fallait pas songer à défaire un nid, à déranger une couvée. Elle aimait à se rappeler que le bon Père avait beaucoup aimé les hirondelles ; et en effet, à l'époque où il avait fait construire la petite tourelle qui supporte le paratonnerre, une de ses filles lui ayant demandé quelle était la destination de cette tourelle ? — « C'est, avait-il répondu, pour recevoir les hirondelles que la Mère Emmanuel m'enverra de Madrid. »

En se promenant sous la marquise, à la Solitude, la Mère Bonnat se plaisait à suivre du regard, soit la confection des nids, soit les soins donnés à la nichée, et

---

(1) Rec. de poésies.

à ce sujet, nous laisserons à un témoin le soin de nous raconter ce qui se passa un jour entre la vénérée Mère et ses petites protégées :

« La Mère Emmanuel avait décidé que les hirondelles ne devraient pas faire de nid dans une partie de la marquise où leur présence était une gêne, et sans pitié, elle avait fait démolir les *maisons* commencées à cet endroit ; les hirondelles revinrent à la charge deux fois, trois fois, et deux fois, trois fois les nids durent disparaître. Les pauvres petites, perchées sur un fil de fer (il y en avait six ou huit), assistaient à un acte de vandalisme auquel elles ne comprenaient rien dans un séjour qui leur était si hospitalier. La Mère Bonnat les voyant ainsi toutes rangées, s'approche, se met en face d'elles, et leur adresse une harangue moitié sévère et moitié affectueuse pour leur expliquer les motifs de la destruction de leurs nids, pour les engager à se soumettre, à renoncer à leur volonté, à aller chercher gîte ailleurs. Les hirondelles restèrent immobiles tout le temps de ce discours comme si elles avaient compris, et moi, dans l'admiration, je me demandais, connaissant la Mère Emmanuel, si je n'assistais pas à quelque scène renouvelée de saint François d'Assise. »

Mais les vraies, les grandes affections de la Mère Bonnat étaient pour les petits, pour les pauvres, et surtout pour Celui qui est, hélas! dans tant d'églises de campagne le grand pauvre du tabernacle. A la Solitude, elle devint la Providence visible du pays ; les orphelines étaient l'objet de sa sollicitude continuelle, les paysans, leurs enfants, les vieillards malades ou infirmes avaient part à ses dons, à ses soins, à ses visites ; elle leur parlait de Dieu, du mérite de la souffrance, du Ciel où il fallait aller : son passage dans le hameau était une bénédiction.

L'église de Martillac était dans un profond dénuement, la Mère Bonnat se mit courageusement à l'œuvre ; par le travail de ses propres mains, par les dons qu'elle provoqua, par les petites ressources dont elle pouvait disposer pour ses bonnes œuvres, elle parvint peu à peu à procurer à la paroisse un autel, des chandeliers, des fleurs, du linge convenable, quelques ornements, enfin tout ce qui pouvait permettre de célébrer convenablement les cérémonies religieuses. L'amour de Dieu, chez la Mère Emmanuel, allait droit à son centre, et ainsi qu'elle le disait elle-même, retombait autour d'elle comme une douce rosée sur tout ce que son grand cœur pouvait atteindre. Si nous voulons savoir ce qu'elle aimait et comment elle aimait, interrogeons-la, et elle nous répondra :

AIMER !

Aimer, c'est le besoin de notre âme exilée,
C'est l'unique bonheur qu'elle goûte ici-bas.
Sans amour, on la voit languissante, isolée...
Guidez-la, doux Jésus, et l'âme désolée
    Ne s'égarera pas.

Aimer, sera toujours le charme de la vie,
Le plus doux sentiment que Dieu peut nous donner.
L'ange en le partageant, souvent nous porte envie ;
Il désire, il voudrait, comme l'âme ravie,
    Aimer et pardonner.

Aimer d'abord Celui qui nous a donné l'être,
Qui nous donna la foi, notre mère, le jour.
Aimer à le servir, à le faire connaître,
A célébrer le nom de ce souverain Maître,
    Notre Dieu, notre amour.

Aimer de nos autels la belle modestie,
Le calice, la croix, le vin mêlé de fiel,
Les chants du sacrifice et la divine Hostie,
La prière et l'encens. Aimer l'Eucharistie,
    Cet avant-goût du ciel.

Aimer à Bethléem, aimer sur le Calvaire
La Mère que Jésus nous légua de sa Croix,
Aimer à la bénir, à la suivre, à lui plaire,
A couronner son front, orner son sanctuaire,
    A répondre à sa voix.

Aimer les grands tableaux offerts par la nature ;
La mer et ses vaisseaux, les belles nuits d'été,
Des astres la clarté, du printemps la parure,
De l'orage l'éclat, de nos champs la verdure,
    Aimer l'immensité.

Aimer de nos concerts la suave harmonie,
La science, l'esprit, les prodiges de l'art,
La gloire et les lauriers décernés au génie,
La beauté des vertus, cette grâce infinie
    Que Dieu garde à l'écart.

Aimer l'ombre des bois et la fleur parfumée,
Le chant du rossignol et la brise du soir,

Le regard attendri d'une personne aimée,
De nos temples sacrés la vapeur embaumée
    Reste de l'encensoir.

Aimer la paix du cœur, la candeur de l'enfance,
Le calme du vieillard et sa sérénité,
Le souvenir gardé par la reconnaissance,
Et du bonheur d'autrui la douce jouissance ;
    Aimer l'humanité.

Aimer comme Jésus cette nature entière
Pour laquelle il voulut connaître la douleur.
Aimer l'infortuné privé de la lumière,
Le pauvre sans abri pour fermer sa paupière,
    N'est-ce pas le bonheur ?

Aimer le malheureux qu'on blâme et qu'on outrage,
L'enfant abandonné qui demande du pain,
La veuve sans appui, l'esclave, le sauvage,
Aimer à relever la vertu, le courage,
    En lui tendant la main.

Aimer cet ennemi dont on n'a rien à craindre,
L'ami qui nous trahit, qui fut ingrat, jaloux.
Aimer à pardonner, à soulager, à plaindre,
Ce triomphe du cœur il faut savoir l'atteindre,
    Un Dieu l'a fait pour nous.

Aimer l'homme égaré que le mensonge attire,
L'agonisant qui meurt sans ami, sans secours,
L'infirme qui gémit, l'insensé qui délire ;
Aimer tout ce qui souffre et tout ce qui soupire,
    Aimer, aimer toujours! (1)

(1) Rec. de poésies.

Au mois de septembre 1879, la Mère Emmanuel eut encore à faire en son cœur un douloureux sacrifice. Mme Drevet, sa sœur, avait conservé jusqu'à ses quatre-vingt-trois ans, une santé physique et morale qui semblait défier les années. Les deux sœurs se voyaient de temps en temps, soit à Bordeaux, soit à Bayonne; leur affection de jeunesse avait conservé toute sa fraîcheur; c'était plaisir de les voir réunies.

Peu à peu Mme Drevet sentit la faiblesse la gagner; elle comprit que l'appel de Dieu était proche: admirable chrétienne, femme de tête, de cœur et d'énergie, qui renouvelait ses forces chaque matin au banquet sacré, elle vit arriver sans crainte le moment suprême. Profitant d'un séjour de la Mère Bonnat à Bayonne, elle lui adressa son dernier adieu, et quand les deux sœurs se séparèrent, elles se dirent : A revoir, bientôt, au ciel! Quelques jours après, Mme Drevet s'endormit du grand sommeil, et la Mère Bonnat, calme et soumise en présence de la séparation voulue par Dieu, disait doucement : Ma sœur n'est pas morte, elle vit au ciel et elle m'attend?

Lorsque en novembre, le R. P. Anger succéda comme Pro-Directeur Général au R. P. Roullet, dont une maladie cruelle avait paralysé le dévouement, la Mère Bonnat accueillit ce nouveau Supérieur comme l'envoyé de Dieu, choisi par le Directeur Général lui-même pour son représentant à la Sainte-Famille. La Mère Emmanuel avait pour ses Supérieurs un sentiment de respect, de vénération, de soumission à leurs moindres désirs qui révélait son esprit de foi et la haute idée qu'elle avait de la dignité que Dieu imprime au front de ceux qu'il revêt de l'autorité. Elle priait sans cesse pour eux, et elle les aimait filialement; un ordre, un mot de leur part devenait une loi sous laquelle elle se rangeait simplement, faisant taire en elle toute autre volonté que la leur.

C'est que de plus en plus, la Mère Bonnat gravissait cette montagne de la perfection, et aspirait à ces sommets où l'âme ne voit plus que Dieu, n'entend plus que Lui. Pour arriver à son but elle exerçait sur elle une vigilance toujours plus active, elle se demandait compte de ses moindres sentiments, de ses moindres actes, mais surtout elle écoutait beaucoup le Bon Dieu dans la prière; la prière était plus que jamais son repos, sa vie, la joie et le bonheur de son âme. Laissons-la révéler elle-même quelques-uns de ses mystérieux entretiens avec Jésus, au tabernacle; à l'école d'une âme si éprise de l'amour de Dieu, il est doux d'apprendre à prier.

SEIGNEUR, ENSEIGNEZ-MOI.

Mon bon Jésus, mon doux et divin Maître, par le mystère de votre Incarnation, enseignez-moi *l'humilité*, cette vertu si belle, si rare, si douce, si nécessaire à mon âme, si attrayante pour vous! Que je devienne bien humble de cœur, bien humble d'esprit, que je sois si petite, si petite à mes yeux, que comme une toute petite fleurette, j'attire vos regards et votre amour, ô Jésus!

Mon bon Jésus, mon doux et divin Maître, par les neuf mois que vous avez passés dans le sein de Marie, enseignez-moi *l'abnégation*, que je sache ne rien voir, ne rien entendre, ne rien sentir, que j'apprenne à vivre de vous, en vous, par vous, comme l'enfant qui n'a pas encore vu le jour et qui, cependant, a reçu l'être et sait déjà commencer à aimer, comme je veux vous aimer, ô Jésus!

Mon bon Jésus, mon doux et divin Maître, par votre naissance, enseignez-moi la *pauvreté*, cette vertu si parfaite qui a fait tant de Saints, qui a ouvert le ciel à tant de chrétiens, de solitaires, de religieux ; que j'apprenne à la connaître, à l'aimer, à la pratiquer ; que je sois pauvre de corps, pauvre de cœur, pauvre d'esprit, pauvre d'âme, ne tenant à rien : ni biens, ni affections, ni talents, ni consolations spirituelles, mais seule avec Dieu seul!

Mon bon Jésus, mon doux et divin Maître, par la première goutte de lait que vous suçâtes, enseignez-moi *cette confiance filiale* que l'enfant doit à sa mère, et que Marie soit la mienne comme elle fut la vôtre, que je l'aime autant que vous l'avez aimée, et qu'elle soit toujours ma patronne, mon avocate, mon refuge, mon guide, mon soutien, mon repos, ma consolation, que je puisse lui dire : O Marie, soyez aussi ma Mère, ne suis-je pas votre enfant, la sœur, l'épouse de votre petit Jésus!

Mon bon Jésus, mon doux et divin Maître, par l'adoration des bergers, enseignez-moi *la simplicité*, cette vertu si suave qui se trouve bien partout, qui est de tous les lieux, de tous les temps, qui convient à toutes les personnes, à toutes les positions. Cette vertu qui semble n'être rien par elle-même, et qui est, cependant, comme la perfection de l'humilité, de la pauvreté, de l'abnégation ; cette vertu enfin qui nous unit à Dieu, qui nous lie à Lui, qui nous attire ses grâces, son amour, ses prédilections, ô Jésus !

Mon bon Jésus, mon doux et divin Maître, par l'adoration des rois Mages, enseignez-moi *la reconnaissance* que je vous dois pour m'avoir appelée de la gentilité à la connaissance de votre loi et de votre amour, pour m'avoir admise dans la portion choisie de votre troupeau ; pour m'avoir enfin élevée au rang de votre fille chérie, de votre épouse bien-aimée. Que tout en moi vous exprime sa gratitude, que mon cœur soit sans cesse occupé de vous, que ma langue publie toujours vos bontés, vos miséricordes sur moi, ô Jésus !

Mon bon Jésus, mon doux et divin Maître, par le mystère de votre Circoncision, enseignez-moi *la mortification*, cette vertu rigoureuse et essentielle qui fait triompher de la nature, qui la rend souple, dégagée, morte à elle-même, l'élève vers vous, Seigneur, si rapidement qu'une âme mortifiée est aussitôt une âme à vous dans le degré le plus éminent, soit en oraison, soit en union, soit en ne vivant plus que pour vous seul, ô Jésus !

Mon bon Jésus, mon doux et divin Maître, par votre Présentation, enseignez-moi *l'obéissance*, que vous avez pratiquée vous-même en vous offrant à votre Père comme une victime lui disant : *Ecce venio*. Que j'apprenne, par votre exemple, le mérite qu'il y a à se donner ainsi de tout âme, de tout cœur, de toute volonté à celui qui est notre Maître. A se donner sans se reprendre, ce qui arrive si souvent. A se donner pour toujours, dans tous les lieux, dans tous les temps, dans toutes les circonstances ; à se donner enfin pour la vie et pour la mort, pour le temps et pour l'éternité, ô Jésus !

Mon bon Jésus, mon doux et divin Maître, par votre séjour en Égypte, enseignez-moi *le détachement* parfait des créatures, du monde, de tout ce qui pourrait m'arrêter et retenir l'élan de mon âme vers vous. Que je puisse dire en vérité : Seigneur, je suis à vous, rien ne me retient plus ici-bas. Vous savez que je vous ai tout donné, que je vous ai tout sacrifié, que je vous ai fait un holocauste de tout ce qui pouvait me séparer de vous et qu'enfin me voilà votre possession par voie de création, par voie de rédemption, par voie de donation et d'immolation absolue, ô Jésus !

Mon bon Jésus, mon doux et divin Maître, par vos premiers pas, votre premier sourire, enseignez-moi *la suavité*, cette vertu si douce, si gracieuse, qui convient si bien à vos disciples, toujours heureux de suivre vos leçons, vos exemples, toujours heureux de vivre avec vous, écoutant vos avis, vos conseils, aimant votre voix, vos commandements, vous suivant comme la brebis chérie, comme la colombe privée, comme le chien fidèle, ne demandant rien, ne désirant rien, que le bonheur de vivre et de mourir près de vous et pour vous, ô Jésus !

Mon bon Jésus, mon doux et divin Maître, par votre vie à Nazareth, enseignez-moi *la vie intérieure*, cette vie qui ne paraît en rien différente des autres, mais dont tout le mérite et la beauté cachée se révèlent aux yeux de Dieu. O vie si enviée, si chère, si précieuse ! Quand me sera-t-il donné de te connaître, de pouvoir t'apprécier, de pouvoir surtout vivre de toi et pour toi! O mon Dieu, quel bonheur le jour où je pourrai dire : « Je ne vis plus, c'est Jésus qui vit en moi! »

Mon bon Jésus, mon doux et divin Maître, par votre séjour au temple, enseignez-moi *le zèle* que vous fîtes paraître lorsque vous instruisiez les prêtres de leurs devoirs et que vous répondiez à votre Mère. « Ne faut-il pas que je m'occupe des affaires de mon Père. » Alors vous nous avez appris les qualités du vrai zèle qui est obéissant et qui cherche la gloire de Dieu, qui se méconnaît lui-même, qui sait se taire, qui conserve toujours son calme, son égalité, sa paix. O mon Dieu, apprenez-moi à modérer toutes mes actions, mes démarches, même les meilleures, toujours en pensant à vous et en cherchant à vous imiter, ô Jésus!

Mon bon Jésus, mon doux et divin Maître, par les adieux que vous fîtes à votre divine Mère, lorsque vous la quittiez pour aller évangéliser et mourir, enseignez-moi ce que doit être *l'adieu*. Adieu à la terre, sur laquelle nous ne faisons que passer. Adieu à la patrie, puisque nous allons au ciel, notre véritable patrie. Adieu à la famille, père, mère, frères, sœurs, puisque Dieu doit nous tenir lieu de tout. Adieu aux amis, nous n'en avons plus d'autres que ceux qui connaissent et aiment Jésus. Adieu à la gloire, à la réputation, à la fortune, à l'avenir, à toute satisfaction passagère, puisque nous allons à Jésus et que nous trouverons et aimerons Jésus!

Mon bon Jésus, mon doux et divin Maître, véritable agneau de Dieu, par votre Baptême, enseignez-moi *la douceur*. Toute votre vie vous avez montré et enseigné qu'il est bon d'être doux et humble de cœur ; dans votre enfance comme dans votre vie de travail et plus tard dans votre apostolat, vous avez toujours conservé cette belle vertu ; vous l'avez souvent et héroïquement pratiquée au milieu de vos souffrances et de vos humiliations. Seigneur, apprenez-moi donc à rester toujours douce avec mes Supérieurs, avec mes égaux, avec mes inférieurs, avec les grands, avec les petits, avec les pauvres, car celui qui sera doux possédera la terre, ô Jésus !

Mon bon Jésus, mon doux et divin Maître, par votre jeûne au désert, enseignez-moi *la chasteté*, cette vertu qui croît au milieu des épines de la mortification, qui se nourrit de sacrifice, qui se délecte dans le crucifiement et qui n'est jamais plus belle que lorsqu'elle a été battue par la tempête, agitée par les orages des passions, violemment tourmentée par les tentations. Cette vertu qui doit être récompensée dans le ciel d'une manière si particulière, que l'on apprécie tant et qui plaît tant au Cœur du doux Jésus !

Mon bon Jésus, mon doux et divin Maître, par le miracle que vous fîtes aux noces de Cana, enseignez-moi *la bonté*, cette vertu qui est par excellence celle de Dieu même puisqu'on ne peut le qualifier autrement qu'en l'appelant le *Bon Dieu*. Apprenez-moi à vous imiter de plus en plus en devenant bonne pour le prochain, indulgente pour ses défauts, compatissante pour ses douleurs, condescendante pour ses faiblesses, tolérante pour ses misères, éloquente pour sa défense, toujours discrète pour garder ses secrets, constante dans mon dévouement, enfin me faisant toute à tous pour vous gagner tous les cœurs, ô Jésus !

Mon bon Jésus, mon doux et divin Maître, par votre visite chez Zachée enseignez-moi la *générosité*, cette vertu qui nous apprend à tout donner, qui ne se donne jamais assez, qui voudrait donner de son nécessaire, qui arrive enfin à se donner elle-même pour Dieu, pour son prochain, pour ses ennemis, ne voulant d'autre récompense que de plaire à Celui qui lui a donné le premier l'exemple et qui se donne tous les jours à nous, ô Jésus !

Mon bon Jésus, mon doux et divin Maître, par l'exemple de la Samaritaine, enseignez-moi ce que c'est que le *don de Dieu*. C'est la touche de la grâce, c'est l'appel de Dieu, c'est la voix du Bien-aimé, c'est la foi, l'espérance, l'amour, c'est enfin Dieu lui-même, dans ses mystères, dans son Évangile, dans son Église, dans ses sacrements, dans la communion, c'est enfin tout ce que nous pouvons désirer pour le temps et pour l'éternité, ô Jésus !

Mon bon Jésus, mon doux et divin Maître, par l'exemple de la Cananéenne, enseignez-moi la *persévérance dans la prière* : que je sache prier avec foi, avec amour, sans me laisser rebuter ni abattre, si je n'obtiens pas de suite l'objet de ma demande. Que je prie comme je dois prier, toujours, en tous temps, en tous lieux, de cœur plus que de parole, que mon âme soit toujours élevée vers Dieu lui demandant sa sainte volonté comme vous, ô Jésus !

Mon bon Jésus, mon doux et divin Maître, par l'exemple de Madeleine, enseignez-moi le *repentir* : ce sentiment intime, secret, profond, d'une âme qui sent qu'elle a manqué à son Dieu, qui voudrait revenir à son état d'innocence et pour cela voudrait souffrir, mourir et ne le pouvant pas se répand en larmes et en regrets, pleure, gémit, demande grâce, miséricorde. O Seigneur, vous aimez ces sentiments, souvent ils suffisent pour faire recouvrer la paix et rendre à l'âme sa blancheur, donnez-les-moi, ô doux Jésus !

Mon bon Jésus, mon doux et divin Maître, par la parabole de l'enfant prodigue, enseignez-moi la valeur de *la conversion des pécheurs*, cette œuvre pour laquelle vous êtes venu en ce monde, pour laquelle vous avez voulu souffrir et mourir. O mon Jésus, que le retour des pécheurs vers vous soit le désir de mon âme, que par la prière, la mortification, la pratique de toutes les vertus, je me présente comme leur avocate, que je vous demande sans cesse pour eux toutes les grâces dont ils ont besoin pour être à vous, ô Jésus !

Mon bon Jésus, mon doux et divin Maître, par l'exemple de Pierre marchant sur les eaux, enseignez-moi la *ferveur*, cette vertu qui anime toutes les autres, qui se trouve toujours près des cœurs fidèles pour les soutenir, leur montrer le ciel, les empêcher de s'arrêter dans le chemin de la perfection. Cette vertu qui est chère à votre Sacré Cœur parce qu'elle est comme le résumé de l'amour toujours zélé, rempli d'ardeur pour tout ce qui peut vous plaire, ô Jésus !

Mon bon Jésus, mon doux et divin Maître, par votre *regard*, enseignez-moi ce que je dois sentir, ce que je dois faire, ce que je dois penser quand vous daignez me regarder. Jésus a regardé le jeune homme qui était riche et il le regarda tristement. Il a regardé Pierre chez Caïphe et son regard fut triste et miséricordieux. Sur le Calvaire, il regarda Jean avec tristesse, amour, espérance. Quel sera votre regard sur moi ? Ce sera celui que j'aurai désiré, demandé, mérité ; faites que ce soit votre regard d'amour, ô Jésus !

Mon bon Jésus, mon doux et divin Maître, par la Cène enseignez-moi ce que c'est que *la communion* : cette union si intime, si étroite, si céleste que l'on contracte avec son Dieu ! Qui pourrait dire ce qu'il y a de divin dans ce sacrement ? Les anges même ne l'ont jamais compris et cependant l'homme s'en nourrit et peut dire : « Ce n'est plus moi qui vis, c'est Jésus-Christ qui vit en moi ! Mon bienaimé est à moi, et moi je suis à lui. » Faites que je vous aime ! et alors je comprendrai votre amour, ô Jésus !

Mon bon Jésus, mon doux et divin Maître, par la trahison de Judas, enseignez-moi la *douleur* que dut éprouver votre cœur si bon et si tendre. Que j'apprenne à votre exemple à donner toujours le nom d'ami à tous ceux qui devront me trahir et dont j'aurai à me plaindre. Que j'apprenne aussi à souffrir toutes les épreuves de l'âme, toutes les peines de cœur, tous les chagrins de la vie et dise toujours : Votre volonté sera la mienne, ô Jésus !

Mon bon Jésus, mon doux et divin Maître, par les mauvais traitements des soldats et du valet, enseignez-moi *la patience*, car ce fut là le triomphe de votre amour. Par ces misérables vexations, ces dédains, ces railleries insolentes, ces mille raffinements de cruauté qui ont déchiré votre cœur, et que vous avez voulu endurer, apprenez-moi à supporter les petites misères de la vie. Je les accepte dès ce jour, ô Jésus !

Mon bon Jésus, mon doux et divin Maître, par votre condamnation à mort chez Pilate enseignez-moi *le silence*. Vous l'avez gardé alors que vous avez été comparé à Barrabas, que vous avez été flagellé, couronné d'épines, condamné à mort, et moi ne pourrai-je pas garder le silence sans m'excuser, sans vouloir donner mon avis, sans chercher à plaire, à faire briller mon esprit, sans désirer l'attention de personne ? Soyez mon modèle, soyez mon espérance, ô Jésus !

Mon bon Jésus, mon doux et divin Maître, par votre première parole sur la Croix : « Pardonnez-leur, mon Père, ils ne savent ce qu'ils font, » enseignez-moi *le pardon des injures*, ce qui coûte tant à notre nature, ce qui lui répugne plus que toute chose. Que j'apprenne à pardonner les injures, les médisances, les fautes, les négligences, que je les oublie, que je prie pour tous ceux dont j'aurais à me plaindre, que je fasse enfin comme vous, ô Jésus !

Mon bon Jésus, mon doux et divin Maître, par vos paroles au bon larron : « En vérité, je vous le dis : vous serez aujourd'hui avec moi en paradis, » enseignez-moi *l'espérance* du pardon de mes péchés, de la gloire éternelle, de l'amour de Dieu, de l'espoir de le voir et de jouir de sa présence. Qu'en pensant au pardon qui fut accordé à ce malheureux qui vous demandait grâce, nous ne doutions jamais de votre miséricorde, que nous puissions mettre l'espérance au cœur de tous les pécheurs et que ceux-ci aspirent à leur salut et au bonheur de vous posséder, ô Jésus !

Mon bon Jésus, mon doux et divin Maître, par votre *sitio*, enseignez-moi *le désir* véhément de votre cœur pour le salut des âmes ; désir de partager vos souffrances, vos travaux, vos peines, votre Croix, vos douleurs, et cela pour sauver les âmes, pour les amener à partager un jour votre bonheur, ô Jésus !

Mon bon Jésus, mon doux et divin Maître, par ces paroles : « Mon Dieu, mon Dieu, pourquoi m'avez-vous abandonné? » enseignez-moi ce que sont *les angoisses* par lesquelles a passé votre divin Cœur sur la croix et celles qui peuvent affliger une âme quand elle se voit seule, délaissée, abandonnée de Dieu et des hommes. O bon Sauveur, vous qui avez voulu endurer toutes les douleurs afin de nous les adoucir, soyez béni et soutenez-nous dans les peines intérieures, afin que nous souffrions toujours avec vous, ô Jésus !

Mon bon Jésus, mon doux et divin Maître, par ces paroles : « Mon Père, je remets mon âme entre vos mains, » enseignez-moi *l'abandon* que doit avoir mon âme en vous remettant le soin de tout ce qui me touche, de tout ce qui m'intéresse. Pour le temps présent comme pour l'avenir, que ce soit là ma prière de chaque jour, de chaque instant; que je vive et meure en disant du fond de mon cœur : Je remets mon âme entre vos mains, ô Jésus !

Mon bon Jésus, mon doux et divin Maître, par le *consummatum est*, enseignez-moi *l'amour, le sacrifice.* Ce fut votre dernier cri sur la croix ; c'était votre désir pour le salut du genre humain, pour la gloire de votre Père, pour le bonheur des hommes. Amour et sacrifice ne doivent plus être séparés ; amour et sacrifice seront désormais le sujet de mes méditations ; amour et sacrifice seront mon bonheur et me feront parvenir à jouir à jamais de vous, ô Jésus !

Mon bon Jésus, mon doux et divin Maître, par les exemples de votre vie et par vos paroles, enseignez-moi les vertus qui font les saints. Vous les avez toutes pratiquées, vous êtes mon modèle en tout, soyez maintenant mon guide, dirigez-moi dans la voie du salut éternel. O bon Jésus, donnez-moi ce qui me manque, ce que je dois être pour vous plaire, détruisez en moi tout ce qui vous offense, tout ce qui vous déplaît; rendez-moi en un mot digne de votre amour, afin que je puisse vivre de vous et par vous maintenant et toujours.

Ainsi soit-il (1).

La construction d'un vaste bâtiment à la Solitude vint réjouir les dernières années de la Mère Bonnat; elle y voyait comme un renouvellement pour cette maison tant aimée, comme un moyen de multiplier, près de Notre-Dame de Toutes-Grâces, les visites, les pèlerinages, de faire revivre, dans un plus grand nombre de cœurs, un passé qui ne doit point être oublié; elle choisit la chambre qu'elle voulait occuper, au fond du corridor, tout à fait en face du Saint Tabernacle qu'elle pouvait contempler de loin quand toutes les portes étaient ouvertes. Dès que cela fut possible, elle alla habiter cette chambre, vraie cellule de religieuse, aux murs blancs et à l'ameublement simple et pauvre, puis se reposant là, en face de l'autel, elle dit en joignant les mains : « Oh ! que je suis bien ici, je ne pourrai être mieux qu'au ciel ! »

(1) Écrin.

La Mère P. Machet avait choisi une cellule voisine de celle de la Mère Bonnat ; elles espéraient se retrouver de temps en temps réunies dans ces lieux peuplés pour l'une comme pour l'autre de si précieux souvenirs, mais, hélas ! les projets de la terre formés le matin souvent ne vont pas jusqu'au soir du jour qui les vit naître. La Mère P. Machet ne vint qu'une fois se reposer à Martillac, près de la Mère Emmanuel, c'était en juillet ; déjà elle était souffrante, elle ne se releva pas et après quelques mois de maladie, le 18 novembre 1880, elle s'endormit doucement sur le sein de Dieu comme l'enfant s'endort sur le sein maternel. La Mère Bonnat voyait encore disparaître une de ces âmes d'élite qui avaient entouré le Fondateur de la Sainte-Famille comme d'une couronne d'honneur et de vertus. Quand elle voulait se rapprocher de ses premières Sœurs, c'était par le souvenir, par la prière, par ses visites au cimetière ; déjà bien détachée de la terre, elle aspirait de plus en plus au ciel, elle souriait à la mort comme l'exilé sourit à la pensée de la patrie, elle sentait que le terme du voyage n'était plus éloigné, et c'était avec la sérénité d'une espérance prochaine que devant cette tombe, la dernière qui devait s'ouvrir avant la sienne, la vénérée Mère enlevait à la dernière heure de la vie ses tristesses et ses voiles lugubres pour ne lui laisser que la perspective du bonheur et des joies éternelles :

LA MORT

La mort est une amie
Qui nous donne la main,

A notre âme endormie
Elle indique un chemin.
« Ne crains rien, nous dit-elle,
Au-delà du tombeau,
La lumière est plus belle
Et le jour est plus beau.

» Au-delà du passage
Est un jardin fermé,
Délicieuse plage,
Séjour du bien-aimé.
Je brise la barrière
Qui t'empêchait d'entrer,
Et par cette clairière,
Tu vas le rencontrer.

» Sous de lugubres voiles,
Je cache ma douceur,
Au-dessus des étoiles,
On me nomme bonheur.
Je suis la messagère
De l'immortalité,
A l'âme prisonnière
Je rends la liberté.

» Je suis la fin d'un rêve,
L'aurore d'un beau jour,
Un doute qui s'achève
Un envoyé d'amour ;
Solution d'un problème,
Je dissipe une erreur,
J'ouvre à l'âme que j'aime
Le temple du bonheur.

» Je termine un voyage
Parfois pénible et long ;
Le lien de l'esclavage,
C'est ma main qui le rompt.
Comme une moissonneuse,
Je recueille en passant,
La gerbe précieuse
Que j'offre au Tout-Puissant.

» Je ramasse les roses
Et les fleurs du chemin,
Car elles sont écloses
Pour un époux divin ;
En faisceaux, en corbeilles,
Je présente au Seigneur,
Les suaves merveilles
Dont il est Créateur.

» Avec ma faux légère,
J'enlève dans les champs,
La plante délétère
Et la fleur des méchants ;
Je change la parure
De ce globe habité,
Et rends à la nature
Tout ce qu'elle a prêté.

» Je suis, pour l'âme humaine,
Ange consolateur,
En abrégeant sa peine
Je guéris sa douleur ;

Je suis comme une mère,
Je reçois dans mes bras,
Le bonheur qu'on espère
Ne se redoute pas (1). »

(1) Rec. de poésies.

CHAPITRE VI.

La Mère Bonnat nommée Présidente Permanente du Conseil Général de Marie et Supérieure Générale des Sœurs Solitaires. — Les quatre-vingts ans de la Mère F. Noailles. — Conseil Général de 1882 tenu à Royaumont. — Retour de la Mère Bonnat à Bordeaux. — Sa maladie, sa mort, ses funérailles, son testament.

Qu'il est doux de prier en terminant sa vie,
Qu'il est doux de mourir en invoquant Jésus!
R. B.

« L'amour est obéissant et soumis aux Supérieurs, il est vil et méprisable à ses yeux. Dévoué à Dieu sans réserve et toujours plein de reconnaissance, il ne cesse point de se confier en Lui, d'espérer en Lui. »

Ainsi parle l'Imitation de Jésus-Christ quand elle esquisse les caractères de l'amour divin; ainsi allait agir la Mère Emmanuel, alors qu'arrivée au soir de sa belle vie, elle croyait n'avoir plus qu'à replier sa tente.

Aux premiers jours de mai 1881, le Conseil Général de Marie, réuni à la Solitude pour élire une Présidente Permanente à la place de la Mère P. Machet, porta l'unanimité de ses suffrages sur la Mère Bonnat, et le Directeur Général, ratifiant un choix qui répondait à ses propres désirs, nomma la Mère Bonnat Présidente Permanente du Conseil Général. La vénérée Mère était loin de s'attendre à cette nomination, elle fut la seule à s'en étonner. Lorsque le T. R. P. Fabre lui demanda de se dévouer encore pour le bien de la Famille, elle eut un instant d'émotion, puis s'inclinant profondément devant son Supérieur et son Père, toujours pour elle l'organe de la volonté de Dieu : « Il le faut bien, puisque vous le voulez, » dit-elle simplement, mais dans un sentiment d'obéissance et d'humilité qui révélait la puissance de son union avec le Bon Dieu et l'énergie de son esprit religieux. Le lendemain, nommée Supérieure Générale des Sœurs Solitaires, elle quittait la direction de la Congrégation de Lorette, changeait son costume pour reprendre celui de la Maison Générale et se prêtait à toutes les exigences de sa nouvelle position avec un calme et une simplicité qui montraient bien que si elle était prête à tout ce que demandait d'elle la volonté de Dieu, ses pensées, ses aspirations, ses espérances étaient déjà dans un monde meilleur. Et en effet, pendant qu'on s'empressait autour d'elle pour la féliciter et lui souhaiter de longs jours, pendant qu'à son retour à Bordeaux on lui préparait des fêtes du cœur qui la faisaient sourire, dans le silence de sa cellule, elle se nourrissait d'autres pensées, elle aspirait à des fêtes sans fin, à des joies sans mélanges, à des jours sans déclin, à des horizons sans limites, à l'heure tant désirée qui la mettrait pour jamais en possession de Dieu !

SAINTS DÉSIRS

O mort ! ô douce mort ! c'est toi qui dois me donner la vie, finir mon exil, terminer mon martyre, me montrer la patrie, m'ouvrir le ciel, me conduire à Jésus !

Quel bonheur ! quand je sentirai dans mon corps le brisement ou l'épuisement, signe précurseur de mes derniers moments !

Quel bonheur ! quand on me parlera de recevoir les derniers sacrements et que je verrai se faire tous les préparatifs !

Quel bonheur ! quand le doux Jésus viendra me donner son suprême baiser, le baiser d'adieu et qu'il me dira : A bientôt !

Quel bonheur ! quand l'huile sainte touchera mes membres et les sanctifiera pour les préparer à la résurrection !

Quel bonheur ! quand j'entendrai cette espèce de commandement : Partez, âme chrétienne, au nom du Père éternel !

Quel bonheur ! quand on dira : Que la triomphante armée des martyrs se réjouisse, que le chœur rayonnant des Vierges vous accueille avec allégresse !

Quel bonheur ! quand mon âme, déjà presque dégagée de mon corps, pourra entrevoir sa céleste demeure !

Quel bonheur ! quand je pourrai dire avec mon Jésus : « Tout est consommé ! Mon Dieu ! je remets mon âme entre vos mains. » *Misericordias Domini in æternum cantabo !*

Quel bonheur ! quand, sortant des ténèbres de la terre, j'entrerai dans la claire vision de Dieu !

Quel bonheur ! Jésus, quand, tombant à vos pieds, je

vous dirai : « Seigneur, j'ai beaucoup péché, mais j'ai beaucoup aimé, faites-moi miséricorde. »

Quel bonheur! si j'entends Jésus me dire : « Entrez dans la joie de votre Seigneur! »

Quel bonheur! si je vois les portes du Purgatoire s'ouvrir et se fermer devant moi!

Quel bonheur! quand je pourrai me dire : C'est fini, me voilà sauvée!

Quel bonheur! quand je contemplerai sans crainte tous les périls et tous les dangers de la vie!

Quel bonheur! quand l'écho de l'éternité résonnera pour moi et que je pourrai dire : Toujours avec Dieu!

Quel bonheur! quand je verrai Marie et que je lui dirai : « Voilà votre enfant, Mère, bénissez-la. »

Quel bonheur! quand je verrai tous les saints, mes fidèles protecteurs, mes patrons, mes frères, mes amis!

Quel bonheur! quand admise dans la céleste Jérusalem, je contemplerai sans voile la face de mon Dieu!

Quel bonheur! quand je pourrai chanter ses louanges et le bénir éternellement!

Quel bonheur! quand, absorbée dans ma félicité et contemplant la divinité, je pourrai dire avec les anges : « Saint, saint, saint » pendant toute l'éternité!

Quel bonheur! quand, ravie en Dieu, je ne verrai plus que Lui, je n'aimerai plus que Lui, je serai toute à Lui!

O ciel! ô bonheur! ô éternité! qu'est-ce que la souffrance pour un si grand bienfait! que sont les épreuves d'un jour pour cette récompense! (1)

(1) Écrin.

A partir de ce moment, la Mère Bonnat parut appartenir de moins en moins à la terre. Son esprit était sans cesse uni à Dieu, elle ne semblait jamais perdre un instant le sentiment de sa divine présence, et l'exquise dignité [qu'à toute heure et en toute circonstance, on admirait en sa tenue, était l'indice très marqué de cette sainte habitude. Elle rapportait tout à Dieu, et tout la rapprochait de Dieu : silencieuse, recueillie, dans sa chère cellule de la Solitude, elle lisait, écrivait ou travaillait. Elle lisait ce qui la portait à aimer le Seigneur, elle écrivait quelques-unes de ces pages brûlantes d'amour qui ont été transcrites ici, elle travaillait à quelque ouvrage destiné aux autels du Seigneur ou aux pauvres. Si l'on venait la trouver, son accueil tout maternel rappelait la tendre charité de Jésus ; si l'on avait besoin d'un conseil, d'un encouragement, c'est encore dans le Cœur du divin Maître qu'elle allait puiser de ces mots du Ciel qui consolaient, transformaient et ne s'oubliaient plus ; pour chaque Sœur qui allait faire son pèlerinage à Notre-Dame de Toutes-Grâces, elle avait une attention délicate : c'était une fleur, une image, un souvenir qui devait rappeler la Solitude, Notre-Dame de Toutes-Grâces, le bon Père. En voyant la vénérée Mère dans cet exercice de la plus suave charité, on ne pouvait s'empêcher de penser à la Sainte-Vierge restant dans l'Église pour en affermir les fondements, ou à Saint Jean disant à tous : « Mes petits enfants, aimez-vous les uns les autres. » Oh ! oui, elle était belle et grande cette mission de la Mère Emmanuel au centre de la Sainte-Famille, personnifiant en elle l'esprit des premiers jours de la Société, prêchant d'exemple plus que de parole, se dévouant à faire du bien aux âmes, consolant, soutenant, pardonnant, aimant, aimant toujours !

Au mois de janvier 1882, la Mère Aloysia Noailles achevait sa quatre-vingtième année. Elle invita la Mère Bonnat à aller célébrer avec elle ce mémorable anniversaire, et elle lui demanda comme une faveur de lui apporter une pièce de vers de sa composition pour fêter ses quatre-vingts ans. Heureuse de trouver l'occasion de faire un plaisir et de revoir encore une fois une Sœur, une amie, la Mère Emmanuel se rendit à Mont-de-Marsan emportant les vers suivants :

2 JANVIER 1882

Quatre-vingts ans, c'est une belle fête,
Pour tous les cœurs qui savent vous chérir ;
Et vos beaux ans consacrés à Lorette,
Comme des fleurs paraissent refleurir.

Quatre-vingts ans, c'est un pèlerinage
Dont vous avez parcouru le chemin,
Sans vous douter des dangers du voyage :
Un ange ami vous tenait par la main.

Quatre-vingts ans passés dans l'innocence,
Dans la prière et l'amour du devoir,
C'est le bouquet qu'offre votre existence,
Comme un parfum qu'exhale l'encensoir.

Quatre-vingts ans vous virent jeune fille,
Plaire, briller, puis entendre la voix
Du Père aimé de la Sainte-Famille,
Vous appelant à l'ombre de la Croix.

Quatre-vingts ans vous trouvèrent fidèle
A faire aimer la régularité,
A vous montrer toujours un vrai modèle
De bienveillance et d'amabilité.

Quatre-vingts ans on a su des Noailles
Bénir le nom, les vertus, les labeurs,
Et soixante ans nos modestes murailles,
Ont vu chérir nos zélés fondateurs.

Quatre-vingt ans nous désirons encore
Vous conserver à l'amour de nos cœurs,
Nous demandons qu'une incessante aurore
Comble vos jours de bienfaits, de faveurs (1).

La session régulière du Conseil Général de Marie avait été fixée au mois d'août, à la suite de la retraite de Supérieures qui devait avoir lieu à l'abbaye de Royaumont. La vénérée Mère Bonnat, connaissant tous les devoirs qui incombaient à sa haute mission de Présidente Permanente, se mit à la rédaction des divers documents qu'elle devait apporter au Conseil Général de Marie. Son rapport, fruit d'un travail long, sérieux, détaillé, tout entier écrit de sa main tremblante, montrait avec quel soin et quel esprit d'observation elle étudiait la règle dans toutes ses parties et s'acquittait des devoirs de sa charge. Le compte-rendu de la Congrégation des Sœurs Solitaires, écrit également de sa main, indiquait avec une connaissance pratique des besoins des âmes vouées à une vie de prière, les moyens à prendre pour

---

(1) Rec. de poésies.

favoriser et développer l'esprit de piété, de recueillement, d'union avec Dieu. En lisant ces pages soigneusement élaborées, sagement réfléchies, empreintes d'une expérience pleine de sagesse, de prudence, de prévoyance, et si marquées au coin de l'esprit de Dieu, on ne pouvait que bénir le Seigneur de conserver ainsi à la vénérée Mère Emmanuel, sous les glaces de l'âge, une jeunesse qui semblait, au contact de la Sainte Eucharistie, se renouveler comme celle de l'aigle.

Durant la retraite la Mère Bonnat reçut, en direction, de nombreuses retraitantes qui voulaient profiter de ses conseils, de ses sages leçons ; se réchauffer, se ranimer dans la piété près de cette Mère dont l'existence n'était qu'un acte d'amour de Dieu. Elle accueillit ses filles avec sa bonté maternelle, plus expansive encore quand il s'agissait de s'occuper des âmes. En sortant d'auprès d'elle, celles qui avaient eu le bonheur de recueillir quelques-uns de ces pieux enseignements se sentaient animées d'une nouvelle ardeur pour le bien, et comme les disciples d'Emmaüs elles auraient pu dire : Notre cœur n'était-il pas tout brûlant quand elle nous parlait de l'amour de Dieu ? Lorsqu'elles apprirent sa mort, quelques semaines après, la plupart évoquaient le souvenir des entretiens de cette retraite et disaient : « Jamais nous n'oublierons les derniers conseils de notre regrettée Mère. »

Les travaux du Conseil Général trouvèrent la Mère Bonnat à son poste et à la hauteur de sa mission. Elle les supporta, sans arrêt, tout le temps de la session, mais elle avouait qu'elle se sentait un peu fatiguée des longues et nombreuses séances et de l'attention soutenue qu'il lui avait fallu dépenser durant toute la durée du Conseil.

Le dernier jour, heureuse de la fin de la session, elle disait en secouant la tête : « C'est fini, je n'en verrai pas d'autre ; » et comme la trouvant si bien on voulait la convaincre que quatre années passeraient facilement sur sa tête sans la courber : — « Non, non, reprit-elle, je ne verrai plus d'autre réunion de ce genre, je ne reverrai plus Royaumont. »

Ce fut le vendredi, 1er septembre, que la Mère Emmanuel quitta l'abbaye. Le départ revêtit une teinte mélancolique, les cœurs étaient tristes en la voyant s'éloigner et elle-même semblait sous une impression dont on ne saurait définir la nature : « On s'attache à cette belle abbaye, disait-elle, on regrette de la quitter... » Et un soupir achevait sa pensée.

La veille au soir elle s'était laissé conduire dans la salle du noviciat et là, dans un entretien tout intime, elle avait parlé avec une douce persuasion, avec un aimable abandon toujours marqués du sceau de sa piété fervente ; elle avait promis à son jeune auditoire de ne point l'oublier auprès de Notre-Dame de Toutes-Grâces et de demander, pour chacune, la grâce de la persévérance dans sa vocation. Et comme elle entendit que l'on faisait allusion à cette prière qu'elle avait coutume d'adresser pour elle-même, chaque jour, au Bon Dieu, la Mère Bonnat reprit : — « Oui, la grâce de la persévérance je l'implore quotidiennement de la bonté de Jésus. Voici cinquante-six ans que je suis religieuse, j'ai toujours été heureuse, comment ne demanderais-je pas de rester fidèle ? »

De l'abbaye, la Mère Emmanuel se rendit à Paris et ensuite à Saint-Mandé où elle avait promis une visite. Ce fut une joie bien grande, on en jouit largement, puis comme tout passe rapidement sur cette terre d'exil, l'heure de la séparation arrivée, la chère visiteuse partit. Durant ces quelques jours de halte dans la capitale, elle eut le temps de visiter, une dernière fois, les principales Maisons de la Société dans cette ville et aussi de se rendre à Versailles. Quand il s'agissait de faire plaisir, de procurer une consolation, la Mère Bonnat ne connaissait pas d'obstacles, sa fatigue personnelle était comptée pour peu de chose. Dans le cours de ses différentes stations, elle fit encore un bien immense, c'était comme un renouvellement de ferveur qu'elle allait portant partout sur ses pas ; apôtre et prédicateur des deux vertus privilégiées du bon Maître, elle ne cessait de recommander à toutes la pratique de l'humilité et de la charité ; et cela avec son ardeur habituelle, ses expressions pénétrantes, cet accent convaincu et engageant qui attirait. Nulle de celles qui ont pu l'entendre alors n'oubliera ce testament maternel.

Le 7 septembre, après sept semaines de pérégrinations, de travaux, de fatigues, la Mère Emmanuel rentrait à Bordeaux. Si en quittant ses filles du Nord elle avait éprouvé un moment d'émotion et de mélancolie naturelle à son âge, à mesure que diminuait la distance qui la séparait de sa chère Solitude, le bonheur doux et paisible reprenait vie en son cœur. Elle avait hâte de se retrouver à Martillac, de reprendre cette existence toute de prière, de travail, de calme, d'études, de suave union avec Jésus. Néanmoins, par bonté encore, se rendant aux désirs exprimés par les membres de la Maison Générale qui n'avaient point joui de sa présence depuis si longtemps, elle demeura plusieurs jours au centre. Ce fut alors qu'elle visita, pour la dernière fois, ces deux Maisons qui lui étaient chères à des titres bien différents : Lorette et Saint-Pierre de Talence. Elle n'oublia pas non plus les malades du Sablonat; tout le monde eut sa part de gracieuse amabilité, d'universelle et débordante bonté.

Enfin, le 11 septembre, vers le soir, la Mère Emmanuel revenait à la Solitude, un peu fatiguée sans doute, à la suite de tant de déplacements et d'émotions diverses, mais gaie, alerte et surtout heureuse des nombreux plaisirs qu'elle allait faire. Au cours de sa longue tournée, bien des présents lui avaient été offerts, elle revenait donc riche de cadeaux à distribuer, de bienfaits à répandre sur ses amis de prédilection : les pauvres, les paysans. Nul ne fut oublié, mais, comme toujours en semblables circonstances, la généreuse donatrice ne voulut pas être remerciée : « Qu'on prie pour moi, disait-elle, cela me suffit. »

La fatigue éprouvée d'abord sembla bientôt s'évanouir, la Mère Bonnat reprit son pieux règlement et Jésus-Eucharistie reçut de nouveau la visite matinale et fervente de son Épouse fidèle. Les occupations du jour revinrent aussi prendre leur place dans la vie de la Mère Emmanuel, elle visita ses fleurs, ses plantes, ses abeilles, et parut vouloir se remettre au travail. Mais le divin Maître en avait décidé autrement, ces derniers labeurs avaient achevé la tâche de la diligente ouvrière, ces derniers mérites acquis avaient posé la perle dernière de sa couronne ; sa journée pénible, longue, si méritoire, si bien employée, allait s'achever, l'heure du repos approchait. Ce repos, la vénérée Mère en avait désiré la venue toute sa vie; au début de sa carrière religieuse, sous son voile blanc de novice, nous l'avons vue, dans son ardent amour pour Jésus, souhaiter vivement le terme de l'exil, la réunion avec le Bon Maître ; et, dans les pages si bien remplies qui ont retracé son existence, on a pu retrouver à chaque pas comme sous toutes les impressions, le souvenir de cette aspiration unique, de ce constant désir du ciel. Si l'attente avait été longue, elle n'avait en rien affaibli le désir ; souvent on l'a remarqué : la Mère Bonnat n'appartenait plus à la terre, sa physionomie vénérable, digne, calme, portait l'empreinte d'une indulgente bonté, et dans son regard, on croyait lire et comprendre parfois que la source de sa vie, le principe de son existence, n'était pas de ce monde, mais qu'il venait de plus haut.

Très vive par nature, la Mère Emmanuel avait dit plusieurs fois qu'elle souhaiterait ne point être arrêtée par une longue maladie, dans la crainte de laisser échapper au milieu de souffrances prolongées quelques signes d'impatience. Jusque dans leurs moindres désirs, le bon Maître se plaît à exaucer les vœux des âmes qui lui sont particulièrement chères.

Ce fut dans la nuit du 15 au 16 septembre que la Mère Bonnat ressentit les premières atteintes du mal qui devait l'emporter ; puis, dans la journée suivante, un accès de fièvre, précédé d'un violent frisson, se manifesta. Des remèdes prompts et énergiques furent administrés à la chère malade, et l'inquiétude ne perça point encore parmi son entourage. Cette sécurité, hélas, ne devait pas être de longue durée ! L'accès de fièvre reparut chaque jour, aux mêmes heures que la veille et avec une semblable intensité. Le docteur Montallier, médecin de la vénérée Mère, se rendit immédiatement à la Solitude, il fit ses prescriptions, mais bientôt, comme des alternatives de mieux et de plus mal ne cessaient de se manifester; qu'au loin, à la campagne, on se trouvait à une trop grande distance de tout secours, et que les craintes augmentaient sans cesse au sujet d'une santé si précieuse, le docteur déclara que le retour de la malade à Bordeaux s'imposait, qu'il fallait y pourvoir au plus tôt. Cette nouvelle, communiquée à la Mère Emmanuel, l'attrista : « Si c'était pour mourir, dit-elle, je voudrais rester à la Solitude, mais enfin, puisque c'est pour guérir, je consens à retourner à Bordeaux. » Et comme toujours, soumise et résignée, elle rentra à la Sainte-Famille dans la matinée du jeudi 28 septembre. Ces quelques jours de fièvre l'avaient déjà bien changée, bien affaiblie, bien abattue, ce ne fut qu'à grand'peine qu'elle put gravir les deux étages qui la séparaient de sa modeste chambre : elle y arriva épuisée et fut obligée de s'aliter immédiatement.

Le voyage, quelque rapidement qu'il se fût effectué, n'avait point laissé d'être pénible; néanmoins, en voyant la vénérée malade installée au centre de la famille, à proximité de toute aide et de tout secours, entourée de soins vigilants, habiles et affectueux, une lueur d'espoir se fit jour un instant, on crut ce que l'on désirait si vivement, et on s'arrêta à la pensée que cette indisposition n'était que passagère. C'était une illusion, tous les efforts ne purent conjurer le mal, et le dimanche soir 1er octobre, se produisirent les premiers symptômes de la congestion cérébrale qui devait si promptement l'enlever à la terre.

Depuis lors, l'inquiétude grandit d'heure en heure. Les Mères Marie de Saint-Jean Foucault, Saint-Marcel Mouëzy et Marie du Saint-Sacrement Couteau, entouraient la vénérée malade; mais la bonne Mère Hardy-Moisan était absente et son retour était impatiemment attendu, lorsque dans l'après-midi du 2, un télégramme annonça, pour le soir même, l'arrivée imprévue du Directeur Général. On sait le profond et filial respect que la Mère Bonnat avait voué à celui qui, depuis vingt années, à titre de successeur du bon Père, possédait sa confiance absolue ; on a pu juger les sentiments de reconnaissance que son bienveillant intérêt et la façon dont il avait compris son âme lui avaient inspiré à son égard, et alors on devinera sans peine la douce consolation que la nouvelle d'une telle visite apporta au cœur de la vénérée malade.

L'état de la Mère Emmanuel s'était aggravé si subitement, que malgré la correspondance suivie qui tenait le T. R. P. Fabre au courant de tous les événements, il ne s'attendait point à la trouver si mal, si abattue, si péniblement frappée.

Le lendemain, 3 octobre, la Directrice Générale rentrait aussi à Bordeaux.

Dieu, qui prépare toutes choses de loin et avec soin, quand il s'agit de la glorification des âmes qui lui sont chères, avait réuni, rassemblé en ces quelques jours les circonstances les plus favorables pour mettre en lumière celle qui toute sa vie n'avait cherché que le silence, que l'obscurité. Ne se contentant pas de grouper autour de son lit funèbre toutes les consolations qu'une famille religieuse peut départir au plus vénéré de ses membres, le bon Maître se disposait à faire davantage et le dernier mot de la prédilection de son cœur pour cette âme fervente n'était point dit encore.

La journée du mercredi 4 octobre restera toujours comme un souvenir du ciel, comme un suave parfum planant au-dessus des dernières heures de la Mère Emmanuel ; elle fut tellement distincte de celles qui la précédèrent et de celles qui la suivirent, qu'elle apparaît semblable à un joyau précieux, enchâssant, pour la piété fervente de cette âme eucharistique, la dernière visite de Jésus-Hostie.

La nuit avait été pénible ; cependant, aux premières heures de ce jour, un changement total s'opéra dans la vénérée malade, ses idées qui, par suite de la fatigue et par le travail qui s'opérait déjà en elle, avaient perdu de leur netteté, revinrent bien précises, bien claires. En son cœur se déchira cette dernière illusion que l'assoupissement, la maladie, y avaient fait demeurer à l'état latent, elle comprit que l'heure tant désirée approchait, que la grâce tant attendue allait lui être enfin accordée, et cette certitude, loin d'amener en son âme un sentiment de regret ou de tristesse, réveilla son énergique volonté. « Je veux mourir généreusement, joyeusement, gracieusement, » dit-elle avec cet aimable sourire qui dévoilait tout le bonheur intime de son âme, voyant enfin apparaître la lueur du grand jour de l'Éternité. Ensuite elle demanda elle-même les derniers sacrements, et pendant que les préparatifs s'achevaient, elle exprima le désir de parler en particulier au Directeur Général ; celui-ci se hâta de répondre au vœu de la vénérée mourante. Cette entrevue solennelle se prolongea ; la Mère Emmanuel avait une voix nette, claire, forte, un ton assuré, et elle parla longtemps. Ce que dévoilèrent ses confidences dernières, la bouche de celui qui les reçut nous dira plus tard que cela doit demeurer le secret de son cœur, néanmoins, au sortir de cette humble cellule, on pouvait recueillir sur ses lèvres des expressions de consolation profonde à la vue d'une telle sérénité.

Il était environ neuf heures du matin, le R. P. Anger monta, portant le Très-Saint-Sacrement, et la cérémonie commença. La chambre était petite, peu de Sœurs purent y prendre place ; la vénérée Mère, ne se voyant pas aussi entourée qu'elle l'espérait, s'affligeait, car dans son humilité, elle voulait faire une amende honorable devant le plus de monde possible. On se pressa davantage afin de se rendre à son désir, et lorsque sa voix s'éleva au milieu du majestueux silence qui régnait dans la maison, l'émotion gagna tous les cœurs. D'un ton grave et pénétré, elle s'accusa sans permettre qu'on l'interrompît, demandant pardon des manquements qu'elle avait cru faire et de la mauvaise édification qu'elle pensait avoir donnée.

Lorsqu'elle eut cessé de parler, le R. P. Anger, par une courte et pieuse allocution, prépara son âme à la dernière visite de Jésus, la Mère Emmanuel répétait avec bonheur tous ces actes d'amour qui appelaient le bon Maître dans son cœur, et lorsque ses lèvres brûlantes et desséchées par la fièvre reçurent le Pain vivant, le Viatique fortifiant pour le dernier voyage, sa figure revêtit une expression céleste qui devait durer jusqu'au soir, puis s'effacer et disparaître pendant les heures douloureuses de l'agonie pour reparaître encore après la délivrance et compléter la parure de suave majesté que son visage devait emporter jusque dans le tombeau.

Quand le R. P. Anger voulut procéder à l'administration de l'Extrême-Onction, la Mère Bonnat accueillit pleine de joie cette nouvelle faveur. — « Oh ! ce sacrement que j'ai tant demandé, répétait-elle, que j'ai tant désiré… et qui va purifier tous mes sens, sanctifier tous mes membres ! » — Elle suivit pieusement toutes les prières de la sainte Église et demeura comme pénétrée et embaumée par de si grandes grâces.

Le Directeur Général l'ayant revue peu après fut frappé de son calme, de la béatitude qui se réflétait sur sa physionomie. « Eh bien, ma bonne Mère, êtes-vous heureuse ? lui dit-il. — Oh ! oui, bien heureuse, cette grâce que j'ai reçue aujourd'hui, je l'ai demandée au Bon Dieu toute ma vie !… »

Quand la pieuse et triste cérémonie avait été achevée, une des plus anciennes filles de la Mère Bonnat était venue se prosterner à genoux au pied du lit et avait demandé à la vénérée mourante de lui donner sa bénédiction. Effrayée d'abord de voir qu'un tel appel lui était adressé, la Mère Emmanuel sembla vouloir se récuser, mais à la suite d'une seconde demande, simplement elle posa sa main sur la tête inclinée devant elle dans le plus tendre et le plus filial sentiment de respect et elle dit lentement, avec toute la majesté, toute l'ampleur que peut donner à la femme la belle auréole de la maternité spirituelle : « Que Jésus, Marie et Joseph vous donnent ma bénédiction..... Au nom du Père, du Fils et du Saint-Esprit. »

La vénérée malade, comprenant qu'elle touchait au terme, que sa tâche s'achevait rapidement et qu'autour d'elle tous les cœurs qui avaient coutume de s'appuyer sur sa force, de s'éclairer de ses lumières, allaient demeurer seuls, se reprit encore à poursuivre sa miséricordieuse mission. — « Il faut qu'on laisse les Sœurs entrer ici, disait-elle à celles qui la soignaient, il faut qu'elles puissent venir toutes, je leur dois de leur faire du bien jusqu'à la fin. »

Et toutes, obéissant, souscrivant à cette invitation maternelle, vinrent tour à tour s'édifier auprès de ce lit de douleur. Chacune eut son mot, son sourire, sa bénédiction, son conseil. Une Sœur perclus depuis longues années, mais jeune encore et se sentant de l'ardeur, de la vie, la pria de demander au Bon Dieu sa guérison afin qu'elle pût, comme les autres, se dépenser et travailler. La Mère Emmanuel réfléchit un instant, puis avec cette sûreté de coup d'œil des âmes qui touchent aux portes de l'éternité, elle répondit lentement : « Non pas guérir, se sanctifier. »

Dans l'après-midi, il y eut consultation de trois médecins, la vénérée malade n'avait pas été prévenue d'avance néanmoins elle les accueillit avec sa grâce habituelle, répondant à leurs questions, se montrant gaie, joyeuse.

— « Qu'avez-vous, ma bonne Mère ? » lui dit l'un des docteurs.

— « Ce que j'ai, reprit-elle en souriant, je suis vieille,

j'ai près de quatre-vingt ans, je ne suis plus bonne à rien. »

Les médecins en se retirant admiraient tant de sérénité ; cependant ils avaient constaté 116 pulsations, le danger devenait imminent. Lorsqu'ils furent sortis, la Mère Emmanuel qui, durant leur visite, n'avait point abandonné son chapelet qu'elle récitait au moment de leur arrivée, dit aimablement : « Ils m'ont fait perdre où j'en étais !.. »

Ce même jour, à un certain moment, on remarqua qu'elle regardait un point de la chambre avec une extraordinaire attention, sa figure conservait toujours un éclat céleste ; aussi à ce spectacle une voix s'éleva-t-elle pour dire : « Ma bonne Mère, voyez-vous les Anges ? » Sans détourner la tête, sans paraître étonnée d'une question semblable, la vénérée Mère répondit : « Non, je ne vois rien encore, il y a toujours comme un voile. » Et appuyant la main contre sa poitrine, elle continua : « Mais je sens et je comprends.... »

La nuit du 4 au 5 fut bien mauvaise, l'agitation, le vague dans les idées reparurent. Un peu avant minuit, la Mère Bonnat demanda à la Sœur qui la veillait, quelle était la date de ce jour. — « Le 4 octobre, » lui fut-il répondu. — « Ah ! le 4, alors demain sera le 5, et après-demain le 6, l'anniversaire de la mort de la Mère Saint-Bernard. » Y avait-il en elle un pressentiment ? ou le pieux rendez-vous était-il donné ? Nul ne pourrait le dire.

Sous le coup de la menace qui demeurait suspendue sur la tête de la vénérée Mère, on avait prévenu sa famille en toute hâte. Mme Joseph Bonnat et sa fille, la belle-sœur et la nièce de la Mère Emmanuel, s'empressèrent d'accourir. A leur vue, la mourante fit effort pour sortir de l'assoupissement qui l'absorbait depuis la nuit pénible qu'elle avait passée ; avec sa grâce ordinaire elle leur fit les plus touchants adieux, parlant du ciel, de son bonheur d'y aller, n'oubliant pas les absents et envoyant à tous un souvenir, un conseil.

Malgré la beauté imposante de cette scène de famille, qui rappelait les derniers adieux des patriarches, la journée ne portait plus le cachet céleste de la veille ; le travail de la mort s'accentuait rapidement, les idées de la vénérée mourante perdaient leur lucidité, et si par intervalles ce visage, qui n'appartenait plus à la terre, semblait s'illuminer encore, c'était lorsque la pensée du Bon Dieu, se faisant jour dans cette pieuse intelligence, venait la réchauffer, la ranimer, par son souffle bienfaisant. Une fois surtout, la Mère Emmanuel, croisant subitement ses pauvres mains tremblantes et élevant son regard brillant vers le ciel, se prit à dire avec ardeur : « Mon Dieu, je vous aime de tout mon cœur, de toute mon âme, de toutes mes forces, » et, poursuivant sa prière d'une voix ferme, distincte, elle répéta l'*Ave Maria*, vingt fois, trente fois peut-être avec cette piété persévérante qui l'a toujours caractérisée. Puis le ton alla diminuant peu à peu, le mouvement des lèvres devint presque machinal, et les doigts s'agitèrent longtemps encore comme pour égréner un chapelet.

Oh ! comme la Sainte-Vierge devait regarder avec complaisance ce mouvement qui, plus éloquent que toutes les paroles, disait assez combien la Mère Bonnat s'était plu à l'invoquer fréquemment durant sa longue existence !

Il y a bien des années déjà, nous avons assisté à l'origine et aux développements de la sympathie profonde qui unissait deux nobles et grandes âmes bien faites pour se rencontrer et pour se comprendre : Son Éminence, le Cardinal Donnet, archevêque de Bordeaux, et la Mère Emmanuel. A la première nouvelle de la maladie de sa vénérable amie, le bon Cardinal, malgré ses quatre-vingt-sept ans, ses blancs cheveux, sa démarche tremblante, accourut avec empressement. Quand il arriva au chevet de la mourante, celle-ci ne parlait plus qu'avec peine et difficulté, elle comprit néanmoins la grâce que ce prince de la Sainte Église allait déverser sur ses derniers moments, et, joignant les mains, elle s'écria avec reconnaissance : « Quel bonheur ! bénédiction, bénédiction. »

Ce même jour, dans l'après-midi, elle eut une nouvelle occasion de montrer toute la grandeur de son esprit de foi, de son respect pour l'autorité légitime et religieuse. Le Directeur Général s'étant rendu auprès d'elle, la Mère Bonnat le reconnut et, par un sentiment de vénération filiale pour le Chef de la Famille, elle prit ses deux mains, les baisa et lentement, avec beaucoup d'efforts, les éleva au-dessus de sa tête, semblant demander encore une dernière bénédiction.

Peu d'instants après, le R. P. Anger venait renouveler le bienfait de l'absolution à la Mère Emmanuel et lui donner l'indulgence plénière *in articulo mortis*.

Le 6 octobre était un vendredi, le premier du mois et selon la coutume autorisée à la Maison Générale de la Sainte-Famille, le Très-Saint-Sacrement allait être exposé toute la journée. Coïncidence admirable, durant les heures d'agonie de son Épouse fidèle et fervente, Jésus-Eucharistie d'une manière plus sensible se manifestait sur l'autel même au pied duquel la vénérée Mère Bonnat lui avait fait pieuse garde si souvent, depuis longues années. Pendant cette dernière période, le bon Maître, qui avait hâte de l'union définitive, se rapprochait pour ainsi dire de celle qui l'avait tant désiré ; quelques instants encore et la distance allait disparaître pour toujours, le bonheur sans fin allait devenir une réalité.

La nuit avait été bien douloureuse, et dans la journée, de moments en moments la faiblesse augmentait, le terme avançait à pas lents et certains, il régnait dans la maison entière comme un silence de religieux respect. Plusieurs fois on crut que la vénérée mourante touchait à son dernier soupir ; les prières des agonisants furent récitées à diverses reprises et comme, dans l'empressement général, on cherchait un livre, celui de la Mère Bonnat s'offrit à la vue, on l'ouvrit et l'on trouva, marquées par elle-même, avec soin, les prières de la recommandation de l'âme. Deux jours avant, à l'heure de la cérémonie de l'Extrême-Onction, c'était aussi dans son livre qu'on avait suivi les prières de l'Église, également marquées comme pour indiquer la préparation éloignée dont ne s'était point dispensée la Mère Emmanuel.

Tout le jour, les filles de la Mère Bonnat se relevèrent aux pieds de Jésus et implorèrent son secours pour la vénérée mourante, puis, lorsque le soir fut venu, que l'Hôte divin eut repris sa place au Saint Tabernacle, ce fut auprès du lit de l'agonie et de la douleur qu'on se pressa avec vénération. « La vie est un flambeau prêté par Dieu et que nous devons entretenir avec un religieux respect, » avait écrit la Mère Emmanuel, et d'accord avec cette pensée, au cours de sa longue existence, elle avait veillé attentivement à entretenir cette flamme, elle avait pourvu d'huile cette lampe qui s'était consumée au pied des autels, aussi à l'heure de la séparation semblait-elle dire : « Mourir, c'est atteindre un but, terminer un voyage, franchir un difficile passage, renverser une épaisse barrière, briser des fers, ouvrir les yeux à la lumière..... Le mourant, c'est le prisonnier qui s'échappe de son cachot, l'exilé qui part pour la patrie, la fleur qu'on cueille pour une fête, le papillon qui sort de sa chrysalide, la fiancée qui se présente à l'Époux..... » (1)

L'asphyxie se faisait rapidement, si la sensation et la connaissance existaient encore, les souffrances devaient être bien intenses, car l'expression empreinte sur cette belle physionomie rappelait celle du Sauveur aux heures douloureuses de son crucifiement. La nuit était arrivée, l'aurore du samedi allait bientôt paraître, la Mère Emmanuel ne devait point la voir sur cette terre : vers neuf heures trois quarts son âme, pure et sanctifiée par la souffrance, prit son vol vers la patrie céleste, quittant sans effort ce lieu d'exil pour aller se perdre en Jésus qu'elle avait tant aimé, tant désiré, si longtemps attendu !

Dès l'aube, le samedi 7 octobre, la chambre mortuaire fut pour ainsi dire transformée en un parterre de fleurs, le lit en était couvert et la dépouille de celle

(1) Écrin.

qui, durant cinquante-six années, s'était montrée la fidèle épouse du divin Maître, la coopératrice du bon Père, la Mère dévouée et bienfaisante des Sœurs de la Sainte-Famille, reposait au milieu des lis. Sa figure si bonne et si calme, empruntant à la mort un cachet de majesté et de beauté plus imposant encore, semblait refléter une vision du ciel. Involontairement, la voyant si douce, si paisible, on replaçait sur ses lèvres glacées pour un temps, mais toujours brûlantes de l'amour divin, ce chant qu'elle avait composé à Madrid, bien des années auparavant, en 1850, et qu'elle avait intitulé :

DERNIERS MOMENTS

De fleurs jonchez la terre,
Chantez l'hymne d'amour;
Enfants, pour votre Mère,
Voici le plus beau jour.

De la prison où je vivais captive,
Je vois les murs s'écrouler devant moi,
Avec transport j'aperçois l'autre rive,
Divin Jésus, je vais aller vers Toi !

Ils sont brisés, les fers de l'esclavage,
J'entends déjà la voix de mon Sauveur :
Viens, me dit-il, sur cet autre rivage,
Tu trouveras la paix et le bonheur.

Ah ! laissez-moi voler vers ma patrie !
Il en est temps, j'ai besoin de repos ;
Un doux espoir m'attire vers Marie,
Qui doit au ciel couronner mes travaux.

Ouvrez-vous donc, invisible barrière
Qui retardez l'instant de mon bonheur,
Chœur des élus, écoutez ma prière,
Conduisez-moi près de mon doux Sauveur.

De mon exil sonne la dernière heure,
De mon Époux j'entrevois le séjour ;
Palais divin, tu deviens ma demeure,
Dans tes parvis je vais vivre d'amour.

Gardez-vous bien de pleurer sur ma tombe,
Chantez plutôt le cantique immortel ;
Heureux moment, la nature succombe...
Et moi, je vais m'unir à l'Éternel !

 De fleurs jonchez la terre,
 Chantez l'hymne d'amour ;
 Enfants, pour votre Mère,
 Voici le plus beau jour ! (1)

La vue de cette vénérable physionomie était un repos, une édification ; le Directeur Général, qui avait assisté la Mère Emmanuel, qui l'avait encouragée et consolée à la dernière heure, se fit un pieux devoir de la visiter encore. Les Sœurs de toutes les maisons de la Sainte-Famille de Bordeaux s'empressèrent aussi d'accourir, et durant deux jours entiers la modeste cellule de l'humble religieuse fut le but d'un véritable pèlerinage. Avec un respect religieux on faisait toucher des images, des médailles, des chapelets, aux restes de la vénérée

(1) Rec. de poésies.

défunte, et celle qui n'avait cherché toute sa vie que l'ombre, l'obscurité, avait à peine exhalé son dernier soupir qu'un hommage spontané était rendu à la sainteté de son existence.

Le 8 octobre était un dimanche ; l'Église, en 1882, fêtait en ce jour la Maternité de la Très-Sainte-Vierge ; à cette occasion, le T. R. P. Fabre fut amené à donner aux Sœurs de la Maison Générale de la Sainte-Famille une instruction dont quelques fragments doivent être insérés en ce récit. Après ces accents sortis de la bouche de celui qui, comme premier Supérieur et comme Père, connaissait si intimement la vénérée Mère Emmanuel, tout éloge nous paraît inutile. Si, en écoutant cette voix autorisée, on songe que deux jours ne s'étaient point encore écoulés sur l'immense douleur de la famille religieuse tout entière, si on n'oublie point que la dépouille de la vénérée défunte était encore exposée à quelques pas de la chapelle, et enfin si l'on considère que celles qui entendirent ce discours avaient toutes été à des titres plus ou moins pressants les filles bien-aimées de la regrettée Mère, on se fera sans peine une juste idée de l'émotion produite par des paroles qui trouvaient en tous les cœurs un écho fidèle et profond.

Prenant pour texte : « *Parce que le Seigneur a regardé l'humilité de sa servante, toutes les générations la diront bienheureuse,* » le Directeur Général fit ressortir l'humilité de la Sainte Vierge, la montrant comme raison primordiale qui fixa le choix de Dieu sur elle et lui mérita la maternité divine. Il détailla ensuite quelle part le Seigneur avait prise dans la formation de son cœur : *elle était pleine de grâces*, puis, par une touchante analogie qui semblait découler naturellement de son cœur :

« Il est des âmes, s'écria-t-il, que Dieu prédestine à de belles et grandes missions ; eh bien ! ces âmes-là, il les prévient de sa grâce, il les entoure de sa sollicitude, il remplit leur esprit, leur cœur, leur volonté, de grâces en rapport avec la mission à laquelle il les appelle ; à leur entrée dans la vie elles sont prévenues, entourées de grâces particulières. Dieu les orne dans l'ordre naturel, comme dans l'ordre surnaturel, de dons qui les aideront à remplir la mission qu'il leur confiera. Sous l'action du Seigneur ces âmes paraissent dans la vie, grandissent, se développent jusqu'au moment où elles vont choisir le parti que le Divin Maître leur réserve, et elles entrent alors généreusement dans la carrière qu'il leur ouvre..... Ainsi fit la Très-Sainte-Vierge : « Je vous salue pleine de grâces, vous êtes choisie de Dieu pour être mère de son Fils. — Voici la servante du Seigneur ! » Qui a prononcé ces paroles ? —C'est la Sainte-Vierge... Mais n'entendez-vous pas les échos lointains, et non affaiblis, de cette parole dans une bouche qui vient de se fermer pour toujours ? « Voici la servante du Seigneur. » C'est l'épanouissement de la grâce de Dieu qui commence ; c'est l'épanouissement de la grâce de Dieu qui continuera.

. . . .

» Oui, mes chères filles, la mission que Dieu donne, il l'accompagne de grâces, il la remplit de mérites pour les âmes généreuses qui y correspondent. La voyez-vous, celle que vous pleurez, sous l'action de la mission qu'elle a à remplir?... Il y eut pour elle d'autre Bethléem, d'autre Jérusalem... Un glaive de douleur devait transpercer cette âme si grande, si sensible... Peut-être y eut-il aussi pour elle la fuite en Égypte, la maison de Nazareth et tant d'autres choses que ma bouche se refuse à vous dire, parce que ce doit être le secret de mon cœur; mais toujours, partout, elle répéta : « Voici la servante du Seigneur. » Elle correspondit aux grâces que Dieu lui accorda, c'étaient des grâces exceptionnelles, des grâces de choix dans l'ordre de la nature, comme dans l'ordre de la grâce; toujours, en tout, partout, jusqu'à sa dernière heure, vous l'avez entendue, avec un bonheur inexprimable, s'écrier dans les transports de son amour : « Voici la servante du Seigneur... » Oh! qu'il est beau dans la vie de voir des âmes qui savent ainsi retracer noblement, généreusement, les traits admirables de leur sainte Mère du Ciel!... Qu'il est beau de voir des cœurs saintement épris de l'amour céleste, de l'amour de la Croix, de l'amour du sacrifice, dire avec une touchante simplicité : « Ma devise à moi, c'est aimer et souffrir. »

» Quels mérites dans une âme qui a rempli une si belle mission et fourni une si longue course dans le service du Seigneur!... Qu'il est beau de voir une âme qui a accepté la mission de faire du bien! « Jésus passa en faisant le bien... » et, mes chères filles, celle que vous pleurez a passé en faisant le bien. Que dis-je? Elle demeure... Oui, elle demeure parmi vous en faisant le bien. Est-ce que sa douce image n'est pas là présente à vos esprits et à vos cœurs?... Est-ce que son existence tout entière n'est pas là, vous disant : « Faire du bien, c'est le seul bonheur de ma vie ! » Qu'elle a été douce pour tous les cœurs affligés ! qu'elle a été bonne et miséricordieuse !... que Dieu a dû être bon pour cette âme qui a été si bonne !...

» Oui, la mission que Dieu donne à une âme, il la prévient par sa grâce, il l'enrichit de mérites, et au Ciel il la couronne d'une gloire éternelle. Ici, vous comprenez que je dois m'arrêter, je me trouve en face de l'inconnu, et cependant il serait si consolant pour nos cœurs d'entrevoir un peu, de détourner un peu ce voile de l'Éternité qui renferme tant de joie, tant de bonheur, tant d'allégresse... Mais pourquoi ne pas nous dire à nous-mêmes les joies qu'a dû éprouver votre bonne Mère en voyant le Bon Dieu qu'elle avait tant désiré de voir ; en voyant le Bon Dieu qu'elle avait tant aimé ; en voyant le Bon Dieu qu'elle avait si bien servi, si bien chanté ! Oh ! Dieu !... Voir Dieu !... le voir encore !... l'aimer toujours !... le posséder pour l'éternité !... Voilà le bonheur du ciel... Pourquoi ne croirions-nous pas que ce bonheur a déjà été accordé à celle qui l'a tant désiré et si bien mérité ?....

» Nous ne pouvons pas savoir ce qui se passe au ciel, mais nous pouvons certainement le présumer : Dieu voit des faiblesses dans les natures les plus pures, sa justice divine a pu avoir quelque chose à exiger, mais le Dieu de la justice est aussi le Dieu de la miséricorde, et ce Dieu de la miséricorde est le Dieu de l'Eucharistie, et si le Seigneur doit punir la faute la plus légère, il doit récompenser la vertu, il doit récompenser le mérite quand il est vrai. Or, le mérite, mes chères filles, nous pouvons le constater, nous pouvons l'apprécier à l'odeur des vertus. D'une âme sainte qui a passé sur la terre on peut dire : « Il y a là de la sainteté. » Eh bien ! que voulez-vous, j'aime à le croire, et je le dis avec la joie d'un Père : la couronne a été déposée sur la tête de celle que vous pleurez ; elle a du être bien belle, parce que ses vertus furent belles, furent sérieuses ; elle a tant travaillé sur la terre ! elle a tant aimé ! elle a tant souffert ! Elle savait cacher dans son cœur les épines du chemin ; sur cette figure si bonne, sur cette nature toujours empressée on ne pouvait pas deviner les tristesses de l'âme. Mais tout n'a pas été roses pour cette Mère si religieuse, et le Seigneur qui aime les âmes a dû lui fournir l'occasion de boire à son calice, de porter sa croix, de partager sa couronne d'épines. Oui, mes chères filles, elle jouira un jour si nous comparons son bonheur au travail qu'elle a accompli, aux mérites qu'elle a acquis. Jésus lui a donné tant de grâces sur la terre ! Jésus, Marie, Joseph ont dû saluer l'entrée au ciel de celle qui avait été leur fille chérie sur la terre. Et votre bon Père et vos vénérées Mères, quel accueil n'ont-ils pas dû faire à celle qui fut leur fille de prédilection, leur sœur toujours bien-aimée, leur coopératrice toujours dévouée. Si vous pleurez sur la terre, au ciel on chante des cantiques d'allégresse, de joie et de bonheur. Ne soyons pas comme ceux qui n'ont pas de foi, et, tout en déplorant les conditions dans lesquelles nous nous trouvons, prenons part aux joies célestes et n'envions rien à celle qui passa au milieu de nous en faisant le bien, en répandant la bonne odeur de Jésus-Christ avec tous les trésors de son cœur. Au reste, elle sera au ciel ce qu'elle fut sur la terre : c'était la *Mère Bonne*, elle continuera à l'être, mais bien davantage encore. Elle pouvait, sur la terre, vous adresser des paroles d'affection, de consolation, et prier pour vous ; cependant ses prières étaient encore impuissantes à réaliser tous les désirs de son cœur. Au ciel l'affection s'épure, grandit, se fortifie ; dans le ciel, la prière prend des accents plus touchants et plus puissants sur le cœur de Dieu. Que ne fera-t-elle pas ? Que ne vous obtiendra-t-elle pas ? Elle fera beaucoup pour toutes les âmes, pour tous les membres de la Famille qu'elle a tant aimée. Je lui demande une grâce, pour cette maison surtout : celle de répandre sur vous, à des degrés différents, mais cependant positifs, la sainte maternité des âmes ; je lui demande de vous faire aimer les âmes comme elle les aima. Oh ! la maternité des âmes, c'est la gloire des âmes religieuses, elle leur permet, dans un certain degré et jusqu'à un certain point, de joindre les fleurs de la virginité aux consolations et aux joies de la maternité spirituelle. Celle que vous pleurez goûta ces joies. Puissiez-vous, mes chères filles, les goûter aussi, et puisse-t-on les goûter autour de vous, en venant dans cette maison qu'ont habitée les bonnes Mères que vous pleurez et dont le souvenir est présent aux esprits et aux cœurs. Puissent celles qui viendront ici se dire : « Nos premières Mères sont parties pour le ciel, mais elles ont laissé leur cœur, nous retrouvons dans cette maison la même bonté, la même tendresse, la même sollicitude. Puisse mon souhait se réaliser, pour votre consolation à vous et pour le bien de la famille ! Puissiez-vous, comme celle qui vient de nous quitter, vivre saintement et mourir saintement dans la paix du Seigneur ! »

Le lendemain, 9 octobre, avait été fixé pour les obsèques ; les allées du jardin qui conduisent de la Maison Générale de la Sainte-Famille à la chapelle des Sœurs de Saint-Joseph, où devait avoir lieu la cérémonie, étaient jonchées de fleurs. Vers huit heures, le cortège se mit en marche, on déposa le précieux cercueil sur le blanc et modeste catafalque qui lui avait été préparé ; on sentait dans tout l'ensemble de la disposition, que des mains pieuses et filiales y avaient pris part. La pauvreté religieuse avait été sévèrement respectée, c'était le meilleur moyen d'honorer celle qui, pauvre par vœu, avait eu des goûts si simples, si humbles, et avait voulu vivre et mourir pauvre. Le R. P. Anger était à l'autel, les RR. PP. Oblats, présents à Bordeaux, qui connaissaient et vénéraient la Mère Emmanuel, étaient groupés dans le chœur ; on voyait aussi dans le sanctuaire, formant une belle couronne sacerdotale : M. Buche, Vicaire Général de Bordeaux ; Mgr Bornet, protonotaire apostolique ; plusieurs chanoines et membres du clergé. La chapelle, les tribunes étaient remplies par les Sœurs, par les orphelines. Après l'absoute, le corbillard du pauvre prit la route de la Solitude ; d'autres voitures suivaient, emportant des députations de toutes les maisons de la Sainte-Famille de Bordeaux.

Ce fut un triste voyage ; lorsqu'on défila devant l'église du village de Martillac, les cloches se mirent en branle pour saluer une dernière fois le passage de celle qui, depuis longtemps, s'était faite la

Providence visible de tout le pays. L'arrivée à la Solitude renouvela toutes les émotions ; le cercueil, porté sur les épaules des paysans, qui tenaient à honneur de rendre ce dernier devoir à leur bienfaitrice, traversa lentement les grandes allées de la propriété.

La Communauté des Sœurs Agricoles et les petites orphelines prirent place dans le cortège ; un pâle et triste soleil d'automne éclairait cette scène touchante, le parcours était jonché de fleurs, ainsi que l'avait souhaité la vénérée Mère, et sa Solitude si chère semblait revêtir ses habits de fête pour célébrer son retour. Une dernière station fut faite dans cette chapelle, témoin quotidien de ses prières et de ses élans d'amour vers Dieu, une dernière visite fut rendue au bon Père par sa fille bien-aimée, par celle qui avait si bien compris ses projets et qui les avait si généreusement secondés. Sous la pierre de son tombeau, le Fondateur de la Sainte-Famille dut tressaillir à cette rencontre ; il y avait plus de vingt années déjà qu'il avait devancé sa zélée et fidèle coopératrice dans un monde meilleur, il y avait plus de vingt années qu'il l'attendait et désirait pour elle l'heure de la récompense !

A la suite du chant de l'office des morts, on prit la route du cimetière. Ainsi portée comme en triomphe, sous les draperies blanches qui recouvraient son cercueil, la Mère Bonnat parcourut une fois encore ces sentiers qu'elle avait tant aimés..... où elle avait tant prié.... Là, impossible de faire un pas sans que tout rappelle son souvenir : voilà les fleurs qu'elle a chantées, le brin d'herbe qu'elle se plaisait à étudier, l'arbre sous lequel elle s'est reposée, les hirondelles qu'elle a aimées, les abeilles qu'elle élevait... Au champ du dernier repos, véritable reliquaire de famille, toutes les tombes, ornées de fleurs nouvelles, semblaient faire accueil à la bonne Mère Emmanuel ; au milieu de ses compagnes d'autrefois, de ses dignes émules, elle avait marqué sa place ; le moment venu, elle arrivait pour la remplir. Lentement la bière descendit dans la fosse, pendant qu'on récitait les prières de l'Église et qu'au sommet des grands pins les oiseaux chantaient... puis quand le silence se fit, le tintement de la cloche du couvent retentit dans les airs : il était midi, la Vierge de Toutes-Grâces ne pouvait manquer au rendez-vous près de sa dévouée servante ; l'*Angelus* sonnait et la première prière qu'on récitait sur la tombe ouverte encore de la Mère Emmanuel s'élevait vers Marie comme prémice d'un pieux hommage et comme une humble redevance.

Aujourd'hui une modeste croix de pierre, plantée à la tête du petit monticule fleuri de pervenches blanches, indique le lieu où reposent ces restes vénérés ; l'inscription ne porte que ces mots : *Félicité-Rita Bonnat, décédée le 6 octobre 1882, âgée de soixante-dix-neuf ans.*

Quelques jours après, le R. P. Soullier, qui avait si intimement connu la vénérée Mère Emmanuel et qui avait été à même d'apprécier ses hautes vertus, voulait bien, dans les Annales des Révérends Pères Oblats, unir son religieux souvenir à tous ceux qui honoraient déjà la mémoire de la regrettée défunte. Dans un article intitulé : *la Mère Emmanuel Bonnat*, il s'exprimait ainsi :

« Le 6 octobre dernier, la Sainte-Famille a eu la douleur de perdre, à Bordeaux, l'une de ses dignitaires les plus méritantes et les plus aimées. Après une courte maladie, la Mère Emmanuel Bonnat rendait son âme à Dieu, dans la quatre-vingtième année de son âge et la cinquante-sixième de sa vie religieuse. Ce coup de la mort a produit partout de profonds et unanimes regrets.

» Née à Madrid, de parents français, en 1803, et entrée dans la Sainte-Famille en 1826, la Mère Bonnat fut, durant plus d'un demi-siècle, l'une des plus fermes colonnes de cette Association et l'une de ses gloires les plus pures. Par l'éclat de ses talents, par l'excellence de sa vertu et le charme communicatif de son commerce, elle fit rejaillir sur les Œuvres de son adoption de nombreuses et chaudes sympathies.

» C'est à elle que le *bon Père* Fondateur confia l'importante mission de fonder la Sainte-Famille à Madrid, en 1843. Elle s'y vit bientôt entourée des jeunes filles de l'aristocratie, et le pensionnat de Lorette ne tarda pas à être réputé la première maison d'éducation d'Espagne.

» Mais, si brillant qu'il fût, ce succès ne pouvait suffire à la pieuse ambition de la Mère Emmanuel. Ses prédilections allaient aux pauvres. Le vieux couvent dont on lui avait cédé l'usage était vaste ; elle y recueillit un grand nombre de pauvres orphelines. Et, à ce rapprochement des brillantes héritières de la grandesse castillane et des enfants de la classe déshéritée, l'Espagne put comprendre l'admirable esprit de la Sainte-Famille et pressentir les grands services qu'elle pouvait en attendre. Ce pressentiment s'est merveilleusement réalisé. La Sainte-Famille compte aujourd'hui en Espagne dix-huit maisons et plusieurs centaines de religieuses.

» Revenue à Bordeaux, la Mère Bonnat y fut tour à tour investie des plus hautes charges de la Société. Elle était Directrice Générale lorsque fut signé, en janvier 1858, le traité d'affiliation qui faisait passer la Sainte-Famille sous la direction de notre Congrégation. Ce fut pour elle, comme pour le *bon Père*, l'objet d'une immense consolation.

» Nous sommes heureux de mentionner ici la part qui lui revient dans ce grand acte que Dieu bénit si visiblement depuis vingt-cinq ans, et sur lequel les deux Sociétés contractantes sont fondées à tant espérer, dans l'avenir, pour leur appui réciproque et leur mutuelle édification.

» A dater de cette époque mémorable, la Mère Bonnat s'imposa la précieuse tâche d'écrire l'histoire des origines de l'Association et de ses prodigieux développements. C'était une belle intelligence, admirablement cultivée et servie par une exquise sensibilité et un goût littéraire très exercé.

» Retirée depuis bien des années dans la Solitude de Martillac, dont elle a fixé les souvenirs en des descriptions et des récits pleins de charme, elle gardait pieusement la tombe du *bon Père* pour qui elle eut toujours un culte de tendresse filiale et de profonde vénération. Elle faisait son pèlerinage quotidien au cimetière où sont ensevelies les premières Mères de l'Association dont elle a écrit la vie et parmi lesquelles elle avait marqué sa place.

» C'est là, dans le calme et la prière, qu'elle s'est préparée pour la venue de l'Époux ; toujours debout dès quatre heures du matin, et partageant son temps entre ses exercices de piété, ses travaux d'annaliste et les devoirs de la vie de communauté. Aimable et souriante à toutes les Sœurs qui venaient visiter la Solitude, elle les charmait par sa douce condescendance et par l'onction pénétrante de son langage. On se retirait toujours d'auprès d'elle édifié, encouragé, fortifié. Sa vue seule faisait du bien. C'est surtout quand on était dans la peine qu'il y avait profit à aller la trouver. Il y avait en elle une aptitude à consoler, que possèdent seules les âmes qui ont souffert et en qui abonde l'esprit de Dieu.

» Ses rapports avec le T. R. Père Général furent toujours empreints de la plus religieuse soumission et de l'attachement le plus filial. Dieu lui a fait la grâce très appréciée d'amener ce bon Père à son lit de mort et de permettre qu'elle reçût de lui de suprêmes encouragements. Son calme et sa sérénité éclataient d'une manière admirable à mesure qu'elle approchait de la fin. « Je veux, disait-elle, mourir généreusement, joyeusement, gracieusement. » Elle s'est tenu parole. Douce envers tout le monde durant sa vie, elle a été douce envers la mort. Elle s'est paisiblement endormie dans le baiser du Seigneur, laissant après elle une odeur de sainteté qui a ravi tous les témoins de ce bienheureux trépas. Heureux ceux qui meurent dans le Seigneur, ils se reposent de leurs travaux et leurs œuvres les suivent pour être leur couronne. »

Tout était-il fini? Non. Quand, dans une famille, on a rendu les derniers devoirs à l'un des membres vénérés qui la dirigeaient, on ouvre, avec un respect filial et affectueux, le testament de celui qui n'est plus, pour entendre encore une voix bien-aimée et garder en éternelle mémoire ces enseignements d'outre-tombe, sacrés à tant de titres.

Au dernier feuillet du livre que nous avons appelé : *l'Écrin*, et où la Mère Bonnat avait enchâssé les pierres précieuses que nous avons recueillies sur notre route pour en décorer son portrait, il est une page intitulée : *Mon testament*. Prenons-en connaissance avec un sentiment de religieuse vénération. Ce que la Mère Emmanuel lègue aux générations futures des Sœurs de la Sainte-Famille, c'est le souvenir impérissable de son amour pour Dieu, c'est le souvenir impérissable des merveilles que l'amour de Dieu peut produire dans les âmes!

MON TESTAMENT.

O Dieu Tout-Puissant, Maître du ciel et de la terre, qui m'avez donné l'être, qui pouvez me le retirer, permettez-moi de disposer du bien que vous m'avez confié.

J'offre mon intelligence à votre suprême

Majesté comme un hommage de soumission et de reconnaissance. J'offre ma mémoire à votre souveraine bonté, ma volonté à votre volonté adorable, mon cœur à votre divin Cœur ; je dépose mon âme entre vos mains paternelles, je lègue ma vie à votre immortalité et mon corps à la terre.

Je vous remercie des grâces innombrables que vous m'avez accordées.

Je vous remercie de m'avoir donné la foi, l'espérance, la charité.

Je vous remercie de vous être fait connaître, aimer, craindre et adorer.

Je vous remercie des maux et des chagrins que vous m'avez fait ressentir.

Je vous remercie enfin de tout ce que vous avez permis et ordonné pour mon salut.

Que votre divine justice me regarde avec pitié, qu'elle me pardonne tous mes péchés, les infidélités de toute ma vie. Je vous ai grièvement offensé, mais je vous ai toujours aimé..... Au nom de votre Fils, en vue de ses souffrances, de sa mort, de l'amour de Notre-Seigneur Jésus-Christ, daignez me recevoir dans votre miséricorde.

Je demande pardon à tous ceux et celles que j'ai pu offenser, scandaliser, à qui j'ai pu déplaire, comme je pardonne à tous ceux et celles qui ont pu me faire de la peine.

J'invoque Jésus, Marie, Joseph, mon bon Ange gardien, je les prie de bénir tout ce que j'ai aimé sur cette terre.

Je désire mourir en répétant : In te Domine speravi non confundar in æternum.

R. B.

TABLE DES MATIÈRES

Introduction.   v

LIVRE I

1803-1826

Chapitre Ier. — Naissance à Madrid. — Détails sur la famille Bonnat. — Elle quitte l'Espagne pour aller habiter Laval, puis Saint-Chamond. — Enfance de Rita. — Première éducation   7

Chapitre II. — Première Communion. — Sentiments de piété. — M. Dézermeaux fait l'éducation de sa nièce. — Connaissances variées de Rita. — Ses débuts dans le monde. — Sa vocation. 15

Chapitre III. — Séjour à Bayonne. — Direction de M. Thibaud. — Entrée dans la Sainte-Famille. 29

LIVRE II

1826-1843

Chapitre I. — Noviciat. — Prise d'habit. — Perfection qui s'accentue en vue de Dieu. — Sœur Emmanuel, quoique novice, secrétaire du Bon Père. — Profession. — Admission dans la Société de Dieu Seul 43

Chapitre II. — Sœur Emmanuel est nommée Électrice à vie et Directrice de l'Association extérieure. — Ses nombreux travaux pour l'extension de cette partie de la Société. — Fondation de Martillac. — Premier séjour à la Solitude. . 67

Chapitre III. — Fondation d'une Œuvre de Dames de Lorette à Mont-de-Marsan. — Installation de la Maison Générale et des Archives à la Solitude. — Armes de la Sainte-Famille. 111

Chapitre IV. — Fondation de la Congrégation de l'Espérance. — Fondation d'une Œuvre de Dames de Lorette à Bayonne. — L'Ile de Notre-Dame de Toutes-Grâces. — Voyage à Paris et dans les Maisons du Nord. — Adèle. . . 139

Chapitre V. — La Mère Bonnat est nommée Supérieure Générale de Lorette après la mort de la Mère Conception Pérille. — Séparation des Prêtres associés au bon Père. — Voyage à Rome du Directeur Général. — Affaires de Châlons et de Somme-Suippes. 184

LIVRE III

1843-1857

Chapitre I. — Fondation d'une Œuvre de Dames de Lorette à Madrid. — La Mère Bonnat, Conseillère Générale. — Voyage du bon Père à Madrid. — La Mère Bonnat résigne ses fonctions d'Assistante Générale incompatibles avec son séjour nécessaire en Espagne 221

Chapitre II. — Fondation d'une Œuvre de Dames de Lorette à Barcelone. — Fondation d'un orphelinat de Saint-Joseph à Madrid. — Voyage à Rome de la Mère Bonnat. 261

Chapitre III. — Le Père Miranda. — La Mère Bonnat prend son diplôme. — Troubles à Madrid. — La Communauté est autorisée à revêtir le costume religieux 289

CHAPITRE IV. — Fondation de l'Orphelinat de Plasencia. — Installation des Sœurs de l'Espérance à Madrid. — La Mère Bonnat, institutrice des Infantes, sœurs du Roi. — La Mère Despect nommée Directrice Générale. — Mort de la Mère Trinité Noailles 317

CHAPITRE V. — Voyage du bon Père à Rome. — Promulgation des Règles de la Sainte-Famille. — Les Sœurs de l'Espérance dans leur mission de garde-malades à Madrid. — Visite des Maisons d'Espagne. — Cours d'histoire français-espagnol composé par la Mère Bonnat 341

CHAPITRE VI. — Maladie du bon Père. — Troubles à Madrid. — Mort de la Mère V. Machet. — Maladie de la Mère Despect. — Voyage en France de la Mère Bonnat. — Fondation d'une Maison de l'Espérance à La Rochelle. — Transfert de l'Administration de la Solitude à Bordeaux. . 367

CHAPITRE VII. — Retour de la Mère Bonnat en Espagne et visites de Maisons. — Le bon Père décoré de l'Ordre de Charles III. — Révolution à Madrid. — Transfert de l'Orphelinat à Pinto. — Le choléra. — Fondation d'une Œuvre de la Conception à Getafe. — Mort de la Mère Despect . . 401

LIVRE IV

1857-1882

CHAPITRE I. — La Mère Bonnat nommée Directrice Générale. — Affiliation de l'Association de la Sainte-Famille avec la Congrégation des Oblats de Marie-Immaculée. — Le R. P. Bellon. — Voyage en Espagne. — Installation des Sœurs Solitaires à Martillac. — Fondation d'une Œuvre de Dames de Lorette à Saint-Mandé. — Séjour de la Mère Bonnat à Lorette de Bordeaux. — La Mère Bonnat donne sa démission de Directrice Générale. 429

Chapitre II. — La Mère Bonnat supérieure des Dames de Lorette à Bordeaux. — Mort du bon Père. — Mort de Mgr de Mazenod. — Mort du R. P. Bellon. — Visite à Bordeaux du R. P. Fabre. — Le R. P. Soullier nommé Pro-Directeur Général. — Visite en Espagne. — Le T. R. P. Fabre nommé Supérieur Général des Oblats de Marie Immaculée et Directeur Général de l'Association de la Sainte-Famille. — La Mère Bonnat nommée Supérieure Générale des Dames de Lorette 483

Chapitre III. — Mort du Père A. Noailles. — Premier départ pour les Missions étrangères (Ceylan). — Le Directeur Général nommé Commandeur de l'Ordre de Charles III. — Visites des Œuvres de Lorette. — Correspondance. — Travaux littéraires. — Le R. P. Roullet. — Maladie de la Mère Bonnat. 513

Chapitre IV. — Premières atteintes de la vieillesse. — Royaumont. — Guerre de 1870. — Séjours à la Solitude. — Voyages 545

Chapitre V. — Noces d'or de la Mère Emmanuel. — Mort de la Mère O. Daudigeos. — La Mère Bonnat s'installe à la Solitude. — « La Flore de la Solitude, ou Fleurs de N.-D. de Toutes-Grâces ». — Mort de la Mère P. Machet. 587

Chapitre VI. — La Mère Bonnat nommée Présidente Permanente du Conseil Général de Marie et Supérieure Générale des Sœurs Solitaires. — Les quatre-vingts ans de la Mère F. Noailles. — Conseil Général de 1882 tenu à Royaumont. — Retour de la Mère Bonnat à Bordeaux. — Sa maladie, sa mort, ses funérailles, son testament 621

www.ingramcontent.com/pod-product-compliance
Lightning Source LLC
Chambersburg PA
CBHW050058230426
43664CB00010B/1362